LA ALQUIMIA SUPREMA

VOLUMEN I

LA ALQUIMIA SUPREMA

VOLUMEN I

DISCURSOS
SOBRE EL
ATMA PUYA UPANISHAD

OSHO

Gulaab

Primera edición: 1997
Segunda edición: octubre de 2004

Título original: *The Ultimate Alchemy (vol. I)*

Cubierta: Rafael Soria

Traducción: Aquiles Balle

© Osho International Foundation, 1995
  Publicado por acuerdo con Osho International Foundation,
  Bahnhofstr. 52, 8001 Zurich (Suiza)

OSHO® es un marca registrada de Osho International Foundation

De la presente edición en castellano:
© Editorial Gulaab, 1997
  Alquimia, 6
  28933 Móstoles (Madrid) - España
  Tels.: 91 614 53 46 / 58 49
  Fax: 91 618 40 12
  E-mail: contactos@alfaomega.es
  www.alfaomega.es

Depósito Legal: M. 43.912-2004
I.S.B.N. (Obra completa): 84-86797-63-2
I.S.B.N. (Volumen I): 84-86797-64-0

Impreso en España por: Artes Gráficas COFÁS, S.A. - Móstoles (Madrid)

Queda prohibida, salvo excepción prevista en la ley, cualquier forma de reproducción, distribución, comunicación pública y transformación de esta obra sin contar con autorización de los titulares de la propiedad intelectual. La infracción de los derechos mencionados puede ser constitutiva de delito contra la propiedad intelectual (artículos 270 y siguientes del Código Penal). El **Centro Español de Derechos Reprográficos** (www.cedro.org) vela por el respeto de los citados derechos.

ÍNDICE

LA TRADICIÓN DE LOS UPANISHADS Y LOS SECRETOS DE LA MEDITACIÓN

–AUM–

Meditación es la constante contemplación de Eso.

-AUM-
Meditación
es la constante contemplación
de Eso.

Hay algunos aspectos que considerar antes de que nos adentremos en lo desconocido. Lo desconocido es el mensaje de los Upanishads. Lo básico, lo fundamental, siempre permanece desconocido; aquello que se conoce es siempre superficial. Por eso hay algunos puntos que debemos de comprender antes de profundizar en los dominios de lo desconocido. Esas tres palabras, lo conocido, lo desconocido y lo incognoscible, deben ser entendidas antes, porque los Upanishads se ocupan de lo desconocido sólo como comienzo. Desembocan en lo incognoscible. Lo conocido pertenece a los dominios de la ciencia, lo desconocido es filosofía y lo incognoscible pertenece a la religión.

La filosofía es el nexo entre lo conocido y lo desconocido, entre la ciencia y la religión. La filosofía se ocupa exclusivamente de lo desconocido. En el momento en que algo se vuelve conocido, pasa a formar parte de la ciencia; deja de pertenecer al ámbito de la filosofía. Por eso cuanto más avanza la ciencia, más es arrinconada la filosofía. El campo que pasa a ser conocido se torna ciencia, y la filosofía es el puente entre ciencia y religión. A medida que la ciencia progresa, la filosofía es desplazada, porque sólo puede ocuparse de lo desconocido. Pero cuanto más avanza la filosofía, tanto más es desplazada la religión, porque la religión se ocupa fundamentalmente de lo incognoscible.

Los Upanishads comienzan con lo desconocido; desembocan en lo incognoscible. De ahí nace toda malinterpretación. El profesor Ranade ha escrito un profundo tratado sobre la filosofía de los Upanishads, pero es sólo un principio. No puede penetrar los hondos valles de los misterios de los Upanishads porque permanece en el ámbito filosófico. Los Upanishads comienzan con filosofía, pero es tan sólo un comienzo. Acaban en la religión, en lo incognoscible. Y cuando digo «incognoscible», quiero referirme a lo que no puede ser conocido.

Sea cual sea el esfuerzo que hagamos, de cualquier forma que lo intentemos, en el instante en que conocemos algo, se vuelve parte de la ciencia. En el momento en que lo sentimos como desconocido, es parte de la filosofía. En el momento en que nos encontramos con lo incognoscible, sólo entonces es religión. Cuando digo incognoscible me refiero a aquello que no puede ser conocido, pero que sí puede ser «encontrado», que puede ser vivido, que puede ser sentido. Puedes hallarte frente a frente con ello. Puede ser «encontrado» pero aún así permanece incognoscible. Sólo podemos percibir esto: que nos hallamos sumidos en un profundo misterio que no puede ser resuelto. Por esto, antes de penetrar en este misterio, debemos de comprender algunas cosas; si no, no habrá cómo penetrarlo.

La primera: ¿cómo escuchar?, porque hay distintas dimensiones del oír. Puedes escuchar desde tu intelecto, con tu razón. ¿Mmm? Este es el modo más corriente de escuchar algo, el más común, el más ordinario y el más superficial. Porque con la razón siempre estás en posición de defensa o en posición de ataque. Desde la razón siempre estás luchando, así que cuando alguien comprende algo desde la razón, está peleando con ello. Cómo máximo, se puede dar una muy rudimentaria comprensión, es posible una ligera percepción. El significado más profundo está condenado a pasar desapercibido porque el significado más profundo requiere escuchar desde el sentimiento.

La razón nunca puede escuchar con compasión. Escucha desde un fondo argumentativo. No puede nunca escuchar con amor; eso es imposible. Por eso escuchar mediante la razón es adecuado si intentas entender matemáticas, si tratas de comprender lógica, si tratas de entender cualquier sistema que sea totalmente racional.

Si escuchas poesía desde la razón, no verás nada. Es como si uno intenta oír con los ojos o ver con los oídos. No puedes comprender la poesía utilizando la razón. Hay una comprensión más profunda, un segundo tipo de comprensión, que funciona, no a través de la razón, sino del amor, mediante el sentimiento, mediante la emoción, a través del corazón.

La razón siempre está en conflicto; la razón no permite que nada entre fácilmente. La razón debe ser vencida, sólo entonces algo puede penetrar. Es una armadura alrededor de la mente, es un método de defensa, una medida defensiva. Se mantiene alerta en todo instante para que nada pueda pasar sin que se dé cuenta. Y nada puede pasar, a menos de que la razón sea vencida. E incluso cuando la razón es vencida, el asunto no va directamente al corazón, porque en la derrota no puedes situarte en el sentir.

La segunda dimensión del escuchar es a través del corazón, mediante el sentimiento. Uno escucha música; no se requiere entonces de análisis alguno. Desde luego, si eres un crítico, no serás capaz de comprender la música. Puede que entiendas las matemáticas, la métrica, el lenguaje, todo sobre música, pero no la música en sí, porque la música no puede ser analizada. Es un todo. Es una totalidad. Si te demoras un sólo instante analizándola, ya has perdido mucho. Es una totalidad que fluye. Desde luego, la música sobre el papel puede ser analizada, pero nunca la música real cuando está ahí, sonando. No puedes permanecer distante, no puedes ser un observador. Tienes que ser partícipe. Si participas, sólo entonces comprendes.

Y así ocurre con el sentir. El modo de entender es mediante la participación. No puedes ser un observador, no puedes permanecer afuera. No puedes hacer de la música un objeto. Tienes que fluir con ella, tienes que estar profundamente enamorado de ella. Habrá momentos en que no estés allí y sólo la música esté. Esos serán los picos; esos instantes serán los instantes de música. Entonces algo penetra tu ser más profundo. Es un modo de escuchar más profundo, pero aún así no es el más profundo.

El primer modo utiliza la razón, es racional. El segundo es a través del sentimiento, es emocional. El tercero es a través del ser, es existencial. Cuando escuchas con la razón, escuchas a través de una parte de tu ser. Y de nuevo, cuando escuchas a través del sentimiento, lo estás haciendo a través de una parte de tu ser. El tercero, el más profundo, la dimensión de escuchar más profunda, es a través de tu totalidad - cuerpo, mente y espíritu - como un todo, como una unidad. Si entiendes este tercer modo de escuchar, sólo entonces serás capaz de penetrar los misterios de los Upanishads.

El nombre tradicional de este tercer modo de escuchar es «fe». Así que podemos hacer esta clasificación : mediante la razón el método es la duda; mediante el sentimiento el método es el amor; mediante el ser el método es la fe, la confianza, porque si vamos a penetrar en lo desconocido, ¿cómo puedes dudar? Puedes dudar sobre lo conocido, pero de aquello que es absolutamente desconocido, ¿cómo puedes dudar?

La duda solamente es válida si se ocupa de lo conocido. Con lo desconocido la duda es imposible. ¿Cómo puedes amar lo desconocido? Puedes amar lo conocido. No puedes amar lo desconocido, no puedes crear una relación con lo que no conoces. La relación es imposible. No puedes relacionarte con ello. Puedes disolverte en ello, esto es algo distinto, pero no puedes relacionarte con ello. Y el entregarse no es una relación. No es en absoluto una relación . Es simplemente disolver la dualidad.

Con la razón la dualidad permanece: estás en conflicto con el otro. Con el amor la dualidad permanece: estás en una relación de afecto con el otro. Con el ser, la dualidad se disuelve: no estás ni en conflicto ni enamorado, no estás relacionado de ninguna forma. Este tercer modo es conocido tradicionalmente como fe, confianza, *shradha*. En todo lo concerniente a lo desconocido, la fe es la llave.

Si alguien dice, «¿Cómo puedo creer?», se confunde, se equivoca radicalmente. Fe no es creencia. El creer es, de nuevo, algo racional. Puedes creer, puedes no creer. Puedes creer si tienes argumentos para creer; puedes no creer si tienes argumentos para no creer. El creer nunca es más profundo que la razón. Por eso los ateos, los creyentes, los no creyentes, todos pertenecen a la dimensión más superficial. La fe no es creer, porque para lo desconocido no hay razón ni en favor ni en contra. No puedes ni creer ni dejar de creer.

Por lo tanto, ¿qué hay qué hacer? O bien puedes estar abierto o bien puedes estar cerrado a ello. No es una cuestión de creer o de dejar de creer. Es una cuestión de estar abierto o estar cerrado. Si confías, estás abierto. Si desconfías, estás cerrado. Esto es sólo una llave. Si deseas abrirte a lo desconocido, tienes que confiar profundamente, tener fe. Si no deseas estar abierto, puedes permanecer cerrado, pero en este caso nadie se lo pierde excepto tú, nadie está perdido excepto tú. Permaneces cerrado como una semilla. Y lo digo con conocimiento.

Una semilla tiene que abrirse, tiene que morir, sólo entonces nace el árbol. Pero la semilla nunca ha conocido al árbol. La muerte de la semilla puede ocurrir únicamente con fe. El árbol es desconocido y la semilla nunca encontrará el árbol. La semilla puede permanecer cerrada por el miedo, el miedo a la muerte. De esta forma la semilla permanecerá como semilla y finalmente perecerá, pero sin renacer. Pero si la semilla puede morir teniendo fe en que lo desconocido puede surgir de su muerte, sólo entonces se abrirá. En cierto modo muere, en cierto modo renace; renace para sumirse en mayores misterios, renace a una vida más rica. Lo mismo ocurre con la fe. Por eso no es una creencia; nunca lo confundas con una creencia. No es sentimiento. Es más profundo que ambos: es tu totalidad.

¿Cómo escuchar pues con la totalidad? Ni con la razón funcionando argumentativamente, ni con el sentimiento funcionando compasivamente, sino con la totalidad del ser. ¿Cómo puede funcionar la totalidad? Debido a que conocemos tan sólo el funcionamiento de las partes, desconocemos como funciona la totalidad. Conocemos tan sólo las partes: esta parte funciona, esa otra funciona, el intelecto que trabaja, el corazón funcionando, las piernas que se mueven, los ojos que ven. Sabemos sólo de las partes cuando funcionan. ¿Cómo funciona la totalidad? La totalidad funciona únicamente en una profunda pasividad. Nada es activo, todo permanece silencioso. No haces nada. Estás tan sólo ahí, sólo una presencia. Y la puerta se abre. Sólo entonces podrás entender el mensaje de los Upanishads. Se requiere exclusivamente tu presencia; sin que hagas nada de tu parte, sin que funciones. Esto es lo que significa que la totalidad funcione: sólo tu presencia.

Voy a aclararlo un poco, voy a aclarar lo que quiero decir con «sólo estar presente». Si estás enamorado de alguien, hay momentos en los que no estás haciendo nada. Estás sólo junto a tu amor o a tu amante: tan sólo allí, en silencio absoluto; no os estáis ni amando; tan sólo estáis presentes. Y un fenómeno muy extraño ocurre. Comúnmente, nuestra existencia es lineal. Existimos en una línea, en una secuencia: mi pasado, mi presente y mi futuro. Esta es la línea. Yo voy por mi camino, tú por el tuyo. Cada uno tiene caminos, pistas. Yo voy por la mía, tú por la tuya. En realidad nunca nos encontramos. Somos líneas paralelas, sin puntos de encuentro. Aunque estemos apretujados no nos encontramos porque tú vas por tu camino y yo por el mío; tú perteneces a tu pasado, yo pertenezco a mi pasado; mi presente nace de mi pasado, tu presente nace de tu pasado. Tu futuro será una consecuencia de tu pasado y de tu presente, y el mío de los míos.

Así que nos movemos por pistas, caminos lineales, pistas de un sólo carril. No hay encuentro. Sólo los amantes se encuentran porque, de repente, cuando estás simplemente presente ante alguien, surge una clase de tiempo diferente. Ambos os encontráis en un sólo instante, y ese instante no pertenece ni a ti ni a tu amado. Es algo nuevo. Ni proviene de tu pasado ni del pasado de tu amante. El tiempo se mueve en una dimensión diferente. No es lineal, no va del pasado al futuro, sino de un presente a otro presente. Hay un encuentro entre dos instantes presentes: una dimensión distinta. Esta dimensión es conocida como la dimensión de la eternidad, por eso los amantes dicen que un instante de amor es la eternidad en sí misma. Nunca acaba. No tiene futuro, no tiene pasado. Es sólo presente, aquí y ahora.

Esto es lo que quiero decir cuando digo que si puedes escucharme, no desde tu pasado, ni desde tu futuro, sino con una totalidad tal que en el momento presente sólo tu presencia permanezca, si puedes escuchar en silencio, pasivamente; si puedes estar presente aquí y ahora, entonces este mismo momento es en sí suficiente; entonces se abre una nueva dimensión. Y el mensaje de los Upanishads puede penetrar sólo en esta dimensión.

Esto es lo que quiero expresar cuando digo que el mensaje de los Upanishads es eterno. No quiere decir permanente. Sólo indica una dimensión de tiempo distinta en la cual no hay ni futuro ni pasado. Por eso tendrás que desplazarte de forma distinta: en tu tiempo interior. Y con este cambio interior, las palabras comienzan a tomar una forma distinta y un nuevo significado nace de ellas.

Usamos expresiones similares. Todos usamos las mismas palabras, pero con una mente distinta las palabras tienen distinto significado. Por ejemplo, un doctor le pide a un paciente, «¿Cómo se encuentra?», y un amante le pide a su amado, «¿Cómo te encuentras?», y en un encuentro ocasional en la calle, le pides a alguien, «¿Cómo se encuentra?». Las palabras son las mismas, pero, ¿es el mismo su significado? Cuando un doctor le pide a un paciente, «¿Cómo se encuentra?» ¿quiere expresar lo mismo que un amante al preguntarle a su amado, «¿Cómo te encuentras?» Tienen un significado distinto.

Los Upanishads no pueden ser entendidos de un modo corriente. Por eso es por lo que los eruditos no los captan, los lingüistas no los captan, los *pundits* no los captan. Ellos trabajan desde el lenguaje, con la gramática, con lo que consideran adecuado, pero aún así no los captan. ¿Porqué no los captan? No los captan porque su tiempo interior es lineal. Trabajan con su intelecto, no con su ser. En verdad, están trabajando sobre el Upanishad, no están permitiendo al Upanishad que trabaje sobre ellos. Esto es lo que quiero expresar cuando digo «sólo estar presente»: entonces el Upanishad puede trabajar sobre ti, y en ese trabajo puede surgir la transformación. Eso puede transportarte a diferentes planos de existencia.

Por eso lo primero que debes recordar es escuchar solamente con tu presencia. Absorbe a través de tu fe y de tu confianza - ¡bébelo! No luches con la razón, no sientas con el sentimiento. Sé simplemente uno con tu ser. Esta es la llave, lo primero.

En segundo lugar los Upanishads usan palabras, tienen que usarlas, pero representan el silencio. Hablan y hablan sin parar, pero hablan desde el silencio. El esfuerzo es absurdo, paradójico, contradictorio, inconsistente, pero así es como es posible, es el único sistema. Incluso si yo quiero dirigirte hacia el silencio, debo utilizar palabras. Ellos usan palabras, pero están absolutamente en contra de las palabras y del lenguaje; no los apoyan. Esto debe ser recordado en todo momento, pues en caso contrario es muy fácil perderse entre las palabras.

Las palabras tienen su propia magia, su propio magnetismo. Y cada palabra crea una secuencia propia. Los novelistas lo saben, los poetas lo saben. Dicen que a veces tan sólo comienzan su novela. Cuando la acaban, no pueden afirmar que la han acabado. En realidad, las palabras poseen su propia secuencia. Empiezan a estar vivas por sí mismas, y así siguen solas.

Tolstoi ha dicho en alguna parte, «Yo empiezo, pero nunca acabo, y a veces mis propios personajes dicen cosas que nunca hubiera querido que dijeran». Empiezan a tener vida propia y a seguir sus propios caminos. Se liberan del autor, del novelista, del poeta. Se liberan como un niño se libera de sus padres. Tienen su propia vida.

Por eso las palabras tienen su propia lógica. Emplea una palabra, y ya has comenzado. Y la palabra creará muchas otras cosas. La misma palabra creará muchas otras cosas, y uno puede perderse. Pero los Upanishads no están a favor de las palabras. Por eso las usan tan poco como les es posible. Su mensaje es tan telegráfico que ni una sola palabra es usada innecesariamente. Los Upanishads son los tratados más cortos; ni una sola palabra es utilizada innecesariamente porque las palabras pueden crear secuencias hipnóticas. Pero las palabras han de usarse; por eso ten cuidado de no perderte en ellas.

El significado es un asunto distinto. Y más que significado sería adecuado utilizar la expresión «lo que indican». Los Upanishads usan las palabras como signos, como símbolos, como indicaciones. Usan las palabras para «mostrar» algo, no para decir algo. Puedes decir algo con tus palabras, puedes señalar algo con tus palabras. Cuando señalas algo, cuando indicas algo, la palabra ha de ser trascendida, se ha de olvidar. Si no, las palabras quedan y distorsionan la percepción global.

Utilizaremos palabras, pero con cautela: recuerda que no sólo expresan algo, sino que son indicaciones. Las palabras se han usado simbólicamente: como un dedo señalando la luna. El dedo no es la luna, pero uno puede colgarse del dedo y decir: «Mi profesor me lo enseñó. ¡Está es la luna!» El dedo no es la luna, pero puede ser empleado para señalar. La palabra no es nunca la Verdad, pero las palabras pueden ser empleadas para indicar. Recuerda siempre que el dedo debe ser olvidado. Si el dedo se vuelve más importante y significativo que la luna, todo se pervertirá.

Recuerda este segundo punto: las palabras son sólo indicadores de algo que no puede ser expresado con palabras, de algo silencioso, de algo más allá, de algo que las trasciende.

Este olvidar que las palabras no son realidades ha causado mucha confusión. Existen miles y miles de comentarios, pero todos se ocupan de las palabras, no de la realidad sin palabras. Siguen discutiendo. Durante siglos, milenios, los *pundits* han estado discutiendo lo que significa esta u esta otra palabra y han creado una extensa literatura. ¡Demasiado buscar el significado, y lo que se obtiene no tiene sentido! Se han equivocado por completo. Las palabras nunca fueron realidades, sólo indicadores de algo totalmente distinto de las palabras.

Tercero: No voy a comentar los Upanishads, porque un comentario sólo puede ser hecho desde el intelecto. Más bien voy a responder, no a comentar. Responder es algo distinto, enteramente distinto. Silbas en un valle o cantas una canción o tocas la flauta de bambú, y el valle se hace eco, eco, eco. El valle no comenta, el valle responde.

Una respuesta es algo con vida; un comentario es algo vinculado a lo muerto. Una respuesta significa que los Upanishads podrán ser leídos ahí. No los voy a comentar, me volveré un valle y lanzaré su eco. Será difícil de comprender, porque aunque el eco sea auténtico puede que no percibas el mismo sonido original. Puede que no seas capaz de descubrir la relevancia, porque cuando un valle responde, cuando se hace eco, el eco no es sólo algo pasivo, es creativo. El valle añade mucho. La naturaleza del valle añade mucho. Un valle distinto resonará de forma distinta. Así es como deberían de ser las cosas. Por eso cuando digo algo, no significa que todo el mundo lo interprete del mismo modo. Así es como mi valle devuelve el eco.

Me acuerdo de una líneas de Stevens. Parecen un poema zen: «Veinte hombres cruzando un puente hacia un pueblo, son veinte hombres cruzando veinte puentes hacia veinte pueblos». Cuando leo algo, mi valle devuelve el eco de cierta forma; no es pasivo. En ese eco yo estoy también presente. Cuando tu valle devuelva el eco, lo hará de modo distinto. Cuando digo « una respuesta viva», me refiero a esto.

A veces puede parecer del todo irrelevante, porque el valle le dará una forma, un color propio. Es natural. Por eso mantengo que los comentarios son criminales; sólo las respuestas deberían de figurar, no los comentarios, porque el comentador empieza a sentir que, diga lo que diga, está en lo cierto. Un comentador comienza a sentir que los demás comentaristas se equivocan, y empieza con un deber autoimpuesto de criticar a los demás comentaristas, porque siente que su comentario puede ser adecuado sólo en caso de que los comentarios de los demás sean erróneos. Pero este no es el caso con una respuesta. Son posibles múltiples respuestas, y toda respuesta es correcta si es auténtica. Si proviene de tus adentros, es correcta. No hay un criterio externo de lo que está bien o está mal. Si algo surge del interior de uno, si te vuelves uno con ello, si vibra con todo tu ser, entonces es correcto. En caso contrario, por muy lógico y filosófico que pueda parecer, es erróneo.

Esto va a ser una respuesta. Y cuando digo «respuesta» me refiero a que será más parecido a la poesía que a la filosofía. No será un sistema. No puedes crear un sistema basado en respuestas. Las respuestas son atómicas, fragmentarias. Poseen una unidad interna, pero encontrar esa unidad interna no es tan fácil. La unidad es como un continente y una isla: entre ambos existe una unidad, pero en las profundidades; en lo más profundo del mar, la tierra es una. Si se comprende esto, ningún hombre es una isla. En lo más hondo, las cosas son una; cuanto más profundo te sumerges, más alcanzas la unidad. Por eso si una respuesta es auténtica, cualquier respuesta, incluso la respuesta opuesta que aparenta ser absolutamente contradictoria, no puede ser diferente. En lo más hondo existe una unidad.

Pero uno debe de profundizar, y los comentarios son algo superficial. Por eso no voy a proporcionarte comentario alguno: no diré que es lo que expresan los Upanishads. Diré únicamente lo que este Upanishad significa en mí. No puedo reclamar ninguna autoridad, y los que la reclaman son auténticamente inmorales. Nadie puede asegurar lo que este Upanishad significa. Lo único que puede decirse es lo que este Upanishad significa en mí: como devuelvo su eco.

Esta respuesta puede crear una posibilidad de repuesta en ti si tú permaneces simplemente presente. En este caso, todo lo que diga hallará eco en ti. Y entonces, sólo tú serás capaz de entenderlo. Sé como un valle, déjate ir, de modo que seas capaz de reverberar el eco libremente. Preocúpate de ser tú mismo un valle en vez de preocuparte por los textos del Upanishad, o de lo que estoy diciendo. Ocúpate de ser tú mismo un valle, y todo lo demás vendrá por sí mismo. No se requiere tensión alguna, no se requiere ningún esfuerzo sostenido para entenderme. Eso puede convertirse en una barrera. Tan sólo relájate, vuélvete silencioso, pasivo, y deja que, suceda lo que suceda, halle eco en ti. Esas vibraciones te transportarán a una perspectiva diferente, a una visión distinta.

Por último, yo no soy un hindú, ni soy un musulmán, ni un cristiano; soy un vagabundo sin hogar. Aparentemente no pertenezco a la tradición de los Upanishads, por tanto no tengo porqué defenderlos. Cuando un hindú los comenta, o cuando reflexiona sobre los Upanishads, tiene intereses particulares; cuando un musulmán escribe sobre los Upanishads, tiene anti-intereses; en ambos casos no pueden ser veraces y auténticos. Si uno es hindú, no puede ser veraz con respecto a los Upanishads; si uno es musulmán no puede ser veraz con respecto a los Upanishads. Ambos están condenados a mentir. Pero el engaño es tan sutil que uno puede que ni se dé cuenta.

El hombre es el único animal que puede mentirse a sí mismo y vivir en el engaño. Si eres un hindú y reflexionas sobre los Upanishads, o si eres un musulmán y reflexionas sobre el Corán, o eres un cristiano que reflexiona sobre el Nuevo Testamento, nunca serás consciente de que no puedes ser veraz. El que seas cristiano es la barrera. ¡No puedes ser veraz! Uno no debe pertenecer a nada: sólo entonces la respuesta es auténtica. El ser miembro de algo distorsiona, pervierte la mente, distrae y proyecta cosas que no son, o niega cosas que sí son.

De modo que para mí, eso no constituye un problema, y para ti también te sugeriría que cuando leas el Corán, escuches los Upanishads o la Biblia, no seas hindú, cristiano o musulmán . El estar es suficiente. Serás capaz de penetrar más hondo. Con conceptos, con dogmas, nunca estás abierto. Una mente cerrada puede crear falsas interpretaciones, pero nunca puede entender.

Por eso yo no pertenezco a nada, y si respondo a este Upanishad es simplemente porque me he enamorado de él. Este, uno de los más breves Upanishads, el «Atma Puya», es un fenómeno poco común. Así que diré algo sobre este raro Upanishad ya que he elegido hablar de él.

En primer lugar, es el más breve; es como una semilla, potente, preñada, conteniendo mucho. Cada palabra es una semilla con infinitas posibilidades. Por eso puedes hacerte eco de ella una y otra vez, infinitamente. Y cuanto más medites sobre ellas, cuanto más les permitas que te penetren, te serán revelados nuevos significados. Estas palabras-semilla prueban que fueron halladas en profundo silencio. En realidad parece extraño, pero es un hecho. Si tienes menos que decir, dirás más. Si en verdad tienes algo que decir, puedes decirlo en unas pocas líneas, unas pocas palabras; incluso una sola palabra será suficiente. Cuanto menos tengas que decir, más palabras tendrás que usar. Cuanto más tienes que decir, menos palabras usas.

En la actualidad los psicólogos saben que, de hecho, las palabras no son utilizadas para decir algo, sino para esconderlo. Hablamos porque queremos esconder algo. Si quieres esconder algo no puedes permanecer en silencio, porque tu cara puede que lo revele, tu silencio puede que lo indique. El otro puede sospechar que estás ocultando algo. Por eso una persona que tienen algo que ocultar habla y habla sin parar. Mediante las palabras puedes engañar; con el silencio no puedes engañar.

Los Upanishads verdaderamente tienen algo que decir, por eso lo expresan en forma de semilla, en sutras, en aforismos. Este Upanishad tiene sólo diecisiete sutras. Pueden ser escritos en media página. El Upanishad al completo puede ser escrito en una postal. ¡En una sola cara! Pero contiene un mensaje muy poderoso, por eso consideraremos cada palabra-semilla y trataremos de penetrar en ella, trataremos de ser una respuesta viva a ella. Puede que algo comience a vibrar en ti. Y puede empezar porque esas palabras albergan un alto potencial, contienen mucho. Si sus átomos pudieran ser destruidos, se liberaría gran cantidad de energía. Mantente pues abierto, receptivo, con profunda confianza, y deja que el Upanishad trabaje.

Entremos ahora en el «Atma Puya -Veneración del Yo- Upanishad» :

-AUM-
Meditación
es la constante contemplación de Eso

.

AUM; esta palabra, AUM, es muy significativa, significativa como signo, como un símbolo, como una clave secreta. Por eso vamos a decodificarla primero.

AUM tiene cinco mantras, cinco pasos. El primer paso es A, el segundo es U, el tercero es M. Esos son los pasos obvios. Cuando pronunciamos AUM, A-U-M, son tres palabras. Pero pronuncia AUM (largo), y al final la M resuena. Mmm. Ese es medio paso; el cuarto paso. Tres son los pasos obvios y pueden ser oídos. El cuarto es medianamente obvio. Si eres muy consciente, sólo entonces lo oyes, pues de otro forma se pierde. El quinto nunca es oído. Cuando el sonido de AUM vibra y las vibraciones inundan el vacío cósmico, cuando el sonido ha desaparecido y una ausencia de sonido permanece, ese es el quinto. Pronuncias la palabra AUM, el A-U-M se oye muy claramente; luego un prolongado sonido de «mmm» -medio paso- y luego la ausencia de sonido. Ese es el quinto. Esos cinco pasos son indicativos de muchas cosas.

Primero, los Upanishads saben que la consciencia humana tiene cinco escalones. Nosotros conocemos los tres más obvios: la vigilia, el ensueño y el sueño. Esos son los obvios: A-U-M. Los Upanishads llaman al cuarto *turiya*. No lo mencionan porque no es obvio. El cuarto es aquel en el que uno también es consciente del sueño profundo. Si estás sumido en un sueño profundo, en un profundo sueño sin sueños, si por la mañana puedes decir, «he dormido muy, muy profundamente», entonces es que hay alguien en ti que ha sido consciente y recuerda, de alguna forma, que ha habido un sueño muy profundo, un sueño sin ensueños. Pero el *testigo* estaba ahí. Ese *testigo* es denominado el cuarto. Pero los Upanishads dicen que el cuarto no es el último, porque permanecer como *testigo* es estar aún separado. Por eso cuando el *testigo* también se disuelve, si sólo resta la existencia, sin *testigo*, ese es el quinto. Por eso AUM es un signo de muchas cosas, muchas cosas; de los cinco cuerpos del hombre. Los Upanishads los dividen en *anamaya, pranamaya, manomaya, vigyanamaya y anandamaya*. Cinco capas, cinco cuerpos.

Este AUM es una señal cósmica. Es sólo un signo, pero también un símbolo. ¿Qué quiero decir cuando digo símbolo? Cuando alguien se sumerge en lo profundo de la Existencia, hasta las raíces, hasta las mismas raíces, los pensamientos dejan de existir, el pensador deja de existir, la objetividad deja de estar presente, la subjetividad ya no existe, pero aún, todo *es*. En ese instante carente de pensamientos, de ideas, se escucha un sonido. Este sonido se asemeja a AUM; tan sólo se le parece. No es AUM; por eso es un símbolo. No podemos reproducirlo. Esta es la mejor aproximación. Por eso es por lo que se le ha relacionado con muchos sonidos, pero siempre próximos al AUM.

Los cristianos y los musulmanes lo han representado como AMEN. Ese sonido que se percibe cuando todo se ha perdido y sólo un sonido vibra, que recuerda a AUM. Puede parecerse a AMEN. En castellano existen muchas palabras así, como omnipresente, omnisciente, omnipotente. Ese OMN es el sonido. En realidad, omnisciente se refiere a uno que ha visto el AUM, y AUM es un símbolo para todo. Omnipotente significa alguien que se ha hecho uno con AUM, porque ese es el potencial de todo el cosmos. Omnipresente indica uno que esta presente en el sonido AUM, y ese sonido lo abarca todo, lo desborda todo.

El OMN es omnisciente, omnipresente y omnipotente; es AUM. AMEN es AUM. Distintos buscadores, distintas personas, han percibido semejanzas diversas, pero siempre se asemejan a AUM. Este es un símbolo, un símbolo del sonido universal. La ciencia moderna postula la existencia de partículas eléctricas como las unidades básicas de la Existencia, pero los Upanishads postulan, no la existencia de partículas eléctricas sino de partículas sonoras como base.

La ciencia dice que el sonido es una modificación de las vibraciones eléctricas, que el sonido en sí no es otra cosa que electricidad. Los Upanishads dicen que la electricidad no es otra cosa más que modificaciones del sonido. Una cosa es cierta: que de alguna forma la electricidad y el sonido son convertibles. ¿Cuál es la base? La ciencia dice que la electricidad es la base, los Upanishads dicen que el sonido es la base. Y yo creo que esta diferencia se debe sencillamente a diferentes aproximaciones. Los Upanishads alcanzan la Realidad Suprema a través del sonido, mediante mantras. Usan el sonido para alcanzar la ausencia de sonidos. Poco a poco, el sonido es abandonado, y, poco a poco, se alcanza el estado de ausencia de sonidos. En último término, cuando alcanzan el fondo, oyen un sonido cósmico. No es un pensamiento, no es un sonido creado. Es en la misma naturaleza de la Existencia que resuena.

A este sonido lo han llamado AUM. Dicen que cuando pronunciamos AUM, eso es tan sólo una aproximación, una copia muy lejana, muy distante. Este no es el verdadero sonido, no es eso lo que descubrimos ahí, porque es creado por nosotros. ¡Es nuestra creación! Es como la foto de algo, sólo una aproximación. Mi fotografía simplemente se me parece: no soy yo.

Oí de un pintor holandés, Van Gogh. Una sofisticada dama se encontró con Van Gogh por la calle y le dijo, «Ví un autorretrato suyo y es tan adorable y tan bello que le di un beso».

Van Gogh le preguntó, «Y el cuadro, ¿contestó?»

La señora dijo, «¡No! ¿Cómo va a contestar un cuadro?»

A lo que Van Gogh repuso, «Pues entonces no era mío».

Una fotografía puede tener un parecido; no es real. ¿Mmm? No hay nada malo en ello; es suficiente con que se asemeje, pero uno no debería de confundirla con la realidad. Por eso AUM es sólo un símbolo; un símbolo de algo a lo que se parece, como una fotografía.

AUM es también una clave secreta. Y cuando digo clave secreta, lo digo porque se parece al sonido supremo; si puedes emplearlo y, poco a poco, hundirte en él, llegarás a la última puerta. Porque es parecida. Y se parecerá más aún si haces ciertas cosas con ella. Por ejemplo, si pronuncias AUM te ves obligado a utilizar tus labios, tienes que utilizar tu mecanismo corporal. Por esto, perderá parte de su semejanza, porque un mecanismo burdo ha de ser utilizado y lo distorsiona. Convierte a AUM en una cosa zafia. No emplees tus labios. Crea el sonido AUM dentro de ti sólo mediante tu mente. No utilices tu cuerpo. Así se parecerá más, porque ahora estará utilizando un medio más sutil. Obtendrás una fotografía más exacta, más cercana a la realidad.

No emplees ni siquiera la mente. Primero emplea tu cuerpo, luego, déjalo. Después usa tu mente, crea el sonido de AUM dentro de ti y luego deja de hacer incluso esto y abandona al sonido a sí mismo. No hagas esfuerzo alguno: él viene. Entonces se vuelve *ajapa*, entonces ya no lo estás creando, estás sólo en su fluir. Se vuelve aún más profundo y se vuelve más real aún. Puedes emplearlo como clave. Cuando se convierta en algo sin esfuerzo, cuando no tenga que ver con tu cuerpo, ni con tu mente, sino cuando el sonido tan sólo fluya en ti, entonces estás muy cerca.

En este punto sólo una cosa tiene que ser abandonada: el que está sintiendo este AUM. El «yo», el ego que siente «este AUM me está envolviendo». Si te deshaces también de esto, entonces ya no hay barreras, y la copia, la fotografía, se funde con lo real, con el original. Por eso es una clave secreta.

Este AUM es milagroso. Es tan esencial para los místicos como lo es la fórmula de la relatividad de Einstein para los físicos. Esa fórmula son tres cosas a la vez: un signo, un símbolo y una clave secreta. Y AUM es también tres cosas. Pero básicamente es una clave secreta. A menos que abras las puertas, es del todo inútil que pienses sobre ella, es fútil, una pérdida de tiempo, de vida y de energía. A menos que estés dispuesto a abrir la puerta, ¿qué utilidad tiene el hablar de la llave? Incluso si comprendes todas las implicaciones, todas las implicaciones filosóficas, no tiene objeto. Por eso AUM siempre es puesto al comienzo y siempre es puesto al final. Los Upanishads siempre empiezan con AUM, y siempre acaban con AUM. ¡Esta es la llave!

Si entras en una casa, lo primero que usas es la llave, y de nuevo, cuando sales, lo último en ser utilizado es la llave. Así que ¡Entra! ¡Usa la llave! Pero si empiezas a contemplar la llave y continúas sentado en la puerta, entonces la llave no es una llave para ti, sino una barrera. ¡Tírala! Porque no abre nada. Más bien cierra, porque estás constantemente pensando en la llave.

Uno puede seguir pensando en la llave sin utilizarla. Hay muchos que han cavilado, pensado y proyectado sobre lo que significa AUM. Han creado estructuras, grandes estructuras sobre ella, pero nunca han empleado la llave. Es un símbolo, es un signo, pero básicamente es una llave secreta. Puede ser utilizado como método para penetrar en lo Cósmico, como método para caer en lo Oceánico. Cuanto más sutil se vuelve, más profundo, más se acerca a lo real; cuanto más burdo, más se aleja.

«Meditación es la constante contemplación de Eso».

Este es el primer sutra.

Vivimos en un mundo de tres dimensiones. Una dimensión es la del «yo-ello»: el mundo de las cosas. Yo y mi casa; yo y mi mobiliario, yo y mi riqueza: este el ámbito del «yo-ello». Un mundo de cosas, de «ello», me rodea.

Después hay otra dimensión, la del «yo-tú»: yo y mi amada, yo y mi amigo, yo y mi familia. Un mundo de personas. Este es el segundo ámbito.

Luego viene un tercer campo, «yo-*Eso*»: yo y el universo. Los Upanishads dicen,

Meditación
es la constante contemplación de Eso.

Ni de «ello», ni de «tú», sino de *Eso. Eso* significa el Todo. No es una cosa, no es una persona: es *Eso*. Pero, ¿porqué usamos *Eso*? Siempre que decimos *Eso*, queremos expresar algo que trasciende, algo que está más allá, algo que no está donde nosotros estamos, ni en nuestras relaciones con las cosas ni en nuestras relaciones con las personas... *Eso*. Sin nombre alguno, porque si le das un nombre, por ejemplo si le llamas Dios, se convierte en una relación del tipo «yo-tú». Si lo llamas «padre» o «madre» lo transportas a la segunda dimensión. Si dices que no hay Dios, entonces vives en un mundo unidimensional, «yo-ello».

Eso no es una cosa. Los teístas están prestos a decir que no es una cosa, pero dicen que es una persona. Los Upanishads no se refieren a ello ni siquiera como persona, porque convertirlo en una persona es limitarlo y volverlo persona es hacerlo finito. Simplemente utilizan la palabra *Eso*. Dicen, «Es todo, pero no podemos darle nombre porque no tiene forma, ni límite. Es la

Totalidad». ¿Cómo llamarlo? No lo llaman Dios, no lo llaman Divino, no lo llaman Señor, no lo bautizan con nombre alguno. No hay forma ni nombre. Simplemente utilizan la palabra *Eso*, y la constante contemplación de *Eso* es meditación.

Si puedes recordar *Eso* constantemente, entonces te hallas en meditación. Cuando estés con gente, recuérdalo; cuando estés con cosas, recuérdalo, acuérdate de *Eso*. Estés donde estés acuérdate de *Eso* - el Todo. No mires nunca lo limitado como lo limitado: mira siempre en la hondura y siente lo ilimitado. No veas nunca la forma como tal forma: mira en lo hondo y ve la ausencia de forma en ello. No contemples la cosa como tal cosa: profundiza, siéntela, y *Eso* te será revelado. No veas nunca a una persona como encasillada en su personalidad. Profundiza y percibe lo que va más allá, el más allá interior.

La continua contemplación de *Eso* es meditación. Sin ritual, sin método, sin técnica, simplemente contemplación continua. Pero es arduo, porque uno tiene que recordar continuamente, sin interrupciones, sin discontinuidad, sin un solo instante de olvido. Una continua recordación, constante, sin cesar. Somos incapaces de recordarnos incluso durante unos pocos segundos. Comienza tan sólo a contar tu aliento y recuerda cuántas inspiraciones eres capaz de contabilizar mientras recuerdas continuamente, recordando constantemente el proceso del respirar. El aliento que entra y el aliento que sale. Recuerda y cuenta. Cuentas hasta tres o cuatro, y ya te has olvidado. Algo distinto entra y ya te has olvidado. Y luego te acuerdas, «¡Oh, estaba contando, he contado tan sólo hasta tres y me he olvidado».

El «recordar» es la cosa más difícil, porque estamos dormidos. ¡Estamos profundamente dormidos! Caminamos dormidos, hablamos dormidos, nos movemos, vivimos, amamos, lo hacemos todo estando dormidos, en un profundo sonambulismo. Una hipnosis profunda y natural . Por eso es por lo que hay tanta confusión y tanto conflicto, tanta violencia y tanta guerra. Es realmente un milagro cómo la raza humana ha sobrevivido. ¡Tan dormidos, y aún así nos las ingeniamos!

Pero estamos dormidos. Nuestro comportamiento no es un comportamiento al que podamos denominar alerta, atento, consciente. No lo estamos. Ni por un sólo instante podemos ser conscientes de nosotros mismos. Pruébalo y siente cuán profundamente dormido estás. Si no me puedo recordar durante un solo minuto, durante sesenta segundos, ¡cuán dormido debo de estar!

Dos o tres segundos y el sueño se hace presente y dejo de estar ahí, ya me he ido. La consciencia ha sido abandonada, la inconsciencia ha entrado. Surge una densa oscuridad y, de nuevo, recuerdo que estaba intentando permanecer consciente.

P.D. Ouspensky estaba trabajando junto a Gurdjieff en este método de «recuerdo de sí». La primera vez que se encontró con Gurdjieff le dijo, «¿Qué quiere decir con «recuerdo de sí?» Yo me acuerdo de mí mismo. Soy P.D. Ouspensky».

Gurdjieff le dijo, «Cierra tus ojos y recuerda que eres P.D. Ouspensky, y cuando te olvides, dímelo. ¡Se honesto!»

Pasaron sólo dos o tres segundos y Ouspensky abrió los ojos y dijo, «He empezado a soñar. Olvidé que era P.D. Ouspensky. Lo he intentado tres o cuatro veces. Me he dicho a mí mismo, «Soy P.D. Ouspensky, soy P.D. Ouspensky, soy P.D. Ouspensky», y entonces un ensueño se presentó y deje de ser consciente».

A lo que Gurdjieff replicó, «El que tú sepas que eres P.D.Ouspensky, no es recuerdo de sí. En primer lugar no eres Ouspensky, y en segundo lugar esto no es recordarse. Cuando el recordarse se dé, tú serás el primero en negar que eres P.D. Ouspensky».

Durante tres meses Ouspensky lo intentó con toda su alma, a fondo. Cuanto más lo intentas más te das cuenta de lo duro que es. Cuanto más lo intentas más empiezas a sentir que «He estado dormido toda mi vida». Es una consciencia mecánica la que poseemos. Podemos funcionar con ella, hacer lo rutinario, pero nunca podemos profundizar. Durante tres meses, cuando lo intentó e intentó e intentó y se hizo consciente, surgió un nuevo pilar de consciencia. Cuando pudo sentir y permanecer consciente de forma permanente, Gurdjieff le pidió que fuera con él y saliera a la calle. Y Ouspensky dijo, «Por primera vez, en las calles de una gran ciudad, me di cuenta de que todo el mundo está dormido, de que todo el mundo se mueve en sueños. Pero yo había circulado por las mismas calles y nunca había sido consciente de ello. Y vi que todo el mundo estaba dormido, sólo que con los ojos abiertos». Se asustó tanto que tuvo que decirle a su Maestro, «No puedo seguir, tengo que regresar. Todos están tan dormidos que puede ocurrir cualquier cosa. No puedo seguir».

Siéntate junto a la calle y mira los ojos de la gente moverse. Te darás cuenta de que todos están encerrados en sí mismos. Nadie se da cuenta de lo que sucede a su alrededor. Alguno habla consigo mismo, algún otro mueve sus manos, haciendo gestos, puede que esté sumergido en algún sueño. Los labios se mueven, todos hablan por dentro; nadie es consciente de lo que sucede a su alrededor. Todos se mueven como autómatas. Van a sus casas, no necesitan ni recordar siquiera dónde están; se mueven automáticamente. Sus piernas se mueven, sus manos dirigen la dirección de sus automóviles, llegan a sus casas, pero todo el proceso en sí es sólo un sueño, una rutina mecánica. Los carriles están ahí y ellos lo único que hacen es circular por esos carriles. Por eso es por lo que siempre estamos temerosos de lo nuevo, porque entonces tenemos que crear nuevos carriles. Estamos asustados de lo nuevo porque con lo nuevo la rutina no funciona, y durante cierto tiempo debemos de estar alerta. Estamos siempre encajonados en nuestras fijas rutinas y estamos, en cierto modo, muertos. Una persona que duerme, en realidad está muerta. No se puede decir que esté viva.

Sólo por unos instantes, por unos breves momentos en toda la vida, nos volvemos conscientes, y esos momentos se dan o bien en profundos momentos de amor, que son escasos, ... Sucede tan sólo a unos pocos, a muy pocos. Y cuando sucede, todos sienten que este hombre se ha vuelto loco, porque se vuelve diferente por completo pues comienza a ver las cosas de un color distinto, con una música diferente, con una luz distinta. Empieza a mirar a su alrededor y contempla un mundo diferente. Desde luego, para nosotros se ha vuelto loco, por tanto podemos perdonarle porque «está loco». Está en «un sueño». La realidad es al contrario: nosotros estamos dormidos y por un breve instante él se ha vuelto consciente de una realidad más profunda. Pero él está solo, y esa consciencia no puede continuar porque es un suceso accidental.

No la ha conseguido con su propio esfuerzo. Simplemente ha sucedido. Es un accidente. Volverá a dormirse de nuevo y cuando se duerma sentirá que ha sido traicionado por su amante o su amada, porque la magia del amor ya no está presente. Esa magia llegó porque él se hizo consciente de un mundo distinto. En este mundo coexisten mundos distintos. El se hizo consciente y ahora está dormido otra vez, por eso siente que ha sido traicionado. Nadie le ha traicionado. Todos los amantes sienten que han sido traicionados. Unicamente ha ocurrido que, en un repentino despertar, ha visto otro mundo, con una belleza distinta, con diferentes sonidos, y ahora está dormido de nuevo. Este vislumbre ha desaparecido y ahora se siente traicionado. Nadie le ha traicionado. Tan sólo ocurrió que, de repente, se hizo consciente.

Uno se vuelve consciente o bien con el amor o bien con la muerte. Si de improviso caes en manos de la muerte, te harás consciente. En accidentes repentinos, como un coche dirigiéndose incontrolado a toda velocidad colina abajo, te vuelves consciente, porque no hay futuro y el pasado ha acabado. Sólo el momento presente, este momento de deslizarse colina abajo, lo es todo. Ahora se abre una dimensión distinta en el tiempo. Estás aquí y ahora por primera vez. Los sueños no son posibles porque no hay futuro. No puedes pensar en el futuro. El pasado se está acabando. Entre esos dos tiempos, en este instante, en esta calamidad, te vuelves consciente de que el amor y la muerte son los únicos momentos en que nos volvemos conscientes, pero ellos no están en nuestras manos. ¡No existen!

Por eso cuando el Upanishad dice, *«La constante contemplación de Eso»*, quiere decir que si puedes recordarte continuamente, constantemente, en todo, en cada instante, sea lo que sea, es *Eso* -dentro, fuera; si todo se vuelve un mero símbolo de la recordación de *Eso*, toda la consciencia explotará, el sueño desaparecerá, estarás consciente y despierto. Esa consciencia, ese estar despierto, es meditación.

Dos cosas más. «Continuamente» significa sin interrupción, sin un sólo instante de interrupción. Pero es difícil porque entonces tu vida se volverá imposible. Si continuamente lo recuerdas, ¿cómo podrás vivir, cómo podrás moverte, cómo podrás comer? Ese problema surge si empiezas a recordar su nombre, si empiezas a recordar «Ram», «Jesús» o una cosa de este estilo. Si comienzas a recordar su nombre, si lo llamas de alguna forma y empiezas a repetir «Ram-Ram-Ram», tu vida se volverá imposible, porque o bien te acuerdas de «Ram» o funcionas en la calle.

Un soldado fue traído ante mí, un hombre muy sincero, alguien muy devoto. Intentaba en todo momento recordar «Ram». Alguien, algún gurú le dijo que recordase «Ram» continuamente. ¡Llegó a estar tan absorto en esta repetición que su vida exterior se hizo del todo imposible, imposible! No podía dormir porque tenía que acordarse de «Ram». Si estás repitiendo «Ram-Ram-Ram» por dentro, no puedes dormir. Esta actividad constante no te lo permitirá. No podía salir a la calle porque si le tocaban el claxon no era capaz de oírlo. Estaba envuelto en su propia repetición, cerrado. Se volvió insensible. Era un soldado, por eso su capitán lo trajo a mí y me dijo, «No es capaz ni de escuchar. Le digo, «¡A la izquierda! Y se queda quieto, mirando. Está ausente. ¿Qué le pasa?»

El capitán me dijo, «¡Se ha vuelto algo imposible! Este hombre ha de ser hospitalizado».

Le pregunté al soldado, «¿Qué es lo que estás haciendo?»

El contestó, «Puedo decírselo a usted, pero no a mi capitán. Mi Gurú me ha dado un mantra para que lo repita continuamente, por eso estoy repitiendo «Ram-Ram-Ram». Y el repetir se ha hecho tan profundo - durante tres años lo he estado repitiendo sin cesar- que he perdido el sueño. No puedo percibir lo que sucede, no puedo oír lo que sucede a mi alrededor. Se ha formado una gran barrera entre yo y el mundo. Estoy encerrado en mi repetición de «Ram»».

El me preguntó, «¿Cómo puedo hacer ambas cosas?. Si tengo que estar repitiéndolo constantemente, no puedo hacer nada más. Dime que he de hacer. Y si hago algo más, el repetir se interrumpe. Las pausas se introducen.·»

Esto no es lo que se quiere decir aquí. Por eso es por lo que los Upanishads no dan ningún nombre, ni forma, sino que simplemente dicen *Eso*. Es posible recordar *Eso* continuamente, porque no has de recordar su nombre. Más bien has de sentir *Eso* en todo lo que hagas. ¡En el acarrear agua desde el pozo!

Un monje zen, Bokuju, fue interpelado, «¿Qué es lo que haces continuamente?»

El dijo, «No hago nada continuamente. Haga lo que haga, lo hago totalmente. Cuando acarreo agua del pozo, acarreo agua del pozo. Cuando corto leña, corto leña. Cuando duermo, duermo».

El que le interrogaba le preguntó, «Y así pues, ¿qué es lo que haces?»

Bokuju dijo, «No hago nada. Cuando corto leña, El está cortando la leña. Cuando acarreo agua, El está acarreando el agua. Y El es el agua que está siendo transportada, y El es la madera que está siendo cortada. ¡Ahora El es y yo no soy! Todo se ha vuelto un venerar y todo se ha convertido en una meditación».

Todo este Upanishad se ocupa de cómo convertir tu vida en pura veneración. Este Upanishad es absolutamente antirritualístico: no es necesario ningún ritual, tan sólo una actitud distinta. Recordar *Eso* al hacer, al dejar de hacer, pero recordando *Eso*. Y cuando digo «recordando *Eso*», no es un recordarse mentalmente. No tienes que recordar, «De acuerdo, esta piedra es *Eso*». Si recuerdas de esta forma, si recuerdas «Esta piedra es *Eso*», entonces eso no es recordar, porque todavía existen los dos, esa piedra y *Eso*. Cuando los Upanishads dicen, «constante contemplación de *Eso*», implica que la piedra debe desaparecer. ¡Sólo ha de quedar *Eso*! Esa es la comprensión más profunda; una comprensión constante.

Comienza a sentir. No toques nada sin el sentimiento de *Eso*; no ames a nadie sin sentir *Eso*; no te muevas, ni respires, sin el sentimiento de *Eso*. No es que tengas que imponer *Eso* a todo, tienes que descubrir *Eso* en todo. ¿Mmm? La distinción ha de ser clara. No tienes que imponer *Eso* a todo. Puedes imponerlo, pero será un truco. ¡Tienes que descubrirlo! Al ver una flor, puedes imponerlo y decir, « ¡Oh, esa flor es *Eso*!»

No impongas, no digas nada. Permanece en silencio junto a la flor. Mírala, mantente en profunda simpatía hacia ella, en una profunda comunión con ella. Olvídate de ti. Sé una consciencia pasiva allí, y la flor florecerá en *Eso*. El *Eso* será revelado.

Así que, ¡sigue descubriendo *Eso*! Esto es lo que quiere decir «constante contemplación».

Y la constante contemplación , es meditación.

LA DISOLUCIÓN EN LO CÓSMICO

En el vacío, ¿subsiste la individualidad?

*¿Por qué dos Maestros Iluminados
nunca se encuentran?*

¿Cómo puede uno escuchar con todo su ser?

¿Cómo se reconoce el auténtico sonido cósmico AUM?

Osho, dijiste la última noche que, aquellos que se han vuelto un vacío, como valles, no reaccionan sino que responden, y que las respuestas de esos distintos Iluminados serán distintas. Que el valle resonará de su propio y único modo.

Una pregunta surge ahora: si esos que se vuelven puro vacío, nada, conservan todavía una personalidad e individualidad. Si fuera así, explica por favor como es eso posible.

Esa es una de las paradojas de la vida espiritual: cuanto más se disuelve uno en lo Divino, más único se vuelve. La disolución no es de la individualidad, sino del yo. La disolución no es de lo singular sino del ego. Cuanto más tienes un ego, tanto más te asemejas a los demás, porque todo el mundo es un egoísta.

El ego es la cosa más común del mundo. Todo el mundo es un egoísta; incluso un recién nacido es un egoísta, un perfecto egoísta. Por eso no es un mérito de nadie, no es extraordinario. En realidad, puede decirse que ser ordinario es la cosa más extraordinaria, porque nadie se siente gente corriente. Por eso sentirse extraordinario es la cosa más ordinaria que existe. ¡Todo el mundo se siente así! Por eso el ego no es algo singular.

Si tú tienes un ego, no es nada particular. La ausencia de ego es verdaderamente la cosa más singular que existe, lo más raro, lo menos frecuente.

Ocurre sólo a veces. Pasan los siglos y en muy escasas ocasiones sucede que alguien llega a carecer de ego: un Buda, un Jesús. Pero cuando decimos que alguien se vuelve carente de ego, no implica que no sea. Al contrario, por primera vez, es;enraizado verdaderamente en su Ser. Deja de ser un ego.

Por eso, considéralo desde una óptica diferente: el ego es un fenómeno falso, es sólo una apariencia, no una realidad. No es algo arraigado en el Ser; es sólo un sueño, una idea, una quimera mental. Por eso cuanto más pertenezcas al ego, menos pertenecerás a la Existencia. Cuanto más concentrado estés en tu ego, menos auténtico serás. Te vuelves falso, una mentira existencial.

Cuando hablamos de volverse un vacío, una nada, como un valle, queremos decir que no hay ego, pero tú eres. Déjame expresarlo de esta forma: yo digo «yo soy», pero cuando el ego se disuelve sólo queda la pura cualidad de «ser». El «yo» ya no está ahí, sólo existe «ser», y por primera vez, puro, incontaminado, total. El ego lo contamina.

La palabra «personalidad» y la palabra «individualidad» no han de confundirse. Son totalmente distintas. No expresan nada parecido: son radicalmente distintas. La personalidad pertenece al ego, la individualidad al Ser. La personalidad es tan sólo una fachada. El ego es el centro y la personalidad la circunferencia. No tiene que ver para nada con la individualidad.

Esta palabra, «personalidad», es realmente reveladora. Deriva del griego «persona». «Persona» significa máscara. En el teatro griego, los personajes, los actores, usaban máscaras para esconder sus rostros de forma que la cara real permanecía oculta y la máscara-rostro se convertía en la realidad. «Personalidad» significa máscara: lo que no eres, pero que aparentas ser.

Por eso ofrecemos muchas caras. En realidad, nadie tiene una sola personalidad, ¿mmm?, tenemos múltiples personalidades. Todos tenemos que estar cambiando de cara todo el día. No puedes permanecer con un solo rostro. Resulta muy difícil porque cada vez que te encuentras con alguien debes de cambiar de cara. Delante de tu sirviente no puedes ofrecer el mismo rostro que ante tu amo. Delante de tu esposa no puedes tener la misma cara que delante de tu amada. Por eso, continuamente, utilizamos un sistema flexible de cambio de caras.

Durante todo el día, durante toda la vida, cambiamos de cara. Puedes darte cuenta de esto. Puedes percibir cuándo cambias de cara, porqué cambias de cara y cuántas caras tienes. Por eso, realmente personalidad quiere decir un sistema flexible de caras, y cuando te refieres a alguien como que tiene una gran personalidad, únicamente quiere decir que tiene un sistema más flexible. No es un hombre inamovible: posee un sistema más flexible. Puede cambiar fácilmente. Es un gran actor.

Esto es la personalidad: tienes que estar construyéndola a cada instante. Y así nadie puede estar a gusto con su personalidad.

Es un constante esfuerzo. Por tanto, si estás cansado, tu personalidad perderá brillo. Por la mañana tu personalidad tiene cierto brillo, por la noche ha desaparecido. Todo el día usándola; es un constante cambio. Por eso cuando uso la palabra «personalidad», quiero decir una falsa apariencia que has creado a tu alrededor.

La individualidad es algo más. Individualidad no implica algo construido y creado por ti, si no por la verdadera naturaleza de tu ser. Otra vez, la palabra «individualidad» es muy reveladora. Significa todo lo que no puede ser dividido, lo que es indivisible. Poseemos una naturaleza intrínseca e inherente que no puede ser dividida, que es indivisible. Carl Gustav Jung prefiere utilizar la palabra «individualización» (*) en referencia a uno de los fenómenos más trascendentes. Dice que la individualización es el camino hacia la Verdad, hacia lo Divino. Individualización: ser un individuo.

La palabra hindú «yoga» significa lo mismo que individualización. El término «yoga» significa reunir de nuevo lo que se ha vuelto divisible, re-unir lo que se ha dividido, recuperar lo indivisible. Al traducir «yoga» al español (**) sería mejor traducirlo como «camino hacia la individualización». Esta individualidad permanece, y se vuelve más penetrante, más aguda. En el instante en que pierdes el ego, en el instante en que descartas tus personalidades, te vuelves individual.

Esta individualidad es un fenómeno especial. Es irrepetible. Un Buda no puede ser repetido, un Gautama Sidarta puede ser repetido; un Jesús puede ser repetido, pero no Jesucristo. Jesús significa la personalidad; Jesucristo significa, la individualidad. Gautama Sidarta es común, puede ser emulado. Cualquiera puede ser un Gautama Sidarta. Pero en el instante en que Gautama Sidarta se Ilumina y se convierte en un Buda, el fenómeno es irrepetible. ¡Es único! Nunca fue antes ni nunca volverá a ser. Esta cualidad de ser un Buda, esta cima de realización, es tan singular que no puede ser repetida.

Por eso cuando digo: sé como un valle, y cuando digo que cada valle resonará de modo distinto, quiero decir que cada valle

* N. del T.- En inglés en el original , «individuation».
** N. del T.- En inglés figura , «al traducir ... al inglés».

tiene su propia individualidad. Buda tiene la suya, Jesús la suya, Krishna la suya. Así que, realmente, es bueno que lo comprendas.

¿Por qué Krishna, Cristo y Buda difieren tanto? ¡Son distintos! Difieren tanto como es posible, pero aún son, en profundidad, uno. Por lo que a la individualización implica, son uno; en lo concerniente a sus individualidades son distintos. Han alcanzado lo Indiviso. Han conocido lo Indiviso, la unidad básica de la Existencia. Pero esta unidad básica y su realización no implica que ahora no sean únicos. Ahora son realmente únicos. Por eso es por lo que digo que es una de las paradojas.

Dos personas comunes pueden ser distintas, pero su diferenciación nunca será absoluta, total. ¡Nunca! Incluso en su disimilitud poseen semblanzas. En realidad, su diferencia sólo es gradual. Aunque supongan lo contrario uno de otro, su diferencia sólo es cuantitativa. Una persona que es comunista y una que es anticomunista sólo se diferencian cuantitativamente. La persona que es anticomunista es todavía comunista sólo que en un menor grado. Una persona que es comunista es todavía un capitalista, pero en menor grado. La diferencia siempre es de grados. Y pueden cambiar; pueden cambiar de bando muy fácilmente, no hay problema. En general, cambian. La diferencia tan sólo es como la que hay entre el frío y el calor: de grados. Pero un Buda y un Krishna, un Cristo y un Mahoma, un Lao Tse y un Mahavira ... su diferencia no es de grados. Ellos nunca se encuentran. Y ésta es la paradoja: han alcanzado la Unidad, y aun así no son iguales. La diferencia no es de grados. La diferencia estriba en su singularidad.

¿Qué quiero decir con singularidad?

Podemos concebir la unidad muy fácilmente. Una gota de agua cae en el océano y se vuelve uno con él, pero esta unidad está yerta; es una unidad muerta. La gota ha desaparecido para siempre; ya no está en ninguna parte. Un Buda no desaparece así. Su desaparición se hace de forma distinta. Si colocas una llama ante el Sol, la llama se vuelve una con el Sol, pero no pierde su individualidad. Permanece como ella misma. Si encendemos cincuenta llamas en esta habitación crearán una sola luz, pero cada llama será única en sí misma. Por eso la disolución en lo Cósmico no es una simple disolución. Es muy compleja. La complejidad es ésta: el que se disuelve, permanece. Antes bien, al contrario, por primera vez, «es».

Esta individualidad resuena de modo diferente, y esa es su belleza. ¡Es hermoso! De otra forma sería desagradable. Tan sólo considera: si Buda hubiese resonado del mismo modo que Jesús, el mundo sería más pobre, muy pobre. Un Buda responde según su propio estilo; un Jesús lo hace en el suyo propio. Por ello, el mundo es aún más rico y de ahí su belleza. El mundo es más libre y tú puedes ser tú mismo.

Pero uno debe recordar esta distinción: cuando digo que puedes ser tú mismo, no me refiero a tu ego. Cuando digo que puedes ser tú mismo, me refiero a tu naturaleza, tu Tao, tu Existencia. Pero ella tiene una individualidad. Esa individualidad no es una personalidad. Por eso digo que pertenecen a la misma Existencia, aunque individualmente. Resuenan desde la misma hondura, pero individualmente. No hay ningún ego presente; tan sólo la singularidad permanece.

Este mundo no es tan sólo una unidad incolora; no es monótono, es multicolor, es multitonal. Puedes crear música con sólo una nota, pero resultará aburrida y monótona. No puede percibirse como vital, no puede ser bella. Mediante la utilización de distintas notas se logra una armonía más compleja y más sutil. Es multitonal. Hay una armonía de fondo, pero no resulta monótona. Y cada nota posee su propia individualidad. Contribuye a la armonía total, y contribuye tan sólo porque posee su propia individualidad.

Un Buda contribuye porque es un Buda, y Jesús contribuye tan sólo porque es Jesús. Aporta una nueva nota, una nueva vibración. Con él nace una nueva armonía. Pero esto es posible únicamente porque él posee una individualidad. Y esto no es aplicable sólo a cosas profundas. Incluso en las cosas más triviales y sencillas, Buda y Jesús difieren. Un Buda camina según su modo propio, nadie puede caminar como él. Un Jesús mira como sólo él puede hacerlo, nadie puede mirar así. Sus ojos, sus gestos, sus mismas palabras, son únicas. Los otros no pueden tan siquiera concebirlas...

Este mundo es una armonía de notas singulares, y la música es más rica por ello: cada valle resonando según su propio estilo.

Todos esos «buenos consejeros» que intentan imponer una unidad muerta, que intentan borrar todo rastro de individualidad de uno, que dicen que el Corán significa lo mismo que el Gita, que dicen que Buda enseña lo mismo que Mahavira, no se dan cuenta en verdad de las tonterías que están diciendo. Y si pudieran resultar vencedores, el mundo se convertiría en un mundo pobre. ¿Cómo puede el Corán expresar lo mismo que el Gita? ¿Y cómo puede decir el Gita lo mismo que el Corán? El Corán tiene su propia individualidad, ningún Gita puede decir eso, ningún Corán puede copiar el Gita, porque Krishna tiene su propia aura; Mahoma, la suya propia. Nunca se encuentran y aun así, sostengo que se mantienen sobre la misma base. Nunca se encuentran, y de ahí su belleza. Y nunca se encontrarán. Son como dos líneas paralelas hacia el infinito.

Nunca se encontrarán. Esto es lo que quiero expresar cuando digo singularidad: son como cumbres. Cuanto más alto asciende un pico, menor es la posibilidad de conectar con otro. Puedes conectar cuando estás en la base; todo está conectado, pero cuanto más alto subes, cuanto mas semejante a un pico te vuelves, menor es la posibilidad de cualquier contacto. Por eso son como cumbres de los Himalayas, sin encontrarse nunca. Y si intentas imponer una falsa unidad sobre ellos, sólo lograrás destruir los picos.

Son diferentes, pero sus diferencias no suponen confrontación, sus diferencias no suponen necesariamente un conflicto. El conflicto surge cuando no estás dispuesto a aceptar las diferencias. Entonces te pones a buscar similaridades. O encontramos similitudes o nos enemistamos. O bien dicen los mismo, o nos enemistamos.Solamente tenemos dos alternativas, y ambas equivocadas. Ambas pertenecen a una misma actitud. ¿Por qué no pueden ser ellos distintos? Totalmente distintos, sin encontrarse nunca. ¿Cuál es la necesidad de disputar? En realidad, notas distintas originan bellas armonías. Y así surge una conexión más profunda, no una conexión entre las mismas notas sino en lo que las notas crean. En la armonía surge el encuentro.

Pero uno debe de comenzar a percibir dicha armonía. Si uno sólo es capaz de reconocer la nota discordante - un Mahoma, un Jesús, un Buda, son sólo notas - no se percibe armonía alguna. Y el universo es una armonía. Si eres capaz de empezar a percibir las discontinuidades y la unidad subyacente y las elevadas cumbres que nunca se encuentran, y si eres capaz de ver este conjunto en una totalidad, en una unidad comprensiva, entonces aceptas ambos: la individualidad y la armonía común. Entonces deja de haber problema. ¡No existe!

¿Puede esto explicar también el por qué Mahavira y Buda, que eran contemporáneos, nunca se encontraron, nunca se cruzaron físicamente?

¡No podían encontrase! ¡Ni incluso físicamente! Se aproximaron a un encuentro en multitud de ocasiones. Una vez se alojaron en el mismo *sarai*, en la misma posada, en un extremo Mahavira y en el otro Buda. Pero no hubo encuentro. Atravesaron los mismos pueblos. Toda su vida se la pasaron en Bihar, una región muy pequeña. Visitaron los mismos pueblos, se quedaron en los mismos pueblos, hablaron a los mismos auditorios. Sus seguidores iban y venían de Mahavira a Buda y de Buda a Mahavira. Hubo mucha controversia; se habló mucho de ello, pero nunca se encontraron.

¡No podían encontrarse! Sus mismas esencias eran tales cumbres que no había posibilidad de encuentro. El encuentro se había vuelto intrínsecamente imposible. Incluso sentados uno junto al otro, no había posibilidad de encuentro. Incluso si ante nosotros aparecieran juntos y abrazándose, nunca se encontrarían. Su encuentro es algo imposible. Son tan singulares, tan semejantes a cumbres, que el encuentro en lo interior es imposible. ¿Y cuál es entonces el sentido de un encuentro exterior? ¡Es inútil; no tiene sentido!

Esto nos parece inconcebible. Pensamos que dos buenas personas deberían conectar. Para nosotros, la actitud de mantenerse a distancia es algo malo. Pero en realidad, no hay una actitud de alejamiento, ¡hay una imposibilidad de encuentro! No es que a Buda no le apeteciera encontrase con Mahavira. No es que Mahavira fuera reticente. No, simplemente es imposible; no puede ocurrir. No hay una actitud en ello. En verdad es algo milagroso. Durmieron en el mismo pueblo, se alojaron en el mismo *sarai*, pero nunca, ni en la literatura budista ni en las escrituras jainas, aparece referencia alguna de alguien que sugiriera su encuentro. Ni una sola referencia. No aparece ni siquiera una indicación relativa a que lo mejor hubiera sido que se hubiesen encontrado. Es algo milagroso, sorprendente. Ninguno negó al otro. Ni Buda ni Mahavira dijeron: «No me reuniré contigo ! ¿Porqué no se reunieron? ¡Era una absoluta imposibilidad! ¡No era posible!

Para nosotros que permanecemos a ras del suelo nos parece algo extraño, pero si estuvieses en la cumbre no te lo parecería. ¿Por qué no pides a una cumbre de los Himalayas que se reúna con otra? Están tan cerca, ¡tan cerca! ¿Por qué no pueden encontrarse? Su mismo ser, su misma condición de cumbre, crea la imposibilidad. Así pues, no es una cuestión de porqué no se encontraron. No pueden, nunca podrán. La puerta está cerrada. Y aún así sostengo que son uno ; por muy distinto que pueda ser un pico de otro, en sus raíces son uno. Puede que pertenezcan a la misma parte de la Tierra, pero únicamente en sus raíces son uno.

Hay otro punto que considerar: debido a que son uno en sus raíces, no tienen necesidad alguna de encontrarse. Sólo aquellos que no son uno en la base tratan de encontrarse, porque saben que, verdaderamente, no hay encuentro.

Mucha gente me ha preguntado que porqué no he probado de sintetizar todas las religiones. Gandhi lo intentó, muchos otros, incluyendo a los teósofos, lo intentaron. Han probado de sintetizar todas las religiones. Te digo que si lo intentas demuestras que sabes que no hay síntesis. El esfuerzo demuestra que percibes que, de alguna forma, las religiones están divididas. Yo no siento esto en absoluto. En su raíz son una, en las cimas se hallan divididas y deben estar divididas. Cada pico posee su propia belleza. ¿Por qué destruirla? ¿Por qué crear algo falso que no está allí? Un pico debe de ser un pico, un individuo. En la tierra son uno.

Por eso el Corán debe de permanecer como puro Corán. No se debe imponer nada, de infiltrar nada del Gita, del Ramayana o de cualquier otra procedencia. Sin interpolaciones, sin mezclas. El Corán debe seguir en su pureza como Corán. Es un pico, un bello pico. ¿Por qué destruirlo? Esto es posible si eres consciente de una unidad más profunda a nivel del suelo, en las raíces.

Las religiones son una en su raíz, pero nunca en su expresión, y no debería ser así. Por eso, a medida que el mundo progresa, a medida que la conciencia humana se vuelve más consciente, más integrada, surgirán nuevas religiones. No habrá menos, si no más. En último término, si cada ser humano se vuelve un pico, habrá tantas religiones como seres humanos. ¿Por qué debiera uno de seguir a Mahoma si el mismo puede convertirse en una cumbre? ¿Por qué debería uno de seguir a Krishna si él mismo puede convertirse en un pico?

Esto es una desgracia, el que uno tenga que seguir a otro. Es sólo un mal necesario. Si no puedes volverte pico, sólo entonces has de seguir. Pero sigue de tal modo que cuanto antes te vuelvas pico, mejor. Podemos tener un hermoso mundo, un mundo mejor con una mejor Humanidad, siendo todos picos singulares. Pero esa cumbre se alcanza sólo a través de la individualización, mediante la disolución del ego y de la falsa personalidad, y el permanecer centrado en tu naturaleza, en tu puro ser. Entonces te vuelves como un valle, y luego resuenas.

Osho, ayer explicaste los tres modos de escuchar: primero, el escuchar a través del intelecto; segundo, escuchar a través de la emoción, la simpatía y el amor; y tercero, mediante la totalidad del ser, mediante la fe. Considerando las dos primeras clases de escucha, ¿cómo puede uno alcanzar el tercer tipo de escucha, esto es, mediante la totalidad del ser, mediante la fe? Y ¿están el intelecto y las emociones incluidas e implícitas en el tercer tipo de escucha?

La escucha intelectual significa que cuando estás escuchando, simultáneamente estas argumentando en tu interior. Tiene lugar un constante debate. Te digo algo, tú estás escuchando y dentro se desarrolla constantemente un debate: sobre si esto es correcto o no. Comparas con tus propios conceptos, con tu ideología, con tu sistema. Así que, constantemente, mientras me escuchas, sopesas si confirmo tus ideas o no, si estoy de acuerdo contigo o no, si lo aceptas o no, si te convenzo o no. ¿Cómo es posible que se de el escuchar de este modo? Estás demasiado lleno de ti mismo, por eso es milagroso que dentro de esta constante agitación seas capaz de escuchar algo. E incluso entonces, sea lo que sea que oyeres no será lo que he dicho. No puede serlo, porque cuando la mente está llena de sus propias ideas, colorea todo lo que le llega. Oye, no lo que se le está diciendo sino lo que quiere oír. Escoge, descarta, interpreta, y sólo entonces algo penetra, pero tiene ya una forma distinta. Esto es lo que quiero decir con el escuchar desde el intelecto.

Si quieres profundizar en lo que se dice, esta agitación interior ha de cesar. ¡Debe cesar! ¡No debe continuar! De otro modo, tú lo interpretas a tu estilo y estás destruyendo a cada momento la posibilidad de que algo te pueda suceder. Tú puedes perdértelo, y todo el mundo se lo está perdiendo.

Vivimos encerrados en nuestras mentes y llevamos este encapsulamiento dondequiera que vayamos. Veamos lo que veamos, oigamos lo que oigamos, suceda lo que suceda, nunca es transmitido a la consciencia interior directamente. La mente permanece como barrera entremedio, siempre confundiendo.

Uno debe darse cuenta de esto. Es lo primero para poder profundizar. Esto es lo primero para pasar al segundo estado de escucha: ser conscientes de lo que tu mente te está haciendo. Se entromete. Vayas dónde vayas, va antes que tú. No es como una sombra que te sigue. Tú te vuelves su sombra. Se pone en movimiento, y tú la has de seguir. Va delante tuyo y lo colorea todo. Por eso nunca estás en contacto con la «facticidad» de algo. La mente crea ficción.

Deberías darte cuenta de este fenómeno, de lo que la mente está haciendo. Pero no lo haces, porque estamos identificados con la mente, nunca creemos que la mente está haciendo algo. Cuando digo algo y no encaja totalmente con tus ideas, nunca piensas que sea la mente la que no encaja con lo que digo. Piensas, «No, no me convence». No tienes una distancia entre tú y tu mente. Estás identificado; ese es el verdadero problema. Así es como la mente puede engañarte.

Te identificas con una idea o con un proceso mental. Y es extraño, porque tan sólo dos días antes ese pensamiento no era tuyo. Lo oíste en algún lado, ahora lo has absorbido y se ha vuelto tuyo. Y ahora este pensamiento te dirá: «No, esto no es lo correcto porque no encaja conmigo». No percibirás la diferencia de que es la mente la que está hablando, de que es la memoria la que está hablando, de que es el mecanismo el que está hablando. No sentirás que «Debo permanecer distante».

Incluso si tienes que comparar, si tienes que juzgar, debes permanecer distante, separado de tu memoria, de tu mente, de tu pasado. Pero hay una identificación sutil: «Mi mente soy yo». Por eso digo : «Soy un comunista» o «Soy católico» o «Soy hindú». Nunca digo: «Mi mente se ha desarrollado de tal forma que mi mente es hindú». Este es el hecho: tú no eres hindú. ¿Cómo puedes ser tú un hindú? Sólo la mente lo es. Si tú fueras hindú no existiría posibilidad alguna de transformación.

La mente puede ser cambiada y tú debes ser capaz de cambiarla. Si te identificas con ella, pierdes tu libertad. La mayor libertad es liberarte de tu propia mente. Lo más grande, lo digo: liberarte de tu propia mente. Porque es una dependencia sutil, tan profunda que nunca percibes que es una dependencia. La prisión misma se vuelve tu casa.

Mantente constantemente alerta sabiendo que tu mente no es tu consciencia. Y cuando más consciente seas, más percibirás que la consciencia es algo totalmente distinto. Consciencia es la energía; mente es sólo el contenido de ideas. ¡Sé su amo! No le permitas que se vuelva ella el amo, no le permitas que te dirija en todo. Haz que te siga, úsala, pero no seas usado por ella. Es un instrumento, pero nos identificamos con este instrumento. ¿Mmm? Rompe la identificación. Recuerda que tú no eres la mente.

Pero en realidad la gente llamada religiosa siempre recuerda: «No somos el cuerpo». Nunca recuerdan. «No somos la mente». Y el cuerpo no constituye esclavitud ninguna. ¡La mente es la esclavitud! ¡Tu cuerpo no es una esclavitud en absoluto! Tu mente lo es. Y, en verdad, tu cuerpo proviene de la naturaleza, de lo Divino, y tu mente proviene de la sociedad. Por eso el cuerpo posee una belleza, pero nunca la mente. La mente siempre es algo feo. Es una cosa cultivada, un falso montaje. El cuerpo constituye una dimensión maravillosa. Y si puedes desprenderte de la mente, no percibirás conflicto alguno con el cuerpo. El cuerpo se transforma en una puerta hacia algo más grande, hacia la expansión infinita. No hay nada desagradable en el cuerpo, ¿mmm?, es un florecimiento natural. Pero la gente llamada religiosa está siempre en contra del cuerpo y a favor de la mente. ¡Y han creado tanto revuelo! ¡Han creado tanta confusión! Y han destruido toda sensibilidad, porque el cuerpo es la fuente de toda sensibilidad. Si decides empezar a ir en contra del cuerpo, te vuelves un insensato.

La mente es sólo una acumulación de conocimiento del pasado, de información, de experiencias. Es sólo un ordenador. Estamos identificados con él. Uno es cristiano, uno es hindú, uno es comunista, uno es católico, uno es esto y lo otro, pero nunca se es uno mismo, siempre identificándote con algo, de alguna manera. Recuerda esto: mantente alerta y crea una distancia entre tú y tu mente. Nunca crees distancia entre tú y tu cuerpo. ¡Crea una distancia entre tú y tu mente! Te sentirás más vivo, más como un niño, más inocente y más consciente.

Por eso lo primero es crear una distancia, esto es, no identificarse. Recuerda que no eres la mente y entonces el primer tipo de escucha cambiará hacia el segundo.

El segundo es emocional, compasivo, profundamente sentido. Es una actitud amorosa. Estás escuchando música u observando una danza; no te acuerdes del intelecto, empiezas a participar. Cuando estás viendo una danza, tus pies comienzan a participar; cuando escuchas música, tus manos empiezan a participar, empiezas a volverte parte de ella. Este es un modo de escuchar desde el sentimiento; más profundo que el intelecto. Por eso es porque, siempre que eres capaz de escuchar con tu corazón y sentimientos, te sientes dichoso, te sientes transportado a algún lugar. No estás en este mundo. En realidad, estás en este mundo, pero sientes que no estás en este mundo. ¿Por qué? Porque no perteneces al mundo del intelecto. Se abre una dimensión distinta, empiezas a estar activamente en ella.

El intelecto es siempre un observador desde afuera, nunca desde dentro. Por eso, cuanto más crece lo intelectual en el mundo, más nos volvemos pasivos observadores. En todo. No bailarás, verás a otros bailar. Si esto sigue así como va ahora, día a día, pronto no vas a estar haciendo nada. Tan sólo observarás a los demás hacer. Esto se hará posible algún día: no amarás. Se ha vuelto realidad, ahora. Observas a los demás como aman. ¿Qué es lo que estás viendo en una película? ¡A los otros amándose! Eres tan sólo un observador. Un observador pasivo, muerto. Contemplas cómo juegan los demás. Observas a los demás como cantan, cómo bailan.

En alguna parte un personaje de Camus dice: «El amar no es para mí. Mis sirvientes lo harán». ¡Amar! ¡Un hombre realmente rico! Incluso el amor ha de ser hecho por sus sirvientes. ¿Por qué debería él de hacerlo? La lógica es la misma. Si los sirvientes pueden interpretar la música por ti, si tus sirvientes pueden orar por ti, ¿porqué no amar? Un sirviente está rindiendo culto en tu lugar en el templo, así qué ¿porqué no amar? Si un sirviente puede ser empleado entre tú y lo Divino, ¿porqué no entre tú y tu amado o tu amante? ¿Qué hay de malo en ello? La lógica es la misma. Y, verdaderamente, pronto los que sean ricos dejarán de hacer el amor por sí mismos, porque sus sirvientes pueden hacerlo. Sólo los pobres tendrán que hacer el amor por sí mismos y se sentirán desgraciados por ello. Todo puede ser delegado. Puedes mantenerte sólo como observador, porque el intelecto es básicamente un observador, nunca un participante. Si creamos un mundo en torno al intelecto, esto es lo que va a ocurrir.

El segundo centro está más implicado. Empiezas a participar. Te digo que comprenderás más si comienzas a participar porque en el instante en el que te mueves con el sentir, tu mente está abierta. Más abierta que cuando estás en constante disputa. Está abierta, receptiva, invitando.

Así es cómo uno puede escuchar a través del sentimiento. Pero hay todavía algo más profundo que el sentimiento y a esa profundidad yo la llamo escucha total. Con todo tu ser, porque el sentimiento es, de nuevo, una parte. El intelecto es una parte, el sentimiento es otra parte, la fuente de acción es otra. Hay muchos componentes en tu existencia, en tu ser. Puedes escuchar con el sentimiento mejor que con el intelecto, pero aún sigue siendo sólo con una parte. Y cuando escuchas con tu sentimiento, el intelecto se va a dormir, pues en caso contrario molestará. ¡Se va a dormir!

El tercero es la escucha total, sin apenas participar en ello, sino siendo uno con ello. Un modo es contemplar la danza con el intelecto; otro es sentir la danza y empezar a participar en ella. Sentado en tu asiento, el danzador danza. Comienzas a participar, empiezas a llevar el ritmo. Y el tercero es volverse la danza misma. No el danzador, sino la danza. La totalidad del ser está implicada. No estás afuera siquiera para percibirlo: ¡Tú eres ello!

Así que recuerda que el conocimiento más profundo es posible sólo cuando te vuelves uno con algo. Mediante la fe.

¿Cómo llegar a ello? Sé consciente de tu intelecto, desidentifícate de la mente. Luego viene el segundo: el sentir. Sé consciente de que el sentimiento es sólo una parte y todo tu ser yace muerto. La totalidad no está ahí, así que trae la totalidad a ello. Cuando la totalidad se hace presente no es que se reniegue del intelecto o que se reniegue del sentimiento. Ellos están ahí, pero ahora están sumidos en una diferente armonía. No se niega nada. Todo está ahí, pero ahora según un esquema distinto. Todo el ser participa, está en ello, se ha vuelto ello.

Por eso, cuando escuchas, hazlo como si te hubieras convertido en el escuchar en sí. Cuando digo algo, déjalo que penetre en ti sin lucha, sin emotividad, sino de un modo total. ¡Sé ello! Déjalo que entre. ¡Que vibre, sin resistencia, sin sentimiento, pero con plenitud! Experiméntalo y comenzarás a vivir una nueva dimensión de la escucha. Y esto no sólo es válido para el acto de escuchar: lo es para todo. Puedes comer así, puedes caminar así, puedes dormir así, puedes vivir así.

Kabir envió a su hijo Kamal al campo cierto día. Las vacas de Kabir no tenían de qué comer, así que envía a su hijo al campo a cortar un poco de hierba. Kamal se va y no vuelve. Llega la tarde y llega la noche y Kabir aguarda y las vacas están hambrientas. ¿Dónde se ha ido Kamal? Entonces Kabir decide ir a buscarle.

Kamal está en un campo de hierba. El sol se está poniendo, el viento sopla, la hierba ondula como las olas, y Kamal está ahí cimbreándose con la hierba. Todo el día se lo ha pasado así, y Kabir llega y le dice, «¿Te has vuelto loco Kamal? ¿Qué es lo que haces?»

De repente Kamal es traído de vuelta a un mundo diferente y dice, «¡Oh! Olvidé qué soy Kamal. Me volví como la hierba. ¡Dejé de ser! ¡Me volví hierba! Me moví con ella, bailé con ella y olvidé el porqué había venido aquí. Dímelo ahora, ¿a qué vine?»

Kabir le dice, «¡A cortar hierba!»

Entonces Kamal se ríe y le contesta, «¿Cómo puede uno cortarse a sí mismo? Hoy no es posible. Volveré otra vez y lo probaré, pero no puedo prometerte nada porque he conocido una dimensión distinta. Un mundo diferente se ha abierto ante mí».

Kabir, desde este día, llamó a su hijo, Kamal. Kamal significa «un milagro».

¡Este es el milagro! Si puedes absorberte totalmente en algo, el milagro sucede. Y esto no sólo es aplicable al acto de escuchar, es aplicable a todo. ¡Sé total! ¡Muévete totalmente! No te dividas. Nunca te dividas. Cualquier división es un desperdicio de energía, cualquier división es suicida. ¡No dividas! Si amas, ama totalmente, no te contengas. Si escuchas, escucha totalmente, no retengas nada. Tan sólo muévete íntegramente.

Sólo este movimiento total puede llevarte a una vivencia en dónde no se puede encontrar al ego. Puede ser hallado con el intelecto, puede ser hallado con el sentimiento, pero nunca con todo tu ser. Puede encontrase con el intelecto porque el intelecto no tiene un centro propio. No permitirá al centro de la totalidad que entre en escena, por eso el intelecto ha de crear su propio centro. Se convierte en el ego. El sentimiento no permitirá lo total; de este modo el sentimiento tiene su propio centro: se convierte en el ego.

Por eso es que los hombres y las mujeres tienen distintos tipos de egos, porque el ego del hombre está centrado en el intelecto y el ego de la mujer está centrado en el sentimiento. Tienen distintas calidades de ego. Por eso un hombre no puede entender nunca a una mujer y una mujer nunca puede entender a un hombre. Tienen distintas clases de centro y diferentes lenguajes.

Cuando el intelecto dice sí, quiere decir sí. Cuando lo emocional dice sí, no implica necesariamente que quiera decir sí. Cuando lo emocional dice no, puede significar que sí, puede que sea tan sólo una invitación para que sea persuadida un poco más. Si tomas lo que dice una mujer literalmente, estarás en dificultades, porque su palabra no es una aseveración de tipo intelectual. Tiene un modo distinto de actuar, una cualidad distinta. El intelecto posee un ego directo, matemático. Puedes comprenderlo fácilmente. Por eso el entender a un hombre no es algo difícil porque su lógica es directa: dos y dos son cuatro. Comprender a una mujer es diferente porque su lógica no va en línea recta. Se mueve en círculos de modo que dos y dos nunca hacen cuatro. Pueden ser igual a cualquier cosa, pero nunca cuatro. Su lógica se mueve circularmente. Lo emocional se mueve en círculo. La lógica y el intelecto se mueven en línea recta.

Cuando algo se mueve en círculo nunca puedes tener certeza sobre lo que significa porque puede significar lo contrario. En poco tiempo se habrá desplazado sobre el círculo y será lo opuesto de su propia aseveración. Así que con una mujer uno tiene que ser consciente no de lo que ella dice, sino de lo que quiere decir. Lo que diga no tiene mucha importancia. Lo que quiere decir sí la tiene. Y su significado es a veces muy diferente.

Por eso siempre ha ocurrido que las personas muy intelectuales nunca han estado muy a gusto con sus esposas. ¡Nunca! Sócrates, un hombre muy inteligente, un genio intelectual, conocía todos los rincones de la lógica, pero nunca se encontró a gusto con su mujer, Xantipe. ¡Nunca! No era capaz de comprender lo que ella le decía. O sea, entendía lo que le decía, pero no comprendía nunca lo que quería decir con ello. El era tan lógico que siempre la malinterpretaba. El era directo, seguía una línea y ella se movía en círculos.

El intelecto tiene su propio ego: directo, en línea. Lo emocional tiene su propio ego: circular. Ambos poseen egos. Pero lo total no tiene ego. Lo total posee individualidad. Por eso cuando alcanzas la totalidad, no eres ni hombre ni mujer. Eres ambos y no eres ninguno. Trasciendes y abarcas ambos. Esto es lo que quiere decir *Ardhanarishvar*: medio hombre y medio mujer. En el interior sucede una profunda comunión. Te vuelves total, uno, sin división.

Una cosa debes saber: esto no es algo fijo. Cuando digo que el hombre posee un ego intelectual, no es una afirmación absoluta. En algunos momentos puede volver al ego emocional. En algunos momentos una mujer puede tener un ego intelectual. Y entonces las cosas se complican. Cuando un hombre se halla en dificultades, regresa al ego emocional. Empezará a llorar y hablará en un modo que le es incomprensible. Y más tarde dirá: «¡No puedo explicar lo que me pasó! A pesar de mí mismo, comencé a llorar, comencé a actuar de una forma en la que no debería haber actuado». Un hombre muy fuerte, en una situación especial, puede empezar a comportarse de un modo muy emocional. Y una mujer muy emocional puede, en una situación particular, comportarse de una forma masculina. En un contexto distinto el ego puede cambiar desde un centro a otro. Esto crea más complicaciones, pero uno ha de ser consciente.

Tanto con el sentimiento como con el intelecto, el ego está presente. Sólo con la totalidad el ego está ausente. Por eso te doy un criterio: Si tú estás presente y no sientes «yo» alguno, eres total. Estás sentado aquí: escuchando como si no tuvieras «yo». Los oídos están ahí, el escuchar está ahí, tu conciencia está ahí, pero sin «yo». Entonces eres total. ¡Cómo puedes estar dividido sin «yo»? Sin ego, ¿cómo puedes estar dividido? El ego es la división.

Y así como te dije que hay muchas personalidades, hay muchos egos. Cada centro tiene su propio ego. El intelecto tiene el suyo propio. La emoción tiene el suyo propio. El centro sexual tiene su propio ego, su propio «yo». Si profundizas en la bio-estructura del cuerpo, cada célula tiene su propio ego. Esa es la división. Si careces de ego, si tan sólo estás, sin sentimiento de «yo», entonces eres total. Y en ese ser total, incluso si por un sólo instante eres total, serás Despertado súbitamente. ¡Y en este estado cualquier cosa puede Despertarte, cualquier cosa!

Una monja zen estaba transportando una vasija con agua. Durante treinta años vivió en el monasterio, trabajando sin descanso, meditando, esforzándose en alcanzar la serenidad, en alcanzar un estado dónde la Verdad pudiera reflejarse. Pero ésta no había venido.

De repente, la vasija cae al suelo y se rompe hecha añicos. Ella permanece inmóvil, como aniquilada, y el agua se desparrama, y ella ha Despertado. De repente alcanza la Iluminación. Corre, baila, va al templo. Su Maestro acude, toca sus pies y le dice, «Ahora eres un Buda: has llegado».

Pero la monja pregunta, «Dime, ¿cómo ocurrió? Lo intenté de todas las formas, continuamente durante treinta años y no sucedió. Y esta mañana decidí que era talmente un absurdo y que no sucedería, así que abandone todo esfuerzo. Así qué ¿ porqué, en este día, ha sucedido?»

El Maestro le contesta, «Porque por primera vez fuiste total y sin ego. El esfuerzo crea ego. El mismo esforzarse era la barrera. Ahora, sin ningún esfuerzo, sin motivo, sin ambición alguna, estabas llevando esta vasija con agua y. .. de repente la vasija cae -¡bang! - la vasija ha caído y se ha roto, y en un instante te vuelves consciente, sin ego. Y el mismo escuchar cómo la vasija se rompe, la rotura, el ruido, el fluir del agua, y tú sin ego, escuchando totalmente: la cosa ha sucedido».

Así que cuándo digo escucha totalmente, quiero decir esto.

Osho, ¿cuáles son las características y las indicaciones que revelan que uno ha alcanzado el auténtico y real sonido cósmico AUM?

Es una pregunta difícil. Difícil porque lo que sucede es siempre interno, en cierta forma privado. Y no puedes conocerlo o saber sobre él desde afuera. Nunca puedes decidir desde el exterior si alguien ha alcanzado o no el sonido cósmico AUM. Cuanto más ahondas, más privado es lo que sucede. El mundo público desde dónde puedes decidir es sólo exterior. Así qué, ¿cómo decidir si uno ha alcanzado el sonido cósmico, si uno ha alcanzado el substrato más profundo, si uno ha conocido?

No puedes decidirlo desde el exterior. Esto es lo primero.

Desde luego, muchas cosas que sí pueden conocerse desde el exterior comenzarán a suceder a través del que ha llegado. Pero aún así, el sentimiento de que él ha alcanzado el sonido cósmico será sólo una inferencia. Una deducción de su comportamiento. Y un comportamiento puede ser falso, un comportamiento puede ser imitado. Buda camina de cierta forma; Buda duerme de cierta forma; Buda habla de cierta forma. Puedes imitarlo sin que seas un Buda. Y a veces ocurre que puedes imitarlo mejor que Buda mismo, ¿mmm?, porque Buda no le presta atención. Suceda lo que suceda, es sólo un suceder. Por eso puedes imitarlo mejor incluso, puedes practicar, puedes volverte un experto. Y puede que Buda sea incapaz de competir contigo porque puede que no haya repetido nada nunca.

Así que desde el exterior, la imitación es posible. Muy posible. Alcanzar lo auténtico es arduo; imitar es muy fácil, muy fácil, porque por dentro permaneces el mismo; desde afuera puedes recrearlo. Por eso es difícil. Es difícil decir desde afuera que es lo que ha sucedido dentro. Una cosa es clara: no puedes decidir desde afuera. Pero desde dentro, si preguntas, «¿Cómo puedo saber si yo he alcanzado o no he alcanzado el sonido cósmico AUM? Si preguntas eso, puedo contestarte que, cuando lo alcances, lo sabrás. Si alguien pregunta, «¿Cómo puedo saber si estoy vivo o muerto? ¿Cómo puedo saberlo?» ¿Qué le contestaremos? Le contestaremos que, aunque lo dudes, aunque dudes si estás vivo o muerto, estás vivo.

Cuando alcanzas el sonido cósmico, la base misma del ser, cuando oyes el AUM, sin ser pronunciado por ti, sin ser pronunciado por nadie, sino sintiéndolo sólo como un sonido cósmico que te envuelve, lo sabes. El fenómeno es tan real que, en realidad, la pregunta nunca surge; nunca te preguntas si el AUM, este sonido, es real o no. La pregunta que surge es si yo soy o no soy real. Te evaporas, te vuelves irreal. Te vuelves un fantasma, un espectro. Ahora tu realidad no es cómo siempre ha sido. A tu alrededor, lo real es.

Pero puede que incluso sea un sueño. También en un sueño sientes que todo es real, por eso ¿ cómo decidir si este sonido que oyes es un sueño o una realidad? La decisión proviene de cierta fuente. Nunca serás el mismo otra vez. El antes y el después. El acto de oír este AUM marcará una discontinuidad en tu existencia. De ahora en adelante, nunca serás el mismo. No serás capaz de conectar con tu propio pasado; te abandonará. Lo recordarás como si hubiese pertenecido a algún otro. Tu memoria ya no será más la tuya. Después de esta experiencia renacerás, y tu renacimiento será la evidencia. Nunca serás el mismo de nuevo. Lo viejo se ha ido, no puedes ya encontrar al viejo hombre. No está en ninguna parte. Estaba ahí, y ahora ya no está. Para ti esto será la evidencia de que has oído.

Pero creo que esto también tiene un tercer aspecto. Uno puede que continúe repitiendo el AUM, así qué, ¿cómo saber si el AUM qué uno está repitiendo y el AUM que uno se ha encontrado son distintos o son lo mismo? Lo percibirás, porque tú eres el centro del AUM que pronuncias, y luego él vibra en el exterior. ¿Mmm? Esta es la dimensión. Lo creas tal y como arrojas una piedra en un lago en calma. La piedra se vuelve el centro, y de allí surgen ondas que, al moverse, alcanzan la orilla. Cuando pronuncias AUM, creas un centro en ti mismo: arrojas una piedra y luego el sonido se aleja, se aleja, se aleja lejos de ti. Esta es la dimensión, la dirección.

Cuando oyes el sonido AUM, el sonido cósmico, es diferente. Llega, nunca se aleja. No se aleja de ti: viene a ti. Y no puedes encontrar al centro en ninguna parte. Sólo se acerca, se acerca y sigue acercándose. Te inunda. ¿Ves la diferencia? Tú no eres el centro. Más bien, eres la orilla, y desde algún centro desconocido las ondas sonoras te alcanzan. Siguen llegando y nunca se paran. Esa es la regla: si el sonido te tiene como centro y las ondas se alejan, es el AUM que tú pronuncias. Si tú no actúas como centro y las ondas sonoras se acercan, se acercan y se siguen acercando desde alguna parte: el centro se desconoce y no será conocido nunca ....

Alguien le pidió a Jacobo Boehme, «¿Dónde está el centro de Dios? ¿Dónde se halla el centro del universo?» El contestó, «En cualquier sitio o en ninguna parte». Ambas cosas significan lo mismo.

Por eso cuando sientes que el AUM se te acerca ... déjame expresarlo de forma distinta. Generalmente, los buscadores van hacia lo Divino, pero hasta que lo Divino venga hacia ti, recuerda, puede que estés sólo en una fantasía, sólo en un sueño. Si vas hacia Dios, hacia lo Divino, para encontrar al centro, seguirás buscando, pero nunca lo encontrarás. ¿Cómo puedes encontrar el centro? Unicamente el centro puede venir a ti. Por eso es una falsa relación la del buscador que va hacia Dios. La verdadera relación es totalmente distinta: Dios yendo hacia el buscador. Cuando estás preparado, El llega. Cuando estás abierto, El se convierte en el Invitado. Cuando tu invitación es válida, total, El está ahí. Siempre se acerca, nunca se aleja. Así que, en realidad, no es el caso de un hombre en busca de Dios, sino, más bien, de Dios en busca del hombre.

Pero tú te estás escondiendo, escapando, de modo que El no puede encontrarte. Siempre que llega, te escapas. Siempre te estás cerrando, nunca te abres. El sigue llamando, y tus puertas están cerradas. Por eso cuando este AUM comienza a llegar, cuando viene a ti, te sientes lleno, bañado en él y sigues sin hallar el origen. Si eres capaz de encontrar el origen- puede ser que de nuevo alguien esté creando el sonido desde el exterior - ¡ y el AUM llega! Puede que alguien esté entonando el AUM en algún instrumento, y el AUM aparece.

No existe origen para él. Por eso es que los místicos siempre han dicho que Dios es Aquel que no tiene Origen. No existe el origen. Viene de ninguna parte, de la nada, y está ahí. Cuando percibes esto, sabes que ahora el AUM es cósmico. Que no te pertenece.

En el zen se utilizan koans, rompecabezas, rompecabezas absurdos como objetos de meditación. Rinzai siempre dio a sus discípulos el koan de oír el sonido de una mano al aplaudir. ¡Es imposible! ¿Cómo se puede oír el sonido producido por una mano? Siempre que algún buscador se hallaba presente, le decía, «Primero ve y descubre cuál es el sonido que produce una sola mano al aplaudir. ¡Escúchalo! Y luego ven a mí y cuéntamelo».

Parece absurdo, pero cuando un hombre como Rinzai decía esto a alguien, la persona se iba, cerraba la puerta, se sentaba en meditación y se ponía pensar. Al cabo de unas horas regresaba y decía, «¿Qué clase de absurdo me has preguntado? ¿Cómo puede ser?»

Rinzai le decía, «Yo lo he oído, así que ve e inténtalo de nuevo. También yo le dije a mi Maestro, «¿Cómo es posible?» Pero él me contestó, «Yo lo he escuchado, así que inténtalo. Yo lo intenté y lo oí. Por eso inténtalo. Y vendrá».

La persona en cuestión volvía otra vez. Cada mañana el tenía su *darshan*, su encuentro con su Maestro, y el Maestro le preguntaba, «¿Lo has oído?»

El contestaba, «No. Aún no lo he oído». El Maestro le decía que lo probara con más empeño. Así que él empezaba a imaginarse el sonido, porque es muy frustrante el tener que acudir cada día sin nada que mostrar al Maestro. Por eso le decía, «¡Oh sí! Lo he oído. Es como el viento pasando entre las hojas».

Pero el Maestro le contestaba, «No, no lo es, porque el viento y las hojas son dos cosas distintas. Debe de ser sólo una. El viento pasando entre las hojas es un sonido muy común. Dos cosas pueden crear fricción, son todavía dos manos. ¡No me puedes engañar! El viento entre los árboles son dos manos. ¡No regreses a menos que hayas oído el sonido de una sola mano!

Y él regresaba, una y otra vez y le decía, «He oído esto y esto otro, o he escuchado el sonido del agua cayendo sobre el tejado». Volvía con muchísimas soluciones, y le eran negadas. Y así seguía meses y meses.

Y de repente un día, Rinzai preguntó, «¿Dónde está ese hombre? No ha venido desde hace mucho. Buscadlo y ved lo que está haciendo».

Se le halló en su celda o bajo algún árbol, perdido, y fue llevado en presencia del Maestro. Y el Maestro le dijo, «Ahora has oído. ¿O no lo has oído?»

Y el contestó, «¡Lo he oído, lo he oído!»

¿Qué sonido es el que oyó? Sólo hay un sonido: ese es el sonido del AUM cósmico que no se produce por fricción, no se produce entre dos cosas, sino simplemente es el sonido. No es creado por ningún palmear.

En el momento en que alguien dice, «¡Lo he oído!» se transforma en otra persona. No puedes ser ya el mismo de nuevo. ¿Mmm? Y la diferencia será siempre ésta: el sonido viniendo a ti desde la nada. El sonido sin fuente, no creado. Este es el sonido cósmico AUM.

AUSENCIA DE DESEOS: UNA PUERTA A LO DESCONOCIDO

La cesación de la causa
de todas las acciones
es aawahanam,
la invocación.

*La cesación de
la causa de todas las acciones
es* aawahanam,
la invocación.

La religión no es ritual. En realidad, cuando una religión muere, se convierte en ritual: el cuerpo sin vida de una religión se vuelve ritual. Pero en todo se encuentra lo ritual. Si indagas en la religión, hallarás rituales. Todos esos nombres: hindú, musulmana, cristiana; todos esos no son nombres de religiones, son nombres de rituales particulares. Mediante la palabra «ritual» me refiero a algo que se hace exteriormente para crear una revolución interior. Esta creencia, de que algo que se hace exteriormente puede crear una revolución interior, da origen a los rituales.

¿De dónde procede esta creencia? Nace de un fenómeno absolutamente natural. Siempre que se da una revolución interior, siempre que existe una mutación interior, siempre que hay una transformación interna, ésta conlleva gran cantidad de características y signos exteriores. Tiene que ser así, porque lo interior existe en relación a lo exterior. Nada puede suceder por dentro que no afecte a lo exterior. Habrá también efectos, consecuencias, sombras en el comportamiento exterior. Si percibes la ira por dentro, tu cuerpo adopta ciertas posturas. Si empiezas a percibir el silencio por dentro, el cuerpo adoptará ciertas posturas diferentes. Cuando el silencio interior existe, el cuerpo lo mostrará de varias formas. El silencio, la paz interior, la quietud, serán evidenciadas por el cuerpo de forma variada. Pero esto es siempre secundario. Lo interno es lo básico y lo externo es secundario. Es una consecuencia, no una causa.

Siempre que sucede esto, por ejemplo, si un Buda se hace presente aquí, no podremos percibir lo que sucede en su interior, pero podremos ver, veremos, lo que le sucede externamente. Para el Buda mismo, lo interno es la causa y lo externo es la consecuencia. Para nosotros, lo externo será lo primero en ser percibido y luego se inferirá lo interno. Así que para los observadores, lo exterior, lo secundario, se torna lo fundamental, lo primario.

¿Cómo vamos a poder saber lo que ha ocurrido en la consciencia interna del Buda? Pero podemos observar su cuerpo, sus movimientos, sus gestos. Están relacionados con lo interior, muestran algo, pero no están relacionados como causa, sino como consecuencia. No puedes invertirlo. Lo inverso no es cierto. Si lo interno existe, lo exterior se manifestará. Pero la inversa no es verdad. Si lo externo existe, no hay necesidad de que lo interno tenga que darse. No hay necesidad.

Por ejemplo, si estoy airado, mi cuerpo evidenciará enojo, pero también puedo demostrar enojo sin estar enojado en absoluto. Un actor hace esto. Expresa ira a través de su mirada, con sus manos, expresa amor, sin sentir nada por dentro. Muestra que tiene miedo, con todo su cuerpo temblando y agitándose, pero por dentro no tiene miedo en absoluto.

Por eso lo exterior puede darse sin lo interior. Podemos imponerlo. No hay razón, no hay base, no hay necesidad, no es inevitable, que lo interno siga lo externo. Lo externo siempre sigue lo interno, pero nunca la inversa. El ritual nace de esta falacia.

Contemplamos a un Buda sentado en una postura de silencio, en *sidasana*, la postura de mayor relajación para el cuerpo. Esta postura es una consecuencia de una quietud interior. Se manifiesta porque en él la consciencia ha alcanzado tal quietud que el cuerpo la sigue y, espontáneamente, el cuerpo adopta la postura más relajada. Pero para nosotros el cuerpo es lo primero de lo que nos damos cuenta. Primero vemos el cuerpo así que decimos que el Buda alcanzó la Liberación en esta postura. En realidad, la situación inversa fue la que se dio: debido a que Buda alcanzó la Liberación, la postura fue adoptada. Esta postura no es una causa. Así que puedes practicar esta postura, puedes volverte diestro en esta postura, pero no esperes que la Liberación se produzca. La postura estará ahí, pero la Liberación no vendrá.

Alguien está rezando. Sus manos se alzan o su cabeza se postra antes unos pies desconocidos. Esta es una postura externa. Cuando la entrega interior se produce, esta postura la sigue. Cuando la entrega interior sucede, cuando uno empieza a percibir la nada, cuando uno empieza a sentir que se disuelve en el Infinito, esta postura viene. Puedes imitar la postura, pero la entrega no la seguirá.

Y cuando digo que esta postura surge, no quiero decir que

surja para todo el mundo. Con cada individualidad habrá diferencias. Dependerá de la cultura, de la educación, del clima, de muchas cosas. No hay una necesidad intrínseca de que dicha postura se dé. Lo que surja dependerá de muchos, muchos factores. Por ejemplo, si Buda hubiera nacido, no en la India, sino en una sociedad, en una cultura en la que nadie se sienta en el suelo, ¿crees acaso que no le hubiera venido la Iluminación? ¡Hubiera surgido sentado en una silla! Desde luego, cuando estuviera sentado en una silla, lo estaría de distinta forma a la habitual. Cuando la Iluminación le sobreviniera se hallaría totalmente relajado. Pero esta relajación diferiría exteriormente de una *sidasana*.

Mahavira alcanzó la Liberación en una postura muy extraña. Es conocida como *goduhasan*, la postura de un vaquero ordeñando una vaca, la misma postura de un vaquero que ordeña una vaca. En esa postura se Iluminó Mahavira. Nunca antes ni nunca después alguien alcanzó la Liberación en tal postura. ¡Y no estaba ordeñando ninguna vaca! ¿Por qué sucedió? Debe de haber tenido algo que ver con los hábitos corporales de Mahavira, puede que concierna a sus encarnaciones pasadas. No se sabe porqué sucedió así.

Pero lo fundamental es que lo exterior sigue a lo que sucede internamente. Esta no es tan poco una ley fija. Difiere según el individuo. Depende, depende de muchas cosas. Pero la sociedad empieza a sentir la necesidad de una conexión, una conexión causa-efecto entre lo externo y lo interno. Y entonces nace el ritual. «Ritual» significa que si hacemos algo exteriormente, lo interno le seguirá. Esto es la cosa más falsa que puede enunciarse. Esta falacia destruye a todas las religiones, y cada religión, finalmente, se transforma en una clase de absurdo ritual.

En este Upanishad, esta comprensión ritualística es negada absolutamente, pero es negada de una forma positiva. Por eso debemos entender, de forma muy clara y puntualizada, algo al respecto.

Los Upanishads vieron la luz en un período muy revolucionario en lo que a la mente hindú se refiere. Había una gran rebelión en contra de los Vedas. Y cuando digo en contra de los Vedas, me refiero a la estructura ritual que se construyó en torno a los Vedas. Era un ritual muerto; todo era ritual. La religión no era algo profundo, no era algo que involucrara la consciencia y su transformación. Más bien se preocupaba tan sólo de hacer algo exteriormente: si haces eso, obtendrás esto; si haces aquello, obtendrás esto otro. Y todo el ritual estaba prefijado como una ciencia: reza así y lloverá; ora de este modo y tu enemigo morirá; ora asá y ganarás; haz esto y esto otro sucederá. Y se consideraba al ritual como una ciencia.

Esta estructura ritualista acabó con el muy progresivo espíritu de la mente India. A esto le siguió una revolución, tenía que ser así, y tomó dos apariencias. Una negativa: el jainismo y el budismo. Estos dos modos de pensar adquirieron un cariz negativo. Afirmaron: Los rituales carecen de sentido, son absurdos, por tanto todos los rituales han de ser abolidos. Esta fue una actitud absolutamente negativa. Los Upanishads estaban también en contra de los rituales, pero adquirieron un cariz positivo. Afirmaron: El ritual no es algo absurdo, pero malinterpretas su sentido.

Este sutra se ocupa de un ritual *yagna,* la invocación, *aawahanam.* La palabra *aawahanam,* invocación, significa que antes que empieces cualquier acto de culto, cualquier *yagna,* cualquier oración, invoca primero las deidades, primero llámalas. *Aawahanam* significa: invítalas, invócalas. Por lo que expresa, es correcto. ¿Cómo puedes rezar a menos que hayas formulado una invitación? ¿Cómo puedes entregarte a menos que hayas invocado?

Estas son pues las dos formas. La negativa sostiene que es inútil porque, en primer lugar, no existen las deidades. En segundo lugar, aunque existan, carecen de nombres. Tercero: aunque tengan nombres, no responderán, porque hagas lo que hagas es sólo un soborno, una lisonja. ¿Crees acaso que mediante tus lisonjas, mediante tus oraciones, con tus sobornos, serás capaz de invocarlas? Y si piensas que puedes invocarlas, que puedes llamarlas e invitarlas, ni así valen la pena, porque al sobornarlas se vuelven como tú. El lenguaje y el nivel son los mismos, así que no merecen la pena.

Buda dijo, «No hay deidades, y si las hay no son más elevadas que los seres humanos. ¡No son más elevadas! Puedes persuadirlas, puedes sobornarlas con tus lisonjas, *stuti.* Puedes forzarlas a hacer algo o a no hacer algo, así que no son algo más elevado que tú. Simplemente puedes olvidarte de ellas».

Los Upanishads toman una actitud absolutamente distinta.

Dicen que las deidades y la invocación son posibles, pero confieren un significado mucho más profundo a la invocación. Dicen:

La cesación de la causa de todas las acciones
es la invocación.

No niegan nada. Aportan un nuevo significado, y el ritual se vuelve no ritualista. Dicen: desde luego el invocar es posible, pero la invocación implica el cese de todas las causas de las acciones.

Afirman lo mismo que dice Buda. Buda niega. Dice: «No hay invocación. El único camino es carecer de deseos, por eso no pidas la ayuda de nadie. Nadie puede ayudarte. Mantente en un estado de ausencia de deseos y alcanzarás el *Nirvana*, la Dicha, la Paz, lo Supremo. No pidas la ayuda de nadie, no invoques a nadie. Mantente sin deseos».

Y esto se vuelve incluso más adecuado porque alguien que invoca a alguna deidad la invoca por causa de algún deseo. Desea algo: dinero, prestigio, victoria, lo que sea. Invoca a la deidad, ora, buscando algo. Por eso Buda dice: «Te precipitas de un deseo a otro y este correr en pos de los deseos es *duka,* la desgracia. Y nadie puede ayudarte a menos que te vuelvas carente de deseos».

«*La cesación de la causa de todas la acciones*» quiere decir mantenerse en un estado de ausencia de deseos.

¿Cuál es la causa de las acciones? ¿Por qué te implicas tanto en el hacer? ¿Por qué este constante correr? ¿Cuál es su causa? El deseo es la causa. Por eso, de una forma muy poética, los Upanishads niegan el ritual y no el fondo; niegan el ritual, pero no el espíritu.

Buda fracasó porque una mente negativa no puede tener un éxito continuado. Puede que posea mucho atractivo, porque lo negativo tiene mucha fuerza. Puede que sea muy lógico, porque el decir *no* es el espíritu mismo de la lógica, del ser lógico. En realidad, cuando dices *no* has de ser lógico. Si deseas decir *sí*, no es necesario que poseas lógica, la razón no es necesaria. Puedes decir *sí* sin razón alguna, pero no puedes decir *no* sin tener alguna razón. En el instante en que dices *no* necesitas de alguna lógica, porque el *no* siempre es lógico.

Un lógico moderno, De Bono, dice que el propósito de la lógica es decir *no* de un modo razonable, de un modo racional. El auténtico propósito de la lógica es decir *no* y luego aducir razones, pruebas que apoyen el *no*. Buda dijo *no*. Esto atraía. Su enfoque era lógico, racional. Todo era perfecto, pero aún así no pudo enraizar en suelo hindú. Fue desenraizado prontamente. Y este es un hecho muy extraño: pudo arraigar en la China, en Japón, en Birmania, en Ceilán, en cualquier parte de Asia excepto en la India. Pero el secreto estriba en que los monjes budistas aprendieron de su error cuando dejaron la India. El *no* era el error, por eso nuca utilizaron actitudes negativas en ninguna otra parte. Se volvieron positivos. En China empezaron a decir *sí*, en Ceilán ellos dijeron *sí*. Y así se afianzaron en todas partes porque el *sí* posee el secreto mágico del éxito.

Puede que no atraiga a la razón; apela al corazón. Y a la postre es el corazón el que gana, nunca la razón. En realidad, al final nunca triunfa la razón. Puedes silenciar a alguien utilizando el razonamiento lógico, pero nunca lo convertirás, nunca lo cambiarás. Incluso aunque no pueda decir nada en tu contra, permanecerá convencido de su punto de vista. A menos que se utilice el *sí*, no se le puede convertir. Por eso Buda lo intentó al máximo, pero con un *no*, siempre un *no*. Dijera lo que dijera era lo mismo que decían los Upanishads. No diferían en nada. Unicamente la metodología que él eligió era negativa y el motivo pudiera residir en que el era un *kshatriya,* un guerrero, y un guerrero vive con el *no*.

Los Upanishads llegaron a través de los *brahmines*. Eran mendigos, y los mendigos viven con un *sí*. Incluso aunque reniegues de él, un mendigo, un auténtico mendigo, te bendecirá. Vive en un *sí* total, ese es su secreto. No puede emplear el *no*. Y un guerrero, un *kshatriya*, puede utilizar el *sí* sólo si es derrotado, y aún entonces, desde su corazón, nunca dirá *sí*. Continuará diciendo *no*. Todos los *Tirtankaras* jainos eran *ksahtriyas*. Buda era un *kshatriya*. Ambos tomaron actitudes negativas.

Los Upanishads se basan en un *sí* positivo. Son emisarios del *sí*. Incluso aunque tengan que decir *no*, lo dirán de tal forma que utilizarán el *sí*. En realidad, este Upanishad está diciendo que no hay *aawahanam* ninguno, no hay invocación posible, pero el *no* no es utilizado en ningún momento. Lo convierten en un *sí*. Dicen, «*La cesación de la causa de todas las acciones es la invocación*». Esto no está en absoluto relacionado con la invocación de los Vedas, con los sacerdotes. ¡No tiene relación alguna! Se relaciona con la misma enseñanza rebelde que dice que el carecer de deseos es el supremo estado de pureza. Y a menos que seas puro, ¿cómo puedes invitar a lo Divino?

En verdad, el permanecer puro es la invitación. No se necesita de ninguna otra invitación. En el instante en que eres puro, en el momento en que el corazón es puro, lo Divino viene. El ser puro es la única invitación. Así que no pidas, no suspires por lo Divino. Sé puro y El vendrá.

¿Cómo puede alcanzarse esta pureza y por qué somos impuros? ¿Cuál es la razón? El genio hindú siempre ha estado pensando en términos de deseo y de ausencia de deseo. En realidad todo, lo que somos se puede reducir al deseo; seamos lo que seamos es debido a nuestros deseos. Si somos desgraciados, si somos esclavos, si somos ignorantes, si estamos a oscuras, si la vida es tan sólo una muerte lenta, es debido al deseo.

¿Por qué esta desgracia? Porque tu deseo es frustrado. A menos que desees, ¿cómo puede ser frustrado? Por eso si quieres sentirte frustrado, desea más. Te frustrarás más. Si quieres permanecer en la desgracia, ansia más, desea más, sé más ambicioso, y de este modo obtendrás más miseria. Si no deseas ser desgraciado, no desees.

Esta es la matemática del trabajo interno: el deseo crea desgracia. Si el deseo es insatisfecho necesariamente crea desgracia. Pero incluso aunque el deseo sea cumplimentado, de nuevo crea desgracia, porque en el momento en que lo satisfaces, tu deseo ha avanzado; pide más. En realidad el deseo siempre va por delante de ti. Llegues a donde llegues, el deseo siempre irá por delante. Y nunca alcanzarás el punto donde tú y tu deseo os encontréis, es imposible. El deseo implica siempre algo en el futuro, nunca en el presente. Tú siempre estás en el presente y el deseo siempre está en el futuro. Y estés dónde estés, estarás en el presente y el deseo siempre morará en el futuro.

Es como el horizonte. Ves, a sólo unos kilómetros, el lugar donde el cielo encuentra a la tierra, y parece tan real. Pero avanza y busca el lugar donde el cielo toca la tierra, y cuanto más avances, más se alejará el horizonte. La distancia permanece siempre la misma porque, en realidad, no hay punto de encuentro. El punto de unión, la línea de contacto es falsa. Por eso cuando vas en busca del horizonte, nunca lo encuentras. Siempre permanece allí, pero nunca lo encuentras. Y puedes seguir con la ilusión de que el horizonte está allí, a una poca distancia. Puedes dar la vuelta a toda la Tierra y regresar a tu punto de origen sin encontrar al horizonte por ningún lado, pero el espejismo puede continuar.

El deseo es como el horizonte. Parece que puede ser satisfecho pronto. La distancia no es mucha, sólo un poco más de esfuerzo, ir un poco más rápido y casi lo alcanzas. Pero nunca lo alcanzas. Siempre está muy cerca, pero la distancia permanece la misma. Por mucho que corras, la distancia es siempre la misma.

¿Se ha satisfecho un deseo alguna vez? No se lo pidas a los demás, pídetelo a ti mismo. ¿Has culminado algún deseo? Pero no nos paramos a pensarlo. No tenemos tiempo para reflexionar sobre el pasado; el futuro nos obsesiona. Tenemos tanta prisa por alcanzar el horizonte, que ¿quién va a pensar que nos lo hemos pasado de largo tantas veces? No hay tiempo para pensar. ¡La prisa es tanta y la vida es tan corta, y uno tiene que correr y correr! ¿Has alcanzado algo a través de un deseo o es la frustración la que llega siempre? ¿No son las cenizas lo que te queda en la mano y nada más? Pero uno nunca ve las cenizas en la mano, uno nunca ve la frustración. Los ojos están siempre fijos en el horizonte lejano.

Esta fijación en el horizonte es la causa de todas las acciones. Y ninguna acción alcanza su culminación, ¡porque las acciones son sólo locura! Si el horizonte en sí no existe, tu correr es locura. Por eso el deseo es la causa de todas las acciones y de toda la miseria, de toda impureza y de toda ignorancia.

El cese de la causa, el cese del desear, es la invocación. Si dejas de desear, no habrá más correr, no habrá correr tras de nada, ningún movimiento por dentro, no habrá ondas, tan sólo un silencioso remanso de consciencia, un estanque silencioso, sin olas, sin ondas, sin movimiento. Los Upanishads dicen que este estado de consciencia es la invocación.

Pero ¿significa esto qué todas las acciones cesan cuando cesan los deseos? Hemos visto ha Krishna moverse, hacer muchas cosas. Hemos visto a Buda hacer muchas cosas después de su Iluminación. ¿Qué significa pues *la cesación de la causa de todas las acciones*? No implica la cesación de todas las acciones. Significa la cesación de la causa. El desear cesa. Y cuando no hay desear, la acción empieza a adquirir una cualidad distinta. Cuando no existe el deseo, la acción se vuelve como un juego, sin locura en ella, sin demencia tras ella, sin obsesión. Se vuelve sólo un juego. Un jugar.

Realmente, los psiquiatras modernos dicen que éste es el criterio para distinguir si alguien está cuerdo o no. Uno que no está cuerdo no puede jugar. Incluso si juega, se volverá tan serio en lo referente al juego que éste se convertirá en un trabajo. La auténtica cordura consiste en transformar incluso el trabajo, en juego. Cuando no existe el deseo, puedes jugar, y si no se obtiene nada de ello, no se origina ninguna frustración porque no se esperaba nada. El juego en sí era suficiente. Esta es la diferencia entre trabajo y juego.

El trabajo nunca es suficiente en sí mismo, siempre necesita de algún resultado. El resultado tiene un valor real, el fin, y el trabajo es sólo un medio. Trabajas para conseguir algo, nadie trabaja por el placer de trabajar. Por eso el trabajar está en el presente y el resultado siempre se sitúa en el futuro, y todo depende del resultado. El trabajo en sí es una carga que debe ser soportada de alguna forma, porque es el fin mismo el que se ha de conseguir. Si pudieras obtener el fin sin trabajar, nunca trabajarías.

El juego tiene una dimensión distinta, enteramente distinta, diametralmente opuesta. No hay un resultado que se pueda alcanzar. El jugar es por el jugar en sí. Pero hemos perdido la razón en tal grado que somos incapaces de jugar por el puro placer de jugar. Por eso, a través del juego intentamos alcanzar algunos resultados, ganar algo: prestigio, medallas, cualquier cosa, pero debe haber algo que tenga que ser alcanzado. Por eso, en realidad, los adultos nunca juegan. Sólo los niños juegan, sin nada que obtener. Esta es la razón por la que los juegos de los niños tienen tal inocencia y belleza. ¡El jugar es suficiente en sí mismo!

Cuando un niño está jugando, está absorbido totalmente en el juego. No tiene un sólo deseo que no sea el de jugar; correr e ir sin rumbo. Ni un asomo de consciencia aparte de eso; todo él está en lo que hace. El niño se convierte en el juego, totalmente implicado, entregado en este instante aquí y ahora. Nada existe más allá. Esto es acción, pero sin la causa, sin el deseo.

Por eso es por lo que hemos llamado a este mundo no una creación de lo Divino, sino *lila,* un juego de lo Divino, porque «creación» no es una palabra adecuada, es fea. Y es fea porque creas algo para algo. No, lo Divino está sólo jugando, jugando como un niño sin ningún propósito en la mente. El juego en si es la dicha. Por eso decir: «*La cesación de la causa de todas las acciones es la invocación*», significa volverse como un niño:

inocente, puro, sin deseos. Entonces has invocado a lo Divino. Entonces lo has llamado, lo has invitado.

Ahora tu invocación no puede ser denegada. ¡Es tan auténtica y sincera! En realidad, ahora no necesitas ni invocar y lo Divino vendrá; no necesitas ni llamarlo y lo Divino vendrá. ¡Porque has creado la situación! Lo Divino fluirá, bajará. Has creado la situación: la pureza de corazón. Esta es la única invocación. Todo lo demás es, otra vez, sólo deseo, acción.

Jesús dice que a menos que seas como un niño, no podrás entrar en el Reino de los Cielos. «Como un niño», ¿qué significa? Significa que seas capaz de jugar, que seas capaz de actuar sin deseos.

Para nosotros es inconcebible. ¿Cómo podemos actuar sin deseo? Considera el caso opuesto: ¿puedes desear sin actuar? Puedes desear. Puedes desear sin acción, por lo tanto el deseo puede existir por sí solo sin acción. ¿Mmm? Todo el mundo desea y hay muchos, muchos deseos sin acciones. Por lo tanto el deseo puede darse sin acción: ésta es nuestra experiencia. ¿Por qué no lo opuesto? ¿Por qué las acciones no pueden existir sin deseo? Si el deseo puede ser separado de la acción, ¿porqué la acción no puede serlo del deseo? Eso también es posible. Y cuando el deseo no está presente, la acción no cesa: se vuelve diferente. El aroma es distinto, la cualidad intrínseca es distinta. La locura no está allí, y en ese mismo momento, el presente se torna pleno de significado. No el futuro.

Créetelo: si el futuro se te presenta pleno de significado, no puedes invocar. Si el presente es lo único significativo y el futuro no existe en absoluto, entonces has invocado. El futuro es lo que ata porque sin el futuro no puedes desear. El deseo necesita espacio en el que moverse. No puede desplazarse sólo en el presente; el presente carece de espacio. ¡No puede moverse! ¿Cómo puedes desear para ahora mismo? Puedes desear sólo para el mañana. En realidad el futuro se crea sólo por tu desear. No hay futuro. El futuro no existe.

Generalmente decimos que el tiempo posee tres dimensiones: pasado, presente y futuro. En realidad sólo posee una y es la del presente. El pasado es lo que ya no es; el futuro es lo que todavía no es. Ambos no son. El pasado sólo significa deseos que están muertos, y el futuro significa deseos que aún están vivos, y el presente está intocado por tu pasado y por tu futuro.

Por eso en realidad, pasado y futuro no son divisiones temporales, sino partes de la mente. El tiempo es el presente; la mente es el pasado y el futuro. La mente tiene dos divisiones: pasado y futuro, y el tiempo sólo una: el presente. Esta es la razón por la que tiempo y mente nunca se encuentran. No pueden encontrarse porque la mente no tiene presente, y el tiempo carece de pasado y de futuro. Si no existiera la mente sobre la Tierra, ¿existiría algún futuro o algún pasado? Existiría sólo el presente. Las flores, desde luego, florecerían, pero en el presente. Los árboles, desde luego, crecerían, pero en el presente. No habría ni pasado ni futuro. Con los hombres, o mejor, con la mente, entran el pasado y el futuro. Verdaderamente, si observas un niño, carece de pasado. ¿Cómo puede tenerlo? Por eso es por lo que nunca se siente agobiado, porque el pasado se vuelve una carga.

Un viejo siempre está agobiado. Existe un pasado, un largo pasado, tantos deseos extinguidos, tantas frustraciones, tantos horizontes nunca explorados, tantos arco iris rotos. Tiene un largo pasado y está amargado. Un viejo siempre piensa en el pasado, recuerda, una y otra vez vuelve a la memoria. Un viejo, poco a poco, se olvida de mirar al futuro, porque ahora el futuro sólo le implica la muerte y nada más. Así que nunca intenta mirar al futuro: comienza a mirar atrás. Un chico siempre mira al futuro, nunca al pasado, porque no hay nada que mirar atrás. Para un viejo, si mira al futuro sólo existe la muerte y nada más.

Un joven está en el presente, por eso un joven no puede entender a los niños ni puede entender a los viejos. Ambos le parecen tontos, ¡ambos! Los niños le parecen tontos porque pierden innecesariamente el tiempo, juegan innecesariamente con sus juguetes. Un viejo le parece algo muerto, preocupado sin razón alguna. Un joven no lo puede entender realmente porque no puede ver lo que le ha sucedido al viejo, ver que ahora sólo es el pasado. Esto es lo que sucede.

Pero cada joven se volverá viejo, cada chico se volverá joven y cada viejo fue una vez un joven y un niño; porque la mente se mueve, se sigue moviendo. En los niños tiene un vasto horizonte en el que moverse. Con una mente vieja no tiene espacio para ir más allá. Pero esto es un moverse de la mente, no del tiempo.

Realmente creemos que es el tiempo el que se mueve. ¡No! Somos nosotros los que nos movemos. Nos movemos y nos movemos: el tiempo permanece inmóvil. El tiempo es el presente;

el tiempo siempre es el «aquí y ahora». Siempre ha sido el «aquí y ahora», siempre será el «aquí y ahora». Nosotros continuamos moviéndonos. Nos vamos desde el pasado hasta el futuro, y para nosotros el tiempo es tan sólo un puente para ir desde el pasado al futuro, de un deseo a otro. El tiempo es sólo un conducto. Para nosotros, el tiempo es un medio para ir desde un deseo a otro. Si cesa el deseo, tu movimiento cesa. Y si tu movimiento cesa te encontrarás con el tiempo aquí y ahora. Y este encuentro es la puerta. Este encuentro es la puerta; este encuentro es la invocación.

Pero cuando el Upanishad dice, *«La cesación de .... »* ¿quiere decir en realidad «No desees»? Es muy natural que nuestras mentes traduzcan las cosas así. Si el Upanishad dice *«La cesación de la causa de ...»* quiere expresar un estado de ausencia de deseos. Recuérdalo: ¡un estado de ausencia de deseos! Pero nuestras mentes lo traducen como «¡No desees!» Te equivocas si lo traduces como «No desees» porque si tú no deseas, desearás. Tú «no desear» implica deseo. Puedes desear invocar a lo Divino, puedes desear ser purificado, ser puro, ser inocente, como los niños, alcanzar esa dimensión del juego. Por eso tu mente puede decirte : «¡Si quieres entrar en el Reino de Dios, no desees!»

Esto es un deseo. Así es como trabaja el deseo : «Si quieres alcanzar el Reino de Dios, si quieres la Iluminación, si quieres encontrarte con lo Divino, ¡no desees!». Esta es la lógica del deseo: «No hagas esto si quieres alcanzar eso; haz esto si quieres alcanzar eso otro». Por eso cuando digo un estado de ausencia de deseos, no quiero decir una orden que diga «No desees».

Y así pues ¿qué quiero decir? Es difícil, complejo de entender. ¿Qué quiero decir cuando digo «un estado de ausencia de deseos»? Quiero decir: comprende el deseo, comprende lo engañoso del deseo, comprende lo absurdo del deseo, su futilidad, su absurdo. Comprende tan sólo lo que el deseo ha hecho, lo que puede hacer, lo que el deseo está haciendo. ¡Compréndelo tan sólo! Y si lo comprendes por completo, te volverás carente de deseos. Esta ausencia de deseos surgirá como resultado de tu comprensión. No puede provenir de tus acciones. Ese «no hagas» es de nuevo una acción.

Esta traducción de términos crea muchos problemas innecesarios. He visto a gente que dice: «No seas codicioso si deseas alcanzar lo Divino», pero nunca perciben que esto es codicia. Y una mayor. Esta es una clase más poco común, más infrecuente de codicia. Uno desea alcanzar lo Divino, por lo tanto uno no debe ser codicioso. ¿Qué quiere decir codicioso? No ser codicioso quiere decir no tener deseos, no desear. Pero tú estás deseando lo Divino, *el Moksha,* por eso dices: «¡No seas codicioso. Si quieres poseer lo Divino, no poseas nada más. Vuélvete no posesivo. Renuncia si quieres obtener!» Esta renunciación se vuelve un paso para poder obtener, o sea una metodología. Pero tú deseas obtener.

En realidad, a menos que ceses en tu deseo por obtener, nunca madurarás. Míralo de esta forma: nace un niño y el primer estado de la mente es el de obtener. El chico lo obtiene todo: la leche, la comida, el amor. El no da nada, sólo obtiene. Este es el estado de mente más inmaduro: sólo obtener. Y cuando un viejo trata sólo de obtener, quiere decir que ha permanecido inmaduro. Para un niño está bien el estar en un estado de deseo constante de obtener; lo obtiene todo. El niño no puede ni siquiera percibir lo que significa el dar. Por eso cuando le dices a un niño, «Dale este juguete a este niño» no puede concebir lo que le quieres decir. El lenguaje le es desconocido, el lenguaje de dar le es desconocido. Sólo sabe del obtener.

Tú tienes que adiestrar al niño de acuerdo con su lenguaje, por eso dices, «Dale este juguete a este niño y te daré un beso». Tienes que convertir todo el dar en tomar. «Si no das, no te daré cariño». Así un niño comienza a saber que si quieres obtener, has de dar. El dar se conviete en un escalón para obtener más. Este es el estado de nuestras mentes en todo momento, y así permanecemos inmaduros. Estamos en un estado de obtener. Si a veces hemos de dar, es sólo para obtener más.

La pureza de corazón significa totalmente lo contrario de obtener: sólo dar. Esa es la mente más madura. Un niño, la mente más inmadura, siempre está preocupado con el obtener. Un Buda, un Jesús, está siempre dando. Este es el otro extremo: dar; no para obtener algo, sino dar porque es un juego, una dicha en sí mismo. Cuando digo que entiendas el deseo, quiero decir comprende el obtener, comprende el dar. Entiende que tu estado es sólo el de obtener, obtener y obtener y nunca te sientes satisfecho, ¿mmm?, porque no tiene fin.

Entiende esto: ¿Qué es lo que consigues con este constante, eterno obtener? ¿Qué es lo que obtienes? Eres tan pobre como siempre, eres un mendigo como siempre, o aún más. Cuanto más tienes, más te vuelves un mayor mendigo, mayor es el deseo de obtener. A lo único que llegas con el obtener, es a querer obtener más. ¿Dónde has llegado? ¿Qué has encontrado? ¿Qué es lo que puedes decir que obtienes con esta locura constante de obtener? ¡Nada!

Si puedes entender esto, el mismo entender se vuelve una transformación: el obtener desaparece. Y en el instante en que el obtener desaparece, una dimensión se abre: empiezas a dar. Y esa es la paradoja: no has obtenido nada mediante el tener, pero cuando das, obtienes. Pero este «dar» no implica para nada el obtener. Este «dar» es en sí mismo un gran logro, una profunda satisfacción.

Pero mientras digo esto, temo que lo traduzcas de nuevo. Puede que digas, «De acuerdo. Así que para alcanzar está satisfacción debemos abandonar este constante querer obtener». Entiende esto: no lo traduzcas así. Tu mente es capaz de distorsionarlo todo. Lo ha distorsionado todo. Distorsiona un Buda, distorsiona un Krishna, distorsiona un Jesús, distorsiona un Zarathustra, y sigue distorsionando. Ellos dicen algo y tú lo traduces y se transforma en algo completamente distinto, incluso diametralmente opuesto.

La comprensión del deseo se torna ausencia de deseos. El conocer el deseo es la cesación del deseo. Conócelo en profundidad, compréndelo en profundidad. No te apresures y descubrirás una pureza que siempre está ahí, que siempre ha estado ahí. El corazón ya es puro, sólo está cubierto de deseos, de humo, y así no puede mirar en profundidad.

Esto es invocación: si tú eres puro, tú has invocado. Por eso sé puro y lo Divino será invocado. No se necesita nada más, ni siquiera se requiere creer en lo Divino. No necesitas creer en que hay una energía Divina. No necesitas creer que hay algo. No lo necesitas. Tan sólo sé puro y sabrás. Lo Divino no es una creencia, es un saber, un conocer.

Pero cuando digo «pureza» puede que me malinterpretes, porque pureza tiene para nosotros unas connotaciones muy moralistas. Decimos que un hombre es puro porque es moral, que un hombre es puro porque no es un ladrón, un hombre es puro porque no es deshonesto, un hombre es puro porque vive bajo las reglas y las regulaciones de su sociedad. Pero si la sociedad en sí es impura, por el mero vivir de acuerdo con sus leyes y reglas

¿cómo puedes volverte puro? Y si la sociedad en sí es deshonesta, ¿cómo puedes volverte honesto siguiéndola? Si toda la base y la estructura es inmoral, el ajustarte a ella es el acto más inmoral posible.

Por eso, en realidad ocurre que cuanto más moral es una persona, más en contra va de la sociedad, ¡porque no puede ajustarse a ella! Un Jesús tiene que ser crucificado: se vuelve «inmoral», porque toda la sociedad es inmoral. Un Sócrates ha de ser envenenado. ¿Por qué? Porque un hombre verdaderamente moral no puede existir en una sociedad inmoral.

Y siempre que una sociedad inmoral rinde respeto a alguien y dice de él que es moral, quiere decir tan sólo que él se ha amoldado y nada más. Se ha amoldado a la sociedad. Sea lo que sea lo que diga la sociedad, él obedece. En verdad, puede que esté hasta muerto. Puede que ni tenga consciencia de sí mismo. No puede afirmar nada. No es. Solamente es un seguidor. Se vuelve muy moral. Por eso, para «pureza» tenemos unas connotaciones muy morales.

No. Pureza quiere decir inocencia y todos aquellos a los que llamamos morales son muy astutos. No son inocentes en absoluto, porque si crees que ser un ladrón es malo, o que ser un ladrón no es respetable, o que por ser un ladrón tendrás que sufrir en el infierno, o que por no ser un ladrón te vas a ganar el cielo, entonces es que eres muy astuto y calculador. No eres un ladrón debido a tu astucia y a tus cálculos. Y puede que la persona que es un ladrón y sufre condena sea menos astuta y menos calculadora. Por eso es por lo que está sufriendo: porque se ha vuelto un ladrón. Tú eres más astuto, más calculador, por eso eres más honesto y moral, pero no más puro.

Pureza significa inocencia; inocencia significa mente no calculadora. No quiero decir que él sea un ladrón. ¿Cómo puede una persona inocente ser un ladrón? Si no calcula, ¿cómo puede volverse un ladrón? ¿Mmm? Para ser un ladrón uno necesita cálculo; para no ser un ladrón uno también necesita cálculo. Un inocente ni es moral ni inmoral. Es tan sólo inocente. Esa inocencia es pureza.

Jesús fue condenado por muchas cosas que su sociedad creyó que eran inmorales: porque una prostituta le invita a su casa y él va. Luego todo el pueblo se llena de rumores : «¡Jesús ha acudido a la casa de una prostituta! ¿Por qué ha ido? ¡Un hombre moral nunca va a la casa de una prostituta!» Y esto es lo que tú habrías pensado también: ¿Por qué tenía Jesús que ir allí? ¿Qué necesidad había? Y no sólo es que haya ido, ¡ha permanecido allí toda la noche!» Ha dormido allí, y por la mañana, desde luego, todo lo que puede ocurrir en un pueblo «moral», sucede. Todo el mundo está en contra él. Incluso sus amigos no están con él ahora; incluso sus seguidores han escapado. Y el pueblo se le enfrenta y le pregunta, «¿Por qué has acudido a la casa de una prostituta?» Y Jesús les dice: «¿Quién no es una prostituta, decidme? ¿Cómo decidís y cómo juzgáis? ¿Cuál es vuestro criterio?»

Esto es una persona no calculadora. El dice que no puede juzgar quién es una prostituta y quién no lo es. ¡El no puede juzgar! ¿Cómo puede juzgar y quién es él para juzgar? Aquí hay un hombre inocente, un hombre puro. Pero tiene que ser crucificado porque no puedes pensar que sea inocente, no puedes pensar que es puro. ¿Cómo puede ser puro cuando ha pernoctado en casa de una prostituta? Nuestras mentes son en realidad tan inmorales y tan impuras que no podemos concebir una dimensión de pureza distinta. Y es esa misma prostituta la única que permanece con Jesús cuando es crucificado. Todos escapan, nadie está ahí. Sólo esta prostituta, María Magdalena, permanece allí. ¡La única! Ningún apóstol está allí, ningún seguidor está allí. Todos han escapado porque es peligroso estar allí. Incluso ellos pueden ser crucificados. Sólo está prostituta permanece allí y esa prostituta ayuda a bajar de la cruz el cuerpo de Jesús. Por eso parece pertinente el preguntar, ¿quién no es una prostituta? , y ¿fue bueno para Jesús el estar con esta prostituta o no? Porque sólo esta pobre mujer permaneció con él hasta el final.

¿Qué es lo moral y qué es lo inmoral? Por cuanto a la religión implica, la inocencia es moral y la astucia es inmoral. Ser inocente es suficiente. Esa inocencia infantil es la pureza. Esa pureza se convierte en *aawahanam*, la invocación.

Lo hemos distorsionado todo, cada palabra. Cada palabra se ha vuelto fea. Cuando dices que alguien es puro, ¿qué quieres decir? Descubre el significado y hallarás muchas cosas desagradables. Al decir que «alguien es puro», ¿qué quieres decir? ¿Inocencia? ¡Nunca, porque la inocencia puede ser peligrosa! ¡La inocencia puede que no encaje en tu visión! Realmente, no encaja. ¿Cómo puede encajar? No puedes persuadirla, no puedes forzarla, no puedes sobornarla. Y la sociedad depende de la fuerza, del soborno, de la persuasión, del castigo, de la estimación, del miedo, de la codicia. Por eso decimos que si haces esto, tendrás esto otro.

Muchos, muchos preguntaron a Buda, «Si te seguimos, ¿qué obtendremos?» Y Buda contestó, «Nada». ¿Cómo puedes seguir así a este hombre? El dice, «Nada». Siempre queremos obtener algo. Incluso de un Buda queremos obtener algo, promesas: «Si nos prometes esto, haremos esto otro». Todo se vuelve así lógico, relevante. Buda dice, «Sé puro y no obtendrás nada». ¿Por qué ser puro entonces? Es mejor ser impuro. Al menos así obtenemos algo. Buda dice que no vas a obtener nada. Tienes la ilusión de que obtendrás y nunca lo obtendrás.

Por eso yo digo, sé puro y olvida el obtener, porque a menos que olvides el obtener, no puedes ser puro. Si quieres obtener algo has de ser astuto y calculador. Tienes que ser violento, tienes que ser codicioso, tienes que permanecer siempre en el futuro, nunca en el aquí. Nunca puedes permanecer en casa. Estás siempre afuera, en algún lugar, siempre de viaje.

Permanecer sin deseos, puro, es tener una profunda comprensión de lo que estamos haciendo, de lo que somos. El momento en que esta pureza está ahí, la invocación sucede. Entonces has llamado, has pedido y has invitado. Y en el más profundo centro de la Existencia, tu invitación ha penetrado. Ahora, de repente, sientes que algo te ha embargado: alguien ha entrado en ti. Ahora estás poseído por algo más grande que tú. Algo infinito, algo más vital ha llegado. Has sido ocupado, has sido inundado. Para esta inundación es la invocación.

Desde luego, has de estar abierto; en caso contrario esta inundación no se dará. Y una mente inocente siempre está abierta; una mente astuta siempre está cerrada. Una mente astuta siempre está a la defensiva. Una mente astuta siempre piensa en términos de enemistad, de competición, porque si quieres obtener algo, te has de volver un competidor. Todo el mundo lo es. Todo el mundo sale para obtener algo y tú también. Entonces te has de volver un competidor y ésta es una competición muy dura. Por eso te has de volver violento, astuto, cerrado, defensivo. Entonces no puedes ser inundado por lo Divino. Eres tan estrecho, tan cerrado, que el desbordamiento no puede alcanzarte.

Un corazón puro, un corazón sin deseos, no es competitivo, no está preocupado por el futuro, no está en contra de nadie ni a favor de nadie, sin cálculos, sin deseos que realizar, sin una mente trepadora. Un corazón puro permanece aquí y ahora, abierto, sin defensas. Cuando digo sin defensas, quiero decir que aunque venga la muerte, está abierto. Si no estás abierto a la muerte, nunca estarás abierto para lo Divino. Si estás asustado de la muerte, estarás asustado de lo Divino.

Pero esto es algo extraño porque siempre que nos asustamos de la muerte, acudimos a rezar a lo Divino. O sea, que todos los que están rezando en mezquitas, en iglesias, en templos, no están realmente orando: están tan sólo asustados ante la muerte. Están haciendo arreglos con lo Divino para no estar asustados. Su oración se basa en el miedo y sus dioses provienen del miedo.

Si la mente es inocente, puedes ser como un niño jugando con una serpiente. El está abierto para ambas cosas :la muerte puede venir y él está abierto, el puede jugar con la muerte. Lo Divino puede venir y él está abierto; él puede jugar con lo Divino. La muerte y lo Divino son, de alguna forma sutil, uno. Si no estás abierto a la muerte nunca estarás abierto a lo Divino, y una persona que está preocupada con deseos está siempre asustada de la muerte.

Debes ver la relación: una persona que está preocupada por los deseos, que es deseosa, que hace algo por algo, está siempre asustada de la muerte. ¿Por qué? Porque el deseo reside en el futuro y la muerte también se halla en el futuro, y puede que la muerte llegue primero y el deseo no sea culminado. Recuerda esto: el deseo nunca está en el presente; la muerte tampoco nunca está en el presente. Nadie ha muerto en el presente. ¿Puedes sentirte temeroso de la muerte aquí y ahora? No, porque o bien estás vivo o estás muerto. Si estás vivo aquí y ahora, no hay muerte; y si estás ya muerto, no hay miedo. Así que sólo puedes temer la muerte en el futuro. Los deseos trazan un plan para el futuro y la muerte puede que venga a estropearlos, por eso estamos temerosos de la muerte.

Ningún animal está asustado de la muerte porque ningún animal tiene planes para el futuro. No hay otra razón más que esta: no tener planes para el futuro. El futuro no existe, ¡por eso la muerte no existe! ¿Por qué asustarse de la muerte si no hay planes de futuro? Nada será alterado con la muerte. Cuanto más hayas planeado, cuanto más grandes sean los planes, mayor es el miedo. La muerte no es realmente miedo de que mueras, sino de que mueras insatisfecho. Puede que no logres satisfacer tus deseos y que la muerte llegue en cualquier momento.

Si voy a morir insatisfecho, desde luego que surge el miedo: «Todavía estoy insatisfecho. No he conocido un instante de satisfacción y la muerte puede que llegue, así que habré vivido en vano. Habrá sido un desperdicio, una inutilidad. He vivido sin ninguna satisfacción, sin alcanzar ninguna culminación, sin un instante de verdad, de belleza, de paz, de silencio. He vivido tan sólo sin ningún sentido, futilmente, y la muerte puede presentarse en cualquier instante». La muerte se vuelve un temor.

Si estoy satisfecho, si he conocido lo que la vida le permite a uno conocer, si he sentido lo que es realmente el vivir, si he conocido un instante de belleza y de amor y de satisfacción, ¿dónde está el miedo a la muerte? ¿Dónde está el miedo? Que venga la muerte. No alterará nada, no destruirá nada. La muerte sólo puede destruir el futuro. Para mí el futuro no es ahora nada. Estoy contento en este mismo instante. Así la muerte no puede hacerme nada. Puedo aceptarla y puede que incluso se convierta en una bendición. Porque uno que está abierto a la muerte está abierto a lo Divino. La apertura significa ausencia de miedo. La inocencia te da apertura, te hace carecer de miedo, te da una vulnerabilidad sin connotaciones defensivas. Eso es invocación.

Y si permaneces presente en este instante, incluso cuando la muerte venga a ti, y tú la recibas, la abraces, le des la bienvenida, entonces habrás invocado lo Divino. Ahora la muerte nunca vendrá: sólo lo Divino acudirá. Incluso en la muerte, la muerte no estará presente, sólo lo Divino.

Marpa, un místico tibetano, se esta muriendo. Todo el mundo llora y Marpa grita, «¡Basta! En un momento así de celebración, ¿porqué lloráis? Voy ha encontrarme con el Divino. Está aquí y ahora». Y ríe y se sonríe y canta la última canción y todos siguen llorando porque no alcanzan a ver al Divino allí, todos ven la muerte.

Marpa dice, «El Divino está aquí y ahora. ¿Por qué lloráis? ¡En un momento de tanta alegría! ¡En un momento de tanta festividad! Cantad y bailad y disfrutad porque Marpa se va a encontrar con el Amigo. El Divino está aquí y ahora. He esperado durante tanto tiempo y ahora el momento ha llegado. ¿Por qué lloráis?» Marpa no puede entender porque lloran; ellos no pueden entender porque Marpa está cantando. ¿Se ha vuelto loco? Desde luego, para nosotros sí que se ha vuelto loco. La muerte está ahí y él parece que se ha vuelto loco. Marpa ve a alguien más. Marpa fue en verdad una de las más bellas flores de la Humanidad.

Cuando Marpa acude a su Maestro, el maestro le dice, «La fe es la llave».

Por eso Marpa le dice, «Dame pues algo para probar mi fe. Si la fe es la llave, dame algo para probar mi fe».

Están sentados en una colina y el Maestro le dice, «¡Salta!» y Marpa salta. Hasta el mismo Maestro cree que habrá muerto. Hay muchos, muchos seguidores por allí, y todos creen que se ha vuelto loco, que no van ha encontrar ni una sola pieza de sus huesos.

Bajan corriendo y Marpa aparece sentado cantando y bailando. El Maestro le pregunta, «¿Qué ha ocurrido?» Parece una coincidencia. El Maestro piensa en silencio mentalmente que ha sido tan sólo una coincidencia. «¿Por qué? ¡Es imposible! ¿Cómo ha podido ocurrir? Es una coincidencia, por eso debemos probar otros sistemas». Y entonces prueban muchos otros sistemas.

El Maestro le dice a Marpa que entre en una casa ardiendo. El entra y sale sin ser ni siquiera chamuscado por las llamas. Se le manda saltar al océano, y el salta. Se suceden muchas, muchas pruebas y el Maestro no puede decir ahora que es sólo una coincidencia, por eso le pregunta a Marpa, «¿Cuál es tu secreto?»

«¿Mi secreto?», dice Marpa, «Me dijiste que la fe es la llave, así que te tomé la palabra».

El Maestro le dice, «Déjalo porque estoy asustado. Puede pasar cualquier cosa».

Marpa le dice, «Cualquier cosa puede suceder porque creí en tu palabra. Si ahora dudas, no puedo creer en ella. Pensé que la fe era la llave, pero ahora no funcionará. No me mandes nada más. La próxima vez moriré, así que, no me mandes nada más».

Esto es pureza, pureza infantil. En el Tíbet, a Marpa se le conoce como Marpa el Fiel. Como la fe del niño.

Por eso la historia dice que Marpa se convirtió en Maestro de su propio Maestro, y su Maestro se postró ante él y le dijo, «Dame ahora la llave de la fe porque no tengo ninguna. ¡Sólo era palabrería! Había oído que la fe es la llave, por eso lo dije. Dámela ahora tú a mí». De este modo Marpa se convirtió en Maestro de su propio Maestro.

La mente de Marpa es pura, inocente, no calculadora. No hay

un sólo instante de premeditación ni de astucia. No mira ni tan siquiera lo profundo que es el abismo. No le pregunta al Maestro, «¿Tengo qué tomar lo que dices literalmente, palabra por palabra, o es tan sólo una metáfora, o estás diciendo algo en lenguaje místico? ¿Tengo que saltar realmente o te refieres a algún salto interior?» Sin cálculos, sin astucia, él salta. El Maestro le dice, «¡Salta!» y él salta; no hay ni un instante de vacilación. Un sólo instante de duda, y entra el calcular. Un sólo instante de vacilación, y ya has calculado.

Esta pureza te abre; te vuelves una abertura. Esa es la invocación.

EL DESEO:
EL ENLACE
CON LA VIDA

*¿Cómo es que el ya muerto pasado es tan dinámico
que activa el deseo?*

*¿Por qué incluso un hombre Liberado como
Ramakrishna requiere de un deseo para existir?*

*¿Conduce la ausencia de deseos a una
soporífera   inactividad?*

Ayer noche dijiste que los deseos oscilan entre el marchito pasado y el imaginario futuro. Explica por favor cómo y porqué este pasado ya muerto demuestra ser tan dinámico y poderoso que impulsa a una persona a fluir en el proceso del interminable desear. ¿Cómo puede uno liberarse de este dinámico pasado, del inconsciente y del inconsciente colectivo?

El pasado no es en absoluto dinámico: está totalmente muerto. Pero aún así tiene un peso; un peso muerto. Ese peso muerto opera aún; no es dinámico en absoluto. El porqué este peso muerto opera es algo que ha de ser entendido.

El pasado es tan poderoso porque es lo conocido, lo experienciado, y la mente siempre está temerosa de lo desconocido, de lo inexperienciado. Y ¿cómo puedes desear lo desconocido? No puedes anhelar lo desconocido. Sólo lo conocido puede ser deseado. Por eso los deseos son siempre repetitivos. Se repiten, son circulares. Siempre te mueves según el mismo esquema, en el mismo círculo. La mente se vuelve un canal repetitivo y cuanto más repites una cosa en particular, más peso adquiere, porque el canal se ahonda.

Por eso el pasado es importante no porque sea dinámico; te fuerza a hacer algo y a desear no porque posea fuerza, poder o este vivo, sino porque es un canal muerto. Y el pasado ha sido repetido en tantas ocasiones que al repetirlo se ha vuelto algo fácil y automático. Cuanto más repites una cosa en particular, más fácil y cómodo se vuelve. Y la comodidad principal es ésta: que si repites una cosa, no necesitas permanecer consciente.

El ser consciente es la cosa más incómoda que hay. Si repites algo en particular, no necesitas ser consciente. Puedes permanecer profundamente dormido y la cosa será repetida automáticamente, mecánicamente. Por eso es cómodo repetir el pasado, porque no necesitas permanecer alerta. Puedes seguir durmiendo y la mente se repetirá a sí misma.

Por esta razón los que dicen que permanecer sin deseos es el estado del éxtasis también dicen que esa ausencia de deseos es sinónimo de consciencia. No puedes permanecer sin deseos a menos que seas totalmente consciente. O bien, si eres consciente descubrirás que careces de deseos, pues los deseos poseen una fuerza repetitiva sobre la mente sólo cuando no estás consciente. Cuanto más dormida está la mente, más repetitiva y mecánica es. Por eso el pasado tiene el control, sólo porque es una repetición; y porque es lo conocido.

¿Cómo puedes desear lo desconocido? Para lo desconocido no puede haber deseo. Lo desconocido es inconcebible. Esta es la razón por la que, incluso cuando comenzamos a desear a Dios, no estamos deseando lo desconocido. Con «Dios» designamos algo que es conocido. Profundiza un poco: ¿qué quieres decir con «Dios», en particular con tu Dios? ¿Qué quieres significar? Bajo la vestimenta de «Dios» hallarás algo conocido, algo experimentado.

Puede que sea la dicha eterna. Por eso los llamados religiosos dicen, «¿Por qué malgastas la vida en deseos momentáneos? ¡Ven a nosotros! Aquí encontrarás tu plenitud; aquí hallarás la posibilidad de alcanzar la dicha eterna, permanente». Puedes comprender el lenguaje. Conoces el placer momentáneo, así que eres capaz de desear la dicha eterna. Sólo bajo la tutela de Dios está la dicha.

Puede que estés buscando a Dios sólo porque temes a la muerte. Entonces, bajo la tutela de Dios, estás en realidad pidiendo la inmortalidad, no morir nunca, la vida eterna. Conoces esta vida, ésta es tu experiencia; ahora deseas hacerla eterna. Por eso siempre que hablemos de Dios, de lo Divino, de la Liberación, del *Moksha*, no has de dejarte engañar por las palabras, porque las palabras pueden estar ocultando algo totalmente distinto. Y lo están ocultando, porque ¿cómo puedes desear lo que no conoces? ¿Cómo puedes concebirlo? ¿Cómo puedes pedirlo?

En realidad lo que ocurre es totalmente diferente. Cuando no estás deseoso, lo desconocido viene a ti. Tú no puedes desearlo. Cuando permaneces sin deseos lo desconocido acude a ti. ¡No puedes desearlo! La ausencia de deseos es la apertura para que lo desconocido venga. No puedes desearlo porque el mismo deseo se convierte en el obstáculo.

Por eso la mente continúa repitiéndose; es algo mecánico. Por eso el dinamismo no está en la mente; la mente es una cosa muerta, mecánica. El dinamismo reside en tu consciencia y si tu consciencia se identifica con la mente, entonces la mente muerta se vuelve dinámica. Lo dinámico pertenece a tu energía, no es parte de tu mente. Tú eres lo dinámico tras ella. Si te identificas con la mente, si crees que eres la mente, entonces la mente comienza a dinamizarse. Si no te identificas con la mente, la mente es entonces algo muerto, un peso muerto, un agregado mecánico.

Es una larga acumulación: milenios de evolución, muchas, muchas vidas están acumuladas ahí. Tu mente pertenece no sólo a esta vida, pertenece a la vida como tal. Ha evolucionado, por eso tiene modos profundos. No sólo es que tú te enamores; tus padres se han enamorados antes que tú; sus padres y madres, y los de éstos. Todos se han enamorado. La mente tiene una arraigada costumbre de enamorarse. Por eso cuando te enamores no te engañes por sentirte enamorado. Toda la Humanidad está a tus espaldas; toda la Humanidad ha conformado el hábito. Está en tus huesos, en tus células, en tú mismo metabolismo. Toda célula tiene una parte sexual, y cada célula posee un hábito, y cada célula posee una mente, una memoria. Memorias inacabables, memorias sin principio. Por eso si te identificas con esta mente, se vuelve una fuerza, una fuerza dinámica. Tú das la energía, pero la máquina muerta es la que empieza a moverse. Tú la mueves.

Recuerda pues: la energía te pertenece, el dinamismo te pertenece. La mente es algo mecánico producido por milenios de evolución, pero tiene hábitos muy arraigados. Y si te identificas con ella, tendrás que experimentar esos hábitos. Entonces no hay escape.

Así que lo primero es no identificarse, recordar que mente es una cosa y que tú eres otra distinta. Es difícil, es arduo, pero es posible. No es imposible. Y alguna vez si alcanzas un sólo destello de la Existencia inidentificada, nunca volverás a ser el mismo. Una vez descubras que la mente no es la fuerza, que «yo soy la fuerza; la vitalidad proviene de mí»; si aún por un sólo instante tienes un vislumbre de tu condición de amo, entonces la mente no volverá nunca a ser el amo. Y sólo entonces puedes moverte en lo desconocido.

La mente no puede introducirse en lo desconocido: es un

producto de lo conocido. Es un producto de lo conocido, por eso no puede moverse en lo desconocido. Por eso la mente no puede conocer nunca lo que es la Verdad, lo que es Dios. La mente no puede saber nunca lo que es la Libertad, la mente nunca puede saber lo que es la Vida, porque la mente intrínsecamente está muerta. Está muerta: polvo acumulado a través de siglos y siglos. Sólo polvo, polvo de memoria.

Parece que la mente te fuerza. En realidad no te fuerza, sólo te proporciona caminos fáciles. Te proporciona únicamente las sendas rutinarias y repetitivas, y tú caes víctima de la comodidad. Porque abrir una nueva ruta y crear un nuevo camino y moverse por este nuevo canal es muy difícil e incómodo. Esto es lo que quiere decir *tapa*, austeridad. Si empiezas a moverte por algún nuevo canal creado, no por la mente, sino por la consciencia, estás en *tapascharya*, en austeridad. Es arduo.

Gurdjieff empleaba muchos ejercicios. Uno era contradecir, en ciertas ocasiones, al mecanismo. Estás hambriento: niégalo y deja que tu cuerpo sufra. Mantente calmo y tranquilo y recuerda que es el cuerpo el que está hambriento. No intervengas; no lo fuerces a eliminar la sensación de hambre. Está hambriento; lo sabes. Pero al mismo tiempo dile: «No voy a satisfacer hoy esta hambre. ¡Pasa hambre! ¡Sufre! Hoy no voy a ir según este comportamiento habitual. Permaneceré distanciado».

Y, de repente, si puedes hacerlo, empezarás a sentir una separación. El cuerpo está hambriento, pero de alguna forma hay una distancia entre tú y él. Si intentas mantener tu mente ocupada, no lo has entendido. Si acudes al templo y empiezas a hacer *kirtan* y a cantar tan sólo para olvidar el hambre, te estás equivocando. Deja que el cuerpo esté hambriento. No ocupes tu mente tratando de escapar del hambre. Permanece hambriento, pero dile al cuerpo, «Hoy no voy a caer en la trampa». Sigue hambriento, sufre.

Hay gente que ayuna, pero sin sentido porque siempre que ayunan intentan ocupar la mente de forma que no se perciba ni se sienta la sensación de hambre. Si no se siente el hambre, todo el esfuerzo es vano. Estás empleando trucos. Deja que el hambre se presente en su plenitud, con toda su intensidad. Déjala estar ahí, no te escapes de ella. Deja que su evidencia permanezca allí, presente y mantente distanciado diciéndole al cuerpo, «Hoy no te voy a dar nada». Así no hay ni conflicto, ni supresión, ni escape.

Si puedes hacer esto, de repente serás consciente de una separación. Tu mente pide algo. Por ejemplo, alguien se irrita. Está enfadado contigo, y la mente empieza a reaccionar, a encolerizarse. Dile tan sólo a la mente: «No voy a caer en la trampa esta vez». Distánciate. Deja que la ira permanezca en la mente, pero mantente distante. No cooperes, no te identifiques, y descubrirás que esta ira está en algún lugar. Te rodea, pero no está en ti, no te pertenece. Es como humo a tu alrededor. Aguarda, aguarda y espera a que te decidas y cooperes.

Se presentarán todas las tentaciones. Esto es lo que realmente significa tentación. ¿Mmm? Ningún demonio te va a tentar. Tu propia mente te tienta, porque es el modo más cómodo de ser y de comportarse. La comodidad es la tentación; la comodidad es el demonio. La mente dirá, «¡Enfádate!» La situación se ha dado y el mecanismo está encendido. Siempre, cuando se daba la situación, te has enfadado, por eso la mente te proporciona de nuevo la misma reacción.

No es que sea malo porque la mente te hace estar dispuesto a hacer algo que has estado siempre haciendo, pero a veces salte del camino, párate y dile a la mente, «De acuerdo, la ira está ahí afuera. Alguien está enfadado conmigo. Tú me proporcionas la antigua reacción, la acción estereotipada, pero esta vez no voy a cooperar. Permaneceré aquí y observaré y veré que sucede». En un instante toda la situación cambia.

Si no cooperas, la mente muere, porque es tu cooperación la que le da el dinamismo, la energía. Es tu energía, pero sólo eres consciente de ella cuando es usada por la mente. No le des cooperación alguna, y la mente se desplomará como si no tuviera esqueleto. Cómo una serpiente sin vida. Estará allí y por primera vez serás consciente de una cierta energía en ti que no pertenece a la mente si no que te pertenece a ti.

Esta energía es pura energía, y con esta energía uno puede moverse en lo desconocido. En realidad, esta energía se mueve en lo desconocido si no está asociada con la mente. Si se asocia con la mente, se mueve en lo conocido. Si se mueve en lo conocido, toma forma de deseo. Si se mueve en lo desconocido adquiere la forma de ausencia de deseos. Entonces es puro movimiento, un juego de energía, una pura danza de energía, un desbordamiento de energía fluyendo en lo desconocido.

La mente sólo puede darte lo conocido. Si puedes distanciarte de tu mente, la energía tendrá que moverse, no puede permanecer estática. Esto es lo que quiere decir energía: ¡tiene que moverse! El movimiento es su vida. El movimiento no es una cualidad de la energía; el movimiento es la misma vida. No es que la energía no pueda estar sin movimiento, ¡no! Es la misma vida, intrínsecamente.

La energía significa movimiento; por esto se mueve. Si la mente le proporciona canales, se mueve por estos canales. Si no le suministras salidas y si has desenchufado la mente, entonces también se mueve, pero ahora este movimiento carece de una dirección. Este movimiento es juego, *lila*; este movimiento es creativo; este movimiento es espiritual y carece de deseos. No es por causa de un deseo que te mueves. Es porque no puedes hacer nada más que moverte: tú eres energía y movimiento. Observa la diferencia.

Cuando la mente opera, opera como un peso muerto, un peso mecánico, desde el pasado. Te empuja hacia el futuro. Debido a que es el pasado el que te impulsa hacia el futuro, de nuevo el pasado proyecta sus propios deseos. Entiende pues primero la repetitividad de los deseos.

No hay tantos deseos. En realidad, sólo hay unos pocos. Los vas repitiendo. Cuenta tan sólo cuantos deseos tienes. No hay muchos, sólo unos pocos. No encontrarás siquiera los suficientes para emplear todos tus dedos. ¿Cuántos deseos tienes? ¡Muy pocos! Y, en verdad, si lo miras en profundidad, puede que incluso encuentres un sólo deseo. Se dan modificaciones de él, pero en realidad sólo hay un deseo, y el mismo deseo se repite continuamente. Vida tras vida es repetido. Lo repites una y otra vez y luego empieza a parecer que estás indefenso, que la rueda se está moviendo y no puedes hacer nada. No es así. Estás indefenso sólo porque has olvidado por completo que la energía con la que la rueda se mueve es suministrada por ti.

Debido al pasado, el futuro es una repetición. Es el pasado proyectado. Deseas de nuevo lo mismo, una y otra vez. Por eso es por lo que dije que el pasado y el futuro son partes de la mente, no partes del tiempo. El tiempo es sólo aquí y ahora, el presente. Si la mente no está en marcha, la energía permanecerá aquí y ahora en el momento. Se moverá porque es energía, pero el movimiento será en lo desconocido. Lo conocido no está ahí. La mente no está, por tanto lo conocido tampoco.

Alguien le preguntó a Hui-Hai, «¿Cómo fue que lo lograste? ¿Cómo fue que lo alcanzaste?»

Hui-Hai dijo, «Cuando me volví no-mente, entonces llegué, entonces, lo alcancé».

Somos mentes. Esto significa: atados al pasado. Si podemos transformarnos en no-mente, o sea, desligarnos del pasado, entonces el momento es libre, fresco, y la energía se mueve. No por nada, sino porque es energía. Recuerda la diferencia exactamente: se mueve, no buscando algo; se mueve porque es energía.

Un río se mueve. Por lo general creemos que se desplaza hacia el mar. ¿Cómo podemos saberlo? No se desplaza hacia el mar. Se mueve debido a su energía. En último término el mar está ahí, pero esto es otra cosa. Por eso cuando te mueves en lo desconocido, en último término alcanzas lo Divino. Porque sucede que está ahí. Si tu movimiento es puro, lo alcanzas.

El río continúa moviéndose sin saberlo, sin mapa alguno. El pasado no puede proporcionar el mapa porque el río no pasará por los mismos cauces de nuevo, de modo que cada paso es hacia lo desconocido. Y adónde va, no hay modo de saberlo. No se mueve por deseo alguno; no se mueve por ningún motivo. El futuro es desconocido. Simplemente desconocido, oscuro. Se mueve. ¿Por qué se mueve? Se mueve debido a su energía.

Una semilla se mueve, un árbol crece, las estrellas se mueven. ¿Por qué se mueven? ¿Tienen que alcanzar algún destino? ¡No! Se mueven debido a que son energía; pura energía que se mueve. Debido a que la pura energía no puede hacer nada más, se mueve. Cuando te vuelves pura energía, no mente, sino energía no-mente, te mueves, y cada paso es hacia lo desconocido. La vida se vuelve dicha, se vuelve extática, porque lo viejo nunca se repite. Nunca las mañanas serán las mismas, nunca se repite este instante. Ahora es una sensación, un estremecimiento cada vez. Este estremecimiento crea la danza de Meera; este estremecimiento crea el canto de Chaitanya. Con este estremecimiento, en cada instante algo nuevo explota, estalla. Un Buda nunca está aburrido. Aparece fresco.

Maulingaputta acudió a Buda. Era un joven muy inquisitivo, un gran erudito, uno que conocía todo lo que puede conocerse sobre todas las escrituras, un gran *pundit*. Cuando acudió ante Buda comenzó a hacerle muchas preguntas. El segundo día, de nuevo, le acosó con muchas preguntas. Al tercer día de nuevo le interrogó con más preguntas. Ananda, otro discípulo de Buda, estaba aburrido. Le preguntó a Buda, «¿No estás aburrido? Está repitiendo las mismas preguntas una y otra vez».

Buda le preguntó a Ananda, «¿Se ha repetido? ¿Ha repetido una sola pregunta?»

Cada instante es nuevo para una mente con consciencia de Buda. Para una mente tipo Buda, todo es tan nuevo que, ¿cómo puedes repetir una sola pregunta? Incluso el que interroga no es el mismo. ¿Cómo puedes pedir la misma pregunta que pediste ayer? El Ganges ha fluido tanto, así que ¿cómo puede ser la misma pregunta otra vez? Nunca serás otra vez el mismo.

Y Buda dijo, «Aunque plantee las mismas preguntas, no es la misma persona a la que está preguntando. ¿Cómo puede pues repetirse? El debió de preguntar a alguien distinto. ¿Dónde estaba yo ayer? La energía se ha movido».

Alguien estaba muy airado. Insultó a Buda; luego se avergonzó y al día siguiente acudió ante Buda a pedirle perdón. Buda estaba asombrado y le dijo, «Eres un hombre extraño. Insultas a una persona y luego le pides perdón a otra».

El hombre le dijo, «¿Qué estás diciendo? ¿Soy yo el que soy extraño o lo eres tú? Vine ayer y te insulté. Me arrepentí y no pude dormir».

Buda le dijo, «Por eso es por lo que te estás repitiendo? Yo pude dormir y ahora soy un hombre distinto. El río ha seguido su curso. No es la misma orilla y yo no seré el mismo otra vez. Por eso estás en dificultades, porque no puedes pedir perdón a un hombre al que nunca encontraste. Si yo me lo encuentro alguna vez, le diré todo lo que me has dicho».

Esta energía se mueve en lo desconocido. Es fresca, joven, de modo que un Buda nunca puede ser viejo. El cuerpo, desde luego, envejecerá, pero un Buda nunca puede envejecer. Permanecerá joven. Por eso es por lo que nunca se ha pintado a Rama, a Krishna o a Buda como un viejo. Ellos envejecieron, pero no hay ningún retrato de Krishna de viejo, o de la vejez de Rama, o de la vejez de Buda, o de la vejez de Mahavira. ¡No tenemos retratos!

No es porque no envejecieran. El cuerpo ha de seguir el curso común, pero al no crear retratos de su vejez queremos expresar algo más. En realidad, nunca envejecieron porque se mantenían en movimiento. ¡Tan en movimiento y tan jóvenes! Para esas personas la muerte no es el fin. Es un movimiento más. No es un fin en absoluto.

Así que la mente no es dinámica: la mente es mecánica. Puede volverse dinámica si tu colaboras con ella. ¡No cooperes con ella! Recuerda tu distanciamiento, crea una distancia. Sé consciente y entonces la mente estará allí pero tú estarás afuera.

La palabra castellana «éxtasis» es muy bella y significativa. Puede que no te hayas nunca imaginado lo que quiere decir «éxtasis» (*). Significa permanecer afuera; la palabra significa permanecer afuera. Si puedes mantenerte afuera de ti mismo, si puedes estar afuera de ti mismo, estás en éxtasis. Alguien ha sugerido traducir *samadhi* como «éxtasis» no es adecuado porque en realidad *samadhi* no quiere decir estar afuera. En realidad, *samadhi* significa «estar dentro». Así que alguien ha sugerido una nueva palabra, ha acuñado una nueva palabra: en vez de «éxtasis» es mejor traducir *samadhi* como «íntasis». Permanecer dentro.

En verdad, estas dos palabras significan dos cosas distintas, pero en cierto modo quieren decir lo mismo. Si puedes permanecer afuera de tu mente, serás capaz de permanecer en ti mismo. Si puedes permanecer afuera de ti mismo, del llamado yo, entonces, por primera vez, estarás dentro. Así que «éxtasis» es «íntasis». Entonces estarás en tu centro.

Si estás fuera de tu mente, estarás centrado en ti mismo. Por eso salir de la mente es entrar en la consciencia. Por eso es que la mente ha de ser entendida como algo mecánico, como un mecanismo, como una acumulación, como el pasado. Una vez lo percibas, estás fuera de ella. Pero nosotros seguimos, continuamos identificándonos con ella.

Siempre que digas, «Esta es mi idea», te estás identificando. Cambia el lenguaje, y en ocasiones esto ayuda mucho, ¡sólo con cambiar el lenguaje! El lenguaje tiene un profundo poder. Di, «Esto pertenece a mi mente pasada», y percibirás la diferencia. Cuando dices, «Esta es mi idea», te identificas. Di, «Esto pertenece a mi mente, a mi mente pasada», y percibirás que con el cambio de lenguaje creas una distancia.

Por ejemplo, decimos, «Mi mente está tensa». Entonces te iden-

* N. del T.- En el original, «... la palabra inglesa «ecstasy»»

tificas. Incluso decimos, «Estoy tenso». Y aún es mayor la identificación. Cuando digo, «Estoy tenso», no hay distancia. Cuando digo, «Mi mente está tensa», hay una cierta distancia. Si puedo decir, «Soy consciente de que la mente está tensa», hay una distancia aún mayor, y cuanta mayor es la distancia, menor es la tensión.

Cuando decimos, «Estoy tenso», parece como si alguien fuera el responsable. Por eso la psicología sugiere que nunca digamos, «Estoy tenso», porque sutilmente hacemos a alguien responsable. Dicen que en vez de decir «Estoy tenso», digamos «Me estoy tensando». Entonces toda la responsabilidad es tuya.

Rompe con los viejos hábitos del lenguaje, de la mente, de las ideas y tu energía se movilizará. Y una vez la mente no esta presente, eres libre por primera vez.

Osho, hay una historia en la vida de Paramahansa Ramakrishna, y la hemos oído de ti en más de una ocasión, sobre su apego a la comida, del cual Sharada Devi habló. ¿No indica esto que el deseo está relacionado con el vivir, con la vida misma?

El deseo está relacionado con la vida, pero la vida puede también carecer de deseos. Pero entonces la vida misma se vuelve imposible. Si todos los deseos desaparecen, entonces el cuerpo no puede continuar ya más porque el cuerpo es tan sólo un instrumento para que los deseos se vean colmados.. Los biólogos dicen ahora que hemos desarrollado los sentidos debido a los deseos, y que si pudieras desear persistentemente, el cuerpo desarrollaría nuevos sentidos.

El que tengamos ojos es debido únicamente a los deseos . Por lo común creemos que es porque tenemos ojos por lo que vemos. ¡No! Los biólogos dicen que debido a que existe un deseo de ver, se desarrollan los ojos. Si el deseo para ver no está ahí, los ojos desaparecen. Todo el cuerpo existe debido a los deseos.

Buda vivió durante cuarenta años después de Iluminarse, por lo que surge una pregunta: si los deseos se han detenido por completo, entonces Buda debe morir ¿Por qué es pues que está vivo?

El cuerpo tiene una inercia. Si estás corriendo y quieres detenerte de repente, no puedes. Tu mente se ha parado, tú has decidido parar, pero tienes que seguir corriendo un poco más debido a la inercia. Vas pedaleando en una bicicleta y ahora dejas de pedalear, pero las ruedas han acumulado una inercia. Seguirán girando y tomará algún tiempo el que la bicicleta se detenga completamente. Por eso es por lo que siempre digo que si la bicicleta va cuesta arriba, se detendrá pronto. Si has dejado de pedalear y la bicicleta va cuesta arriba, se parará pronto. Puede que incluso se pare en el momento en que dejes de pedalear. Pero si va cuesta abajo, puede seguir rodando mucho más tiempo.

Si la Iluminación sucede antes de los treinta y cinco años, el cuerpo puede morir en breve. Si sucede después de los treinta y cinco, es cuesta abajo y puede continuar por más tiempo. Por eso Shankara muere pronto. Tenía sólo treinta y tres y se Iluminó a la edad de veinte años ¡caso extraño! Y tenía que morir. No pudo completar el año trigésimo quinto, no pudo llegar ni a la mitad. Si la Iluminación sucede después de los treinta y cinco, vas cuesta abajo, y entonces el cuerpo puede continuar.

Con los deseos detenidos por completo, en realidad has dejado de ser un cuerpo. En este momento la antigua inercia operará y dependerá de muchas cosas.

Buda murió debido a que ingirió comida envenenada y no pudo ser curado. No murió porque el envenenamiento fuera peligroso -era muy común- sino debido a que carecía de vínculos corporales, de modo que no podía ser ayudado. Ahora la medicina acepta esto: si tienes apego a la vida, las medicinas te serán de mucha más ayuda. Si no tienes apego por la vida, las medicinas puede que resulten inútiles.

Ahora se hacen muchos experimentos. Dos personas están enfermas en su lecho de muerte. Una está más delicada y carece de esperanzas de salvación, pero se muestra esperanzada y desea vivir más. La ciencia médica no tiene esperanzas, los médicos no albergan esperanzas, pero él si las tiene. El otro no está en un estado tan delicado. Todo el mundo se muestra esperanzado: «Sobrevivirá, no hay problema». Pero él carece de esperanza, no desea vivir. En su interior, de repente, algo se ha desprendido de su cuerpo. Ahora la medicina no puede ayudar. El morirá y el hombre más seriamente enfermo sobrevivirá. La medicina sí puede ayudarle.

El cuerpo y la consciencia se relacionan por los deseos. Por eso es por lo que, si una persona muere sin deseos, no reencarnará otra vez, porque ahora no hay necesidad, no hay una causa para crear de nuevo otro cuerpo.

He conocido a una persona que no podía dormirse debido a su temor a la muerte. La muerte puede sobrevenir durmiendo, y entonces ¿que podría hacer? Por eso se siente asustado; no puede dormir. Y creo que su miedo es válido, que su miedo tiene un significado, porque no tiene el deseo de vivir. ¡No carece de deseos! Sólo que no tiene el deseo de vivir. Más bien tiene el deseo de morir. Y si una persona tiene el deseo de morir, puede morirse durmiendo con mucha facilidad.

Puede que tú te levantes por la mañana otra vez, no sólo porque la mañana ha llegado, sino porque tienes algo que te fuerza a levantarte. Esta persona no tiene nada; nada le fuerza a levantarse. Por eso no puede dormir debido al miedo y por la mañana no tiene deseo alguno de levantarse. ¡No hay nada que le fuerce a hacerlo! Y aún así digo que no carece de deseos. Está tan sólo frustrado; todos sus deseos se han frustrado. Cuando todos los deseos se frustran, creas un nuevo deseo: el deseo de morir.

Freud, en su vejez, se topó con algo nuevo con lo que nunca había soñado. Durante toda su vida trabajó sobre la «líbido», sobre el deseo de vivir. Basó toda su estructura en la creencia de la fuerza de esa líbido, de este sexo, de este deseo por la vida, y al final se encontró con un segundo deseo. Al primer deseo le llamó «Eros» y al segundo «Tanatos». Tanatos significa deseo de muerte, deseo de morir. Freud empezó a percibir qué si no había un deseo por morir, ¿cómo podía morir un hombre? Debía de existir escondido en alguna parte un deseo de morir, pues en caso contrario, los biólogos afirman que el cuerpo puede continuar incluso hasta la eternidad. No hay ninguna razón necesaria por la que un hombre deba de morir tan pronto, porque el cuerpo contiene en sí mismo un proceso de auto-renovación. Puede continuar renovándose, pero hay tantas otras cosas...

El cuerpo nace, como siempre hemos dicho, debido a la existencia de algún deseo de vivir. ¿Mmm? En realidad, Freud está en lo cierto. Se necesita un segundo deseo para completar el círculo. Debe de haber escondido un deseo de morir. Ese deseo de muerte te ayuda a morir y el deseo de vida te ayuda a renacer. Ese deseo de muerte le viene a uno muchas veces. Muchas veces te das cuenta repentinamente de él. Siempre que algo se frustra, como es el caso de la muerte de un amante o de un ser querido, de improviso el deseo de muerte se presenta y uno desea morir, no porque te hayas vuelto en alguien que no tiene deseos, sino porque tu deseo más anhelado es ahora imposible. Por eso empiezas a desear la muerte.

Esta diferencia se ha de percibir, porque muchas personas religiosas no son en verdad religiosas, tan sólo desean la muerte; son suicidas. Es muy fácil el intercambiar el deseo por la vida por el de la muerte. Es muy fácil porque la vida y la muerte no son sólo dos cosas, son dos aspectos del mismo fenómeno. Por eso puedes intercambiarlos.

Así sucede que aquellos que se suicidan son aquellos que están muy, muy profundamente atados a la vida. Debido a estar tan atados a la vida, siempre que se sienten frustrados no pueden hacer nada más que suicidarse. Una persona que no está muy atada a la vida no puede suicidarse. Y los suicidios pueden cometerse de dos formas: pueden ser a largo término y pueden ser a corto término. Puedes tomar el veneno ahora o puedes ir muriéndote lentamente durante muchos años. Depende del coraje que tengas.

A veces sucede que no tienes coraje para vivir y tampoco para morir, y entonces has de morir lentamente. Se escoge entonces un suicidio a largo plazo. Uno se va abandonando poco a poco, muriendo, muriendo, muriendo. La muerte es un largo proceso, por grados.

Este deseo por la muerte está ahí también y conlleva muchas, muchas implicaciones. Bernard Shaw, en los últimos años de su vida, abandonó la vida urbana y se fue a vivir a un pequeño pueblo. Alguien le preguntó, «¿Por qué has escogido este pueblo?»

El contestó, «Pasaba por el cementerio cuando me encontré con una lápida en la que estaba escrito: «Este hombre murió a la edad de ciento diez años. Su muerte fue intempestiva». Así que pensé que en este pueblo merecía la pena vivir. Si la gente aquí piensa que ciento diez años es una edad intempestiva, es bueno vivir aquí». Y verdaderamente vivió durante largo tiempo.

Los psicólogos dicen que esto es una fijación. Si todo el país cree que setenta es el máximo, esto se convierte en una actitud mental fija. Si todo el país cree que cien es el máximo, cien se convertirá en el máximo. Si el país comienza a pensar como un todo, colectivamente, no hay necesidad de morir tan pronto y ese hombre puede vivir trescientos años. Si todo el país fija los trescientos años como máximo, entonces el cuerpo puede vivir durante trescientos años. Es una hipnosis colectiva.

Sabemos que una persona se volverá vieja a una determinada edad, todo el mundo lo sabe. El niño se da cuenta de cuando uno se vuelve viejo. El joven sabe cuando se acabará su juventud. ¡Todo el mundo lo sabe! Y es tan sobradamente conocido, es tan sugestivo, que todos saben que los setenta o los ochenta como máximo, serán el límite. Morimos a los ochenta porque creemos que los ochenta son el límite. Si puedes alterar el límite, no hay porque morir tan pronto. Básicamente no hay necesidad de que el cuerpo muera tan pronto. Es un proceso auto-regenerador. Se va regenerando, puede continuar.

Esta hipnosis y el deseo de morir van unidos, se unifican. Porque si la vida requiere deseo, la muerte también necesita del deseo. ¡Por eso nunca decimos que Krishna murió. Nunca! Decimos que entró en *samadhi*. Nunca decimos que Buda murió. ¿Mmm? Fue el *Nirvana*, la Liberación. Nunca decimos que murieron porque, en realidad, para ellos, ¿cómo puede ser posible la muerte cuando la vida se ha vuelto un imposible? Entiende la implicación: si para Buda el vivir se ha vuelto una imposibilidad, ¿cómo puede darse la muerte? Una persona que no desea vivir, ¿cómo puede desear la muerte? Si carece de deseos en tal medida que la vida es un imposible, la muerte también será un imposible. Por eso nunca decimos que un Buda muere. Sólo decimos que pasó a una vida diferente. Nunca decimos que muere.

¿Por qué morimos? Morimos porque vivimos, porque estamos atados a la vida. Tenemos que separarnos de la vida, liberarnos. Cuando un Buda vive, vive por la inercia. El va en el coche y el coche va cuesta abajo. Se pare donde se pare, no formulará ninguna queja. En dónde sea. En el instante en que el coche se detenga, él se bajará. Ni por un instante percibirá que algo es incorrecto. No sentirá que nada esté mal; todo es como debería ser. Es capaz de vivir como si no viviera; puede morir como si no muriera. Pero si tú quieres seguir, significa que algún deseo está ahí.

Ramakrishna trató de mantenerse con vida durante algún tiempo para dar el mensaje a la persona indicada. Sintió que si no le restaba ningún deseo ni inercia, el cuerpo le abandonaría. Por eso cultivó, creó, forzó el que un deseo existiera. Trató continuamente de que al menos un deseo se mantuviera vivo hasta el momento en que pudiera entregar el mensaje a la persona indicada. Esto nunca le ocurrió a Buda; nunca le sucedió a Mahavira. ¿Por qué le tenía que pasar a Ramakrishna?

En realidad no es una pregunta sobre porqué le ocurrió a Ramakrishna. No es una cuestión directamente relacionada con Ramakrishna, sino con nuestra época. En los tiempos de Buda era imposible el no encontrar personas adecuadas. ¡Imposible! Había tantas que en cualquier momento el mensaje podía ser entregado a cualquiera. Pero para Ramakrishna era una imposibilidad el encontrar a tal persona. Así que ésta es la primera vez; Ramakrishna es el único hombre en toda la historia de la Humanidad que ha intentado forzadamente mantenerse con vida durante algo más de tiempo; tan sólo para dar con el hombre adecuado.

Y cuando Vivekananda acudió a él por primera vez, Ramakrishna dijo, «¿Dónde has estado? ¡He esperado tanto! ¡He esperado tanto!» Y cuando Vivekananda, por primera vez, tuvo el primer vislumbre de *samadhi,* Ramakrishna le detuvo. Le dijo, «Ya basta, porque si no te hallarás con la misma dificultad. Permanece aquí donde estás; no vayas más allá. Permanece aquí hasta que el mensaje sea entregado. Ahora, me llevaré tus llaves conmigo para que no tengas que sufrir como yo he sufrido. Primero alcancé algo y después tuve que permanecer anclado en la tierra y fue muy difícil, muy difícil. Por eso ahora me llevaré tus llaves conmigo y esas llaves sólo te serán entregadas antes de tu muerte. Tres días antes».

Y Vivekananda permaneció sin tener ningún vislumbre más. No pudo llegar. Esto, lo que Ramakrishna dijo, se convirtió en la barrera. No pudo cruzarla. La cruzó sólo antes de morir. Tres días antes.

La vida es deseo. ¿Mmm? La vida que conocemos es deseo. Pero hay otra vida que carece de deseos; la vida que desconocemos. Esta vida requiere del cuerpo; aquella vida requiere la pura consciencia. Directa, inmediata. Esta vida utiliza el cuerpo, la mente, los instrumentos. Por eso es porque aparece tan confusa y apagada. No es algo inmediato.

Cuando algo te llega atravesando muchos medios distintos, te llega como distorsionado. Tiene que ser así. Tú nunca has visto la luz. Tus ojos ven la luz. Luego la luz es transformada en ondas eléctricas, en compuestos químicos. Nunca has visto estas ondas eléctricas, nunca has visto esos compuestos químicos. Estos compuestos transportan el mensaje y luego son decodificados en tu mente. Son sólo códigos. Luego al ser decodificados, la mente te da el mensaje de que has visto la luz. Y entonces dices, «He visto la luz; el sol ha salido». Nunca has visto al sol salir. Es tan sólo un proceso químico el que te informa. Nunca la misma salida del sol. Es sólo la foto que es decodificada de nuevo.

Toda nuestra experiencia es cómo esto. Indirecta. Toco la mano de mi amada, de mi amante, de mi amigo. En realidad, no la he tocado; no puedo, porque el tocar se queda en la punta de los dedos. Y luego, ha través de mi sistema, un impulso eléctrico llega a mi cerebro. Ese impulso es decodificado y digo, «¡Qué bello!» Esta percepción puede se creada estando mis ojos cerrados; este toque puede ser creado mediante un artilugio mecánico. Y si la misma frecuencia de onda que la creada por el toque de mi amada puede crearse, diré, «¡Qué bello!»

Ni siquiera el toque es necesario si el sistema portador del mensaje en el cerebro puede ser estimulado mediante un electrodo. De nuevo percibiré, «¡Qué bello!» Tan sólo con poner un electrodo en tu cerebro y con saber a que frecuencia se dan tus experiencias; con saber qué frecuencias percibes cuándo sientes amor, podremos pulsar los mandos y la misma frecuencia será creada por el electrodo en tu cerebro y empezarás a estar enamorado. ¿Cuál es la frecuencia que recibes cuando la interpretas como rabia? El electrodo puede crear la misma frecuencia y empezarás a sentirte enfadado.

¿Qué es lo que has vivido de la vida? ¿Que has conocido? No has conocido nada, porque todo lo percibes a través de tantos medios que sólo los mensajes indirectos te alcanzan.

Hay otra vida aparte del cuerpo, aparte de la mente. Entonces la experiencia es inmediata, sin intermediarios. Es directa, sin nada entremedio. Si la luz está allí y no hay nada entremedio, entonces por primera vez estás lleno de luz, no de mensajes codificados. Esta experiencia es la experiencia de lo Divino.

Puedo decírtelo de esta forma: si estás experimentando la Existencia a través de medios, esto es el mundo. Si estás experimentando la Existencia sin intermediarios, es Dios. Lo que se experimenta es lo mismo, sólo que el experimentador lo experimenta de distinta forma.

Una forma es a través de algo. Te doy un mensaje, tú se lo das a alguien más, y luego él se lo da a otro y por fin alcanza al que tenía que ser entregado, al que concernía. Cuando llega, ha sido alterado. Cada vez que se entrega a alguien, es alterado. Con nuestros ojos no vemos así. No podemos ver de esta forma porque, de una forma sutil, cada instrumento es distinto. Por eso cuando yo veo la luz la veo de una forma particular. Cuando tú ves la luz, la vez de una forma distinta.

Cuando un Van Gogh ve el sol, en verdad lo ve de un modo distinto, porque se vuelve como loco, empieza a bailar, a llorar, a gritar. Se vuelve loco cuando ve el sol. Durante todo un año Van Gogh estuvo pintando continuamente cuadros del sol. No podía dormir, estaba enloquecido. Y en Arles, donde el sol es abrasador, durante un año el sol le estuvo cayendo a plomo sobre su cabeza y el seguía en el campo pintando. Pintando durante un año entero continuamente. Se volvió loco. Tuvo que ser internado durante otro año en un manicomio y la única razón fue que no pudo soportar tanto sol.

Pero nadie enloquece así. Se suicidó y escribió una carta. Y en la carta había escrito, «Debido a que he pintado todos los rostros del sol, ahora no hay necesidad de vivir. He pintado todas sus posibles caras. He conocido al sol de todas las formas posibles, ahora no hay porqué vivir. Ahora puedo dejarme morir». En verdad debe de haber visto al sol de distinto modo. Nadie enloquece por perseguir al sol. ¿Por qué esta locura?

El debía de poseer un sistema sensorial distinto. Ahora los psicólogos dicen que él debía de tener distinta química, distinta composición intrínseca. Es posible que pronto lleguemos a la conclusión de que los poetas poseen una distinta cantidad de ciertos compuestos químicos y sólo debido a esto es por lo que empiezan a volverse como locos tras las flores, tras las nubes. Para todos los demás, esto carece de sentido. Está bien que haya una flor, pero no tiene sentido el pintarla una y otra vez, el escribir poesías y vivir para ella. Ciertamente algo como el LSD debe de tener algún compuesto químico intrínseco. Un bailarín posee una química diferente. Parece que la bioquímica trabaja de modo distinto.

Por eso cuando digo que la vida implica deseos, me refiero a esta vida, no a esa. Está vida implica deseos. Cuantos más deseos tengas, más percibirás esta vida. ¿Mmm? Por eso es por lo que los que persiguen deseos corriendo tras ellos, aparentan estar más vivos; decimos que están mucho más vivos. ¿Qué es lo que haces? ¡Correr! ¡Todo el mundo corre y todo el mundo está tan vivo! ¿Estás tú muerto?

Pero hay otra vida también. Mas amplia, más profunda, más vital, más inmediata y directa. Tenemos una palabra para describirla *aparokshanubuthi*: experiencia inmediata. Dios debe ser contemplado, pero no con los ojos. Ha de ser escuchado, pero no con los oídos. Debe ser abrazado, pero no con las manos, no con el cuerpo. Pero ¿cómo podemos lograrlo?

Conocemos sólo de dos cosas: la vida de deseos y la muerte de los deseos. No conocemos esta otra dimensión: la vida sin deseos y la Liberación sin deseos. Pero si nos volvemos conscientes del mecanismo del deseo, podemos crear una distancia y en el momento en que la distancia es creada, la vida comienza a moverse hacia otra vida.

A medida que se incrementa el estado de ausencia de deseos, a veces la persona se vuelve externamente inactiva ¿Es eso letargia y aburrimiento? ¿Por qué sucede?

Pueden ocurrir muchas cosas y dependerá de ellas. Es cierto que muchos deseos desaparecerán y con ello también muchas acciones. Aquellas acciones causadas únicamente por los deseos desaparecerán. Si yo iba en pos de un determinado deseo, ¿cómo podré seguir persiguiéndolo si el deseo ha desaparecido? Mi persecución cesará. Por lo menos el perseguirlo por una misma ruta, cesará. Por eso cuando una persona se vuelve carente de deseos, al menos por un intervalo, provisionalmente - y cuánto tiempo durará dependerá del individuo - se tornará inactivo. Los deseos habrán desaparecido y todas las acciones que ha estado desarrollando estaban conectadas con deseos, de modo qué ¿cómo puede continuarlas? Cesarán.

Pero al abandonar los deseos y las acciones, la energía se irá acumulando, y nuevamente la energía comenzará a circular. Cuándo se moverá, cómo circulará, variará de un individuo a otro, pero nuevamente circulará. Habrá una brecha, un intervalo, un período de interinidad. A esto lo denomino período de preñez. La semilla ha nacido pero ahora estará en un período de gestación de por lo menos nueve meses. Puede parecer extraño, pero así sucede. Este período de nueve meses es significativo. Más o menos así, ocho o diez meses, será el período de interinidad y te volverás inactivo. Esta inactividad también variará. Alguien puede volverse tan inactivo que la gente puede pensar que ha entrado en coma. Todo se detiene.

Para Meher Baba fue así. Durante un año permaneció en coma. No podía ni mover sus miembros. La acción era algo muy distante, no podía ni tenerse en pie porque incluso el deseo de estar de pie había desaparecido. No era capaz de comer; tenía que ser obligado. ¡No era capaz de hacer nada! Durante todo un año se volvió desvalido; un niño desvalido. Este fue un período de preñez y luego, de repente, nació un hombre distinto. El hombre que se había vuelto inactivo dejó de existir: una nueva energía apareció. La energía acumulada.

Vidas y vidas de energía disipada crean estos parones, porque tú no tienes suficiente energía. Cuando el deseo no está ahí para llamar, para provocar, estimular, tú desapareces. Tu energía no es tal energía, sino un empujar y tirar. De alguna forma te las ingenias para continuar la persecución porque la meta parece estar muy cerca. Un poco más de esfuerzo y llegarás. Tiras de ti mismo; de algún modo te estiras a ti mismo y continuas en marcha. Pero cuando la meta desaparece, cuando ya no existe el deseo, tú abandonas. Aparece una inactividad. Si puedes ser paciente en este período de inactividad, cuando acabe renacerás. Luego la energía volverá a circular sin deseos.

Pero digo que depende. Puede suceder repentinamente como le pasó a Meher Baba; fue un caso repentino. Sucedió en Bombay. Sucedió por un beso de una anciana, Babajan. Meher Baba tan sólo pasaba, de regreso de su escuela. Babajan era una anciana mística sufí, una anciana que permaneció sentada bajo un árbol durante años y años. Meher Baba volvía y Babajan le llamó. El conocía esa anciana. Había estado sentada durante muchos años al pie del árbol y él solía pasar por esa calle diariamente de camino a su escuela y de camino a su casa. Ella le llamó y él se acercó. Ella le besó y él se desplomó allí mismo como si estuviese muerto. Tuvieron que llevarlo a su casa.

Durante un año completo el beso permaneció en él y él estuvo en coma. Puede que suceda repentinamente como en este caso. ¿Mmm? Esta fue una gran transferencia y Babajan murió poco después porque había estado aguardando este momento para darle a alguien toda la energía. Esta era su última vida y no había tiempo suficiente ni para explicar qué era lo que estaba dando. Y también, que ella no era del tipo que suele explicar. Era una mística silenciosa. No había tocado a nadie durante años. Solamente estaba a la espera de ese momento, cuando pudiera besar a alguien y toda la energía fuese transferida en un sólo beso. Antes de esto ella no había tocado a nadie, por eso su toque fue total.

Y este chico era inconsciente de lo que iba a suceder. Estaba preparado, pues de otra forma la transferencia no hubiese sido posible, pero no era consciente. Había trabajado a lo largo de sus vidas pasadas. Se estaba aproximando. Puede que hubiera sido consciente más adelante, pero en aquel momento era totalmente inconsciente. Sucedió tan de repente que hubo de pasar otra vez por un segundo embarazo. Durante un año fue como si no existiera. Se le dieron muchas medicinas; muchos, muchos médicos intentaron ayudarle, pero no se pudo hacer nada. Y la mujer que hubiera podido hacer algo, desapareció, murió. Al cabo de un año era un hombre totalmente distinto, totalmente diferente.

Si sucede tan repentinamente, aparecerá un profundo estado de coma. Si sucede mediante algún tipo de ejercicios, nunca el coma será tan profundo. Si practicas ejercicios de consciencia, de meditación, nunca sucederá tan de repente. Vendrá tan gradual-mente, tan gradualmente, que no te darás ni cuenta de cuando ha sucedido. Poco a poco, la inactividad se hará presente, la actividad se hará presente y muy gradualmente todo habrá cambiado por dentro. Y los deseos desaparecerán, la actividad desaparecerá, pero nadie percibirá que hayas estado letárgico o que te hayas vuelto inactivo.

Este es el proceso gradual. Así que aquellos que sigan el yoga o algún método, no lo percibirán como repentino. También hay métodos en los cuales lo repentino se hace posible, pero uno ha de ser preparado. Babajan nunca preparó este chico, nunca le pidió su permiso. Fue algo unilateral. Tan sólo transfirió la energía.

Los monjes zen también transfieren, pero antes de transferir preparan el camino. Una persona puede ser acondicionada para recibir la energía y luego esta reacción no se presentará. Puede que se sienta letárgico durante unos días, durante unos meses, pero nadie percibirá exteriormente que por dentro se ha vuelto inactivo. Pero esto requiere preparación y ésta sólo puede darse en las escuelas. Y cuando digo «escuelas», quiero decir grupo de trabajo.

Babajan estaba sola, nunca hizo de nadie su discípulo. No había escuela, no había nada sobre lo que ella hubiese podido preparar algo. Y además, ella no era de esta clase. No era del tipo del Maestro; no podía enseñar. Pero tenía que darlo a alguien, a cualquiera que pasase y hacia el que ella sintiera, «Ahora es el momento, y éste será capaz de llevarlo». Por eso sólo pudo entregarlo.

Así que depende. La inactividad ha de estar presente; más o menos, pero ha de estar presente; un cierto período ha de darse. Y sólo entonces puedes renacer, porque todo el mecanismo ha de cambiar completamente. La mente desaparece, las viejas raíces desaparecen, los viejos hábitos desaparecen, la vieja asociación entre conciencia y deseos, entre conciencia y mente, desaparece. Todo lo viejo desaparece y todo ha de ser nuevo.

Se requiere una espera; se requiere paciencia. Y si uno es paciente, uno no tiene que hacer nada: con sólo esperar es suficiente. La energía empezará a circular por sí misma. Tan sólo siembra la semilla y espera. No te apresures, no vayas cada día a tirar de la semilla para ver que ocurre. Tan sólo déjala dentro y espera. La energía seguirá su propio curso. La semilla morirá y la energía brotará y comenzará circular. Pero no seas impaciente. Uno ha de esperar.

Y cuanto mayor es la semilla, cuanto mayor es la capacidad, la potencialidad del árbol que va a ser, más larga será la espera. Pero llega. ¡Llega! Cuanto más intensa es la espera, antes llega.

UNA MENTE QUIETA:
LA PUERTA
HACIA LO DIVINO

El saber sin oscilaciones

es asana,

la postura.

*El saber sin oscilaciones
es* asana,
la postura.

El hombre no es solamente un cuerpo ni sólo una mente. Es ambos. Incluso afirmar que es ambos, es erróneo en cierta forma porque cuerpo y mente están separados sólo si son considerados como dos palabras. La existencia es una. El cuerpo no es nada sino la capa más externa de tu consciencia, la expresión más evidente de tu consciencia. Y la consciencia, por otra parte, no es nada más que el cuerpo más sutil, la parte más refinada del cuerpo. Tú existes en medio.

No son dos cosas, sino dos extremos de lo mismo. Por eso siempre que el saber deja de fluctuar, el cuerpo también resulta afectado; el saber estable crea un cuerpo estable. Puedes imponer la condición de estabilidad al cuerpo, pero el saber no se volverá por ello estable. Puede que ayude, pero muy poco. Puede ayudar, pero no mucho.

La postura corporal se tornó importante porque prestamos más atención al cuerpo. Incluso los que afirman que no somos cuerpos, piensan en términos corporales. Incluso en aquellos que dicen, «No somos cuerpos», su mente, su forma de pensar, permanecen ligadas al cuerpo. Incluso ellos comienzan por las posturas corporales. *Asana* significa colocar al cuerpo en una postura en la cual el cuerpo se mantiene inmóvil, quieto. Se supone que si el cuerpo está quieto, la mente lo seguirá en la quietud.

Esto no es cierto. ¡Lo contrario es lo cierto! Si la mente se aquieta, entonces el cuerpo se aquieta. Y luego aparece un misterioso fenómeno: si la mente se aquieta, puedes seguir bailando pero tu cuerpo permanece quieto. Y si tu mente no está quieta, puede que aparentes estar muerto, pero todavía el cuerpo se agitará, porque la mente agitada crea sutiles vibraciones que alcanzan al cuerpo y el cuerpo se mantiene agitado interiormente. Inténtalo. Puedes permanecer como una estatua, muerto, como de piedra. Cierra tus ojos y percíbelo. Exteriormente nadie puede decir que tu cuerpo está agitado, pero por dentro sabes que así es. Hay un sutil temblor. Aunque sea imperceptible desde el exterior, puedes percibirlo desde dentro.

Si tu mente está totalmente quieta, aunque dances percibirás interiormente que el cuerpo está quieto. Un Buda está quieto incluso mientras camina, y uno que no es un Buda no está quieto aunque esté muerto. Las vibraciones llegan desde tu centro, se originan en ti y luego se esparcen hacia tu cuerpo. El cuerpo no es el causante, no es el origen, por eso no puedes detenerlas desde la periferia. Puedes imponerte, puedes practicar, pero por dentro hay agitación. Y este imponerte causará más conflicto que quietud.

Así que este sutra afirma que para practicar la meditación, se requiere una postura, una postura inmóvil. Pero ¿qué queremos decir con postura? Este sutra afirma que «*un saber sin oscilaciones*» es la postura. Si la mente no se agita, entonces estás en la postura correcta. En esa postura correcta cualquier cosa puede suceder.

Por esto, no te engañes a ti mismo creando imitaciones corporales. Puedes crearlas; es muy fácil. En la circunferencia, en la periferia, imponer la quietud es muy fácil. Pero esa no es tu quietud. Tú permaneces en la agitación, permaneces oscilando. Las ondas no deben llegar desde el centro..

¿Cuál es este saber sin oscilaciones? Este es uno de los más profundos secretos. Para comprenderlo debemos penetrar en lo más hondo de la estructura misma de la mente, así que empecemos.

La mente tiene muchas clases de pensamientos. Cada pensamiento es una onda, cada pensamiento es una oscilación. Si no hay pensamientos entonces la mente se vuelve estable. Un sólo pensamiento y ya estás agitándote. Un sólo pensamiento y ya no estás quieto. Un sólo pensamiento no es un único pensamiento; es un fenómeno muy complejo. Un único pensamiento es creado por muchas ondas; incluso una sola palabra es creada por muchas ondas. Sólo cuando están presentes en la mente muchas ondas se crea una única palabra, y un sólo pensamiento lo forman muchas palabras. Miles y miles de ondas crean un pensamiento.

El pensamiento es lo más externo, pero las ondas lo preceden. Eres consciente sólo cuando las ondas se vuelven pensamientos porque tu consciencia es muy basta. No puedes ser consciente de cuando las ondas son todavía puras ondas en el camino de transformarse en pensamientos. Cuanto más consciente te vuelvas, más percibirás que el pensamiento tiene muchas capas. La forma de pensamiento es la última. Antes del pensamiento hay ondas-semilla que crean el pensamiento, y antes que las ondas-semilla hay todavía raíces más profundas que crean la semillas.

Las semillas crean pensamientos. Al menos tres capas son muy fácilmente visibles para la mente consciente. Pero nosotros no somos conscientes: estamos dormidos. Por eso nos damos cuenta sólo cuando las ondas adquieren la forma más basta: el pensamiento. Por lo que sabemos, el pensamiento es lo más sutil. No lo es. El pensamiento, en realidad, se ha convertido en un objeto. Cuando hay solo las ondas no puedes ni detectar lo que va a suceder, qué pensamiento es el que va ser creado en ti. Somos sólo conscientes cuando la onda se vuelve pensamiento.

Un sólo pensamiento implica miles de ondas, así que podemos concebir lo mucho que nos agitamos. Un constante pensar , sin un sólo instante sin pensamientos. Un pensamiento siguiendo a otro constantemente, sin interrupción. Por eso somos un fenómeno oscilatorio, de agitación. Soren Kierkegaard ha dicho que el hombre es agitación: sólo agitación y nada más. Y está en lo cierto de alguna forma. Por lo que a nosotros afecta, el hombre es una agitación. Un Buda puede que no, pero entonces Buda deja de ser un hombre.

Este proceso pensante es el proceso de oscilación. Así que «*sin oscilaciones*» quiere decir un estado de mente sin pensamientos. En realidad, el sutra dice «*el saber sin oscilaciones*»; ni se menciona la mente. Comprendamos primero, distinguiéndolas, las tres capas de la mente.

Una es la mente consciente, y una clase de pensamiento pertenece al nivel consciente. Esos pensamientos son los menos importantes. Constituyen reacciones a la situación presente, reflejos. Tú vas por una carretera y te cruzas con una serpiente y saltas. La serpiente te proporciona un estímulo y tú respondes. Por eso una clase de pensamiento es tal como este: un estímulo exterior y una respuesta desde la periferia. En realidad no piensas: sólo actúas. Una serpiente está allí: actúas, te vuelves consciente y actúas. No indagas en ti qué es lo que hay que hacer. La casa está en llamas y corres. Esta es la reacción periférica.

Por eso, una clase de pensamiento es la del tipo reflejo instantáneo. Incluso un Buda ha de reaccionar así. Esto es natural, no hay nada malo en ello. Si reaccionas al momento presente, nada hay de malo en la mente, pero ese no es el único nivel.

Existe un segundo nivel. Este segundo nivel es el del subconsciente. Las religiones lo llaman consciencia. En realidad este segundo nivel es creado por la sociedad; es una sociedad dentro de ti. La sociedad penetra en todos, porque la sociedad no puede controlarte a menos que te penetre, así que se vuelve parte de ti. La crianza, la educación, los padres, los profesores, ¿qué es lo que hacen? Hacen una cosa: están creando la mente subconsciente. Te proporcionan pensamientos, estructuras, ideales, valores. Estos pensamientos pertenecen al segundo nivel. Son valiosos, tienen su utilidad, pero también son dañinos. Son medios para moverse con facilidad, con comodidad en la sociedad, pero también son barreras.

Este segundo nivel ha de ser mejor entendido. Este segundo nivel consiste de ideas internas, ideas fijas, fijaciones. Por eso, siempre que tu mente periférica se mantenga funcionando constantemente, no es pura. Sólo un niño es puro, inocente. El funciona respondiendo a la situación. No hay subconsciente que interfiera.

Tú no funcionas respondiendo a la situación. El subconsciente está constantemente interfiriendo. Te proporciona una elección: qué escoger, qué no escoger. A cada momento te está acosando. Te vuelves inconsciente de muchas cosas debido al subconsciente. No te permitirá ser consciente de todo. Y en muchas cosas te mantienes excesivamente alerta porque esta mente subconsciente te fuerza a mantenerte constantemente consciente de ellas.

Cada sociedad crea una clase distinta de subconsciente, por eso, en realidad, el que uno sea un hindú, o un cristiano o un jaino, pertenece a la mente subconsciente. En lo que concierne a la mente periférica, todos reaccionan igual. Es natural. Pero la mente subconsciente no es natural; es un producto social. Por eso nos comportamos de formas distintas. Ves una iglesia. Un hindú pasa sin darse ni cuenta de que es una iglesia. No tiene por que darse cuenta. Pero un cristiano no puede pasar sin ser consciente de que allí hay una iglesia. Puede que sea anti-cristiano, conscientemente puede ser como Bertrand Russell que escribió un libro titulado «Porqué no soy Cristiano», pero se dará cuenta. El subconsciente funciona ahí.

Un *brahmín* puede comprender intelectualmente que el problema de la intocabilidad es un acto violento, una crueldad, e intelectualmente puede creer que no es correcto, pero ésta es la mente consciente. El subconsciente está operando allí. Si le pides que se case con una chica *sudra*, le alcanzas de lleno en lo más hondo. No puede concebirlo. Incluso comer con un intocable se le hace difícil. Desde el intelecto comprende que no hay nada malo en ello, pero el subconsciente sigue proyectando y empujando. Y él no puede reaccionar con naturalidad: el subconsciente distorsiona, pervierte.

Este subconsciente te suministra constantemente muchas ideas, las cuales crees que son creadas por ti. No lo son. Te han alimentado como se alimenta a un ordenador. Sólo puedes obtener información de un ordenador si se la has introducido previamente. Lo mismo ocurre en el caso del hombre y también con la mente. Sea lo que sea lo que obtengas está en función de lo que le hayas introducido previamente. Todo ha de ser introducido. Esto es lo que pretendemos expresar con «educación», la mal llamada educación: alimentar con información. De modo que está disponible en el inconsciente a cada instante. Está tan al alcance que, en verdad, aunque no la necesites, emerge. En todo momento inunda tu mente y ésta se vuelve una constante oscilación, una constante agitación. Esta mente subconsciente es la verdadera causa de muchos males sociales.

En realidad el mundo podría unificarse si no existiera esta mente subconsciente. No habría distinciones entre un hindú y un musulmán. La distinción procede de la alimentación subconsciente y penetra tan hondo que no puedes ni percibir como trabaja. No puedes traspasarla. Alcanza tal profundidad que siempre permaneces por delante y te sientes indefenso. Pero la sociedad también está indefensa. Es un substituto; un pobre sustituto, pero un sustituto. A menos que el hombre se vuelva totalmente consciente, la sociedad no puede prescindir del subconsciente.

Por ejemplo, si un hombre se vuelve plenamente consciente, no puede ser un ladrón. Pero el hombre, tal como es, no es consciente en absoluto, por eso la sociedad ha de crear un sustituto en vez de la consciencia: debe introducir internamente la fuerte sugestión de que el robar es algo malo, pecaminoso, maligno, de que no has de ser un ladrón. Esta idea se ha de introducir en lo más hondo del subconsciente de modo que cuando empiezas a pensar en robar, el subconsciente emerge y dice: «No, esto es pecado,» y te detienes. En un sustitutivo social para la consciencia, y a menos que el hombre alcance la consciencia, la sociedad no puede prescindir del subconsciente porque tiene que darte ciertas reglas. A menos que seas tan consciente que no necesites reglas, el subconsciente habrá de ser mantenido.

Por eso cada sociedad tiene que crear un subconsciente. Y yo la llamo buena a esta sociedad, recuérdalo. Digo que esta sociedad es buena si crea un subconsciente del que se pueda prescindir fácilmente, y llamó mala a una sociedad que crea un subconsciente tal que no se puede prescindir de él con facilidad, porque si no puede prescindirse de él se vuelve un obstáculo cuando intentas volverte consciente. Y, realmente, no existe en la actualidad ninguna buena sociedad que te proporcione un substituto del que puedas prescindir, un subconsciente del que puedas prescindir, que te proporcione un subconsciente que actúe como instrumento útil de forma que en el momento en que te vuelvas consciente, puedas desembarazarte de él.

Para mí, la sociedad es buena y religiosa cuando te proporciona una inherente libertad sobre el subconsciente. Pero ninguna sociedad te lo da; ninguna sociedad es verdaderamente religiosa. Toda las sociedades son totalitarias, y toda sociedad considera tu mente de forma tal que te vuelves un autómata, y tú sigues creyendo, y engañándote a ti mismo, que tus pensamientos son tuyos. ¡No lo son! Incluso el mismo lenguaje que utiliza está contaminado, las palabras que usamos están contaminadas. No podemos emplear una sola palabra sin que el subconsciente este presente. Llega de improviso. La sociedad lo utiliza muy astutamente, y luego tus reacciones, tus reflejos, no son espontáneos.

Pasas por una carretera y ves a lo lejos a una mujer saliendo de una tienda. Tu mente comienza a percibir y decir que ella es hermosa, y de repente reconoces que la mujer es tu hermana. Repentinamente, ahora, deja de ser una mujer por completo. ¿Qué ha ocurrido? La palabra «hermana» se ha introducido. ¡Ahora ya no es una mujer en absoluto! Y con la palabra «hermana» el subconsciente tiene muchas, muchas profundas asociaciones. De repente algo ha ocurrido. ¿Qué ha sucedido? La mujer no es ya una mujer, porque la hermana no es una mujer. ¿Cómo puede ser una hermana una mujer? Nada ha cambiado exteriormente, pero una palabra se entrometido.

Entonces te das cuenta de que te engañó su vestido: ella no es tu hermana. De nuevo algo emerge: ¡Ella no es tu hermana! De nuevo se vuelve hermosa. ¿Cómo puede ser hermosa una hermana? Y cuando dices «hermosa» quieres decir que ahora estás sexualmente interesado. Ella es ahora un objeto sexual potencial. La posibilidad crece.

Incluso las palabras que utilizamos soportan la carga del subconsciente. Por eso en los hospitales utilizamos la palabra «hermana» para las enfermeras, tan sólo para que no puedan ser objetos de interés sexual. De otro modo sería difícil para ellas y más aun para los pacientes. Sin parar las enfermeras van de aquí para allá. Si se convirtieran en objetos sexuales, la situación se haría muy difícil para los pacientes. Por eso utilizamos un truco: las llamamos hermanas. En el instante en que se vuelven hermanas, no son ya mujeres. La propia palabra soporta una carga.

Esta mente subconsciente está trabajando día y noche. El trabajo de la mente es doble. Una parte corresponde a tu mente consciente. Se ocupa de cómo controlar el subconsciente conscientemente, sin descanso. Luego, el subconsciente está controlando la mente consciente. Esta trabajando para controlar tus reacciones, tus acciones, tus reflejos, todo. ¡Hagas lo que hagas ha de estar bajo control! Esta es la presa que hace la sociedad sobre ti. Estás moviéndote en manos de la sociedad. Ningún valor es tuyo. ¿Cómo puede serlo? ¿Cómo puede un valor ser tuyo cuando no eres consciente en absoluto? Sólo la consciencia puede proporcionarte valores auténticos, individuales.

Todos estos valores son suministrados. Si la sociedad es vegetariana, tienes valores vegetarianos. Si la sociedad es no vegetariana, tienes valores no vegetarianos. Si la sociedad cree en esto, tú eres un creyente de esto. Si la sociedad no cree en ello, tú tampoco crees. Pero tú no existes; sólo la sociedad existe.

Este es un doble control: hay un control sobre tu mente consciente, sobre tu comportamiento. Y hay otro control que es más profundo y más peligroso y ése es el control de tu naturaleza instintiva. La primera parte es consciente, la segunda es subconsciente. El subconsciente es creado por la sociedad. Y la tercera parte es la instintiva, la cual es suministrada por la naturaleza biológica: eso que realmente eres biológicamente, eso con lo que has nacido. Esa es la tercera parte, la más profunda: la naturaleza instintiva biológica.

Esta segunda mente subconsciente controla el comportamiento exterior y también controla los instintos internos. No se debe permitir que nada emerja desde tu naturaleza instintiva hasta la mente consciente, si la sociedad está en contra de ello. No se debería permitir aflorar nada hasta tu conciencia. Por eso, este subconsciente crea una gran barrera para la naturaleza instintiva.

Por ejemplo, el sexo es un instinto, el más profundo, porque sin él la vida no existiría sobre la Tierra. La vida depende del sexo. No es fácilmente prescindible; obviamente no debe serlo, si no, la vida sería imposible. De modo que tiene una poderosa influencia. Pero la sociedad es anti-sexo; ha de ser así. Cuanto más organizada está la sociedad, más anti-sexual se volverá porque si tu instinto sexual puede ser controlado, entonces todo puede ser controlado, y si tu instinto sexual no puede ser controlado, entonces nada puede ser controlado. De modo que se vuelve un campo de batalla.

Debes de ser consciente de que cuando una sociedad se vuelve sexualmente libre, esa sociedad no puede existir. Es derrotada. Cuando la sociedad griega se liberó sexualmente, la civilización griega tuvo que desaparecer. Cuando la civilización romana se volvió sexualmente libre, tuvo que morir. Ahora América no puede existir por más tiempo. América ha comenzado a ser sexualmente libre. En el instante en que una sociedad se vuelve sexualmente libre, el individuo deja de estar en sus garras. No puedes obligarlo.

En realidad, a menos que suprimas el sexo no puedes obligar a tus jóvenes a ir a la guerra. Es imposible. Puedes obligar a la juventud a ir a la guerra sólo si suprimes el sexo. Por eso el slogan *hippy* es verdaderamente significativo: «¡Haz el amor, no la guerra!» Por eso la sociedad ha de suprimir el instinto más arraigado. Una vez suprimido, nunca puedes rebelarte. Muchas son las cosas que se han de entender sobre este tema.

Los niños, cuando maduran sexualmente, comienzan a volverse rebeldes; nunca antes. Cuando un chico alcanza la madurez comienza a rebelarse contra sus padres, nunca antes, pues con el sexo llega la individualidad. Con el sexo uno se vuelve realmente un hombre; nunca antes. Ahora puede ser independiente. Ahora dispone de la energía inicial con él, porque puede perpetuarse, puede reproducirse. Ahora es completo.

A los catorce, un chico está completo, una chica está completa. Pueden independizarse de sus padres, por eso la rebeldía comienza a tomar forma. Si la sociedad ha de controlarlos, el sexo debe de ser suprimido. Todos los instintos han de ser suprimidos porque no hemos sido todavía capaces de crear una sociedad en la que la libertad no esté contra todo, en la cual la libertad individual no se enfrente a todo. ¡No hemos sido todavía capaces!

Somos aún primitivos, sin civilizar, porque una sociedad se puede llamar civilizada y culta sólo cuando cada individuo alcanza todo su potencial, cuando no es ahogado. Pero los políticos no lo tolerarían, las religiones no lo tolerarían, porque cuando le das absoluta libertad a la naturaleza instintiva, las iglesias y los templos y los denominados asuntos religiosos no pueden continuar. La Religión estará ahí presente, más auténtica, pero las religiones no podrían subsistir, porque si eres incapaz de crear miedo, nadie acudirá a estas ceremonias religiosas.

La gente acude debido al miedo y si suprimes sus instintos se vuelven temerosos, temerosos de ellos mismos. Un niño siente por primera vez un temor existencial cuando su sexualidad es reprimida. Se siente culpable. Empieza a percibir que hay algo equivocado y comienza a sentir que «Nadie tiene esta maldad que yo llevo dentro. Soy culpable». Tú creas la culpa y entonces puedes controlar. El se siente inferior por dentro, asustado. Este miedo es luego explotado por los líderes religiosos, por los líderes políticos porque todo lo que ellos desean es dominar.

Puedes dominar sólo cuando la gente tiene miedo. ¿Y cómo puedes crear este miedo? Si los convences de que algo que constantemente llevan en su interior es pecado, se volverán temerosos. ¡Tendrán miedo! El sexo siempre estará presente y se sentirán asustados, asustados de ellos mismos y culpables. No podrán disfrutar de nada. Toda su vida se convertirá en una frustración. Irán buscando alguna ayuda, alguna guía, a alguien que los alivie de su responsabilidad, a alguien que les conduzca al cielo, a alguien que les proteja del infierno.

Este tercer nivel instintivo es el inconsciente. El subconsciente está controlando en todo momento, a cada momento. Y controla de un modo tan fanático que lo destruye todo, o al menos lo distorsiona. Nunca percibimos desde el tercer nivel lo que es el verdadero instinto. ¡Nunca lo sentimos! Todo es distorsionado. Desde la mente subconsciente, la más reprimida, la más distorsionada, la más destruida, surgen todas las miserias. Todas las desgracias, todas las paranoias, toda la esquizofrenia, todas las enfermedades mentales, provienen de este tercer nivel.

Esas tres: consciente, subconsciente e inconsciente, son las tres clases de pensamientos. Cuanto más profundo es el nivel de dónde surge un pensamiento, más irrelevante parece. Por eso si escribes tus pensamientos tal como van surgiendo te parecerá que estás loco. ¿Qué es lo qué sucede en tu mente? ¿Qué clase de ideas van surgiendo? La mayoría son irrelevantes. ¡No lo son! Son relevantes, sólo que con eslabones perdidos, porque el subconsciente no permite que todo emerja. Algo puede escaparse y alcanzar la mente; y las discontinuidades se hacen presentes.

Por eso es por lo que no puedes comprender tus sueños. Porque incluso durante el sueño el subconsciente está alerta para no permitirlo todo, y el inconsciente debe de utilizar rutas simbólicas. Tiene que cambiarlo todo para escapar a la censura del subconsciente. Así que te va suministrando mensajes en forma simbólica, pictórica.

Tu mente es inundada: primero con reacciones externas y reflejos que son algo natural; segundo, con pensamientos subconscientes que han sido producidos por la sociedad; y tercero, por la naturaleza instintiva que ha sido suprimida totalmente. Esos tres inundan constantemente tu mente. Y debido a esos estás constantemente oscilando; constantemente oscilando y en agitación. No puedes ni dormir. Los sueños siguen; eso implica que la mente continúa oscilando. Veinticuatro horas al día, la mente es una locura que sigue en marcha, funcionando y funcionando.

En este estado de cosas, ¿cómo puedes permanecer en calma? ¿Cómo puedes alcanzar la postura, la mente sin oscilaciones? ¿Cómo puedes lograrlo? Y cuando el *rishi* dice que, «*el saber sin oscilaciones es la postura*», la correcta postura, quiere decir que a menos que esas capas sean destruidas y sus contenidos liberados, nunca alcanzarás un estado de saber puro. La mente no será limpiada; no alcanzarás la pureza de percepción. ¿Qué hacer entonces? ¿Qué hacer para alcanzar este saber sin oscilaciones?

Tres cosas. Una, siempre que vivas momento a momento, no permitas que tu subconsciente interfiera constantemente. A veces, deja el subconsciente y vive en el ahora. No siempre es necesario. A veces es necesario. Cuando conduces, se necesita del subconsciente, porque la habilidad de conducir forma parte del subconsciente. Por eso puedes hablar y fumar y pensar mientras conduces. El conducir no es un esfuerzo consciente. Corre a cargo del subconsciente. Por eso es bueno el utilizarlo siempre que se requiera, pero cuando no se necesita, abandónalo, déjalo de lado. Sin dudar un instante, déjalo de lado y permanece en el ahora.

Hay muchos momentos en que el subconsciente no es necesario, pero debido a un viejo hábito seguimos usándolo. Has vuelto de la oficina y estás sentado en el jardín: ¿por qué tiene el subconsciente que estar ahí ahora? Puedes escuchar a los pájaros tal y como los escuchabas cuando niño sin ningún subconsciente presente. Relájate en estos momentos y permanece ahí cerca de la realidad. No le permitas a tu subconsciente que entre. ¡Déjalo de lado! Juega con los niños y deja el subconsciente a un lado.

Un padre que no es capaz de jugar con sus niños como sus iguales no es realmente un padre como toca, porque ninguna comunicación es posible a menos que te iguales a ellos. Una madre no puede ser verdaderamente una madre a menos que se vuelva un niño con su hijo. Entonces hay comunicación. Ambos se vuelven iguales. Entonces hay amistad. Entonces aparece una diferente cualidad de amor. En realidad, un niño nunca se siente independiente, libre, en libertad con sus padres, ¡nunca! Empieza por primera vez a percibir la libertad cuando empieza a salir con sus amigos, no con sus padres.

Así que recuerda constantemente que, en cuanto puedas relajar tu subconsciente, ¡relájalo! No es necesario siempre.

Hay muchas situaciones en las que no es necesario, pero tú no te relajas ni en tu cama. Te vas a dormir y está trabajando. Tienes ganas de dormir y no te deja. Dice, «tengo mucho que hacer». Piensa y piensa, sigue funcionando. Puedes apagar la luz, ¿mmm?, eso significa que detienes la primera, la mente periférica. Ahora sin luz no serás capaz de ver. Puedes cerrar las puertas. No habrá ruido ni sonidos. Te has cerrado completamente a los estímulos exteriores. Ello implica que no tienes necesidad de reaccionar; por eso la primera capa de la mente se relaja.

Pero, ¿qué ocurre con la segunda capa? Apagas la luz, cierras las puertas, cierras tus oídos, cierras tus ojos, pero sigue funcionando, porque nunca la has dejado que descanse. Y, en verdad, un hombre no es el verdadero amo de su mente a menos que logre esto: que cuando quiera trabajar con su mente, trabaje; que cuando no quiera funcionar con la mente, que no funcione. Y la segunda capacidad es la mayor.

Me acuerdo de algo. Lieh Tse fue interpelado por un emperador chino, «He oído muchos, muchos milagros obrados por un santo en particular. He oído que puede caminar sobre el agua y que puede volar por el cielo, que la gravedad no le afecta y que es capaz de hacer aparecer cosas de la nada. Por eso, Lieh Tse, te quiero preguntar, ¿puede tu Maestro Lao Tse obrar tales milagros?»

Lieh Tse dijo, «Sí, puede hacerlos. Es capaz de hacer cualquier milagro».

Entonces el emperador le dijo, «Pero no he oído nunca que hiciera ninguno. ¿Por qué no los hace?»

Lieh Tse dijo, «El es también capaz de hacer un milagro aún mayor. Es decir, es capaz de no hacerlo. Es capaz de obrar milagros y es capaz de no hacerlos».

Y lo segundo es más difícil, porque el hacer un milagro es, desde luego, un poder. Pero cuando tienes el poder, el no usarlo, es un poder aún mayor. Es realmente imposible. El segundo milagro es realmente imposible. Y debido a este segundo milagro, Buda nunca obró milagro alguno, Mahavira nunca obró milagro alguno. Debido a esta segunda capacidad. ¡Qué es la mayor!

Tú crees que un milagro es un milagro, pero si puedes permanecer en un estado sin pensamientos, éste es un milagro mayor aún. Sólo requiere el romper con un viejo hábito. Pero nunca lo has intentado. Has usado tu subconsciente constantemente; tu mente subconsciente no recuerda que se le haya permitido no funcionar nunca. Por eso lo primero es permitir a tu mente subconsciente que descanse a veces. No la uses y pronto alcanzarás una mente con menos alteraciones. Eres capaz de hacerlo y no es difícil. Debes ser sólo consciente de tu funcionamiento subconsciente. No lo permitas, relájate en ciertos momentos y dile a tu mente inconsciente: «¡Stop!»

Una cosa más has de recordar: nunca luches contra ella, sino, nunca serás capaz de alcanzar esta ausencia de oscilación. Nunca luches contra ella, porque cuando un amo empieza a luchar con su sirviente acepta su igualdad. Cuando un amo comienza a luchar con un sirviente ha aceptado que el sirviente es el amo. Por favor, recuérdalo: nunca luches contra la mente subconsciente, pues sino serás derrotado. Tenlo como mandato: nunca luches.

Y percibe la diferencia, lo que quiero decir cuando digo tómalo como mandato. Tan sólo dile, «¡Stop!» y comienza a trabajar. Nunca luches contra ella. Esto es un mantra, y la mente empezará a seguirlo. Tan sólo dile, «¡Stop!» Nada más ni nada menos. Di, «¡Párate totalmente!» y empieza a comportarte como si la mente se hubiese detenido. Y pronto serás capaz y te maravillarás de como la mente se detiene con sólo decirle «¡Stop!» Es debido a que la mente carece de voluntad.

Puede que hayas visto a alguien estando hipnotizado. ¿Qué es lo que ocurre? En estado hipnótico, el hipnotizador tan sólo va dando órdenes y el hipnotizado las sigue; el hombre las sigue. ¡Ordenes absurdas! Y el hombre empieza a obedecerlas, el hipnotizado las sigue. ¿Por qué? Porque la mente consciente ha sido dormida y la mente subconsciente no tiene voluntad propia. Dile algo y lo hará.

Pero no nos damos cuenta de nuestras propias capacidades, por lo que en vez de ordenar, mendigamos o, cómo máximo, comenzamos a luchar. Cuando luchas, estás dividido. Empiezas a luchar contra ti mismo. La mente subconsciente no tiene ninguna voluntad. Por eso si quieres dejar de fumar, no lo intentes. Tan sólo ordénaselo y detente. Deja de intentarlo. Si caes en la trampa de intentarlo, nunca vencerás porque has aceptado algo que no existe. Tan sólo dile a la mente, «Me paro en este mismo instante,» y pronto te darás cuenta de que las cosas empiezan a suceder. ¡Es natural! No hay nada extraño en ello: es natural. Una vez eres consciente de ello, eso es todo. Tan sólo pon la mente subconsciente de lado y comienza a vivir momento a momento.

Y lo segundo que tienes que hacer es esto: cuando seas capaz de dejar la mente de lado cuando algo exterior funcione como estímulo, prueba el otro sistema. Cuando algún instinto emerja, pon la mente subconsciente de lado. Será un poco difícil, pero cuando lo logres lo primero dejará de serlo. Observa tan sólo que la sexualidad está emergiendo, que la ira está emergiendo y dile a la mente subconsciente, «¡Déjame encararlo directamente. No te entrometas, déjame encararlo directamente! No te necesito». Mándaselo a la mente y encara el instinto frente a frente. Una vez comiences a encarar directamente tus instintos te convertirás en el amo sin necesidad de control alguno.

Cuando requieres de un control no eres en verdad el amo. Un amo nunca necesita controlar. Si dices, «Puedo controlar mi ira», no eres el amo, porque una cosa controlada puede reventar en cualquier instante y tú permanecerás con un miedo constante de aquello que tienes bajo control. Habrá una lucha constante. En un momento de debilidad serás vencido. Por eso, por favor, no controles. ¡Sé el amo! No controles. Esas son dos dimensiones totalmente distintas.

Cuando te digo sé el amo, esta maestría llega sólo cuando te enfrentas a tu propia naturaleza, a tu naturaleza biológica tal como es, en toda su pureza. Me pregunto, ¿has contemplado nunca tu sexualidad en toda su pureza sin enseñanzas morales que se entrometan, sin los gurús y los *mahatmas* por en medio, sin tener en cuenta las escrituras? ¿Has observado tus instintos sexuales en toda su pureza, en su apogeo? Si los has contemplado, te convertirás en su amo. Si no los has contemplado, permanecerás impedido y derrotado. Y pruebes lo que pruebes para controlarlos, nunca serás capaz. ¡Es imposible!

El control es imposible. El ser el amo es posible. Pero ser el amo tiene un origen distinto. Volverse el amo quieres decir saber; controlar quiere decir temer. Cuando tienes miedo de algo, empiezas a controlar. Cuando sabes algo, te vuelves el amo: no hay porqué controlar. Y el saber quiere decir enfrentarse directamente. Los instintos deben ser conocidos en toda su pureza. Abandona el subconsciente porque es una perpetua fuente de problemas. Siempre está distorsionando las cosas, nunca te permite ver las cosas como son. Siempre coloca a la sociedad por en medio y ves a las cosas a través de la sociedad, como no son.

Y en realidad, este es el milagro de la mente subconsciente: que si ves las cosas a su través empiezan a ser tal como las ves. La mente subconsciente puede imponerte cualquier coloración, cualquier formato. Tan sólo déjala de lado; encara tu naturaleza biológica directamente. ¡Es algo hermoso! ¡Es algo maravilloso! Encárala directamente. ¡Es algo divino! No permitas que ningún absurdo moralismo la distorsione. Contémplala tal como es.

La ciencia observa las cosas, y la base de su observación es que el observador no debe nunca de entrometerse: debe permanecer como un observador. Y sea lo que sea lo que se revele, debe ser permitido. El observador no debe intervenir para alterar, destruir, distorsionar, modificar o colorear. Un científico está trabajando en su laboratorio: incluso aunque emerja algo que destruya toda su conceptualización, toda su filosofía, no debe permitir que su mente intervenga. Debe permitir que la verdad se revele tal como es.

Lo mismo es válido para el trabajo interior, para la investigación interior: deja a tu naturaleza biológica que se revele a sí misma en toda su pureza. Y una vez la conozcas, serás su amo, porque el conocimiento significa maestría, el saber significa poder. Sólo la ignorancia es débil. Y con el control, no hay conocimiento, porque todo el concepto de control es introducido por el subconsciente, por la sociedad.

Por eso puedes hacer dos cosas con tu subconsciente: una, permitir que la facticidad de la Existencia externa llegue a ti directamente; y dos, permitir que la facticidad de la Existencia interna sea experimentada en toda su pureza, en toda su inocencia. Entonces sucede un milagro. Es un milagro y el milagro es éste: que el subconsciente y el inconsciente desaparecen. Entonces la mente deja de estar dividida en tres. Entonces la mente se vuelve una. Esta unidad de mente, esta unidad indivisa, es lo que los Upanishads llaman «el saber», porque ni tan sólo el que conoce está presente. Cuando estas tres divisiones han desaparecido, cuando incluso esta división del conocedor no está ahí, entonces sólo permanece el conocimiento puro, solamente resta la sabiduría especular.

Con este «saber», tú tienes dos centros: uno, externo, en la periferia, dónde te unes con el universo; y otro, el interno donde de nuevo te unes con el universo. Y este «saber» une a ambos, el interno y el externo. El *Atma* y el *Brahma*.

Este puro «saber» carece de toda oscilación. Este puro «saber» es la postura, la postura correcta, en la cual la Iluminación sucede, la Realización sucede, en la cual te vuelves uno con la Verdad. Esta es la puerta, pero ¿cómo alcanzarla? No es simplemente una teoría, no es de ningún modo una afirmación teórica. Es un procedimiento científico, es un proceso. Haz algo para disolver las divisiones de la mente. Y si quieres disolver la mente concéntrate en el subconsciente, en la porción media de la mente, que es la sociedad. ¡Abandónala!

Es, desde luego, necesario para un niño el que se críe en el seno de una sociedad. ¡Es necesario! Por eso el subconsciente es un mal necesario. La sociedad ha de enseñarle muchas cosas, pero éstas no han de convertirse en grilletes. Por eso es por lo que digo que una sociedad mejor, una sociedad moral, real, enseñaría, al mismo tiempo, como destruir este subconsciente. Una sociedad mejor le proporcionaría a sus niños este subconsciente con una metodología consciente de cómo deshacerse de él y de cómo liberarse de él cuando no fuera necesario

Es necesario hasta el instante en que te vuelves consciente, cuando alcanzas un estado de mente consciente. Hasta entonces es necesario. Es cómo el bastón de un ciego. Un bastón no puede substituir los ojos; es un tantear en la oscuridad. Pero un ciego lo necesita y es de ayuda. Pero un ciego puede llegar a ser tan dependiente de su bastón que, cuando sus ojos se curen y comience a ver, no pueda desprenderse de su bastón y siga tanteando. Porque al ser el tantear más fácil cuando los ojos están cerrados, el puede permanecer con los ojos cerrados y continuar tanteando con su bastón.

Este subconsciente es como el bastón de un ciego. Un niño nace, pero no nace consciente. La sociedad ha de suministrarle algo para que pueda moverse y tantear: algunos valores, algunos ideales, algunas ideas. Pero éstas no deberían convertirse en los ojos. Y lo que digo es: si dejas de lado las divisiones y creas más consciencia en ti, podrás ver; y al ver, ese bastón dejará de ser necesario.

Son cosas relacionadas. Si abandonas el subconsciente te volverás consciente; si te vuelves consciente, el subconsciente desaparecerá. Empieza pues por dondequieras. Puedes comenzar por ser más consciente y entonces el subconsciente desaparecerá. ¿Mmm? Este es un proceso *samkhya*, ésta es una metodología *samkhya*: sé consciente y, poco a poco, el subconsciente desaparecerá. El proceso del yoga es un segundo camino, el otro, el contrario: deshazte del subconsciente y te volverás más consciente. Ambos están relacionados.

Empieces por dónde empieces lo importante es empezar. Empieza desde dondequieras, siendo más consciente u obsesionándote menos con el subconsciente. Y cuando esas divisiones desaparezcan, adquirirás un «saber» puro. Este puro «saber» es la postura. Con este puro «saber», con este «saber» sin oscilaciones, tu cuerpo alcanzará una quietud que desconoces.

No somos conscientes; por eso es por lo que desconocemos lo perturbados que estamos en nuestros cuerpos. No puedes sentarte en quietud y si tratas de sentarte en quietud por primera vez te darás cuenta de los sutiles movimientos del cuerpo: la pierna comenzará a decirte algo, la mano empezará a decir algo, el cuello empezará a decir algo, cada parte del cuerpo comenzará a suministrarte información. ¿Por qué? No es que cuando estás sentado en quietud el cuerpo se empiece a mover; se está moviendo a cada instante. Es porque estás ocupado en otras cosas que no te das cuenta. Hay sutiles movimientos constantemente: tu cuerpo se está moviendo constantemente. Este constante oscilar no se debe en realidad a tu cuerpo. Pertenece a tu mente. El cuerpo sólo lo refleja. No puedes ni tan siquiera dormir en una postura inmóvil. Durante toda la noche te estás moviendo de aquí para allá, moviéndote y moviéndote y moviéndote.

Disponemos ahora de fotos procedentes de algunos laboratorios americanos del sueño. Han tomado fotos, han rodado películas; películas de gente durmiendo. Si pudieras ver tu propia película, cuanto te mueves durante la noche, verías que durante toda la noche estás alterado. Y a través de tus movimientos corporales puedes determinar lo mucho que está ocurriendo por dentro. ¡Y pasan tantas cosas! Hay tantos gestos faciales, tantos gestos con las manos, con los dedos, con todo el cuerpo. Esto demuestra cuánto debe de suceder por dentro. dentro debe de haber un loco pues si no, estos gestos son algo imposible. Pero nunca eres consciente de lo que te sucede. ¡Nadie se da cuenta! Todos están dormidos; nadie es consciente. Por eso no sabes lo que estás haciendo con tu cuerpo cuando estás dormido. Y este hacer es debido a la mente. Una mente alterada es reflejada por el cuerpo.

Un Buda se sienta como una estatua. No es que fuerce al cuerpo a permanecer quieto. La mente está quieta y el cuerpo no tiene que reflejar nada porque no hay nada que reflejar.

Una vez Buda permaneció en las afueras de una ciudad con sus diez mil monjes. El rey se sintió interesado. Alguien le dijo, «Habéis de ir a ver a este hombre». El nombre del rey era Ajata Shatru. El nombre significa «alguien cuyo enemigo no ha nacido». ¿Mmm? Ajata Shatru significa uno que no tiene enemigos en el mundo. Ningún enemigo nacido, ni ninguno por nacer. Pero este Ajata Shatru sentía mucho miedo de los enemigos. Se interesó porque mucha gente le dijo, «¡Debéis ir! Es algo extraño, ese hombre es algo extraño. ¡Id a verlo!» Por eso fue.

Llegó a la arboleda, al jardín. Estaba oscureciendo. Les pidió a sus cortesanos, «Decís que está con diez mil monjes, pero no se oye ni un ruido. ¿Me estáis engañando?» Desenvainó su espada. Pensaba que allí había algo raro, que lo habían traído a ese bosque para que alguien lo matara. «¿Decís que diez mil monjes están tras esos árboles? ¡Y no se oye ni un solo ruido!» El bosque está en absoluto silencio y Ajata Shatru dice, «He estado en este bosque infinidad de veces y nunca ha estado tan silencioso. Ni cuando no había nadie estaba tan silencioso. ¡Incluso los pájaros están callados! ¿Qué pretendéis? ¿Queréis engañarme?»

Ellos le dijeron, «No os asustéis. El está aquí, por eso es por lo que el bosque está tan silencioso. Incluso los pájaros están callados. ¡Venid!»

Pero él empuña su espada. Está asustado y temblando. Cuando llega al bosque, Buda está sentado bajo un árbol y diez mil monjes están también sentados bajo los árboles; todos como estatuas. El le pregunta a Buda, « ¿Qué es lo que les ha pasado a todos esos? ¿Están muertos? Me he asustado. Parecen como fantasmas. Ninguno se mueve; no mueven ni tan siquiera los ojos. ¿Qué les ha pasado?»

Buda le dice, «A estos les ha ocurrido algo increíble. Ahora no están locos».

A menos que uno pueda permanecer en un silencio así, nunca podrá percibir lo que la Existencia significa, lo que la vida significa, cuál es su dicha, su bendición. Sólo en un silencio así desciende la vida. Te vuelves consciente de la música, del néctar. Empiezas a percibirlo, pero sólo en silencio. Y ese silencio se da sólo cuando no oscilas. Si oscilas, si la mente oscila y se agita por dentro, no puedes percibir este silencio.

No puedes alcanzar el silencio directamente: tienes que alcanzar la ausencia de oscilaciones; luego el silencio llega como una sombra. Si no hay oscilaciones, el silencio llega. Por eso Buda dice, « A esos les ha ocurrido algo increíble. Ahora no están locos. Se han vuelto silenciosos y ahora son uno con estos árboles, con esta tierra, con este cielo». Porque tú puedes permanecer dividido sólo por causa del ruido. El silencio nunca divide; el silencio te une.

Por ejemplo, si estamos sentados aquí y todos se vuelven tan silenciosos que ni un sólo pensamiento aparece, que ni una sola onda está presente en la mente, todos en silencio, totalmente silenciosos, ¿cómo te podrás diferenciar de los demás? ¿Serás acaso distinto de tu vecino? ¿Cómo puedes ser diferente? El sentimiento de ser diferente es un pensamiento. ¿Quiero decir que te sentirás uno con ellos? No, porque el sentimiento de unidad es un pensamiento. Simplemente serás uno, no un sentimiento. En realidad no habrá nadie, sólo silencio.

Por eso Buda dice, «Ahora son uno con los árboles, con la tierra, con el cielo. En realidad no están aquí. Sólo el silencio prevalece y por eso es por lo que hasta los pájaros se han contagiado». ¡Diez mil personas en un silencio tal que ni los árboles ni los pájaros se han dado cuenta! Lo han sentido: el silencio se ha vuelto contagioso. «Estás en lo cierto, Ajata Shatru», dice Buda, « puede que hayas pasado por esta arboleda muchas veces y nunca haya estado tan silenciosa. Nunca volverá a estarlo porque, por primera vez, el silencio está presente en diez mil mentes». De modo que el silencio se ha multiplicado por mil y todo se halla afectado. Incluso los árboles temen moverse. Incluso los pájaros temen agitarse, hacer ruido. Es el atardecer, están regresando y cuando los pájaros regresan crean gran alboroto. Pero no se oye nada.

Cuando comienzas a volverte silencioso empiezas a estar en profunda comunión con la Existencia. Pensamientos y pensamientos son ruidos. Ondas y ondas son pensamientos y oscilaciones interiores. Crean una barrera, obstaculizan. Te hacen solitario. Empiezas a sentirte solo en todo el universo y esta soledad crea desorientación. Cuanto más solitario eres, más percibes la carencia de sentido, la futilidad, la inutilidad y empiezas a llenarte con más ruido. Con la radio, con la televisión, con cualquier cosa tratas de llenarte, de estar ocupado. Vas de aquí para allá, de este club a este otro. ¡Sin parar! No dejas resquicio alguno en el que puedas ser consciente de tu soledad. De modo que toda esta vida se vuelve un correr de un sitio a otro. Esto es una locura y toda la Tierra se ha vuelto un manicomio.

Alcanza pues esta postura, y no comiences por el cuerpo. Empieza con la mente subconsciente y luego tu cuerpo reflejará lo que pasa por dentro. Incluso ahora está reflejando lo que sucede por dentro. El cuerpo es un espejo, es transparente. Los que tienen ojos, saben que el cuerpo es transparente. Tú entras aquí y yo sé lo que te pasa por dentro, porque no puedes venir sin mostrarlo. Me miras y yo sé lo que está sucediendo dentro de tus ojos, porque ¿cómo puedes levantar la vista sin expresar lo que está dentro? ¡Está siendo revelado a cada instante!

Cada instante es una indicación. Está relacionado; nada es irrelevante. Tu cuerpo lo está mostrando a cada instante, pero desconoces el lenguaje del cuerpo. El cuerpo posee un lenguaje propio y lo muestra todo. No puedes engañar. Puedes engañar con tu lenguaje, pero no con tu cuerpo, ¡no con tu cuerpo! Puedes sonreír, pero tus labios revelarán que no hay una sonrisa por dentro. Puedes mostrar algo con tu cara, puedes intentarlo, pero aún así el rostro mostrará indicios de que es falso.

Este cuerpo está suministrando información a cada instante. No puedes cambiarlo. Puedes intentarlo, pero no lo cambiarás. E incluso si tienes éxito intentando cambiar tu cuerpo, tendrás éxito sólo al engañar a los demás, no a ti mismo, porque lo interior no puede cambiar cambiando lo exterior. No es esencial. Puedes acabar con un árbol cortándole la raíz, pero no cortándole las hojas. Si cortas las hojas, nuevas hojas brotarán de nuevo y una hoja será reemplazada por otras dos. Corta dos y cuatro saldrán en su lugar. El árbol se vengará; las raíces se vengarán. Dirán, «Tú cortas una hoja, nosotros pondremos dos. Podemos suministrarlas incesantemente, indefinidamente».

No te preocupes pues por las hojas. Y el cuerpo tiene sólo hojas. Las raíces están ocultas en su profundidad. Corta las raíces y las hojas se marchitarán solas. Cuando no haya raíces que alimenten, las hojas caerán por sí solas. Tu cuerpo cambiará. Cambia la mente y el cuerpo cambiará. ¡La mente es la raíz!

Alcanza el estado del saber sin oscilaciones y la puerta se abrirá y serás capaz de tener un vislumbre en lo desconocido. Lo desconocido no está muy lejos: sólo eres tú que estás cerrado. Lo desconocido está aquí, pero tú te estás alejando. Lo desconocido está aquí, pero tienes tanta prisa y vas tan rápido que no puedes ni mirarlo.

¡Cálmate! No quiero decir que calmes tu cuerpo: deja que tu mente, tu conciencia, se aquiete y de repente te darás cuenta de algo que siempre ha estado ahí. Lo has estado buscando, buscando y buscando, vidas y vidas en pos de ello, y estaba ahí. Está tan cerca que es por esto que no lo has visto. Está justo a la vuelta de la esquina y lo has buscado por todo excepto en el lugar dónde estás.

La ausencia de oscilación te revela el aquí y el ahora. Este estar conscientemente quieto te revela la Presencia que está aquí.

ENCONTRÁNDOSE
CON EL INCONSCIENTE

¿Cómo encontrarse con el inconsciente?

¿Es tu método de meditación dinámica un método instantáneo o gradual?

¿Qué clase de sociedad es capaz de desarrollar una mente subconsciente que sea utilizable?

Considerando el caso del instinto sexual, explica por favor cuáles son los sistemas prácticos para descubrir la mente inconsciente, y cómo puede uno saber que se ha liberado de ella.

El inconsciente no es tal inconsciente. Tan sólo es algo menos consciente. Por eso la diferencia entre consciente e inconsciente no es la diferencia entre extremos opuestos, sino la diferencia de grados. El inconsciente y el consciente están relacionados, unidos; no son dos. Pero nuestros modos de razonar están basados en un falso sistema concreto de lógica que lo divide todo en extremos opuestos.

La realidad nunca se halla escindida así; sólo la lógica está dividida. Nuestra lógica dice sí o no; nuestra lógica dice o luz u oscuridad y entre ellos no existe nada por lo que concierne a la lógica. Pero la vida no es ni blanca ni negra. Más bien es una amplia tonalidad de gris. En un extremo se vuelve blanco y en el otro extremo negro, y la vida es una vasta gama de grises, de graduaciones de gris. Pero para la lógica el blanco y el negro son realidades y entre ellos no existe nada. Pero la vida existe siempre entre los dos. Por eso todo problema no debería entenderse en realidad como un problema lógico, sino como un problema vital; sólo entonces puedes manejarlo. Si te ciñes demasiado a esta falsa lógica, serás incapaz de resolver cualquier problema.

Aristóteles ha demostrado ser una de las mayores amenazas, uno de los mayores obstáculos para la mente humana, porque creó un sistema que se convirtió en el dominante en todo el mundo y que divide todo en dos opuestos. En verdad, este es un hecho extraño. No tenemos nada para aplicar a la realidad intermedia; ni tan siquiera palabras.

De Bono, un lógico moderno no Aristotélico, ha creado una palabra, «po». Dice que poseemos solamente dos palabras, sí y no, y que no existe una palabra neutral. Por eso ha acuñado un nuevo término, «po». «Po» significa «ni a favor ni en contra». Si dices algo y yo digo «po» quiere decir, «Te he oído. Ni estoy ni a favor ni en contra. No hago ningún juicio de valor». O decir «po» significa, «A lo mejor estás en lo cierto o a lo mejor estás equivocado. Las dos cosas son posibles». O bien el uso de la palabra «po» significa, «También este es un punto de vista. No tengo porqué estar de parte del sí ni del no. No estoy obligado».

De Bono ha derivado esta palabra de otras como hipótesis y potencialidad. Este «po» es una palabra neutral, que no está cargada de juicio, aprobación o condena alguna. Utilízala y percibirás la diferencia. No tomas partido por ninguno de los dos extremos opuestos.

Por eso al decir consciente e inconsciente, no me refiero a la oposición freudiana. Para Freud, consciente e inconsciente son el consciente y el inconsciente. La diferencia es la que hay entre el blanco y el negro, entre el sí y el no, entre la vida y la muerte. Cuando digo «inconsciente» quiero expresar «menos consciente». Cuando digo «consciente» quiero decir «menos inconsciente». Se solapan entre sí.

Así que ¿cómo encontrarse con el inconsciente? Según Freud, el encuentro es imposible. Debido a que es inconsciente, ¿cómo puedes encontrarlo? La pregunta equivale a que alguien pida «¿Cómo puedo ver en la oscuridad?» ¿Mmm? La pregunta carece de sentido, es irrelevante. Si la expresas así, «¿Cómo puedo ver en la oscuridad?», y yo te contesto, «Con luz», la pregunta no ha sido contestada en absoluto porque tú preguntas, «¿Cómo puedo ver en la oscuridad?» y si hay luz deja de haber oscuridad. Estás ante la luz.

En realidad, en la oscuridad nadie puede ver. Cuando decimos «oscuridad» queremos manifestar que en este momento la visión no es posible. ¿Qué quieres decir con «oscuridad»? Quieres decir que el ver no es ahora posible. ¿Qué quieres decir cuando dices «luz»? Quieres decir que ahora se pueden ver los objetos. En realidad, nunca has visto la luz; tan sólo has visto la luz reflejada en las cosas que ves. Nunca has visto la luz en sí misma. Nadie puede verla. Vemos sólo las cosas, no la luz, y debido a que las cosas son vistas, asumimos, deducimos que la luz está presente.

No has visto la oscuridad. Nadie la ha visto. En realidad la oscuridad es una inferencia. Porque no se ve nada, dices que hay oscuridad. Cuando alguien pide, «¿Cómo puedo ver en la oscuridad?» las palabras aparecen como significativas, pero no lo son. El lenguaje es muy engañoso y a menos que uno sea cuidadoso en la utilización del lenguaje nunca será capaz de resolver ningún problema. El noventa y nueve por ciento de los problemas son sólo problemas lingüísticos, pero si no sabes como penetrar en los dominios del lenguaje nunca serás capaz de considerar el verdadero problema.

Si le pidieras a Freud cómo encontrar el inconsciente, el te diría, «Es absurdo, no puedes encontrarlo. Si lo encuentras se volverá consciente, porque el encontrarlo es un fenómeno consciente». Pero si me preguntas a mí cómo encontrar el inconsciente te diré, «Sí, hay formas de encontrarlo». Porque para mí lo primero de lo que hay que darse cuenta es de que «inconsciente» significa «menos consciente». De modo que si creces en consciencia, puedes encontrarlo. Así pues, depende.

En segundo lugar, inconsciente y consciente no son límites fijos. Cambian a cada instante, como la retina del ojo. Cambia constantemente. Si hay más luz se cierra; si hay menos luz, se dilata. Se equilibra constantemente con la luz exterior. Tu ojo no es algo fijo; cambia sin cesar. Tal y como la consciencia. El comprender el fenómeno de la consciencia con la analogía del ojo es algo muy relevante, porque la consciencia es el ojo interno, el ojo del alma. Así como ocurre con tu ojo, tu consciencia se expande o se encoge constantemente. Depende.

Por ejemplo, si estás enfadado te vuelves más inconsciente. El inconsciente se extiende y sólo una pequeña parte de ti permanece consciente. A veces incluso esa parte ni siquiera está presente; te vuelves absolutamente inconsciente. Pero, por otra parte, en un accidente repentino - vas por la carretera y de repente percibes que vas a tener un accidente y te sitúas ahí, a las puertas de la muerte- te vuelves instantáneamente consciente y el inconsciente deja de existir. Toda la mente es consciente. Y este cambio tiene lugar sin cesar.

Por eso cuando digo consciente e inconsciente, no implica unos límites fijos. No hay tales, no hay límites fijos. Es un fenómeno fluctuante. Depende de ti el ser más o menos consciente. Puedes crear consciencia; puedes adiestrarte y disciplinarte a ti mismo buscando más consciencia o buscando menos consciencia. Si te adiestras para tener menos consciencia nunca serás capaz de encontrar al inconsciente. En realidad, no serás ni capaz de encontrar el consciente.

Cuando alguien ha ingerido algún intoxicante está entrenando a su mente para ser totalmente inconsciente. Cuando te vas a dormir o al ser hipnotizado, o si te puedes autohipnotizar, perderás consciencia. Hay muchos trucos, y muchos de estos trucos que te ayudan a volverte más inconsciente son conocidos como prácticas religiosas. Si haces algo monótono, repetitivo -por ejemplo, si repites continuamente «Ram-Ram-Ram-Ram» en un tono muy monótono- te volverás menos consciente. Y esta constante repetición de «Ram-Ram-Ram», de forma monótona, se tornará autohipnótica. Te irás a dormir. Es bueno para dormir.

Si puedes crear monotonía te volverás menos consciente, porque una mente aburrida no puede permanecer consciente. El aburrimiento es excesivo y a la mente le gustaría ponerse a dormir.

Sabemos, todas las madres lo saben, como hacer para que se duerma un niño. Una nana no hace nada más que crear aburrimiento. Todas las madres saben como dormir a un niño. Con una nana, una constante repetición de ciertas palabras, el chico se aburre y se duerme. Esta nana puede ser creada mediante el movimiento, por cualquier cosa que sea monótona. ¡Por cualquier cosa! Mueve al niño de forma monótona, balancéalo monótonamente y se dormirá porque se sentirá aburrido. Incluso si colocas al niño cerca de tu pecho, se dormirá, porque el latir del corazón es algo muy aburrido. Coloca al niño cerca de tu pecho y se aburrirá de la constante repetición del latido. El chico lo conoce bien porque durante nueve meses lo ha escuchado sin cesar. Hasta las personas mayores pueden utilizar el «tic-tac» de un reloj para dormirse, y tan sólo porque se asemeja al latido del corazón. Así que si ves que el sueño no acude, concéntrate en el reloj y escucha su ritmo y pronto caerás dormido.

Puedes crear inconsciencia creando aburrimiento. Tomando un intoxicante, tomando una droga, cualquier sedante, cualquier tranquilizante, puedes crear inconsciencia. La consciencia también puede ser creada, pero entonces se han de utilizar métodos muy distintos.

Los místicos sufíes emplean las danzas de giros continuos. (*)

* N.del T.- En inglés en el original, «whirling dances»

Girando con tanta fuerza no puedes caer dormido. ¿Cómo puedes dormirte cuando danzas? Alguien que contemple tu danza puede irse a dormir; para él puede ser una cosa muy aburrida, pero tú no puedes. Por eso los sufíes utilizan las danzas para crear más actividad, más vitalidad interior, de forma que la consciencia se expande. Y esas danzas no son realmente danzas. Aparentan ser danzas. El sufí que está danzando recuerda constantemente cada movimiento del cuerpo. No se ha de hacer ni un sólo movimiento inconscientemente. Si se alza una mano, esta mano ha de ser alzada con plena consciencia de que estás levantando la mano: ahora la estás levantando, ahora la dejas caer. No se debe permitir ni un solo movimiento inconsciente. Estas girando, danzando vigorosamente y ningún movimiento ha de ser realizado inconscientemente. Todo movimiento ha de ser hecho conscientemente, con plena consciencia.

Entonces, de repente, el inconsciente se derrumba y a los tres meses de danzar continuamente, durante horas, te encuentras con el inconsciente. Penetras hondo, hondo, más hondo y en un instante te haces consciente de todo lo que hay dentro. Esto es lo que quiero decir con encontrar el inconsciente. Nada que no sea visto con claridad permanece. Tu totalidad, todos tus instintos, todas tus supresiones, toda tu estructura biológica, todo - no únicamente de esta vida, sino de todas las vidas- es revelado en un instante. Eres lanzado a un nuevo mundo que permanecía oculto o, más bien, del que no te apercibías. Estaba ahí, pero estabas dormido, o tu consciencia era tan limitada que se te escapaba.

Tu consciencia es como una antorcha; limitada. Penetras en la oscuridad con una antorcha; tienes una luz, pero está limitada, focalizada. Alcanzas a ver algo, pero el resto permanece en la oscuridad. Cuando digo que nada permanece como inconsciente, me refiero a la consciencia sin focalizar, no focalizada. Una consciencia focalizada siempre escogerá algo para ver y muchas otras cosas para no ver; es una elección. Por eso utilizo la semejanza: como una antorcha, restringida. Un punto aparecerá muy claro, pero todo lo demás estará a oscuras. Esto es lo que ordinariamente hacemos mediante la concentración.

Cuanto más te concentras, menos serás capaz de encontrarte con el inconsciente. Serás capaz de conocer algo con mucha exactitud a costa de no saber muchas otras cosas. Por eso es por lo que los expertos, poco a poco, se vuelven ignorantes; ignorantes del mundo en sí porque han ido limitando su mente en torno a algo en particular para saber más sobre ello. Se dice que un experto es alguien que sabe más y más sobre menos y menos. Al final, sólo permanece focalizado un punto que es conocido a costa de ignorar todo lo demás.

Así es como trabaja la concentración. Mediante la concentración nunca alcanzarás el inconsciente. Puedes encontrar el inconsciente solamente con la meditación y ésta es la diferencia entre concentración y meditación. Meditación significa que tu mente funciona no como una antorcha sino como una llama; todo es iluminado a su alrededor, todo. No está limitada, la luz se esparce. No se está moviendo en una dirección; se mueve en todas direcciones simultáneamente de forma que la totalidad es iluminada.

¿Cómo lograrlo? Dije que los sufíes utilizan la danza como una meditación activa y poder encontrar el inconsciente. Los monjes zen en Japón, emplean problemas absurdos para que aflore. Te enfrentas a algún problema que no puede ser resuelto, que no puede ser resuelto de ninguna manera. Pruebes como pruebes, el problema es tal que no puede ser resuelto. Ellos llaman a estos problemas, «koans», problemas absurdos.

Por ejemplo, le dirán a algún buscador, «Averigua cuál es tu rostro original». Y por rostro original quieren decir el rostro que tenías antes de que nacieras o la cara que tendrás después de haber muerto. La cara original. Te dirán, «Descubre cómo es tu rostro original». ¿Cómo puedes hallarlo? Uno tiene que meditar sobre ello. El problema es de tal clase que no puedes resolverlo utilizando el intelecto, la razón. Tienes que meditar sobre él, considerarlo, seguir meditando y buscando: «¿Cuál es mi rostro original?» Y el Maestro estará ahí con su bastón observando si hay alguien que se esté durmiendo. Si es así, el bastón del Maestro caerá sobre su cabeza. No puedes dormir; el sueño no está permitido. Tienes que permanecer constantemente despierto.

De modo que un Maestro zen es un amo muy severo. Tienes que meditar en su presencia y no te permitirá que te duermas, porque el instante en el que te estés durmiendo es el instante de encontrar al inconsciente. Si puedes permanecer sin dormirte, el inconsciente te será revelado, porque ese es el punto. El mismo punto desde donde te deslizas hacia el sueño es el punto desde donde puedes entrar en el inconsciente.

Prueba esto. Has estado durmiendo cada día, pero todavía no has encontrado el sueño. No lo has visto. Cómo es, cómo llega, cómo te sumes en él. No sabes nada de él. Te has estado sumiendo en él diariamente, saliendo de él, pero no has percibido el instante en el que el sueño llega a la mente, no has percibido qué es lo que sucede. Por eso prueba esto, y tras tres meses de esfuerzo, de repente, un día, entrarás en el sueño de forma consciente. Abandónate en la cama, cierra tus ojos y recuerda, recuerda entonces que el sueño está llegando y que «Voy a permanecer consciente cuando llegue el sueño». Es muy duro, pero sucede. En un día no sucederá, en una semana no sucederá. Persiste cada día, constantemente recordando que el sueño está por llegar y que «No voy a dejar que llegue sin que lo conozca. Debo ser consciente de cuándo entra el sueño. Debo sentir como sobreviene el sueño, qué es lo que es».

Y un día, de improviso, el sueño está ahí y tú estás despierto. En ese mismo instante también te haces consciente de tu inconsciente. Y una vez te vuelvas consciente de tu inconsciente nunca volverás a estar dormido del modo usual. El sueño estará presente, pero simultáneamente estarás despierto. Un centro en ti seguirá percibiendo. Todo alrededor será sueño, y un centro seguirá percibiendo. Cuando este centro percibe, los sueños son imposibles. Y cuando los sueños se vuelven imposibles, la ensoñación de despierto también se vuelve imposible. Entonces estás dormido de una forma distinta, y estarás despierto por la mañana de una forma distinta. Esa cualidad distinta llega con el encuentro.

Pero esto te puede parecer difícil, por esto te sugiero un ejercicio más sencillo para encontrar el inconsciente. Cierra las puertas de tu habitación y coloca un gran espejo enfrente de ti. La habitación debe estar a oscuras. Coloca luego una pequeña vela junto al espejo de tal forma que no se refleje directamente en él. Tan sólo debe reflejarse tu cara en el espejo, no la llama. Mantente contemplando constantemente tus propios ojos en el espejo. No parpadees. Es un experimento de cuarenta minutos, y al cabo de dos o tres días podrás permanecer con tus ojos abiertos sin pestañear.

Aunque broten las lágrimas, déjalas, pero persiste en no pestañear y sigue contemplando constantemente tus ojos. No varíes el enfoque. Sigue observando los ojos, los tuyos, y en dos o tres días percibirás un fenómeno muy extraño. Tu cara empezará a tomar nuevas formas. Puede que incluso te asustes. La cara reflejada empezará a cambiar. A veces aparecerá una cara muy distinta que nunca has conocido.

Pero, en realidad, esas caras te pertenecen. Ahora la mente subconsciente está comenzando a explotar. Esas caras, esas máscaras, son tuyas. A veces incluso una cara que pertenezca a vidas pasadas podrá surgir. Después de una semana de observar constantemente durante cuarenta minutos, tu cara se volverá un fluir, como el fluir de una película. Muchas caras irán y vendrán constantemente. A las tres semanas no serás capaz de recordar cuál es tu cara. No serás capaz de recordar tu propia cara porque habrás estado observando ir y venir multitud de caras .

Si sigues día tras día, semana tras semana, sucederá la cosa más extraña: de repente no habrá ninguna cara en el espejo. El espejo estará vacío y tú estarás mirando la vacuidad. No habrá ninguna cara. Este es el momento: cierra tus ojos y encuentra al inconsciente. Cuando no haya cara en el espejo, cierra los ojos -este es el momento más importante-, cierra los ojos, mira hacia dentro y encararás al inconsciente. Estarás desnudo, completamente desnudo, tal y como eres. Todos los engaños desaparecerán.

Esta es la realidad, pero la sociedad ha creado muchas, muchas capas para que no la percibas. Una vez te conozcas en tu desnudez, en tu total desnudez, empezarás a ser una persona distinta. Entonces no podrás engañarte a ti mismo. Entonces sabrás quien eres. Y a menos que sepas quién eres nunca podrás transformarte, porque toda transformación es posible sólo en esta desnuda realidad. Esta desnuda realidad es la base para cualquier transformación. Nada falso puede ser transformado. Tu rostro original está ahora aquí y tú puedes transformarlo. Y en realidad, con sólo el querer transformarlo se realizará la transformación.

¡Pero tú no puedes transformarte! No puedes transformar tus falsas caras. Puedes cambiarlas, pero no puedes transformarlas. Con cambiar quiero decir que puedes reemplazarlas por otra falsa cara. Un ladrón puede convertirse en monje; un criminal puede convertirse en santo. Es muy fácil cambiar, sustituir las máscaras, las caras. Pero éstas de ningún modo son transformaciones. Transformación quiere decir volverse uno lo que realmente es. Por eso cuando encaras el inconsciente, cuando encuentras el inconsciente, te enfrentas con tu realidad, con tu verdadero ser.

El falso ser social no está ahí, tu nombre no está ahí, tu apariencia no está ahí, tu cara no está ahí. Las fuerzas desnudas de la naturaleza están ahí, y con esas fuerzas desnudas cualquier transformación es posible. ¡Y sólo con proponértelo! No hay que hacer nada. Tan sólo propóntelo y las cosas empezarán a suceder. Si te encaras contigo mismo en esa desnudez, proponte lo que quieras y se cumplirá.

En la Biblia se lee, «Dios dijo, «Que se haga la luz» y la luz se hizo». En el Corán se lee, «Dios dijo: «Que se haga el mundo», y el mundo fue hecho». Realmente éstas son parábolas; parábolas referentes al poder de la voluntad que hay oculta en ti. Cuando encaras tu realidad desnuda, lo básico, las fuerzas elementales, te vuelves un creador, un dios. Tan sólo dilo; pronuncia una palabra, y sucede. Di, «Que se haga la luz», y la luz se hará. Antes del encuentro, si tratas de transformar la oscuridad en luz, no podrás. Por eso este encuentro es básico, es fundamental, para cualquier acontecer religioso.

Muchos, muchos métodos han sido inventados. Hay métodos instantáneos y hay métodos graduales. Te he descrito un método gradual. Hay métodos instantáneos, pero con un método instantáneo siempre es muy difícil, porque con un método instantáneo puede ocurrir que simplemente te mueras. Con un método instantáneo puede ocurrir que te vuelvas loco de repente, porque el fenómeno es tan repentino que no puedes concebirlo. Te desplomas, destrozado.

Esto ocurrió en el Gita. Arjuna está obligando a Krishna a desvelar su forma cósmica. Krishna sigue hablando de otras cosas, pero Arjuna es persistente y le dice, «Tengo que verlo. No puedo creer a menos que vea. ¡Si eres realmente un Dios, revélate ante mí en tu apariencia cósmica!» Krishna se revela, pero es demasiado repentino y Arjuna no está preparado. Empieza a llorar y le dice a Krishna, «¡Déjalo! ¡Déjalo! ¡Estoy aterrado!»

Si llegas mediante algún método súbito, es algo peligroso. Los métodos instantáneos están ahí, pero han de ser practicados solamente en grupo, en un grupo donde los demás pueden ayudarte. En realidad, los *ashrams* fueron creados para esos métodos súbitos porque no podían ser practicados en solitario. Se necesita a un grupo, los adeptos son necesarios, la constante vigilancia es necesaria porque a veces puedes permanecer inconsciente durante meses. Si entonces no hay nadie que sepa lo que hay que hacer, puede que te tomen por muerto. Puede que te entierren o te quemen. Ramakrishna se sumió en multitud de ocasiones en profundo *samadhi*. Durante seis días o durante dos semanas sin interrupción tenía que ser alimentado a la fuerza porque permanecía como inconsciente. Se necesita de un grupo para los métodos instantáneos, y un Maestro se vuelve vital.

Los métodos instantáneos desaparecieron de las prácticas en la India debido a que Buda, Mahavira y Shankaracharya insistían en que los monjes debían estar viajando constantemente. No les permitían permanecer en *ashrams*. No podían permanecer en sitio alguno durante más de tres días. Había una razón para esto porque en los tiempos de Mahavira y de Buda los *ashrams* se habían vuelto meros centros de explotación, se convirtieron en florecientes negocios. Por eso tanto Mahavira como Buda insistían en que los *sanyasins* no tenían que permanecer en el mismo sitio durante más de tres días. Y los tres días es un límite psicológico, pues para sintonizar con algún lugar o con la gente necesitas como mínimo tres días.

En una nueva casa no puedes sentirte a gusto a menos que pasen tres días. Es un tiempo de sintonización psicológica. Si permaneces en una casa durante más de tres días, la casa comienza a parecerte como tuya. Así pues Buda y Mahavira insistían en que un *sanyasin* no debe permanecer en la misma casa durante más de tres días. Debido a su insistencia los *ashrams* fueron destruidos y los métodos de escuela fueron abandonados, pues un monje errante no puede practicar tales métodos. Puede que esté en un pueblo en donde nadie sepa nada sobre ellos y si practica un método instantáneo y lo que ha de suceder sucede, se hallará en peligro; puede que muera.

Por eso Mahavira, Buda y más tarde Shankaracharya, los tres, insistieron en que los monjes debían errar sin detenerse. No debían permanecer en un mismo lugar; debían volverse vagabundos sin hogar. Esto fue positivo desde cierta perspectiva, y negativo desde otra. Resultó ser positivo porque las instituciones fueron destruidas, pero fue negativo porque con ellas algunos métodos muy, muy especiales cayeron en el olvido.

Los métodos repentinos requieren de la constante vigilancia de un grupo. Un Maestro se vuelve una necesidad. Por eso Buda pudo decir, «Podéis conocer incluso sin mí», pero Patanjali no pudo decir lo mismo. Krishnamurti puede afirmar, «No se necesita de ningún Maestro», pero un Gurdjieff no puede afirmar lo mismo. Y la auténtica razón de esas diferencias es la de sus métodos respectivos. Gurdjieff usaba métodos de escuela y Krishnamurti pertenece a la tradición de los itinerantes, sin métodos de escuela, por lo que no requieren de Maestro alguno.

Con los métodos graduales puedes proceder en solitario porque no conllevan peligro. Tienes que ir paso a paso, y al ser el progreso lento, puedes controlarte a ti mismo. Pero si has de dar un salto sin escalones intermedios, necesitarás de alguien que sepa dónde vas a caer, que sepa lo que pueda suceder. Un Maestro no es necesario para enseñarte los métodos; es realmente necesario más tarde cuando el método ha empezado a funcionar y has penetrado en lo desconocido.

De modo que existen los métodos instantáneos, pero no voy ha hablar de ellos. Te he dado un método gradual, y hay muchos más. No hablaré de los métodos instantáneos porque es peligroso hablar sobre ellos. Si alguien está interesado, puede ser guiado, pero el hablar es imposible. Este es el motivo por el cual las enseñanzas de escuela han insistido siempre en que nada debería ser escrito, pues una vez escribes algo, pasa a ser de dominio público y cualquiera puede ponerlo en práctica. Cualquiera puede ser víctima de su curiosidad, y luego no podrá recibir ayuda alguna. Por eso siempre que se escribe algo sobre prácticas instantáneas se omite algún eslabón básico.

Aquellos que comienzan a practicar según lo escrito siempre están en peligro y muchas veces sucede que sencillamente enloquecen porque falta el eslabón perdido y ese eslabón perdido es suministrado siempre por boca del Maestro al discípulo. Y el eslabón perdido es un procedimiento privado y secreto, porque es la llave. Ninguna escritura es realmente completa y ninguna escritura puede ser realmente completa porque aquellos que conocen nunca lo escribirán en su totalidad. Algo debe permanecer oculto, como clave, de forma que nadie sea capaz de utilizarlo. Puedes leerlo, puedes comentarlo, puedes escribir una tesis sobre ello, pero no puedes practicarlo porque cierta clave no se menciona en la propia escritura. O, si se da, se da de una forma tal que no puedes decodificarla. La técnica de decodificación no es descrita.

Así que nada de métodos súbitos, pero puedes practicar con las graduales. Y esta meditación del espejo es un método muy poderoso, muy poderoso, para conocer el propio abismo y conocer la realidad desnuda de uno mismo. Y una vez la conoces, te vuelves el amo. Entonces tan sólo dices algo, y eso comienza a tomar forma. En ese encuentro, si dices, «Tengo que morir en este instante», mueres en ese mismo momento. Si dices, «Debo volverme un Buda en este mismo momento», te volverás un Buda en ese mismo instante. No se necesita del tiempo, sólo de la voluntad.

Puede que empieces a pensar que esto resulta muy fácil, pero es un problema muy difícil. En primer lugar, llegar a este punto es difícil, aunque no muy difícil, pero tener voluntad en este instante es muy difícil. Te invade un silencio tan vital, que eres incapaz ni de pensar. Tu mente no puede ni moverse. Te posee un temor tan reverencial que todo se detiene; incluso el respirar. Un momento de quietud total, de silencio total, y la voluntad se vuelve algo imposible. Por eso uno ha de adiestrarse en cómo tener voluntad en ese instante de quietud, como tener voluntad sin utilizar palabras, como querer sin pensar. Eso es posible, pero uno ha de practicar para alcanzarlo.

Estás contemplando una flor: mira la flor, siente su belleza, pero no uses la palabra «bello», ni incluso mentalmente. Mírala, déjala que se absorba en ti, contacta con ella, pero no emplees palabras. Siente su belleza, pero no digas, «Es bella», ni siquiera con la mente. No verbalices y gradualmente serás capaz de percibir una flor como bella sin emplear la palabra.

En realidad no es difícil: es natural. La sientes primero, luego viene la palabra. Pero estamos tan habituados a las palabras, que no percibimos la separación. El sentimiento está ahí y, de repente, casi ni lo has percibido y llega la palabra. Por eso, crea una distancia. Percibe su belleza, pero no utilices palabras.

Si puedes disociar las palabras del sentimiento, podrás disociar el mismo sentir de la Existencia. Deja que la flor esté allí y tú estés ahí como dos presencias, pero no permitas que el sentimiento se entrometa. Ni incluso percibas ahora que la flor es bella. ¡Deja de percibirlo! Deja que tú y la flor estéis ahí sumidos en un profundo abrazo sin ni un asomo de sentimiento. Entonces percibirás la belleza sin sentir. En realidad, serás la misma belleza de la flor. No será un sentimiento: tú serás la flor. Entonces habrás percibido algo existencialmente. Cuando puedas hacer esto, podrás ejercitar la voluntad. Cuando todo se ha perdido: el pensamiento, las palabras, el sentimiento, entonces puedes querer existencialmente.

Para ayudar a esta voluntad, se han utilizado muchas cosas. Una consiste en que el buscador debe constantemente pensar, «Cuando eso llegue, cuando lo que ha de suceder suceda, ¿qué voy a ser?» Los sutras del los Upanishads como «*Aham Brahmasmi*» -Yo soy el Brahman- no se han de tomar literalmente. Esos sutras no son significativos literalmente, no tienen significado como teorías filosóficas. Pretenden imbuir de una profunda voluntad a todas las células de tu ser de modo que cuando llegue el momento, no tengas que acudir a la mente para que te diga, «Yo soy Brahman». Tu cuerpo empieza a sentirlo, tus células comienzan a sentirlo, cada una de tus fibras empieza a sentirlo: «*Aham Brahmasmi*». Y este sentimiento no es necesario que sea creado por ti. Se habrá enraizado en lo más profundo de tu ser. Entonces, en el instante en que encuentres al inconsciente y llegue el momento de ejercer la voluntad y puedas volverte el creador, la totalidad de tu ser comenzará a vibrar con «*Aham Brahmasmi*». Y en el instante en que tu existencia comienza a vibrar con «*Aham Brahmasmi*», te vuelves Brahma. ¡Te vuelves El! Te vuelves cualquier cosa que sientes.

Esto no debería ser considerado como metafísica. ¡No lo es! Es una experiencia. De modo que puedes conocerlo mediante la experimentación. No decidas si está bien o está mal; no pienses en términos de sí y no. Tan sólo di, «Po; de acuerdo» y esfuérzate. Tan sólo di, «¡De acuerdo! Puede que sea así». No decidas de antemano, porque tomamos decisiones precipitadas. Alguien puede decir, «No, no es posible». En realidad está diciendo, «No voy a intentarlo»; no está diciendo que no sea posible. Se está engañando a sí mismo. Está diciendo, «No lo voy a intentar», y debido a este «No lo voy a intentar,» ¿cómo va a ser posible? Se está justificando a sí mismo.

Algún otro dirá, «Sí, es posible. Ha ocurrido a muchos. Le ha sucedido a mi Gurú, a mi Maestro; le ha sucedido a éste y a este otro». El tampoco lo va a intentar porque lo está convirtiendo en un hecho trivial, «Les ha sucedido a tantos que no es una cosa en la que uno tenga que esforzarse». El considera, «Puede que me suceda a mí también». No, no digas sí o no. Considéralo como un experimento, una hipótesis para ser desarrollada. La religión no es algo hecho de antemano; uno tiene que crearlo en sí mismo. No es algo que te sea dado o que pueda ser dado. Es algo que tienes que desvelar en ti mismo.

Por eso no opines a menos que lo experimentes; no decidas a menos que sepas. Nunca decidas de antemano, si no, puede que sigas escuchando cosas, pensando sobre ellas y no llegues a hacer nada. Porque el pensar no es hacer. Pensar es huir del hacer.

¿Es tu técnica de la respiración rápida una técnica instantánea o una gradual?

¡Es gradual! ¡Es gradual! En realidad, las técnicas instantáneas no pueden darse públicamente. ¡No pueden ser dadas! Y para las técnicas instantáneas, uno tiene que excluir la totalidad de su vida, porque para las técnicas instantáneas se requiere de tu totalidad. Para las técnicas graduales tu totalidad no es necesaria. Puedes practicarlas durante una hora y luego permanecer en el mundo durante las veintitrés horas restantes. Pero para las técnicas instantáneas se requiere de tu totalidad; no se te puede permitir hacer nada más. De modo que la totalidad de la vida debe ser excluida y tienes que entregarte a la técnica por completo. La totalidad de la consciencia debe ser preparada para ello porque con una sola parte que quede sin estar preparada puede resultar peligroso, y cualquier cosa puede resultar un peligro porque este instante contiene una gran potencial. El momento encierra tal potencial que debes ser purificado de todo lo que te rodea. Tienes que excluirlo, excluirlo todo. Con los métodos graduales la religión puede ser considerada una cosa entre otras. Para los métodos instantáneos la religión debe ser totalitaria; no debe permitir ninguna otra cosa.

Cuando alguien acudía a Gurdjieff, él solía preguntar, «¿Estás preparado para morir por ello? Si no es así, no vale la pena. ¿Estás preparado para morir por ello?» Esto significa, «¿Estás preparado para dejarlo todo por ello?» Se requiere de la totalidad de la consciencia. No es necesario morir, pero uno debe estar pre-parado para morir por ello.

Para los métodos graduales no existen tales requerimientos. Puedes seguir viviendo normalmente y practicando algo. Poco a poco, la práctica se irá incrementando y, incluso sin darte cuenta, algún día te encontrarás dispuesto a dar tu vida por ello. Pero este crecimiento es como el desarrollo de un embarazo: poco a poco. Ni la madre se da cuenta de lo que está sucediendo, de lo que está pasando. El niño sigue creciendo, creciendo y creciendo. Después de nueve meses el niño ha alcanzado tal desarrollo que la madre ya no es necesaria. Por eso es por lo que nace. ¡Y la madre siente tanto dolor! La razón no es sólo física, en lo más profundo es psicológica. Se debe a que su niño ha crecido tanto que está preparado para dejarla. Esta es la primera traición. Después muchas otras traiciones seguirán. Este es el primer dolor del nacimiento, luego vendrán muchos otros. Cuando el niño se vuelva sexualmente maduro, abandonará de nuevo a su madre por alguna otra mujer.

Así que el nacimiento es un proceso incesante y una madre ha de pasar por muchos dolores. Y si no es capaz de entenderlo, creará problemas innecesariamente. ¡Ella es la que los crea! Incluso cuando el niño está a punto de nacer, la madre crea problemas: contracciona todo su cuerpo. Por eso es por lo que se origina el dolor, de otro modo el dolor corporal es innecesario. En realidad es un conflicto. La madre no está dispuesta a consentirlo y el niño fuerza su salida. Por eso muchos niños han de nacer por la noche, - el ochenta por ciento, más del ochenta por ciento-, porque la madre está somnolienta y se resiste menos.

Existen ahora métodos científicos y psicológicos. Si una madre es persuadida a cooperar, no aparece el dolor. En París, el Dr. Lorenzo ha trabajado con muchos métodos, con muchos; métodos psicológicos, persuasivos. Ha asistido miles de partos, a ayudado a las madres y el dolor nunca estuvo presente. ¡Nunca! El método consiste en cooperar con el niño para que salga. No se ha de resistir, sino cooperar, ayudar al niño, sentir que has de ayudar al niño a nacer.

Lorenzo puede que persuada a muchas madres, pero se genera un problema mucho mayor cuando el niño acude a otra mujer. El tendrá que convencer a su madre para que no se sienta herida. Más bien debería ser al contrario: que ella ayudara a que el chico fuera a otra mujer. Ella debería ayudar, cooperar, porque éste es un segundo nacimiento y ella se siente perturbada innecesariamente.

Con los métodos graduales creces como en un embarazo, poco a poco. Luego, un día de improviso, descubres que has renacido. Con los métodos instantáneos es distinto, totalmente diferente. Uno necesita abandonarlo todo en pos de los métodos instantáneos. El *sanyas*, en los viejos tiempos, comenzaba con los métodos instantáneos. Por eso era por lo que era necesario el dejarlo todo. Particularmente en la India, enfatizábamos el que nadie debía tomar *sanyas* a menos que fuera muy viejo. Había una razón psicológica: cuando eres tan viejo, puedes abandonar la vida completamente. La renunciación total se vuelve fácil, porque, de un modo sutil, la vida está renunciando a ti, de modo que tú puedes renunciar a la vida. Te has vuelto una hoja seca. Ahora puedes dejar el árbol sin herirlo o herirte a ti mismo. El árbol ni se dará cuenta de que la hoja seca se ha caído. Arranca una hoja joven que sea fresca y verde, y el árbol se sentirá herido y la hoja también. La herida permanecerá para siempre. De modo que, para los métodos instantáneos, estaba claro que un hombre debía abandonar la vida sólo cuando la vida misma le estaba abandonando. Entonces él podía separarse completamente. Con los métodos graduales, esto no era necesario.

En el mundo actual, los métodos instantáneos se han vuelto imposibles debido a que no existen auténticas escuelas, ni comunidades, comunidades íntimas, dónde puedas practicar los métodos instantáneos. Así que no es necesario que uno renuncie al mundo y se refugie en las montañas o en los bosques. Ahora puedes permanecer donde estés y practicar los métodos graduales. El logro es el mismo, sólo que se necesita más tiempo para los métodos graduales y un tiempo menor para los instantáneos.

Osho, ¿qué tipo de sociedad es capaz de desarrollar individuos en los cuales la mente subconsciente sea utilizable y fácilmente suprimible?

Este es un problema complejo, multidimensional, pero pueden abordarse algunos puntos básicos. Uno: una sociedad adecuada es posible sólo si los niños no son educados en el antagonismo, la dicotomía entre el cuerpo y la conciencia. Lo primero es que no deben ser educados en base a esto. No se les debe decir a los niños, «Tú vives en el cuerpo». No se les debe decir, «Tú posees el cuerpo». Se les debe decir, «Tú eres el cuerpo». Y cuando digo que se les debe decir, «Tú eres el cuerpo,» no me refiero a una concepción materialista. Realmente, un ser espiritual sólo puede nacer de esto. La unidad no debe ser alterada.

El niño nace como unidad, pero lo escindimos en dos. La primera separación se da entre el cuerpo y la conciencia. Sembramos las semillas de la esquizofrenia. Nunca seremos ya capaces de recobrar fácilmente la unidad perdida. Cuanto más crezca, más crecerá la separación y una persona con la separación entre él mismo y su cuerpo es una persona que no es normal. Cuanto mayor sea la distancia, más loco estará, porque, de nuevo, cuerpo y mente son una falacia lingüística. Somos psicosomáticos: cuerpo-mente simultáneamente. No es posible separarlos. No son dos, son una sola onda.

De modo que para una sociedad sana lo primero es no crear mentes esquizofrénicas, no crear mentes divididas, porque la primera división se da entre mente y cuerpo y luego le siguen las demás. Ya has tomado un camino para dividir. La mente será dividida luego y el cuerpo también será dividido.

Este es un hecho extraño. Me pregunto si tú percibes que estás dividido en consciencia y cuerpo. Más tarde, se divide al cuerpo en superior e inferior, y el inferior es malo y el superior es bueno. ¿En dónde empieza el superior y en dónde comienza el inferior? Nunca nos sentimos cómodos con nuestro cuerpo inferior. ¡Nunca! Por eso es por lo que existe tanta tontería con las ropas. ¡Tanta tontería! No podemos ir desnudos. ¿Por qué? Porque en el instante en que vas desnudo tu cuerpo es uno. Tenemos dos clases de ropas, unas para la zona inferior y otras para la parte superior. Esta división en los vestidos se halla conectada básicamente con la división del cuerpo. Si estás desnudo, ¿Qué es lo inferior y qué es lo superior? ¿Y cómo divides? ¡Si eres uno!

Aquellos que dividen al hombre no están preparados para que el hombre se encuentre cómodo en su desnudez. Y esto es sólo un comienzo porque hay más desnudez por dentro. Si no estás dispuesto a desnudar tu cuerpo exterior, a ser auténtico, no serás nunca auténtico con otras capas más profundas. ¿Cómo vas a serlo? Si no puedes enfrentarte con tu desnudez corporal, ¿cómo puedes encarar tu consciencia desnuda?

Este ropaje no es sólo ropaje. Sustenta una filosofía, una filosofía muy insana. Así el cuerpo es dividido, luego la mente es dividida, luego lo consciente, lo inconsciente, lo subconsciente, y las divisiones siguen surgiendo. En un principio el niño nace como una unidad, y el mismo niño muere como una multitud, ¡Cómo una multitud! ¡Absolutamente una casa de locos! Todo el mundo ha sido dividido y entre esas divisiones hay un conflicto constante, una lucha y la energía es así disipada. Y en verdad nunca mueres: te matas a ti mismo. Todos nosotros estamos suicidándonos, porque está disipación de energía es suicidio. Es muy raro que una persona muera. ¡Muy raro! Todo el mundo se mata a sí mismo, se envenena. Los métodos difieren, los trucos para matarse a uno mismo varían, pero el comienzo es siempre la división.

Por eso una buena sociedad, una sociedad moral, una sociedad religiosa, no permitirá que sus hijos sean divididos. Pero, ¿cómo creamos una división? ¿Cómo empezamos? ¿Cuándo empieza el proceso de división?

Los psicólogos son ahora totalmente conscientes de que en el instante en que el niño se acaricia sus genitales, sus órganos sexuales, la división da comienzo. En el instante en que el niño se toca, en que se acaricia sus órganos sexuales, la sociedad al completo se percata de que algo que está mal va a suceder. Los padres, el padre y la madre, los hermanos, toda la familia, todos comienzan a ser conscientes de ello. En sus ojos, en sus gestos, con sus gesticulaciones, todos afirman, «No, no te toques».

El niño no es capaz de entender esto. El o ella son una unidad. No puede concebir el porqué no puede acariciar su cuerpo. ¿Qué hay de malo en ello? No sabe que el hombre ha nacido en el pecado. No sabe de Biblias, no sabe de religiones, no sabe de maestros, de profesores de moral, no sabe de *mahatmas*. No puede percibir el porqué una parte del cuerpo debe ser evitada.

El problema se magnifica porque los órganos sexuales son la parte más sensitiva del cuerpo y la más placentera. Acariciarlos es la primera experiencia placentera para el niño, la primera experiencia de su propio cuerpo: que el cuerpo es capaz de proporcionar placer, que el cuerpo es placentero, que el cuerpo tiene un valor. Los psicólogos dicen ahora que hasta un niño de tres meses es capaz de crear un orgasmo; el más profundo. Puede sentir sus órganos sexuales en su clímax, y todo su cuerpo comienza a vibrar. Esta es la primera experiencia de su cuerpo, pero acaba por ser envenenada porque sus padres no la toleran. ¿Por qué no pueden tolerarla? Porque a ellos no se la toleraron. No hay ninguna razón para ello. Sólo porqué a ellos no les fue permitido.

Con esto. el cuerpo es escindido y la mente y el cuerpo son divididos. El niño se vuelve temeroso, asustado y nace la culpa. El los acariciará, pero ha de esconderlo. Hemos hecho del chiquillo un criminal. Lo hará porqué es natural, pero se sentirá atemorizado por si alguien está o no está mirando, por si la mamá está o no está presente. Si no hay nadie los acariciará, pero ahora este tocar no le causará el mismo placer que le podía haber proporcionado, porque la culpa está presente. ¡El está asustado! ¡Está temeroso!

Este miedo continúa durante toda su vida. Nadie está cómodo con su experiencia sexual. El miedo continúa. Se sumergirá muchas, muchas veces en la experiencia sexual, pero nunca percibirá su plenitud ni su profundo éxtasis. Nunca lo sentirá, se ha vuelto algo imposible. Habéis envenenado la misma raíz y él se sentirá culpable.

Nos sentimos culpables debido al sexo; somos pecadores debido al sexo. Habéis creado vosotros mismos la división, la división fundamental que consiste en que en el cuerpo, has de escoger: unas partes son buenas y otras son malas. ¡Qué tontería! O todo el cuerpo es bueno o todo es malo, porque no hay nada que esté separado en el cuerpo. La misma sangre circula por todo el cuerpo; el mismo sistema nervioso está presente. Todo es uno por dentro, pero para el niño ahora hay una división. Y otra cosa: habéis envenenado su primer gozo. A partir de ahora nunca será dichoso.

La gente acude diariamente a mí y yo sé que su problema fundamental no es la meditación; su problema básico no es la religión. Su problema básico es el sexo. Y me siento impotente para ayudarles, porque si en verdad deseo ayudarles, no acudirán a mí de nuevo. Se asustarán de mí porque en realidad están asustados del sexo. ¡De modo que no se debe hablar de sexo! Habla sobre Dios, habla sobre lo que sea, pero nunca hables de sexo. ¡Y su problema no es, para nada, Dios! Si el problema fuera Dios, podrían ser ayudados fácilmente, pero Dios no es el problema. Su problema fundamental sigue siendo el sexo. Y son incapaces de disfrutar de algo porque no pueden disfrutar del primer regalo que la naturaleza, que la fuerzas Divinas, les han entregado. No tienen el primer regalo de felicidad, de modo que no pueden disfrutar.

He percibido en innumerables ocasiones que la persona que

no es capaz de disfrutar del sexo no puede penetrar en lo profundo de la meditación, pues siempre que aparece la felicidad se asusta. La asociación es profunda. Así has creado una barrera. Y ahora él dividirá también a la mente, porque él no es capaz de aceptar la parte sexual de la mente. El sexo es cuerpo y mente. ¡Todo es ambas cosas! En ti, todas las cosas incluyen ambos aspectos. Recuérdalo constantemente. El sexo es ambas cosas, mente y cuerpo, de modo que si la parte mental del sexo ha de ser eliminada, esta parte suprimida entrará a formar parte del inconsciente. Las fuerzas, los pensamientos, las prédicas moralizadoras que la suprimen, formarán el subconsciente. Una muy pequeña parte de la mente, la cual es consciente, permanecerá a tu alcance. Es útil para la rutina diaria, para nada más. No es útil para vivir en profundidad. Puedes existir; eso es todo. Puedes vegetar, puedes ganar dinero, puedes construir una casa, un modo de vivir, pero no puedes saber lo que es la vida porque, de la totalidad de la mente, nueve partes de diez son negadas. Nunca puedes ser completo, y sólo un completo total es santo. A menos que estés completo, nunca podrás ser santo. (*)

Por eso lo primero, lo más elemental que debe hacerse para crear una nueva sociedad, una sociedad religiosa, es no crear división. Este es el mayor pecado: el crear división. Dejemos que el niño crezca como una unidad. Dejemos que crezca como unidad, a gusto con todo lo que forma parte de él, y cuanto antes sea capaz de trascenderlo todo, antes será capaz de trascender el sexo, antes será capaz de trascender la naturaleza instintiva. Pero será capaz de trascenderlos como unidad, nunca como división. Esta es la clave. Podrá trascenderlos porque será tan completo, tan poderoso, tan indivisamente uno, que podrá trascender cualquier cosa.

Podrá desprenderse de todo aquello que se convierta en una molestia. De todo lo que se convierta en obsesión, podrá desprenderse. El será fuerte, uno. Suya será una gran energía sin dividir, ¡Podrá cambiarlo todo! Pero un niño dividido no es capaz de hacer nada. En realidad, en un niño dividido, la mente consciente es una parte menor, y el inconsciente es la mayor. Du-

* N. del T. juego de palabras en inglés entre «whole» = total y «holy» = santo

rante toda su vida un niño dividido lucha contra una gran energía utilizando una menor. Está condenado a ser derrotado siempre. Y luego se sentirá frustrado. Y luego dirá, «De acuerdo, este mundo es sólo miseria».

Este mundo no es una miseria, ¡recuérdalo bien! Tú estás dividido, y así creas la miseria de este mundo. Luchas contigo mismo y así te vuelves miserable.

Por eso lo primero es: no crear divisiones. Deja que el niño crezca como una unidad. Y lo segundo: deja que el niño sea educado para tener actitudes flexibles más que actitudes fijas. Flexibilidad. ¿Qué quiero decir cuando digo flexibilidad? No le eduques en compartimentos estancos, fijos. Nunca le digas que esto es malo o que esto es bueno, porque la vida es un fluir. Lo que es bueno ahora puede ser malo en el momento siguiente, y lo que es malo en esta situación puede ser bueno en otra.

Educa al niño para ser más consciente, para que descubra qué es lo más oportuno. ¡Nunca etiquetes! Nunca afirmes que un musulmán es malo por ser musulmán ni que un hindú es bueno por ser hindú. No afirmes cosas así porque lo malo y lo bueno no son algo predeterminado. No impartas actitudes fijas. Edúcalo para que sea más consciente, para que descubra quién es bueno y quién es malo. Pero esto es muy difícil, y el etiquetar es fácil. Vives en divisiones etiquetadas y clasificadas. Colocas algo en una categoría, «De acuerdo. Es hindú. Es bueno o es malo. Es musulmán; y es bueno o es malo». El tema se decide sin atender al individuo. La etiqueta decide. No impartas actitudes fijas; imparte consciencia flexible. No digas esto es malo; no digas esto es bueno. Di tan sólo que uno ha de ir descubriendo constantemente qué es lo bueno y qué es lo malo. Educa a la mente para indagar, para investigar.

Esta flexibilidad de actitud tiene muchas dimensiones. No fijes al niño en actitudes monógamas. No le digas al niño, «Quiéreme porque soy tu madre». Puede que esto cree una incapacidad en el niño y que luego no sea capaz de dar amor a nadie más. Y así ocurre que esos niños crecidos- les llamaremos así: niños crecidos- continúan estando condicionados. De modo que no eres capaz de amar a tu esposa porque en lo más profundo de ti sólo amas a tu madre. Pero tu esposa no es tu madre, ni tu madre es tu esposa, así que sigues condicionado: una fijación materna. ¡Sigues aferrado a ella! Sigues esperando cosas de tu esposa como si ella fuera tu madre. Sin ser consciente. Si no se comporta como una madre, no te sientes a gusto. Y el problema se complica. Si ella empieza a comportarse como una madre, tampoco entonces estás cómodo porque debería comportarse como tu esposa.

Una madre nunca debería decir, «Quiéreme porque soy tu madre». Debería tratar de que su niño amará a más personas. Cuanto más polígamo sea el niño, más abundante será su vida. Nunca se sentirá atado. Vaya donde vaya será capaz de amar. A cualquiera con el que entre en contacto, será capaz de amarle. No le digas que hay que amar a la madre, ni que hay que amar a la hermana, ni que hay que amar al hermano. No le digas, «Este es un extraño, no tienes porque amarle. No pertenece a nuestra familia, no pertenece a nuestra religión, no pertenece a nuestro país, de modo que no le quieras». Estás mutilando al niño. Dile, «El amor es una bendición, ¡sigue amando! Cuanto más ames, más crecerás». Una persona que ama más, más se enriquece.

Somos unos miserables. Todos somos unos miserables porque somos incapaces de amar. Esto es un hecho: cuantas más personas ames, más serás capaz de amar a cualquiera. Si amas a una sola persona, en último término no serás capaz de amar ni siquiera a ésta, porque tu capacidad de amar irá menguando tanto que se congelará. Es como si cortamos todas las raíces de un árbol y le dejamos una sola. Si le dices al árbol, «Te dejaremos una sola raíz para que la ames. Que sea tu único amor. Obtenlo todo de esta única raíz»., el árbol se morirá.

Hemos creado una mente monógama, incapaz de amar. Por eso es por lo que hay tantas guerras, tanta crueldad, tanta violencia, en nombre de tantas y tantas cosas: de la religión, de la política, de las ideologías. Cualquier tontería te vale con tal de que encuentres algo con lo que sentirte violento. Y observa como la gente se agudiza: sus ojos centellean cuando hay guerra, cuando todos se liberan del tabú de no matar. Entonces puedes matar a quien quieras. Por eso es por lo que sientes más alegría cuando matas a alguien; nunca sientes alegría cuando amas.

Ve y observa cuan dichosos se sienten en Bangladesh. Ve y observa en cualquier sitio en que haya muerte: observa la dicha. Y cuando no hay muerte, observa la languidez, la inercia, las miradas sin brillo. Nadie se siente a gusto; la vida carece de sentido. Crea una situación para que alguien mate a alguien y todo el mundo cobrará vida. ¿Por qué? Hemos atrofiado la capacidad de amar, y un niño es capaz de amar a quien sea. Un niño nace para amar al mundo entero, un niño nace para amarlo todo, un niño nace para amar a todo el universo, con tal capacidad para amar que si tú la estrangulas, desde ese mismo instante el niño comienza a morir.

Pero, ¿por qué este monopolio? ¿Por qué esta actitud posesiva? Es un círculo vicioso. La madre no se siente completa en sí misma. No ha amado, no ha sido amada, de modo que se vuelve posesiva con su niño. Debe conseguir al menos que el amor del crío se vuelque totalmente en ella. No debe dirigirse a nadie más. Debe destruir todas las posibles raíces. El niño le debe pertenecer totalmente. Esto es violencia, esto no es amor. Y los psicólogos dicen que los siete años primeros son los más fundamentales. Una vez se ha hecho algo, es imposible el deshacerlo, es realmente imposible el deshacerlo porque se ha tornado una estructura básica, el cimiento del niño. El lo construirá todo basado en esta estructura: esta estructura se convertirá en el fundamento de su vida. Por eso, permite a todo el mundo que se vuelva no-posesivo, que ame más, sin condición, sin reserva.

Esto no implica que porque alguien sea digno de amor tengas que amarlo. Más bien, el énfasis debería estar en ser tú más amoroso. El amor en sí mismo es bello y altamente gratificante. Ama pues, sientas lo que sientas; sientas dónde sientas, ama. Esta fluidez del amor te hará consciente de una vida más vasta, y esa vida más amplia te conduce a lo Divino.

El amor es la base de la oración. A menos que hayas amado, y amado en abundancia, ¿cómo puedes orar? ¿Cómo te puedes sentir agradecido? ¿De qué puedes sentirte agradecido? ¿Qué puede haber por lo que te sientas agradecido? Si no has amado, ¿de qué puedes sentirte agradecido a Dios? Por lo tanto, la vida es el comienzo, el amor es la culminación. Y si has amado, repentinamente serás consciente de un universo pleno de amor. Si no has amado, todo es odio, celos. Pero hasta ahora nuestro hincapié ha estado en que tú debes recibir amor. Y todo el mundo se siente frustrado cuando no recibe amor, y nadie se siente frustrado cuando no da amor. El énfasis verdadero debería ser: «da» amor; no, «quiero» amor. Todos intentan conseguir el amor de alguien. No puede ser arrebatado. Sólo puedes darlo. Sólo puedes continuar repartiéndolo. Y la vida no es indiferente. Si das, la vida devuelve el uno por mil. Pero no debes preocuparte de la devolución, debes seguir dando.

Todo niño debería ser educado más en el amor y saber menos de matemáticas, de cálculo, de geografía, de historia. Debería ser educado más para amar, porque la geografía no va a ser la culminación, ni las matemáticas van a ser la culminación, ni el saber historia, ni tecnología. Nada es comparable al amor. El amor será la culminación. Y si te pierdes el amor y todo lo demás está presente, te sentirás como un desecho vacío, sólo vacuidad. Y luego surgirá la ansiedad.

Por eso en segundo lugar te digo: el amor debe ser profundamente enraizado. No se debería obviar ningún esfuerzo que pudiera conducir a que un niño fuera más amoroso. Pero nuestra estructura no lo permite porque estamos asustados. Si una persona comenzase a amar más, ¿qué ocurriría con el matrimonio? ¿Qué sucedería con esto y aquello? Nos sentimos preocupados. En realidad nunca pensamos qué es lo que sucede al casarnos. ¿Qué es lo que es el matrimonio en la actualidad y qué es lo que ha sido desde siempre? Tan sólo un doloroso sufrir, un largo sufrir con caras sonrientes. Ha demostrado ser simplemente una desgracia. A lo más, una conveniencia.

Cuando digo esto no quiero decir que si eres capaz de amar a más gente, no te cases. Por lo que a mí concierne, una persona que es capaz de amar más, no se casará sólo por amor. Se casará por cosas más profundas. Por favor, entiéndeme: si una persona ama a muchos, no hay razón para que se case con alguien sólo por amor, porque es capaz de amar a muchos sin casarse, de modo que ésta no es la razón. Hemos forzado a que todo el mundo se case debido al amor. debido a que no puedes amar fuera del matrimonio, hemos forzado innecesariamente al amor y al matrimonio a ir de la mano. Innecesariamente. El matrimonio es para cosas más profundas, más profundas todavía: para la intimidad, para un objetivo común , para desarrollar cosas que no pueden ser hechas en solitario, que deben realizarse juntos, que necesitan del estar estrechamente unidos, de una intimidad profunda. Debido a esta sociedad privada de amor, nos casamos por amor romántico.

El amor nunca puede ser una gran base para el matrimonio porque el amor es alegría y juego. Si te casas con alguien por amor, te sentirás frustrado porque pronto la alegría se evapora, la novedad desaparece y surge el aburrimiento. El matrimonio es para una íntima amistad, una profunda intimidad. El amor está implícito, pero no es lo único. Así que el matrimonio es algo espiritual, ¡algo espiritual! Hay muchas cosas que nunca puedes desarrollar en solitario. Incluso tu crecimiento necesita de alguien con el que complementar, alguien tan íntimo que te puedas abrir totalmente a él o ella.

El matrimonio no es en ningún modo sexual. Lo hemos forzado a ser sexual. Puede que el sexo esté presente o puede que no lo esté. El matrimonio es una profunda comunión espiritual. Y si esta clase de matrimonio se da, alumbra almas muy diferentes, almas cualitativamente muy diferentes. Cuando un niño nace de esta intimidad, puede tener una base espiritual. Pero nuestros matrimonios son únicamente sexuales, sólo un compromiso sexual. Y de este acuerdo, ¿qué es lo que puede nacer? O bien nuestros matrimonios son acuerdos sexuales o se deben a un amor romántico momentáneo.

En realidad, el amor romántico está enfermo. Debido a que no puedes amar a muchos vas acumulando la capacidad de amar. Luego te sientes inundado por ella. Entonces, cuando encuentras a alguien y tienes la oportunidad, este desbordamiento de amor es proyectado. Por eso una mujer corriente se torna como un ángel y un hombre normal se vuelve divino, parece divino, como un dios. Pero cuando el desbordamiento desaparece y vuelves a la normalidad, ves que has sido engañado. El es sólo un hombre corriente y ella es sólo una mujer corriente.

Esta locura romántica es creada por nuestro condicionamiento monógamo. Si a una persona se le permite amar, nunca acumulará tensiones que puedan ser proyectadas. Así que el romance sólo es posible en una sociedad muy enferma. En realidad, en una sociedad sana no habría romances: habría amor, pero no romance. Y si no hay romance, entonces el matrimonio se dará en un nivel más profundo y nunca será frustrante. Y si el matrimonio se da en función no sólo del amor sino de una íntima proximidad, en función de una relación de «yo-y-tú» de modo que ambos puedan crecer, no como «yo» y como «tú» sino como «nosotros», entonces el matrimonio es un verdadero entrenamiento para la ausencia de ego. Pero desconocemos totalmente esta clase de matrimonio. Todo lo que conocemos es fealdad; sólo rostros maquillados y por dentro todo muerto.

Y por último: un niño debe ser educado positivamente, nunca negativamente. Se debe dar un énfasis positivo en todo; sólo entonces puede un niño crecer y volverse un individuo. ¿Qué es lo qué quiero decir con «énfasis positivo»? Nuestro énfasis es siempre negativo. Digo, «Soy capaz de amar a alguien, pero no puedo amar a todo el mundo». Este es un condicionamiento negativo. Por el contrario debería ser capaz de decir, «Soy capaz de amar a todo el mundo, no sólo a éste». La capacidad de amar debería de extenderse a muchos. Desde luego que habrá individuos a los que no podrás amar, así que no te fuerces a amarlos. Pero tu énfasis actual está en «Sólo puedo amar a uno». Manju dice, «Sólo amo a Laila. No puedo amar a nadie más». Esto es negativo. Se niega al resto del mundo. Una actitud positiva debería ser ésta, «En verdad no puedo amar a esta mujer, pero puedo amar al mundo entero».

Piensa siempre más positivamente en todos los ámbitos. Si soy negativo en mis actitudes, estaré rodeado por mis propias negatividades. Por todo veo negaciones, «Este hombre no es bueno porque miente». Pero aunque mienta, no es sólo mentiras. Es más que eso. ¿Por qué no atiendes a la parte mayor? ¿Por qué enfatizas especialmente las mentiras? Y decimos, «Ese es un ladrón», pero aunque un hombre sea un ladrón, es más que eso. Incluso un ladrón puede tener cualidades positivas y, en realidad, las tiene, porque sin cualidades positivas no puedes ser ni un ladrón. De modo qué, ¿porqué no enfatizas sus cualidades positivas?

Un ladrón es valiente, ¿por qué no resaltas su coraje? ¿Por qué no aprecias su valor? Incluso uno que miente es inteligente, porque no puedes mentir si no eres inteligente. Las mentiras requieren de una penetrante inteligencia, de la cual la verdad carece. Puedes ser un idiota y decir la verdad, pero para decir mentiras requieres inteligencia, agudeza y un más amplio rango de consciencia porque si dices una mentira tendrás que decir cientos, y tendrás que recordarlas a todas. Así qué, ¿porqué no resaltar las cualidades positivas? ¿Por qué enfatizamos las negativas?

Pero nuestra sociedad ha creado mentes negativas. Y puedes hallar lo negativo en cualquiera. Ha de estar ahí porque la vida no puede existir sólo con lo positivo. Se necesita lo negativo: para equilibrar. Por eso existe lo negativo y si educas a los niños en lo negativo vivirán toda su vida en un universo negativo. Todo el mundo será malo y cuando todo el mundo es malo te empiezas a volver egoísta: sólo tú eres bueno.

Educamos a nuestros niños para que encuentren faltas en todo. Así empiezan a ser «buenos». Los forzamos a ser buenos, y entonces perciben a todos como malos. Pero, ¿cómo puede ser alguien bueno en un mundo malo? No es posible. Solamente puedes ser bueno en un mundo bueno. Una sociedad buena sólo puede surgir de la positividad de la mente. Así que , saca a relucir lo más positivo de tu mente.Y aunque haya siempre algo negativo, intenta siempre ver algo positivo en ello: ha de estar presente. Y si un niño se vuelve capaz de ver lo positivo incluso en lo negativo, le has dado algo. Será feliz. Si le das una mente negativa y se vuelve capaz de encontrar lo negativo en todo lo positivo, creas el infierno para él. Toda su vida se la va a pasar en el infierno.

El cielo es vivir en un mundo positivo; el infierno es vivir en un mundo negativo. La Tierra entera se ha vuelto un infierno debido a las mentes negativas. La madre no es capaz de decir al niño, «Esa mujer es guapa». ¿Cómo le va a decir esto? Sólo ella es hermosa, nadie más. Un esposo no le puede decir a su mujer, «¡Mira! ¡Qué guapa es esa mujer que pasa por la calle!» ¡No puede decírselo! Lo dice, pero por dentro. Y si la esposa está con él, él está incluso asustado de pensarlo por sus adentros. Un esposo que se pasea con su esposa está asustado de mirar aquí y allá. No es capaz de mirar. Por eso es por lo que nunca quiere ir con su mujer. Es un infierno. Pero, ¿por qué? Si alguien es guapo ¿por qué no decirlo?

Una madre no es capaz de escuchar a su hijo mientras dice que otra es guapa. Intentará hacerle sentir que sólo ella es guapa y que el resto del mundo es feo. Y en último término, el niño descubrirá que su madre es la más fea porque, ¿cómo puedes crear belleza en un mundo feo? De modo que el padre le va entrenando, un profesor le sigue diciendo, «Sólo yo soy el que poseo la verdad».

Alguien estuvo aquí durante dos días y me dijo, «Deseo escucharte, pero mi Gurú me dice, «Esto es pecado. Me perteneces, ¿cómo puedes ser seguidora de otro? Y si yo te puedo transmitir la Verdad, ¿para que necesitas a otro?» Más pronto o más tarde este Gurú dejará de ser un Gurú, no puede permanecer como Maestro, porque está enseñando negatividad. Y esta negatividad va a recaer sobre él en último término.

En el zen, los Maestros envían a sus discípulos a sus oponentes. Algunos se quedan con un Maestro durante un año, y cuando está preparado el Maestro le dice, «Ahora ve a mi oponente, porque yo te he dicho una parte. El puede entregarte el resto. Así que ve».

Este Maestro siempre será recordado como un Maestro, nunca podrás perderle el respeto. ¿Cómo vas a ser irrespetuoso con él? Te envía a su oponente sólo para que descubras la otra parte: «Te he dicho una parte, pero no es todo». Y nadie puede decírtelo todo, ¿mmm? Porque el todo es inmenso.

Crea pues una actitud positiva, y un mundo mejor surgirá de ella. Pero esto es sólo una aproximación. Es un tema muy complejo. De modo que en alguna otra ocasión lo discutiremos más ampliamente.

EL FLUJO ASCENDENTE DE LA MENTE

El flujo ascendente de la mente
es paddyam,
el agua para el culto divino.

*El flujo ascendente de la mente
es* paddyam,
el agua para el culto divino.

La mente es el puente entre la materia y la conciencia, entre lo exterior y lo interior, entre lo burdo y lo sutil. Cuando digo que la mente es el puente, quiero decir muchas cosas. El hombre contacta con el mundo a través de la mente; el hombre contacta con el cuerpo a través de la mente, el hombre percibe los deseos a través de la mente. De modo que hagas lo que hagas, lo haces a través de la mente. Si te creas un infierno, lo creas con la mente. Si te creas un cielo, lo creas a través de la mente.

Uno de los patriarcas zen, Hui-Hai, dijo, «La mente es el cielo y es el infierno». Seas lo que seas o lo que puedas ser, dependerá en último término de como funcione tu mente. Esta puede crear para ti algo que no es; ésta puede revelarte lo que sí es. Una mente puede crear un mundo ilusorio a tu alrededor. Es capaz de ello. Puede soñar, y puede soñar de una forma tan real que serás incapaz de detectar si lo que ves y percibes es irreal.

La mente tiene una fuerza proyectante. Puede proyectar. Lo que no es, la mente lo puede crear. Y debido a que la mente es capaz de crear lo que no existe, también es capaz de olvidarse de lo que sí existe. Puede estar en un estado tal en el que la realidad nunca esté en contacto con ella, y, suceda lo que suceda, dependerá sólo de la mente. Por eso la mente debe ser considerada como el origen de todo cuanto uno puede experimentar. Incluso si uno ha de conocer lo Divino, ha de hacerlo mediante la mente. Desde luego que el hacerlo así es difícil porque implica desprenderse de la mente. Incluso si se requiere del desprenderse de la mente, es mediante la mente, porque a menos que te desprendas de la mente nunca podrás conocer la Verdad.

La mente está en todo, tanto positiva como negativamente. Hagas lo que hagas, tanto si creas un mundo ilusorio como si descubres el real, tanto si creas locura como si creas un estado meditativo en ti; todo es mediante la mente. Vayas donde vayas, lo haces atravesando el puente de la mente. Incluso si has de llegar a ti mismo, lo harás a través de la mente. Desde luego que este llegar será negativo; tendrás que negar la mente. Tendrás que volver atrás y tendrás que andar los mismos pasos, sólo que el sentido será el contrario. Si me alejo de casa, hay unos pasos que me van alejando de ella. Si vuelvo a casa, los mismos pasos me conducirán de regreso, sólo que el sentido será diferente. Por eso si comprendes como se exterioriza la mente, sabrás que has de regresar por el mismo camino.

En segundo lugar, en la simbología hindú, «ascendente» es sinónimo de «interiorizar» y «descendente» es sinónimo de «exteriorizar». Cuando decimos «ascendente» queremos decir «hacia adentro»; ambas expresiones significan lo mismo. Cuando más te interiorices, más ascenderás; cuando más te exteriorices, más descenderás. Son dos símbolos distintos. La mente china siempre ha utilizado «descender» como sinónimo de «interiorizar», y «ascender» como sinónimo de «exteriorizar». Por lo tanto siempre que Lao Tse hablaba nunca utilizaba el término «ascendente». Siempre decía, «Desciende», y por descender quería decir: ve hacia adentro. Para Lao Tse el ir hacia adentro es como un abismo: caes en él.

La simbología hindú es diferente. Empleamos el término ascendente en vez de interiorizar. Para nosotros lo interior no es como un abismo, es como un pico. Pueden utilizarse ambos símbolos, porque los símbolos son sólo símbolos: indican. Aparte de ésta, no poseen otra función. Esta terminología siempre ha constituido pues un problema. Los Upanishads hablan de ascenso, y su símbolo es el fuego, un fuego incesante y ascendente. Para Lao Tse y los taoístas, el agua es el símbolo; el agua fluyendo hacia abajo en busca del nivel más bajo posible. Reposa sólo cuando ha alcanzado el abismo más profundo. Pero el fuego descansa sólo al llegar al sol. Va hacia arriba, hacia arriba, hasta la invisible inmensidad.

Pero no existe contradicción. En realidad, siempre que habla gente como Lao Tse, o Zarathustra, o Jesús, aparenta que utilizan términos contradictorios, pero nunca son contradictorios. No pueden serlo; es algo imposible. Si sus palabras son contradictorias, esto sólo muestra su tipo, su clase, sus individualidades, sus modos de decir las cosas; nada más. Pero los *pundits*, los eruditos, arman mucho follón con estas aparentes contradicciones. Y siempre que hablamos del Absoluto, de lo Supremo, debemos de entender algo con toda claridad: puedes utilizar cualquier extremo para expresarlo, y cada uno es tan válido como los otros.

Por ejemplo, los Upanishads utilizan la palabra «Absoluto» para designar a lo Divino. Este es un extremo, el de lo positivo: lo Perfecto, lo Absoluto. Buda utiliza para designar el mismo estado y la misma realización, el término «Nada»; el otro extremo. Son tan opuestos como son capaces de expresar las palabras, pero significan lo mismo. Pero esto ha sido la causa de mucha confusión.

Buda aparecía como totalmente en contradicción con la mente hindú. No lo estaba. Era una de las mentes hindúes más puras que pudiera haber, pero empleaba una palabra negativa. Esa era su inclinación, y es bueno no discutir los gustos, pues tan válido como es uno, es otro. Ambos pueden utilizarse. Tanto puedes emplear el término «infinito» como el término «cero». Ambos son infinitos. Si lo tomas al comienzo, es cero. Si lo consideras desde el final, es infinito. Ambos significan lo mismo.

Sólo por esto, Buda y Mahavira, ambos contemporáneos, empleaban lenguajes sumamente contradictorios. Mahavira decía, «Conocer el Ser es el conocimiento supremo, la sabiduría. Conocer el Ser es la sabiduría». Y Buda decía, «Creer en el Ser es la única ignorancia». Mahavira decía, «Sólo existe el Ser», y Buda decía, «El único engaño reside en el Ser; es lo más falso». No podemos encontrar nada más contradictorio, por eso los jainos y los budistas han estado peleándose constantemente durante veinticinco siglos. Pero toda la disputa se basa en falacias lingüísticas, pues Mahavira utilizaba la palabra Ser, negando todo asomo de ego en ella. El decía, «Te vuelves Ser cuando no existe el ego». De modo que en realidad «Ser» equivale a «no-Ser». Si no hay ego, el Ser se vuelve como el no-Ser. Y Buda utiliza el «ser» como ego y dice que ser significa ego, de modo que el ego más evolucionado significa el «ser». De este modo su significado se vuelve claro. Ambos están en lo cierto. Cuando Buda dice, «Creer en el *ser,* es ser ignorante», está en lo cierto. Y también Mahavira está en lo cierto cuando dice, «Conocer el Ser es la sabiduría suprema». La contradicción es sólo aparente.

Lao Tse dice, «Bajar hasta lo más profundo es alcanzar la Existencia misma». El comienza desde el principio, «Regresa al mismísimo origen, a la fuente original. El origen está en las profundidades». Los Upanishads dicen, «Llega hasta lo más alto, en donde se alcanza la cumbre». Lao Tse dice, «Baja hasta el mismo origen,» y los Upanishads dicen, «Escala la posibilidad última, llega hasta el mismo final. Exprime el potencial hasta su límite extremo; actualiza todo potencial». El comienzo y el final no son dos cosas separadas. En realidad, ningún final puede finalizar hasta que llegue de nuevo al comienzo. Y el principio empieza sólo donde el final acaba.

La vida se mueve en un círculo, y si empiezas un círculo, el punto de comienzo será también el punto final. La vida se mueve en un círculo por tanto puedes decir que el principio y el final son el mismo punto. De modo que «ascendente» no es contradictorio con «descendente». El «descender» de Lao Tse y el «ascender» de los Upanishads, significan lo mismo. Sólo cambian las palabras.

Si somos capaces de penetrar el significado subyacente en las palabras, sólo entonces seremos capaces de concebir y comprender esas mentes. Esas mentes han vivido experiencias tales que no pueden ser expresadas con el lenguaje común. Pero han tenido que usar el lenguaje común, por lo que han tenido que utilizar palabras corrientes con un significado muy diferente, con unas connotaciones muy diferentes. Por eso, una cosa más: cuando los Upanishads dicen «ascendente», recuérdalo, es lo mismo que «hacia adentro». Cuanto más hacia adentro vas, más asciendes, y viceversa: cuanto más asciendes, más penetras. ¿Qué es este ascender o interiorizar? Y ¿porqué dice el sutra que este flujo ascendente de la mente es la única clase de agua con la que puedes rendir culto a los pies de lo Divino? Muchas son las implicaciones. Una es que es inútil usar sólo agua. ¡Totalmente inútil!

Al-Hillaj Mansur, un místico sufí, fue ajusticiado. Cuando le cortaron sus manos y la sangre empezó a fluir, él utilizó esa sangre del modo en que los musulmanes usan el agua para el *wazu,* para purificar el cuerpo antes de orar. Ellos usaban el agua, pero Mansur utilizó sangre. Y cuando realizó el gesto del *wazu,* alguien de entre la multitud le preguntó, «Mansur, ¿te has vuelto loco? ¿Qué es lo que haces?»

Mansur contestó, «Por primera vez realizo el *wazu,* purificándome con mi propia sangre, porque ¿cómo puedes purificarte con agua?»

Le otorga un sentido más profundo. En realidad, él quiere decir que a menos que mueras, ¿cómo puedes purificarte para la oración? *Wazu* con sangre significa morir. Sólo muriendo puede haber una auténtica limpieza, una verdadera purificación. Y cuando mueres, eres capaz de orar. A menos que mueras, no puedes orar. De modo que el valor para morir se vuelve una requisito indispensable para la oración.

Este sutra dice, *«El flujo ascendente de la mente es el agua para el culto Divino».*

Ninguna otra clase de agua valdrá. Es más profundo incluso que la sangre de Mansur, porque la sangre no posee tal profundidad; sólo es superficial. Puedes hacer el *wazu* con tu sangre, pero aún así no es suficientemente profundo. Pero el flujo ascendente de la mente es la posibilidad suprema, por dos razones. Básicamente, la mente fluye hacia abajo; básicamente la tendencia es fluir hacia lo más bajo porque es más fácil. El flujo descendente es siempre cosa fácil. El ascender requiere esfuerzo; el ascender requiere de una lucha contra la fuerza gravitacional; el ascender implica austeridad. No puedes fluir hacia arriba a menos que cambies tu naturaleza completamente. ¡Es una transformación! El flujo descendente es natural, está en la misma naturaleza de las cosas. Por eso la mente tiene, de modo natural, un fluir descendente.

Considéralo así: si quieres pensar y concentrarte en lo Divino, tendrás muchas dificultades. La mente oscilará constantemente. No serás capaz de concentrarte ni por un sólo segundo. Irá de aquí para allá. No será posible la concentración, no será posible la contemplación, no será posible la meditación. La mente no estará dispuesta. Ni aún mediante mucho esfuerzo percibirás que se acerque a lo Divino, que vaya hacia lo Divino. Pero piensa en el sexo, y la mente se absorberá. No necesita el concentrarse; se concentra sola. No necesita ningún esfuerzo; la mente fluye con facilidad.

En realidad, excepto por el sexo, no sabemos lo que significa concentración. Siempre sucede que cuando alguien es capaz de concentrarse en uno u otro asunto, el sexo no es un problema para él. ¡Nunca! Aunque sea sólo un científico, un investigador trabajando en su laboratorio, si es capaz de concentrarse en su trabajo el sexo dejará totalmente de ser un problema en su vida. Pero si no eres capaz de concentrarte en nada más, tu mente fluirá constantemente hacia el canal del sexo.

Debemos entender una cosa: cuando piensas en el sexo, estás completamente absorbido. No hay oscilación. Incluso te olvidas de que estás pensando en el sexo; después puede que lo recuerdes. Ni siquiera este pensamiento existe. Te olvidas de que estás aparte y de que este desfilar de pensamientos e imágenes sexuales es algo separado de ti. Te vuelves uno con ellos. Esto es lo que los *baktas* quieren decir cuando dicen, «El recuerdo constante de lo Divino, sin «tú» ni «yo»». Ocurre el mismo fenómeno, sólo que el objeto cambia. No es el sexo ahora; el objeto se vuelve Divino. Y a menos que lo Divino se vuelva tan absorbente como naturalmente lo es el sexo, no serás capaz de fluir hacia arriba.

De modo que el flujo ascendente es un esfuerzo: tienes que tirar de ti mismo para lograrlo. El flujo descendente es fácil. Por eso es por lo que, cuando te sientes tenso, el sexo se convierte en un relax, una descarga, porque toda tensión significa que has estado tirando de ti hacia algo que no es natural. Luego si puedes relajarte con el flujo descendente, sientes alivio. Así en Occidente el sexo se convertido en sólo un sistema de descarga, un alivio de tensiones. Lo es, y es así porque cuando fluyes hacia abajo no necesitas ningún esfuerzo. Por eso el sexo es utilizado por muchos, casi el noventa y nueve por ciento de la población, como tranquilizante. Si practicas el sexo puedes dormir bien. ¿Por qué? Porque cuando la mente fluye hacia abajo todo tu cuerpo se relaja. A menos que te relajes del mismo modo cuando tu mente fluye hacia arriba, no serás una persona religiosa.

Esta es la diferencia entre una mente secular y una mente religiosa. Una mente secular esta cómoda, relajada, con el fluir descendente. La mente religiosa sólo está relajada con el fluir ascendente. Siempre que una mente religiosa ha de fluir hacia abajo, se vuelve tensa. En último término, cuando el flujo ascendente se alcanza, se necesita del mismo esfuerzo para fluir hacia abajo; incluso un esfuerzo superior, porque el ir hacia arriba, aunque sea arduo, supone ascender, y el ir hacia abajo, aunque sea sin esfuerzo, supone descender. Y cuando uno tiene que ir hacia abajo con esfuerzo, el esfuerzo se vuelve mil veces más arduo.

Para una persona como Ramakrishna, incluso el comer es un esfuerzo. Para una persona como Buda, incluso el moverse es un esfuerzo, incluso el permanecer en el cuerpo es un esfuerzo. Este esfuerzo significa que toda la naturaleza ha sido transformada. Lo que antes iba hacia abajo, ahora fluye hacia arriba, y lo que antes fluía hacia arriba, ahora fluye hacia abajo. Una mente religiosa fluye hacia arriba como si el ir hacia arriba se hubiera convertido en fluir hacia abajo. Meera se siente a gusto cuando baila y canta para Krishna, pero cuando su marido Rana está presente, no se siente a gusto, porque Rana es ahora para ella un flujo descendente. Este fluir ascendente implica un esfuerzo para nosotros. A menos que lo ejercites, no lo alcanzarás.

Ahora, otra vez, descubres un conflicto entre el Tao y los Upanishads. Lao Tse dice, «La vía sin esfuerzo es el método», y los Upanishads dicen, «El esfuerzo, el esfuerzo total, es el método». Cuando Lao Tse dice, «sin esfuerzo», quiere decir permanecer tan quieto que no se dé ni un solo movimiento, porque cualquier esfuerzo es un movimiento, cualquier esfuerzo es tensión, cualquier esfuerzo significa que estás afuera. Por eso cuando Lao Tse dice, «sin esfuerzo», lo dice para expresar un estado de mente absolutamente relajado, sin hacer nada.

No es fácil. Es tan difícil como el fluir hacia arriba, aún más difícil, porque somos capaces de entender los términos que implican hacer, pero somos incapaces de comprender los que implican no-hacer. Para nosotros el no-hacer es más difícil, pero ambos son arduos y ambos desarrollan distintos modos para alcanzar la misma meta. Si llegas a un estado de absoluta ausencia de todo esfuerzo, alcanzas el centro más profundo, porque no te puedes mover. Cuando no haya movimiento, caerás; caerás hacia abajo, hacia el centro. Todo suceso periférico es un esfuerzo. Cuando no hay esfuerzo, te sitúas en tu más recóndito centro.

Los Upanishads utilizan de nuevo un camino diferente el cual, desde luego, concuerda lógicamente, con su concepto de ir hacia arriba. Dicen que es necesario un esfuerzo supremo. Cuando haces un esfuerzo supremo, te vuelves más tenso, más tenso, más tenso, y llega un momento en que no eres más que pura tensión. ¡No eres más que pura tensión! Entonces no hay nada más allá. Se ha alcanzado lo último. Ahora eres sólo tensión. Cuando se alcanza ese clímax, caes de repente desde él. No puedes ir más allá, has alcanzado el límite último. La tensión ha alcanzado su máximo, su límite, no puede aumentar. Cuando la tensión llega el clímax supremo, de repente te relajas y alcanzas el punto indicado por el Tao, por Lao Tse: el estado sin esfuerzo. Llegas al centro.

De modo que hay dos sistemas: o bien relajarse directamente como dice el Tao, o relajarse indirectamente como dicen los Upanishads. Has de crear la tensión hasta su límite y luego vendrá la relajación. Y personalmente creo que los Upanishads sirven de más ayuda, porque estamos tensos y comprendemos el significado, el lenguaje, los modos del estar tenso. Dile a alguien que, de repente, se relaje, y no podrá. Incluso el relajarse se vuelve una nueva tensión para él. Sé de un libro que se titula «Usted debe relajarse». La misma palabra «debe», crea tensión. La palabra es anti-relajación; «debe». Se convierte en un duro trabajo; debes relajarte. Prueba ahora de relajarte y el mismo esfuerzo creará más tensiones. El título debería ser «Usted no debe relajarse», si quieres de verdad relajarte.

No podemos relajarnos directamente. Estamos tensos, demasiado tensos. El relajarse no significa nada: lo desconocemos. Lao Tse está en lo cierto, pero seguirlo es muy difícil. Y parece simple. Recuerda siempre: cuando algo parezca simple, debe de ser tremendamente complejo, porque en este mundo lo más simple es lo más complejo. Y porque aparenta ser simple puede que te engañes a ti mismo. De modo que puedo decir, «¡Relájate!», y no sucederá.

Estuve trabajando continuamente con los métodos de Lao Tse durante diez años, enseñando siempre la relajación directa. Era sencillo para mí, de modo que creía que sería simple para cualquiera. Luego, lentamente, me di cuenta de que eso era imposible. Estaba en un error; no era posible. Les tenía que decir, «¡Relajaos!» a aquellos a los que estaba enseñando. Ellos parecían comprender lo que quería decir con esa palabra, pero eran incapaces de relajarse. Tuve entonces que idear nuevos métodos de meditación, los cuales creaban primero la tensión. Más tensión. Y creaban tal tensión que casi enloquecías. Y luego yo decía, «Relajaos».

Cuando has alcanzado el clímax, todo tu cuerpo, toda tu mente tiene sed de relajación. Con tanta tensión quieres pararte, y yo continúo empujando para que prosigas, para que prosigas hasta el agotamiento. Haz todo lo que puedas para crear tensiones, y luego, cuando pares caerás desde la cima a un profundo abismo. El abismo está al final, la desaparición de todo esfuerzo se halla al final, pero los Upanishads utilizan la tensión como el medio.

Así pues, esfuérzate al máximo para fluir hacia arriba. En realidad, el utilizar la palabra fluir no es correcto, pues fluir implica ir hacia abajo. ¿Cómo puede uno fluir hacia arriba? Tienes que esforzarte. El fluir hacia arriba implica esfuerzo, lucha constante. Un sólo instante de despiste y te encuentras yendo cuesta abajo. Interrumpe tu esfuerzo un sólo instante y te encontrarás fluyendo hacia abajo. Es una lucha incesante contra la corriente. Comprende pues ahora qué es la corriente y contra qué corriente has de luchar.

Tus hábitos son la corriente, hábitos desde hace mucho, hábitos generados durante muchas, muchas vidas, no sólo en vidas humanas, sino en vidas como animales, como vegetales. No estás aislado, eres parte de una inmensa cadena y todo hábito es un eslabón. Has estado fluyendo hacia abajo durante milenios, de modo que esto se ha convertido en un hábito muy arraigado. En realidad se ha convertido en tu naturaleza. No conoces ninguna otra naturaleza. Sólo conoces la naturaleza del fluir hacia abajo y hacia abajo. Este fluir descendente es la corriente y cada célula del cuerpo, cada átomo de la mente es tan sólo una parte de una larga, de una muy larga sucesión de hábitos. Están tan arraigados que ni recordamos de dónde proceden.

Ahora, la psicología occidental ha descubierto muchas cosas nuevas. Por ejemplo, han descubierto que siempre que te sientes violento, tu violencia no es sólo mental, está arraigada profundamente en tus dientes y tus uñas. Si reprimes la violencia, tus dientes la absorberán y tu mandíbula se sentirá incómoda, porque los animales, siempre que se sienten violentos, usan dientes y uñas. Nuestras uñas pertenecen al mundo animal, nuestros dientes pertenecen al mundo animal, a una inmensa herencia animal. Por lo tanto, cuando alguien se siente violento y reprime su violencia, los dientes cargan con ella.

En la actualidad dicen que muchas enfermedades dentales se deben a la gran cantidad de violencia reprimida. ¡Muchas de las enfermedades dentales! Así un hombre violento tiene una clase distinta de mandíbula. Con sólo ver su mandíbula puedes inferir que es violento. Una persona que ha reprimido muchas, muchas fiebres violentas, muchas erupciones, desarrollará un tipo particular de mandíbulas. La violencia se manifestará. Un psicólogo, Wilheim Reich, con sólo presionar tus dientes con sus manos, con tan sólo apretarlos, hacía que tu cuerpo se volviera íntegramente violento.

Wilheim Reich tenía que protegerse siempre de sus pacientes pues presionaba, manipulaba y reactivaba violencias ocultas con sólo tocar los dientes. Se convirtió en un experto. Simplemente con tocar un punto particular en la mandíbula y en los dientes recobraba muchas de tus violencias, muchas de las cuales ni recordabas. Podías comenzar a gritar, a atacar. Su respuesta era, «He tocado ahora un programa interno. Se ha tocado un programa interno y ha sido reactivado».

A veces ocurría, cuando Reich presionaba puntos determinados, él los descubrió al estar trabajando continuamente durante cuarenta años con zonas de la mandíbula, descubrió que cada zona tenía un tipo particular de violencia escondida en ella y que presionando un punto determinado, un *chakra* definido en la mandíbula, una cierta clase de violencia aparecía. Se volvió tan experto que, si presionaba excesivamente, te volvías como un animal. A veces ocurría que el paciente ya no podía recobrar su condición humana. Retrocedía, quedaba reducido a un animal. Comenzaba a rugir como un animal, a atacar como un animal.

Esta es la corriente. Cuando te sientes violento, no eres únicamente tú el que se siente violento: es toda tu historia la que se siente violenta. Cuando te sientes sexual, no eres únicamente tú el que se siente sexual; toda tu historia se siente sexual, todo tu pasado. Por eso es por lo que tiene tanta fuerza. Eres tan sólo una hoja muerta en una gran corriente. ¿Qué es lo que puedes hacer para ir contra corriente? ¿Qué has de hacer?

Tres son las cosas que hay que hacer. Una, siempre que la mente empiece a ir hacia abajo, sé consciente de ello tan pronto como te sea posible, ¡tan pronto como sea posible! Alguien te ha insultado. Para que te enojes es necesario que transcurra un cierto tiempo porque es como un mecanismo. Te enojarás, pero tras un intervalo. Las cosas sucederán como un relámpago. Primero te sentirás insultado. En el instante en que te sientas insultado la segunda corriente empezará a fluir: te enfadarás. En un primer momento la ira no será consciente; primero será sólo como una fiebre. Luego se tornará consciente. Luego o bien la reprimirás o bien la expresarás.

Así que cuando digo, «cuanto antes mejor», quiero decir que cuando alguien te insulte hazte consciente tan pronto como empieces a sentir que has sido insultado. Y cuando te hagas consciente, haz un esfuerzo para detenerte. No caigas en el automatismo aunque sea por un pequeño instante. Incluso si te detienes durante un solo instante, eso será de gran ayuda. Si consigues detenerte durante un período mayor, eso ayudará aún más.

Cuando el padre de Gurdjieff se estaba muriendo, llamó a su hijo. Tenía sólo nueve años y Gurdjieff recordó el incidente durante toda su vida. Su padre le llamó; era el hijo más joven y su padre le dijo, «Soy tan pobre que no te puedo dar nada, hijito. Pero hay algo que mi padre me dio a mí y que yo puedo entregarte. Puede que ahora no seas capaz de comprender lo que significa, pues yo mismo no lo entendí cuando mi padre me lo dio. Pero ha resultado ser la cosa más preciada de mi vida, así que te lo voy a dar a ti. ¡Consérvala! Puede que algún día empieces a comprenderlo».

Gurdjieff sencillamente escuchó. Su padre le dijo, «Siempre que te sientas enojado, nunca repliques antes de veinticuatro horas. Responde, pero deja un intervalo de veinticuatro horas». Gurdjieff siguió el consejo de su padre moribundo. Quedó profundamente impreso en su mente el mismo día en que su padre murió, y Gurdjieff decía, «He practicado muchos, muchos, muchos ejercicios espirituales, pero éste fue el mejor. Ya nunca más pude enfadarme y eso cambió todo el proceso, toda mi vida, porque tuve que mantenerme fiel a la promesa. Cuando alguien me insultaba, yo solía crear algo, una situación. Le decía que regresaría a las veinticuatro horas a contestarle y nunca lo hacía, pues quedaba demostrado que no tenía sentido el replicar». Sólo un distanciamiento era necesario. Y toda la vida de Georges Gurdjieff se convirtió en algo diferente.

Así que si eres capaz de comenzar cambiando un solo eslabón en la cadena, empezarás a cambiar la totalidad. En realidad, esa es una de las verdades fundamentales de las religiones esotéricas: que no puedes cambiar una parte a menos que cambies la totalidad. Y esto vale en ambos sentidos. Bien si cambias la totalidad, cambiarás la parte, o bien si cambias por completo una sola parte, el cambió del todo le seguirá, porque están relacionados íntegramente.

Empieza pues por cualquier parte. Descubre cuál es tu rasgo característico, lo que es más poderoso, aquello que no puedes resistir, lo que te tienta y causa tu descenso. Puede que sea la tristeza, puede que sea la ira, puede que sea la codicia, puede ser cualquier cosa. Descubre tu rasgo principal, tu debilidad. Y comienza por el más fuerte, luego los más débiles serán vencidos con facilidad. Comienza con el más fuerte. Si la ira es el más fuerte, comienza con la ira. En primer lugar, cuando sientas que has sido insultado, que has sido rechazado, que has sido molestado, cuando sientas cualquier cosa que te cree ira, justo en el momento en que sientas «Esto ya ha empezado y yo me siento insultado», detente por un instante. No respires: contén el aliento esté donde esté. Si habías espirado, déjalo ahí. Si habías inspirado, déjalo ahí. Deja de respirar por un instante; luego reanúdalo. Ves hacia adentro y observa si el hecho ha desaparecido o está aún ahí.

Se habrá ido. La conexión se habrá perdido. Habrás interrumpido el funcionamiento automático. De algún modo habrás desconectado el mecanismo y la respiración es fantástica para desconectar cualquier cosa. Contén el aliento, y por dentro habrá una desconexión. Eres insultado y el mecanismo de la ira no se pondrá en marcha. Y si se desconecta, aunque sea por un pequeño instante, se desconecta. Tu mecanismo nunca sabrá que has sido insultado.

Cuanto antes, mejor. Hay incluso estadios anteriores, que pertenecen al otro, no a ti. Cuando el otro te está insultando, antes de sentirte insultado, mírale y observa que él es el que está enojado. Contén tu aliento y mírale de nuevo, y no te sentirás insultado. El te insultará, pero tú no serás insultado. No te sentirás insultado porque de nuevo ha surgido una distancia. Está distancia es entre él y tú. El no es capaz de cruzar esta separación; él no puede insultarte. Te insultará, pero en alguna forma yerra. Tú ya no eres el objetivo. Para él tú eres el objetivo, pero en realidad no lo eres. Puedes reír, y si ríes será mejor.

Crea primero la distancia. En segundo lugar: haz algo que nunca suelas hacer en estas situaciones. Cuando alguien insulta, nadie sonríe, nadie da las gracias, nadie da un abrazo, un estrujón. ¡Haz algo que nunca suelas hacer! Entonces estarás yendo contra la corriente, porque la corriente es siempre aquello que normalmente se hace, lo que se suele hacer. Esto es lo que quiere decir corriente. ¡Sé inusual! Si alguien te golpea, ríe y percibe la diferencia, no sólo en aquellos que te están golpeando sino en ti mismo. Si eres capaz de reír te sentirás completamente distinto. Inténtalo, haz algo absurdo. Así desconectas todo el mecanismo, confundes todo el mecanismo, porque el mecanismo no es capaz de comprender lo que está sucediendo. Un mecanismo es sólo un mecanismo. Puede que esté muy arraigado, pero es pura mecánica, no tiene consciencia. Confunde pues a tu animal. No le permitas que te empuje, que tire de ti, que te manipule. ¡Confunde al animal! Cuanto más le confundas, menos poderoso se volverá. Y con «animal» quiero decir tu pasado.

Este es un experimento extraño: haz algo que nunca suelas hacer. Cuando seas feliz, haz algo que no se suela hacer cuando se siente uno feliz: entristécete, y actúa tristemente; encolerízate y compórtate como enojado. Confunde al mecanismo. No le permitas al mecanismo saber que es lo que ha de hacer. No se lo permitas, y al cabo de un año todo tu mecanismo estará desconcertado. Alguien te estará insultando y tu mecanismo no sabrá que hacer. Habrás roto con tu pasado. ¡Inténtalo ! Convierte cada instante en un experimento y percibirás un cambio repentino en tu consciencia. Cuando alguien te insulte, ríe y percibe lo que sucede en tu interior: algo nuevo que nunca has conocido.

Me viene a la memoria un monje zen, Rinzai. Está durmiendo en su pobre cabaña y un ladrón se presenta a medianoche. Es una noche de luna llena y el ladrón entra. La luz de la luna ilumina el interior, las puertas están abiertas. No hay necesidad de cerrar las puertas porque él no posee nada. Sólo tiene una sábana en la que duerme. De modo que el ladrón fisgonea por toda la choza y no encuentra nada. Rinzai está despierto. Siente pena por el ladrón porque no hay nada que pueda llevarse. Y no quiere alterarlo tampoco, porque puede darle su sábana, pero entonces el ladrón se sentirá confundido. Puede que incluso escape corriendo. Repentinamente estalla en carcajadas. El ladrón está aturdido. Rinzai le tira la sábana y arranca a correr. El ladrón le sigue. ¿Qué es lo que ha ocurrido? La situación se ha vuelto pura confusión. El ladrón le persigue, le alcanza agarrándole de una mano y le pregunta, «¿Qué es lo que haces?»

El le contesta, «Estoy confundiendo mi mecanismo. No te incumbe a ti. No te preocupes. Fue una coincidencia el que entrases; sólo estaba experimentando conmigo mismo».

¿Qué hacer? Las respuestas tradicionales están siempre a mano. Usa tu fantasía, usa tu imaginación, porque tu mecanismo es la cosa menos imaginativa que existe. ¡Lo menos imaginativo! Es muy tradicional y ortodoxo. Entiende lo que te estoy diciendo: es ortodoxo, tradicional. Te has enfadado siempre de la misma manera. Cambia algo, usa tu imaginación, sé creativo y confunde la corriente. Cuanto más seas capaz de confundir la corriente, más la trascenderás.

Por eso lo segundo es: utiliza modos de expresión inusuales. No toleres la rutina. Cuanto más la toleres, más poderosa se volverá.

El ladrón de la historia cayó a los pies de Rinzai y le dijo, «Si sabes utilizar esos métodos, permite que los use yo también. Corres como un ladrón y eres el amo de la casa. Me confundes. He estado en muchas, muchas situaciones, pero nunca como ésta. Me has hipnotizado a mí también. Eres el primero que no se comporta conmigo como con un ladrón, que cree que soy un ladrón, así que no puedo abandonarte ahora. Todo el mundo ha intentado que dejara esta profesión, y yo reaccioné a mi manera. Pero contigo, cambiaré. Iníciame en tu camino».

Rinzai dijo, «¿Cómo puedo iniciarte? En realidad, cuando reí, en ese mismo instante me Iluminé. ¡Cuando reí, me Iluminé! Lo intenté, una y otra vez; había estado meditando durante años y nada sucedía. Pero en ese instante de risa, algo se desplomó, algo explotó; me desconecté de mí mismo. En realidad, tú eres mi Maestro: tú me has iniciado».

Emplea algo absolutamente absurdo tal y como los monjes zen lo han estado usando. Si acudes a un Maestro zen no puedes nunca imaginar cual va a ser su respuesta. Si acudes a un Maestro hindú, a un Gurú hindú, tu pregunta puede revelarte cual va a ser la respuesta. La respuesta es predecible. Y siempre que la respuesta es predecible, es inútil. Es inútil porque es rutinaria. O sea que si acudes a un Maestro puedes saber de antemano que si preguntas algo, él contestará a esto, pero con un Maestro zen nunca lo sabrás. Todo es posible y nada es imposible. Puede que conteste o puede que no conteste. Puede que conteste de tal manera que no esté en relación alguna con tu pregunta. ¡Qué no tenga nada que ver!

Puedes haberle preguntado, «¿Hay un Dios?» y un Maestro zen puede haberte respondido, «¡Mira! El sol se ha puesto. La noche se acerca». Sin relación alguna. Alguien puede preguntar, «¿Qué es un Buda?» Y un Maestro zen puede que simplemente te golpee o te arroje por la ventana. ¿Por qué? En realidad, no te están contestando. Están tratando de crear una distancia entre tú mente interrogadora y la respuesta. ¡Una distancia!

Si preguntas, «¿Hay un Dios?», y yo te lanzo por la ventana, ¿cómo vas a relacionar ambos hechos? No hay relación. Si te contesto, «No hay Dios», se establece una relación. Si digo, «Hay un Dios», hay una relación. Mi respuesta teísta y mi respuesta atea, están ambas relacionadas. No crean la separación. Pero si comienzo a pegarte o simplemente empiezo a bailar, o a reír, con una risa loca, no hay relación. Y si eres capaz de permanecer sin relacionar, desconectado del camino rutinario, si puedes descarrilar, algo ha sucedido. Y en muchas ocasiones ha ocurrido que el buscador es arrojado por la ventana, y regresa a tocar los pies del Maestro y a decir, «Mucho es lo que ha sucedido y nunca puede imaginármelo. Y mi pregunta no guardaba relación alguna, pero tú me has respondido».

El primer Maestro zen de la India, Bodidharma, fue a la China. Introdujo el zen allí. Zen es en realidad la forma china de *dhyan*, meditación. *Dhyan* es sánscrito, y el equivalente de *dhyan* en palí, el lenguaje budista, es *zhan*. Por eso *zhan* se convirtió en China en *chan*, y luego en *zen* en Japón. Cuando Bodidharma llegó a la China, el emperador Wu salió a recibirle. Cuando cruzó la frontera en donde iba a ser recibido, había congregados miles de monjes. Ninguno podía suponer que Bodidharma fuera a entrar de esa forma: con un pie descalzo. Un zapato calzaba un pie y al otro lo llevaba en la cabeza. Cruzó con un zapato sobre la cabeza.

El Emperador Wu estaba asombrado : «¿Que clase de hombre es éste?» Wu se inquietó y Bodidharma sonrió. Bodidharma le dijo, «Debes de pensar que este hombre está loco. Yo puedo predecirte, pero tú no puedes predecirme. Esa es la diferencia. ¡Esa es la diferencia! Debes creer que estoy loco. No lo has dicho, pero lo veo. No puedes predecirme: esa es la diferencia».

Vuélvete impredecible: esto es la segunda condición. Si eres predecible, eres una cosa, no una persona. Cuanto más impredecible, más dejas de ser una cosa, una cosa entre tantas. Te vuelves una persona. Así que lo segundo para ir contra corriente es: sé impredecible. Sé absurdo a veces. No intentes ser lógico, porque la corriente es lógica. Recuérdalo: la corriente es muy lógica, estrictamente lógica. Todo está relacionado. Tú me insultas: yo me enojo. Tú me aprecias: yo me siento feliz. Me dices que soy bueno y me comporto de un modo; me dices que soy malo, y me comporto de otro. Todo es predecible, lógico.

En realidad, si estás enfadado y yo no te replico con ira, percibirás que algo extraño ha sucedido. No estarás cómodo. No te sentirás a gusto porque algo ilógico ha sucedido. Vivimos en un mundo lógico. Esta corriente es muy lógica, matemática, todo está fijado. ¡Cámbialo! ¡Altéralo! ¡Crea el caos! ¡Crea una anarquía interior! Sólo entonces podrás desprenderte de la herencia animal. Los animales son predecibles y los animales son muy lógicos. Para trascenderlos has de tener el coraje de ser ilógico, y éste es el valor profundo: el ser ilógico.

Jesús dice, «A aquellos que tienen, más les será dado; pero a aquellos que no tienen, incluso lo poco que tengan les será quitado». Esto es ilógico. ¡Esto es totalmente ilógico! ¿Qué quiere decir? Está utilizando algunas expresiones zen. Si buscas en las palabras de Buda, de Krishna, de Lao Tse, descubrirás que no son lógicos. Si le preguntases a Buda, «Seré bueno, seré virtuoso, y ¿qué ganaré?» el diría, «¡Nada! No ganarás nada. ¡Nada!»

Este Emperador Wu le preguntó a Bodidharma, «He donado millones para el Budismo; he abierto muchos monasterios; diez mil monjes son alimentados diariamente en mi palacio, ¿cuál será la recompensa? ¿Qué ganaré con ello?»

Y Bodidharma le dijo, «¡Nada! Y si insistes, puede que caigas en el infierno. ¡Si insistes puede que caigas en el infierno más profundo!» Parece ilógico.

Incluso los diez mil monjes se sentían asustados, «¿Qué es lo qué está diciendo? ¡Es capaz de estropearnos todo el montaje!» porque estaban intentando convencer al Emperador de que alcanzaría un cielo elevado, de que se sentaría junto al mismísimo Emperador Divino, en el trono divino. Estaría a su lado y tendría un lugar junto a él. Y mil veces lo que diera, le sería devuelto. Pero este hombre lo estaba estropeando todo. El dice, «¡Nada!»

Bodidharma es ilógico; Wu es lógico. De nuevo Wu preguntó, «¿Estás bromeando? Porque yo he hecho mucho. ¿Acaso no es esto santo?»

Y Bodidharma le contestó, «No hay nada santo. La palabra «santo» es puro vacío. Y si insistes, caerás en el infierno más profundo».

El Emperador Wu le dijo, «No hay comunicación entre

nosotros. Eso que dices, no soy capaz de comprenderlo, y lo que te estoy diciendo, creo que no lo estás escuchando».·

Bodidharma le dijo, «¡Sí! ¿Cómo va a haber comunicación entre tú y yo? O tú has de subir o yo he de bajar, sólo entonces podremos coincidir de alguna forma. Y yo no estoy dispuesto a bajar; prueba tú de subir». Pero no sucedió, de modo que Bodidharma permaneció fuera del Imperio y el Emperador regresó a su palacio.

Al cabo de diez años, cuando se estaba muriendo, el Emperador recordó. Cuando la muerte se acerca, todo sistema lógico se hace pedazos. Entonces se sintió asustado por saber si algo iba a suceder debido a que «He alimentado a esos *bikus*, y he construido muchos templos y *viharas,* y muchos monasterios, pero la muerte está ahí». Entonces se acordó del monje, de Bodidharma, y preguntó, «Traédmelo de nuevo. Si lo podéis encontrar, traédmelo otra vez pronto, porque me estoy muriendo y la muerte ha hecho pedazos mi racionalidad y mi lógica. Ahora sólo este hombre es capaz de ayudarme».

Pero Bodidharma había muerto. Había muerto un año antes, pero había dejado un mensaje para el Emperador Wu y les había dicho a sus discípulos, «Un día, cuando se enfrente a la muerte, se acordará de mí, porque yo fui una muerte para él, para todas sus expectativas, para todos sus deseos, para todas su fantasías sobre el otro mundo. Fui una muerte para él. Y cuando le llegue la muerte y destroce sus esperanzas, se acordará de mí». Por eso había dejado un mensaje para Wu. Este mensaje le fue entregado. En el mensaje estaba escrito de nuevo, «Tú no eres capaz de predecirme, pero yo sí puedo predecirte. Cuando mueras, te acordarás de mí. Puedo hasta predecir que cuando mueras te acordarás de mí, porque la muerte es ilógica».

En realidad, si eres capaz de comprenderme, la vida es ilógica, la muerte es ilógica, el amor es ilógico, Dios es ilógico, y todo lo que es lógico es cosa del mercado. En esta vida todo lo que es significativo, todo lo que está lleno de sentido, todo lo profundo, lo supremo, es ilógico. Crea pues una condición de ausencia de lógica interna. No seas demasiado lógico, pues te puedes romper. La lógica es la base de tu vieja mente, de tu mente tradicional. Lo ilógico debería ser el comienzo de la nueva mente.

Y, en tercer lugar, siempre que sientas comodidad, confort, siempre que te sientas a gusto, mantente alerta: la mente está fluyendo hacia abajo. No busques el confort interno, pues te perderás. No busques la comodidad interna, pues te perderás. Siempre que sientas que todo está bien, ponte en alerta, estás fluyendo hacia abajo, porque nada está nunca realmente bien. Siempre que sientas que todo está bien, que no hay que hacer nada y que todo es un fluir, que todo es correcto, recuerda: estás fluyendo hacia abajo. Está alerta respecto a las comodidades internas. Y cuando digo, «comodidades y confort», me refiero a los internos. Exteriormente no hay diferencia. Puede que estés cómodo exteriormente, pero en el interior no permitas nunca que la comodidad se instale.

Por eso es por lo que nadie se acuerda de la religión cuando uno se siente feliz. Cuando te sientes apesadumbrado, cuando te sientes triste, cuando te sientes desgraciado, comienzas a pensar en la religión. La incomodidad interna ha de ser usada. Recuerda pues dos cosas: en primer lugar recuerda siempre que el fluir hacia abajo es muy cómodo. No seas su víctima. Crea siempre alguna incomodidad interna. Esto es *tap,* incomodidad interna. Esto es *tap,* esto es austeridad.

¿Qué quiero decir con incomodidad interna? Estás durmiendo, relajado: crea una incomodidad interna. Relaja tu cuerpo, pero no relajes tu estado de alerta. Los sufíes han utilizado la vigilia, la vigilia nocturna como incomodidad interna. Durante toda la noche se mantienen en vigilia. En la India, nunca se utilizo el dormir; se utilizaron la comida y el hambre para crear la incomodidad interna. El hambre se presenta: no comas. El hambre está ahí: recuérdala, mantente consciente de ella, y aún así distánciate de ella. Se crea una incomodidad interna. La mente tiene el hábito de caer en todo lo cómodo; crea pues una incomodidad interna. Y ve cambiando siempre, porque si te fijas a una misma cosa, no seguirá siendo una incomodidad durante mucho tiempo.

Puedes incluso apegarte a tu ayuno, y entonces se vuelve una comodidad más que una incomodidad, porque el ingerir comida puede aparecer como una incomodidad. Una vez sabes que el cuerpo es capaz de funcionar sin comida, el cuerpo comienza a sentirse más liviano, el cuerpo comienza a sentirse más vivo, el cuerpo comienza sentirse más vital, y el cuerpo lleva incorporado un proceso por el cual, y durante tres meses como máximo, puedes estar sin comer, sin ninguna clase de comida. Después de siete u ocho días, el ingerir comida resultará una incomodidad. Utiliza el ayuno como una incomodidad, y cuando el ayunar comience a volverse costumbre, emplea la comida.

Gurdjieff era extraño con estas cosas. Te suministraba comidas muy raras, comidas tan exóticas que nunca las habías probado. El estómago se sentía alterado y él creaba la incomodidad; empleaba comidas extrañísimas: chinas, indias, caucasianas. En Nueva York,, siempre que viajaba, le seguía un camión de comidas exóticas. Y sus seguidores se sentían muy asustados porque les forzaba a comer tanto, que el comer se convertía en una tortura. Desde las ocho hasta las doce de la noche, durante cuatro horas, comían, y él permanecía allí. Les forzaba a comer y nadie podía decir no. Les obligaba a ingerir tanto alcohol que, por lo común, te dejaría totalmente inconsciente, pero el seguía. Creaba la incomodidad interna y decía, «Dejad que la incomodidad esté ahí. ¡Recordad! ¡Manteneos despiertos!» Y seguía sirviendo alcohol, y diciendo, «¡Recordad, recordad, y manteneos despiertos!»

Los tántricos han empleado el alcohol, y un verdadero tántrico es capaz de ingerir cualquier cantidad de alcohol sin sentirse afectado con ello. Ellos dicen, y dicen bien, que el alcohol crea la incomodidad interior más profunda. Luchar con él y permanecer despierto es lo más duro. Cuando el alcohol se introduce y cada célula se vuelve letárgica, y la química comienza a trabajar, y la mente empieza a perder consciencia, entonces el mantenerse consciente es la *tap*, la austeridad, más difícil. Pero es posible, y una vez sucede nunca serás otra vez el mismo.

Así que crea cualquier incomodidad interna. La corriente siempre te ayuda a sentirte cómodo: es un truco, y luego comienzas a fluir con ella. De modo que el tercer punto para mantener el flujo ascendente de la mente es crear incomodidad interna constantemente, e ir cambiándola. Puedes hacer de todo un hábito. Ve cambiando. Cuando algo se torna cómodo, déjalo, crea algo nuevo. Y entonces, mediante estas incomodidades, creas una cristalización interna. Te vuelves integrado, uno. Y para esta unicidad, esta integración, esta cristalización química, los alquimistas usan la palabra «oro». Ahora el metal base ha sido transmutado en el más alto. Ahora eres oro. Esta integración es el tercer punto a recordar.

Mantente constantemente consciente de que alguna

integración debe ocurrir. No debería transcurrir ni un solo instante en el que no intentarás integrarte. Estás caminando, llega un momento en que las piernas abandonan y dicen, «Ya no eres capaz de dar un paso más». Este es el instante para seguir andando. ¡Muévete! No escuches a las piernas, y te volverás consciente de una fuerza sutil, porque el cuerpo tiene dos reservas de energía. Una es la común, para uso cotidiano. Otra, más profunda, es infinita. No es de uso diario, y sólo entra en escena cuando hay alguna emergencia.

Estás caminando. Has recorrido treinta kilómetros y sabes muy bien, tu lógica así te lo dice, tu mente así te lo dice, cada fibra de tu cuerpo te dice que ya no puedes dar ni un paso más. Vas a caer extenuado. Un solo paso más y caerás muerto. Este es el instante: ¡muévete! ¡No escuches al cuerpo! ¡Corre ahora! No hagas caso al cuerpo y de repente surgirá un estallido de energía. En unos instantes sentirás una nueva energía y podrás seguir caminando. Esta energía proviene de la reserva, y esta reserva se conecta sólo cuando la fuente de energía diaria está agotada. Si haces caso al cuerpo, nunca utilizarás esta reserva.

Te sientes soñoliento, no puedes ni abrir los ojos. Este es el momento. ¡Levántate! ¡Abre tus ojos! ¡Mira fijamente! ¡No parpadees! Olvídate de dormir e intenta permanecer despierto, y en unos segundos un repentino aumento de energía te inundará. El sueño desaparecerá. Te sentirás más fresco que por la mañana. Una nueva mañana, un amanecer interior ha sucedido. Una fuente más profunda de energía ha surgido. Así es como integras tu mente y como la diriges hacia arriba sin cesar.

El *rishi* dice, «*El flujo ascendente de la mente es el agua para el culto Divino*». ¿Mmm? Ninguna otra clase de agua valdrá. Sólo este constante fluir ascendente. Por esto y sólo por esto puedes postrarte a los pies de lo Divino.

LA COMPLEMENTARIEDAD
DE LOS OPUESTOS

*¿Cuál es la diferencia entre luchar contra
los hábitos y el reprimirlos?*

*¿Cómo saber cuando uno se ha liberado
de los instintos sensuales?*

*¿Pueden el esfuerzo y la relajación
ser practicados simultáneamente?*

Osho, dijiste la última noche que para mantener un flujo ascendente de la mente uno ha de realizar un esfuerzo constante en contra de sus pasados hábitos animales. Explica por favor cuál es la diferencia entre el esforzarse contra los hábitos, y el reprimirlos.

La transformación de la mente es un esfuerzo positivo. La represión de la mente es negativo. La diferencia estriba en que cuando estás reprimiendo la mente estás ocupado positivamente en luchar en contra de algo. Cuando estás transformando tu mente no estás directamente implicado en la lucha en contra de algo. Estás ocupado positivamente en algo, el esfuerzo es para hacer algo, no para estar en contra de algo.

Por ejemplo, si luchas directamente con el sexo, será represión, pero si tu esfuerzo positivo estriba en la transformación de la energía sexual, tu esfuerzo positivo es para algo más, y no será represión. Represión significa que has tapiado la salida natural de la energía, has bloqueado la salida natural y no has abierto otra. Es sólo un bloqueo. Estás en contra de la ira, de modo que la bloqueas. ¿Adónde irá esta energía? La energía que has reprimido creará complejos internos. Se pervertirá aún más. Por tanto ser natural es mejor que pervertirse. La perversión es una enfermedad; el ser natural es salud.

Desde luego, el mantenerse sano no es el objetivo. Uno puede trascender la salud. Así que tenemos tres cosas: represión, ser natural y trascender. Ser natural es simplemente estar sano. Si reprimes y no hay una salida positiva, si no hay una salida creativa para tu energía reprimida, te volverás pervertido. No estarás sano, enfermarás, te sentirás incómodo. (*)

* N. del T. - Juego de palabras entre «disease», enfermedad, y «dis-ease», sentirse incómodo

No te preocupes negativamente. Cambia la energía, la puerta, el camino, la salida, a lo positivo y en el momento en que haya un cambio creativo, la energía que fluía hacia el sexo dejará de fluir. Siempre que construyas un camino superior, ella fluirá por él. Siempre que crees algo que sea mejor que la naturaleza misma, no habrá represión. Has de entender la diferencia.

Sólo el hombre es capaz de caer por debajo de la naturaleza, ningún animal es capaz de caer por debajo de lo natural. No hay animales anormales. A veces los animales pueden volverse anormales, pero sólo cuando están con humanos, nunca cuando están solos. Un perro puede volverse anormal, un caballo puede volverse anormal, pero nunca en solitario, nunca en su estado natural. Pueden volverse anormales estando con el hombre, en la sociedad humana. Pueden volverse anormales en un zoo.

El hombre sí puede caer más bajo que la naturaleza. Puede que parezca un infortunio, pero no lo es pues con esta capacidad va pareja otra capacidad: el hombre es capaz de trascender la naturaleza. Ningún animal es capaz de trascender la naturaleza. Cuanto más te elevas sobre la naturaleza, más bajo puedes caer, en la misma proporción. La posibilidad misma es doble. La misma posibilidad abre dos puertas diametralmente opuestas. A menos que exista la posibilidad de que puedas caer por debajo de la naturaleza, no podrás trascenderla. Y si tienes la capacidad de trascender la naturaleza, existirá la posibilidad de que también caigas por debajo.

Los animales son simplemente naturales. Ni se pervierten ni se transforman. Nunca se vuelven sub-animales ni se vuelven supra-animales. Simplemente son animales. El hombre es una potencialidad flexible. Puede caer por debajo de la naturaleza, puede pervertirse, puede enloquecer. Puede trascender la naturaleza, volverse supra-humano, puede volverse un Buda.

Otra cosa: los animales nacen con la naturaleza que les es propia. En cierto modo nacen perfectos. Un animal nace ya desarrollado. El hombre nace sin naturaleza y no está desarrollado cuando nace. Se desarrolla después. Más tarde se le abren muchas posibilidades, un amplio abanico de posibilidades. El hombre nace subdesarrollado; no sólo mentalmente, sino también corporalmente nace subdesarrollado. Ninguna cría animal nace con un cuerpo subdesarrollado; el cuerpo es completo. Por eso es por lo que, cuando la cría nace, es capaz de vivir sin los padres.

La criatura humana nace sin desarrollar e incluso en la estructura fisiológica muchos rasgos se desarrollan únicamente después de haber nacido, y lleva años. No se desarrolla totalmente en el vientre de su madre, y debido a esto, surge el fenómeno de la madre, pues la maternidad continúa. Si el niño naciera completamente desarrollado, no habría maternidad. El desarrollo total de la institución familiar, y en consecuencia de toda la sociedad, surge del hecho de que el niño nace sin desarrollar. Tiene que ser cuidado, hay que velar por él. Sólo al cabo de veinte años está realmente fuera del vientre materno. En esos veinte años, necesita de una familia, de un cuidado amoroso, de una sociedad, en los que desarrollarse. Esto constituye un vientre a escala superior.

Aún cuando está físicamente completo, mentalmente no lo está. Tiene que desarrollar su mente. Y en realidad, el promedio mental nunca suele superar los catorce años de edad. La media mental permanece por debajo de los trece años y medio. La media mental es de trece años y medio. Una persona que físicamente tiene setenta años, mentalmente está en los trece y medio. La mente permanece en un estado así de primitivo, de primario. El cuerpo se completa, pero el espíritu ni es tocado. El hombre muere sin haber desarrollado espíritu alguno.

Siempre que alguien interrogaba a Gurdjieff con un «¿Tenemos alma?» èl contestaba, «¡No! A veces un hombre posee un alma. Sólo a veces sucede». Gurdjieff solía decir, «Sólo a veces, en contadas ocasiones sucede que un hombre posee alma. No sois ni mentes totalmente desarrolladas, ¿cómo podéis tener un alma?»

Un cuerpo incompleto no puede poseer una mente; una mente incompleta no puede tener un alma; una alma incompleta no puede realizar lo Divino. Realmente, el cuerpo funciona como un útero materno para la mente y la mente funciona como útero para el espíritu, y luego el espíritu juega el papel de útero para Dios. De modo que el hombre no nace acabado, completo. Nace únicamente como una multi-potencialidad, y puede desplomarse, puede caer por debajo de la naturaleza. Puede ser más animal que cualquier animal y puede ser un superhombre también, puede volverse simplemente Divino. Este es el rango de posibilidades que existe.

Ahora puedes hacer dos cosas. Si tu mente se torna negativa, represora, continúas luchando con lo que no es «bueno». Combates el sexo, combates la ira, combates la codicia, combates los celos, combates la violencia; sigues luchando. Pero cuando uno combate la violencia, nunca se volverá no violento, porque para luchar en contra de la violencia uno necesita ser violento.

No puedes combatir la violencia sin ser violento, por eso tus denominados santos no-violentos son todos violentos, profundamente violentos. Desde luego su violencia no va contra los demás; su violencia va en contra de ellos mismos. De esta forma nadie objeta nada, puede que incluso les aplaudas. Están en contra de sí mismos, ¡absolutamente violentos! No puedes luchar contra la violencia. ¿Cómo vas a luchar en contra de la violencia sin ser violento? ¿Cómo vas a luchar contra la ira sin estar airado? La misma actitud de luchar contra la ira implica una ira sutil. La misma lucha implica que estás airado. No estás cómodo con tu ira.

Puedes adoptar una actitud negativa y continuar luchando contra lo que haya. Cuanto más luches en su contra, más te volverás como ello. Una persona que combata el sexo, se volverá sexual. Sus mismos gestos se volverán sexuales. Su modo de sentarse, su modo de estar de pie, su forma de caminar, todo se volverá sexual. Estará tan obsesionado con combatirlo que todo adquirirá el tinte y el color del sexo.

Cuando luchas con algo, has de emplear las técnicas de tu enemigo. Si quieres vencer, has de emplear las mismas técnicas que usa tu enemigo. De ahí que si en último término vences, en realidad no será una victoria porque las técnicas serán las mismas. En realidad habrás sido derrotado. Combate la ira y si eres vencido la ira estará ahí. Si ganas, entonces también la ira estará ahí. Sólo la ira puede ganar a la ira.

Esta lucha negativa irá estrechando tu consciencia más y más y te sentirás temeroso de cualquier cosa. Una mente negativa siempre tiene miedo. Todo se vuelve pecado y cualquier cosa crea culpa y miedo. Tratas solamente de huir de todo. Tu consciencia se estrechará, no se expandirá. Te sentirás tan asustado que te esconderás en tu interior y a tu alrededor todos se volverán tus enemigos. Los habrás creado porque te has vuelto negativo.

Esto es represión y acabarás en un manicomio. Todo lo que has reprimido lo tendrás que estar reprimiendo continuamente. La lucha será tan incesante que no tendrás tiempo de hacer nada más. Si combates el sexo, esto será todo lo que hagas. Toda tu vida será sólo una lucha. Si combates la codicia, esto será todo lo que hagas. La misma codicia no te absorbería tanta energía como el luchar contra la codicia. El sexo no te absorbería tanta energía, no disiparía tanta energía, como el luchar en contra del sexo, porque el sexo es natural y la lucha crea negatividad. Siempre que eres negativo, únicamente disipas energía. No ganas nada, no logras nada creativo. Te vuelves autodestructivo.

Recuerda siempre no ser negativo, y entonces no habrá represión. Pero yo te he dicho que ir en contra de la corriente es el modo para que la mente fluye hacia arriba. ¿Qué es lo que quiero decir con ir en contra de la corriente? La diferencia es muy sutil, pero una vez la percibas, nunca perderás la pista.

Por ejemplo: estás nadando en un río contracorriente. Existen dos posibilidades: una, simplemente luchas en contra del río, temiendo ser arrastrado por el río, arrastrado, arrastrado por la corriente, temeroso, temblando, luchando en contra del río. Así serás derrotado porque esta misma actitud de tener miedo a ser llevado, de esa mente atemorizada, nunca puede vencer. La derrota está implícita. ¿Durante cuanto tiempo serás capaz de luchar contra la corriente? Toda la actitud es negativa, y el río es tan positivo, tan vital. Pero tú estás temeroso y asustado. ¿Cómo vas a vencer? Antes o después disiparás tu energía en la lucha y la corriente te arrastrará.

Hay un segundo punto a tener en cuenta, otra dimensión: no luchas contra el río porque no le temes. Según el primer punto: la lucha se crea debido al miedo. Recuerda, la lucha significa miedo. El miedo se presenta primero, luego empiezas a luchar. Tu miedo crea la lucha, tu miedo crea al enemigo. Básicamente, el miedo es la raíz. No luchas en contra del río porque no temes al río. No te sientes temeroso respecto al río porque sabes que es natural que el río fluya hacia abajo. Aunque tú fluyas hacia abajo, no hay culpa. Es natural. Aunque fluyas hacia abajo, no hay derrota. Sólo aparece la derrota si luchas; luego llega la derrota. Simplemente es natural: el río fluye y tú fluyes con él. Incluso puedes disfrutar con ello. Puedes percibir la dicha del fluir del río, sin esfuerzo, moviéndote sólo con la corriente, y la corriente te arrastra lejos. Incluso puedes conservar la energía fluyendo río abajo con naturalidad.

Por eso en primer lugar: no sientas miedo de un flujo

descendente. ¡No sientas temor! Recuerda, es natural y es mejor fluir con la corriente que ser derrotado y arrastrado, porque entonces el hecho perderá toda la dicha que naturalmente conlleva. Por eso lo primero es: ser natural no es pecado. Recuérdalo, porque sólo entonces puede el esfuerzo volverse positivo; en caso contrario, será negativo.

Ser natural no es un pecado. Desde luego, no es suficiente, ¿mmm?, pero esto es otro tema. Pero no es un pecado. Si fluyes con naturalidad, es correcto. Considerándolo por separado, es correcto. No es un pecado, no es una falta, no es inmoral, es sencillamente algo saludable. No obstante, no es suficiente. Afirmo que no es suficiente. No es suficiente porque tus posibilidades van más allá. No se limitan a un mantenerse sano. Puedes ser santo también. (*)

Primera cosa: no te atemorices. No condenes la naturaleza y así la actitud negativa dejará de estar presente.

En segundo lugar: no luches contracorriente; juega con la corriente. En realidad no estás luchando contra el río, sólo te estás entrenando para ir corriente arriba. Percibe la diferencia: no luchas contra el río, tan sólo te sientes colmado de abundancia, pleno de energía y entrenándola para ir hacia arriba. El río no es ahora un enemigo. Más bien es un amigo, porque te da la oportunidad de ascender, de jugar con él. La pelea no es ahora una pelea. Es un juego, es una diversión. Y el río no es tu enemigo, es una circunstancia. La vida es una circunstancia, no un enemigo. La naturaleza es una circunstancia, no un enemigo. Es una oportunidad.

Entrena tu energía para que aprenda a fluir hacia arriba. No te preocupa en absoluto que el río fluya hacia abajo. Estás ocupado en un río de energía distinto y ascendente. Tu mente está fundamentalmente ocupada con la energía interna que es capaz de fluir hacia arriba.

Siéntete agradecido al río, porque te ofrece un contraste, te da una oportunidad, te ayuda, coopera contigo. Puedes sopesarte a ti mismo sólo mediante esta corriente. Puedes sentirte a ti mismo únicamente debido a que el río fluye hacia abajo. El sentimiento

* N. del T.- Juego de palabras, en inglés en el original, entre «healthy», sano, y «holy», santo.

de que eres capaz de ir hacia arriba aunque el río fluya hacia abajo te da una clase de confianza muy diferente. Eres capaz de ir hacia arriba. Y ahora, aunque te relajes y fluyas con el río, sabes bien que puedes ir contra la corriente. En este momento el fluir hacia abajo con el río no es una derrota. Has averiguado algo; algo muy distinto al proceso natural.

Si has tenido un destello de algo distinto de tu naturaleza, aún por un breve instante, entonces has conocido tu potencialidad. Puede que la alcances o puede que no, pero ya no formas parte del flujo descendente. Fluir hacia arriba es posible. Dependerá ahora de ti. Te convertirás en el factor decisivo, no lo será la corriente descendente. ¡Ahora ya no hay enemistad! Si el río va hacia abajo, vale. No tienes porque fluir, no tienes porqué luchar, no tienes porque sentirte temeroso. Eres capaz de ir hacia arriba.

En último término hay otra posibilidad, en la cual el tantra ha profundizado. El tantra dice que existe una posibilidad cuando fluyes descendiendo con el río y aún así vas hacia arriba. Sólo tu cuerpo es entonces arrastrado. ¿Cómo va a poder arrastrarte el río? Unicamente puede arrastrar tu cuerpo. El tantra ha probado de crear muchos ríos descendentes. Métete en el río, percibe el fluir descendente, fluye con él, y recuerda constantemente que tú no estás fluyendo.

Te estaba diciendo que al luchar contra el sexo, puede que te obsesiones completamente con él. Hay aún otra posibilidad: aún sumergiéndote totalmente en el sexo, puedes no ser sexual en absoluto. Pero esta posibilidad se abre sólo cuando tu esfuerzo se vuelve positivo. Esto es lo que quiero decir con esfuerzo positivo contra la corriente. No es realmente contra la corriente; es en favor de la consciencia. La corriente es utilizada sólo como una oportunidad, tan sólo para sopesarte, para descubrirte a ti mismo. Para percibir el fluir hacia arriba se necesita del ir hacia abajo. Cuanto más poderosa sea la corriente, más poderoso será el sentimiento de ir hacia arriba. Utiliza pues a la naturaleza como una oportunidad, no como un enemigo. Usa los instintos como amigos, no como enemigos. Son tus amigos. Sólo por tu ignorancia los conviertes en tus enemigos. ¡Son tus amigos!

Y cuando alguien alcanza la fuente original, lo más alto del río de dónde el mismo río proviene, uno se siente únicamente agradecido, en deuda con el río, agradecido al río porque ha sido únicamente mediante el río que uno ha podido alcanzar su origen.

De modo que cuando alguien alcanza la cumbre de la consciencia, uno se siente agradecido a todos los instintos, porque todos ayudaron, todos crearon las situaciones, todos crearon la oportunidad. Y estaban fluyendo en dirección contraria. Por eso su fluir en sentido opuesto, no es un ir contra ti; el río no está en tu contra. Tú si puedes estar en contra del río, y si estás en contra del río nunca vencerás. La mayor probabilidad es que te perviertas.

Emplea pues la naturaleza para trascenderla. Cuando veas aparecer la ira, no la combatas directamente. Obsérvate, siente la energía, trasciende la ira. La ira está ahí: guarda silencio, siente la ira y percíbete y sopésate a ti; comienza a fluir hacia arriba. Tómatelo como un juego. No te pongas serio. La seriedad es una enfermedad. Si te lo tomas todo en sentido negativo, te volverás serio. Todo te alterará: «¿Por qué es qué aparece la ira? ¿Por qué aparece la codicia? ¿Por qué esto? ¿Por qué aquello?» Todo te altera y te vuelves serio.

Nuestros mal llamados santos son muy serios. En realidad soy incapaz de concebir que un santo pueda estar serio. Sólo puede estar alegre. La seriedad revela que ha estado luchando. Un soldado, desde luego, ha de estar serio. Un santo no tiene porqué, no tendría que estarlo. Realmente le descalifica como santo. Un santo ha de ser alegre porque nada está en su contra; todo está a su favor. Es capaz de usarlo todo en su provecho.

Cuando digo «esfuerzo contracorriente», quiero decir «juega contra la corriente». ¡Juega! Observa qué es lo que puedes hacer. La corriente fluye hacia abajo. ¿Eres capaz de ir hacia arriba? La ira se presenta, alguien te ha insultado, el botón ha sido pulsado. ¿Eres capaz de estar sin enojarte? Tan sólo juega, juega con la situación; no te pongas serio. En el instante en que te pones serio, en realidad te enojas. La ira es muy seria. Sé alegre, ríe, y observa que la ira se ha despertado, que la mente condicionada se ha puesto en marcha. La ira está hirviendo ahí. Nada ahora contracorriente. Tómatelo como un juego y considera si es posible que alguien te haya insultado. La ira ha sido creada en el metabolismo. ¿Eres capaz de nadar trascendiéndola? ¡No luches con ella!

Por eso es por lo que digo que la diferencia es muy sutil. Desde la orilla no puedes percibir la diferencia, a menos que hayas estado en el río y hayas experimentado ambos estados. Estás en la orilla y alguien lucha contra el río y otro juega con el río, yendo hacia arriba. ¿Qué diferencia percibes desde la orilla? Sólo una: uno estará serio y el otro alegre. Nada más.

Uno que tiene miedo, que está asustado, luchando, estará serio, mortalmente serio. ¿Cómo va a ser capaz de reír? ¿Cómo va a jugar? Si la corriente lo arrastra se sentirá derrotado. El que está jugando no estará en absoluto serio. Podrá reír, reirá con el río, reirá con las olas. Y si la corriente lo arrastra no se sentirá derrotado, lo intentará de nuevo. No se mantendrá serio, más bien comenzará a querer al río porque lo empuja. ¡Empezará a querer al río! La diferencia será interna, cualitativa.

El reprimir es una enfermedad importante. El transformarse a uno mismo es un juego; no hay nada de seriedad en ello. Es algo sincero, pero no serio. Es algo auténtico, pero no serio. Siempre permanece el sentimiento de disfrutar. Es su base. Siendo positivo estás creando algo en tu interior. Lo externo es tan sólo una oportunidad; la creación interna es lo que importa. El énfasis está en algo distinto. No está en la lucha con el río: el énfasis se centra en el fluir hacia arriba.

Por ejemplo, escribo algo en una pizarra. Me valgo de una pizarra, pero escribo con tiza blanca, porque en una pizarra, la tiza contrasta con claridad. También puedo escribir sobre una pared. El escrito estará ahí, pero será como si no existiera porque no habrá contraste alguno. La pizarra no está en contra de la tiza. No es su enemigo: es su amigo. Sólo cuando se le enfrenta, las líneas blancas se tornan más blancas. En una pared blanca desaparecerían, se esfumarían.

De modo que, ¿quién es el enemigo, la pizarra o la pared blanca? ¿Quién es el enemigo? La pared blanca es el enemigo, porque tu pierdes. La pizarra no es el enemigo. En realidad, es el amigo. Sobre ella, lo blanco es más blanco, más claro y resalta más. Pero cuando escribo sobre la pizarra, mi intención no es destruir la pizarra. Más bien, mi intención es que las líneas blancas resalten. Si tratas de destruir la pizarra, entonces la pizarra es el enemigo. Observa la diferencia: si tratas de destruir la pizarra al pintarla de blanco, entonces la percibirás como el enemigo.

Puedes pintarla de blanco; entonces habrá lucha. Pero cuando escribes algo sobre ella, tu intención no se centra en la pizarra. Ni te acuerdas de ella, ni necesitas acordarte. No forma parte de tu consciencia; está sólo en el límite. Escribes: tu énfasis está en el escribir, no en destruir la pizarra. Te acuerdas de que estás escribiendo y la pizarra colabora. Nunca te obstruye.

Así que tu énfasis debe centrase en lo que estás tratando de alcanzar, no en aquello a lo que te opones. Si tratas de lograr amor, mantente positivamente ocupado en el amor, no en destruir el odio. ¡Nunca podrás destruirlo! No serás capaz de destruir el odio. Pero en el instante en el que amor haga acto de presencia, toda la energía será transformada. Comenzará a fluir «hacia el amor».

No seas negativo respecto a tus energías, respecto a tus instintos, respecto a nada. Sé positivo. Y cuando estés positivamente creando algo, mantente alegre. Es tu naturaleza. ¿Por qué combatirla? Tú la has creado. Es el resultado de tu esfuerzo. Deseabas crearla, y la has creado. La has escogido; es tu libertad. Si te enojas, es tu elección, de modo qué ¿por qué te opones a ella? ¡Es tu elección! Durante vidas y vidas has empleado la ira, por eso está ahí. ¿Por qué enojarte contra ella? Nadie la ha elegido, sino tú. Seas lo que seas, no eres más que tu propia creación.

Así que no tiene sentido pensar en términos de negatividad. Siente, más bien, que tú eres el que es capaz de crear a este loco en tu interior; en realidad eres capaz de crear muchas cosas. Si eres capaz de crear un infierno así, ¿porqué no creas un cielo? No te ocupes del infierno. Preocúpate del cielo y empieza a crearlo. Cuando el cielo haya sido creado, no encontrarás el infierno. Habrá desaparecido por completo porque existía únicamente como algo negativo, existía sólo como ausencia.

Porque no hay cielo, ha de existir el infierno. Porque no hay amor, ha de haber odio. Porque no hay luz, existe la oscuridad. No combatas la oscuridad: crea la luz, ocúpate de crear la luz. Cuando haya luz, ¿dónde estará la oscuridad? Pero tú luchas directamente. No piensas en la luz y empiezas a luchar directamente contra la oscuridad. Pero, hagas lo que hagas, nunca destruirás la oscuridad. Al contrario, puede que tú seas destruido en el combate. ¿Cómo vas a combatir la oscuridad directamente? Es una ausencia. La oscuridad sólo significa que no hay luz. Así que, por favor, crea la luz.

El río fluye hacia abajo y tú fluyes con él porque desconoces el fluir ascendente. No lo has conocido: esto es lo que ocurre. Una vez lo conozcas, todos los ríos podrán fluir corriente abajo, pero tú no podrás fluir hacia abajo. Entonces podrás ir con el río hasta el mismo mar, pero no fluirás hacia abajo.

Es difícil percibir la diferencia. Por eso es por lo que hay tanta represión en el mundo. Nadie la ha enseñado; todos saben como crearla. Nadie la ha enseñado: ni un Buda, ni un Mahavira, ni un Jesús, ni un Krishna. Es un milagro. Nadie ha enseñado represión porque nadie es capaz. ¡Es un sinsentido! Pero todo el mundo ha reprimido y todo el mundo reprime, porque la diferencia es tan sutil que siempre que la transformación comienza, se interpreta como represión.

Siempre que surge un Maestro que comienza a hablar sobre la transformación, se juntan seguidores que comienzan a interpretarlo como represión. Esto es debido a que es tan sutil, tan delicado que a menos que tú lo experimentes tienes todas las probabilidades de que lo malinterpretes. Intenta pues experimentarlo. El requisito fundamental es ¡no estés en contra de nada, está a favor de todo! ¡Mantente a favor de todo! ¡No estés en contra de nada!

En realidad, cuando estás en contra de algo tu futuro no está abierto. Sólo cuando estás en favor de algo, tu futuro se abre. Cuando estás en contra de algo te estás aferrando al pasado. Nunca puedes estar en contra del futuro. ¿Cómo vas a estar en contra del futuro? Sólo puedes estar en contra del pasado. Entiéndelo también desde esta perspectiva: cuando estás en contra de algo, estás en contra del pasado. Estás combatiendo la muerte. El pasado ya no existe, ¿porqué luchar pues contra él? Crea el futuro, lucha por algo. Te volverás positivo.

Hay dos modos de ser libre: uno es liberarse de algo, y otro es tener libertad para elegir algo. Un joven disputa con sus padres para ser libre; se convierte en un *hippy*. Durante algún tiempo la lucha sigue. Los padres son impotentes para hacer algo, y lo olvidan. Entonces por primera vez el chico comienza a pensar «¿Qué voy a hacer?», porque hasta ahora él estaba únicamente en contra de algo. La libertad era un liberarse de los padres. No conducía a ninguna parte. No era libertad para elegir. Sólo era contra algo.

No sólo ocurre esto a los individuos. Les sucede a las razas, a las naciones. Ha sucedido desde siempre. Peleas por liberarte de los ingleses o liberarte de alguien. Cuando por fin alcanzas la libertad comienzas a sentirte vacío, hueco. ¿Qué hacer? No luchabas por algo, por eso tu fuerza desaparece al desaparecer tu enemigo.

Un joven muy educado acudió a mí. Estaba locamente enamorado de una chica, pero sus padres no le apoyaban. No pertenecían a la misma religión. El decía, «Sea cual sea mi futuro, aunque tenga que ser un mendigo en las calles, me voy a casar con esta chica. Pero mi padre está decidido a desheredarme si me caso con ella». Su padre era un hombre rico, así que le pregunté al chico, «¿Estás realmente enamorado de la chica o estás solamente enojado con tu padre?. Decídelo, porque son dos cosas distintas. ¿Amas realmente a esta chica o este amor es un subproducto y lo que estás es en contra de tu padre y utilizas este amor como caballo de batalla, como eje de la discordia?»

El dudó. Dijo, «Deja que lo piense. No se me había ocurrido. ¿Por qué me haces este tipo de preguntas? Verdaderamente estoy enamorado».

Yo le dije, «Vete y piénsatelo».

El volvió y me dijo, «No. Estoy enamorado». Le miré en sus ojos y se sintió agitado. Permanecí en silencio mirando continuamente a sus ojos, fijamente. Se sintió incómodo y dijo, «¿Qué haces? ¿Crees acaso que no estoy enamorado?» Yo permanecía en silencio. El dijo, «¿Qué pretendes? ¿Por qué estás tan callado? ¿Crees que estoy mintiendo o que me estoy justificando?» Seguí en silencio. El dijo, «Parece que has leído mi mente. Cuanto más pienso en ello, más siento que estoy en contra de mi padre. Pero aún así, voy a casarme».

De modo que le dije, «De acuerdo. Cásate».

Al cabo de cinco años se suicidó. Me escribió una carta, «Estabas en lo cierto. En cuanto me casé, el amor murió, porque al casarme la lucha con mi padre desapareció. Me quedé sin herencia y dejó de haber relación alguna. Todo acabó y en ese mismo momento el romance dejó de ser tal. En realidad estaba en contra de algo, no estaba a favor de algo». Y dijo, «Voy a suicidarme porque la vida resulta muy monótona».

La vida se volverá un aburrimiento si estás siempre en contra de algo y nunca en favor de algo. No estés nunca en contra, está siempre a favor. Así que cuando digo, «contracorriente», quiero decir en favor de algo, en favor de la cumbre. El sexo no es malo, pero la culminación es mejor aún. Nunca pienses pues en términos de bueno y malo. Piensa siempre en términos de bueno y mejor. ¿Mmm? Hay que desprenderse de lo malo, no se le ha de permitir anidar en la mente. Piensa siempre en términos de bueno y mejor y mejor. La vida es eso.

Una vez has creado lo bueno y lo malo, rápidamente lo bueno desaparece y sólo sigue lo peor y lo peor. Así que nada es malo, por el contrario cosas mejores son posibles. Recuérdalo siempre y lucha en pos de mejores cosas. Entonces tendrás un fluir positivo.

¿Cómo puede uno saber cuando se ha liberado totalmente de los instintos animales, especialmente de los instintos sensuales?

Una cosa: cuando te liberas realmente, cuando realmente te liberas, no percibes siquiera la libertad. Esta siempre se percibe en oposición a la esclavitud. De modo que cuando te liberas realmente, ni sientes esclavitud, ni libertad. Entonces eres libre. Si percibes la libertad, significa que algo de esclavitud aún está ahí. La libertad sólo se percibe en oposición a la esclavitud. Cuando entras en los dominios de la auténtica libertad, te adentras en una existencia la cual vives momento a momento, sin sentirla como libre ni como no-libre.

Pero la misma formulación de la pregunta conlleva nuestra mente con ella, su misma formulación: «¿Cuando seremos libres?» Estamos en contra de algo: «¿Cuando seremos libres?» Y especialmente de lo sensual. Pero, ¿por qué? La vieja mente, las viejas predicas, la moralidad, las religiones, todos enseñan que mientras haya sensualidad nunca serás libre. Dicen que mientras haya sensualidad nunca serás libre. La sensualidad debe desaparecer; entonces serás libre. Por eso es por lo que preguntamos.

En realidad, por lo que a mí me concierne, la sensualidad dejará de estar presente pero tú serás más sensible cuando realmente te liberes. Serás más sensitivo y todos tus sentidos se volverán tan puros que ahora no puedes ni imagiarte lo que esos sentidos te podrán proporcionar. Pero no habrá sensualidad. La sensualidad es algo más: no es sensibilidad. Sensualidad implica un anhelo, significa una obsesión constante.

Por ejemplo, alguien que esté constantemente pensando en la

comida, es incapaz de meditar, no puede orar, no puede estudiar. Haga lo que haga, la comida es una obsesión interna. Seguirá disfrutando de la comida en su imaginación. Aunque empiece a pensar en el cielo, pensará en la comida: «¿Qué clase de comida habrá en el cielo?»

Tales personas dicen que en el cielo habrá un *kalp-vrisksh*, un árbol bajo el cual te sientas y al pensar en algo te es suministrado inmediatamente, instantáneamente. Piensas en comida, y la comida está allí. Piensas en una mujer, y la mujer está allí. Piensas en vino, y el vino está allí. Es un árbol de los deseos. Los que han ideado este árbol deben de haber sido muy, muy sensuales. En el Corán se dice que en cielo hay ríos de vino. Cualquiera que sea el que ha ideado esto debe de haber sido profundamente sensual. Un deseo así, un anhelo tal que, incluso existe en el cielo...

Cuando el Islam se estaba expandiendo en los países árabes, la homosexualidad era una condición aceptada. Así que únicamente en el cielo musulmán se acepta la homosexualidad; en ningún otro cielo es permitida. Se dice que no sólo hay chicas bonitas, sino también chicos bonitos. Esto es sensualidad. Eres incapaz de concebir un cielo sin que se incluya tu lascivia.

No quiero decir que no lo vaya a haber... No estoy diciendo esto. ¡Puede que exista! Pero ¿por qué piensas en ello? No me preocupa para nada el que exista o no, sino el que tu mente no pueda imaginar nada que no persigas. Tienes que aprovisionarte y hacer arreglos previos, planes. Esto es sensualidad.

Y ésta es la paradoja: cuanto más sensual te vuelves, menos sensitivo, menos sensible serás, porque la sensibilidad siempre está en lo presente, y la sensualidad está siempre en el futuro. De modo que si una persona piensa constantemente en comida, cuando se le dé la comida será incapaz de percibir su gozo. Por el contrario, ingerirá la comida mientras piensa en otra. Una persona que esté constantemente pensando en el sexo será incapaz de profundizar en el sexo. Cuando profundice en él, estará pensando en otras mujeres, en otros hombres, y se establecerá un círculo vicioso.

Cuanto menos disfrute, más seguirá imaginando y todo se volverá más cerebral, más mental. Comerá con la mente, no con el cuerpo. Su sexo se volverá cerebral, todo lo suyo se volverá cerebral. En todos los asuntos la mente tomará el mando, y la mente es incapaz de hacer nada excepto pensar. La mente piensa y piensa. Y realmente, se crea un escudo envolviendo a la mente que hace que uno se vuelva menos y menos sensible. Los sentidos languidecen y la mente lo explota todo a través de los sentidos, lo usurpa todo. ¡Y la mente en sí no es capaz de hacer nada! Unicamente es capaz de pensar, y el pensar no te puede dar satisfacción alguna.

Así que **cuanto** más descontento te sientes, más piensas. Te incorporas a un círculo vicioso, y por último te vuelves incapaz de percibir nada a través de los sentidos. Esto es sensualidad: los sentidos prostituidos por la mente, o la mente habiendo incorporado los sentidos a sí misma. Esto es sensualidad.

Una consciencia realmente libre no será sensual, sino sensitiva, profundamente sensitiva y sensible. En realidad, cuando un Buda ve una flor, ve una flor en su totalidad, en su completa belleza, en su absoluta vitalidad. El color, la fragancia, todo, Buda lo ve en su totalidad. Nunca pensará de nuevo en esa flor, nunca será sensual. No ansiará verla una y otra vez, repetidamente. Nunca pensará de nuevo en esa flor, no porque no sea sensible sino porque es absolutamente sensible y ha vivido esta experiencia tan profundamente que no hay necesidad de repetirla.

La necesidad de repetición proviene de tu incapacidad de vivir totalmente en cualquier instante. Así comes y piensas en repetirlo otra vez; amas y piensas en repetirlo. Estás menos interesado en el vivir que en el repetir. Este deseo repetitivo es sensualidad.

Un Buda no es sensual en este sentido. Es profundamente sensitivo. Todas sus percepciones son claras, transparentes. Lo siente todo, vive cada instante plenamente, ama a cada instante totalmente. Y lo experimenta con tal plenitud que no hay necesidad de repetir; por eso nunca piensa en ello de nuevo. Sigue y sigue hacia adelante y cada momento es tan rico que no hay necesidad de repetir los viejos momentos. ¡No hay necesidad de ello! La necesidad se crea porque eres incapaz de vivir en el momento presente. Eres incapaz, de modo que sigues con ello.

Si paso por esta ciudad y pienso, «No. Londres es mejor. Debo ir allí», significa tan sólo que soy incapaz de experimentar esta ciudad. Por eso es por lo que llega el recuerdo. En caso contrario, si soy capaz de vivir en esta ciudad, no hay porqué. Y acuérdate de que esta clase de mente, si va a Londres, será también incapaz de vivir allí porque esta clase de mente no puede vivir en el momento que está presente. Está mente pensará en Tokio, en Calcuta, en otros lugares, y así seguimos errando.

¡Vive! Una mente absolutamente libre no se dará ni cuenta de la libertad. Eso es lo primero. Será tan libre que no será consciente de la libertad ni será consciente de ninguna atadura. Será sólo consciente de que la vida es un movimiento, un moverse momento a momento. Y este movimiento carece de motivo. ¿Mmm? Eso es lo que quiero decir con libertad. ¡Este moverse no tiene propósito? Si te mueves con un propósito, entonces estás ligado.

Si estoy manifestando algo con alguna motivación, entonces no soy libre. La finalidad es mi ligazón. Y si lo estoy diciendo sin motivación, sin que me preocupe el que seas capaz o no seas capaz de entenderlo; sin que me preocupe el que yo tenga que hacértelo entender; entonces ahí reside la libertad, en la ausencia de propósito. ¡Entonces el hablar es un goce en sí mismo! ¡El haberlo dicho, el haberlo expresado es en sí mismo suficiente! Si no hay una motivación detrás, es un movimiento libre. Así que en libertad no tienes que vivir en función de una motivación; has de vivir directa, inmediatamente. Esta inmediatez en el vivir es libertad. Pero no hay una conciencia de ello porque no la percibes. La percibes únicamente en contraste con alguna ligazón.

La sensualidad desaparecerá, pero los sentidos permanecerán, y más acentuados, más vivos. Y así es como debería ser. Un Jesús es capaz de amar más. En realidad sólo un Jesús es capaz de amar, sin estar motivado. Su mismo ser es amor. Los sentidos están allí, y en realidad, por primera vez, sin las alteraciones de la mente, funcionan a plenitud. Los ojos ven como debieran ver. Ven sin interposición de ningún pensamiento, ven sin prejuicio alguno. ¡Ven lo que es! No se proyecta nada. Los oídos oyen lo que se dice sin ninguna distorsión, porque la mente está ausente. Las manos tocan lo que tocan sin deseo, sin lascivia, sin motivación, sin aspiración. Las manos sólo tocan, y el tocar se vuelve puro, total, sin alteración. Simplemente tocan y el tocar adquiere profundidad. Entonces incluso el alma es tocada por la mano; la mano se vuelve el instrumento.

Los sentidos están ahí, más puros, más agudizados, más auténticos, pero la sensualidad ha desaparecido, porque un hombre así vive con tal profundidad que no anhela nunca el repetir. E incluso si algo se repite, nunca siente que se ha repetido,

¡porque todo es tan absolutamente nuevo!

Cuanto menos vives, más has de sustituirlo por la mente soñadora. Cuanto menos vives, más tiene la mente que substituir el vivir. Cuanto más vives, menos se necesita de la mente para sustituirlo. Cuando vives en plenitud, no se necesita la mente. Cuando estás enamorado, ¿para qué necesitas a la mente? Cuando estás comiendo, ¿para qué necesitas la mente? Cuando estás caminando, ¿porqué has de necesitar la mente?

Puedes moverte sin la mente. Puedes comer sin que la mente se entrometa, sin procesos de pensamientos. Puedes tocar a alguien, puedes besar a alguien, puedes abrazar a alguien sin que el proceso de pensar se entrometa. Y así vives plenamente. Y cuando un instante se vive con plenitud, nunca suspiras por que se repita, porque tú sólo suspiras por las cosas que se han quedado incompletas. La mente sigue una y otra vez tratando de completarlo. La mente es una gran perfeccionista; todo ha de ser perfecto. Así que si algo queda incompleto, la mente vuelve a ello una y otra vez.

Es como cuando se te cae un diente y durante todo el día, continuamente, estás pasando la lengua por el lugar en el que se encontraba para sentir su ausencia. El día entero. Te cansarás, pero otra vez, sin advertirlo, tocarás el hueco. Sabes que el diente ya no está allí, pero ¿porqué incesantemente la lengua se dirige al lugar en que el diente se encontraba si antes no lo hacía? Cuando el diente estaba allí, la lengua nunca lo tocaba. ¿Por qué cuando el diente estaba allí, la lengua no sentía necesidad de tocarlo? Cuando el diente deja de estar allí, la lengua, una y otra vez continúa buscándolo. Se vuelve loca. ¿Por qué? Porque ahora la lengua percibe algo incompleto, un hueco, y el hueco la llama constantemente.

Y así, con cualquier experiencia que vivas plenamente, nunca volverás a sentirla en la mente. Si has amado verdaderamente a alguien, no habrá recuerdo, recuerdo en el sentido de que la mente acuda a él sin parar una y otra vez. Si no has amado, entonces se siente la ausencia. Te sientes culpable y percibes que te has perdido algo, así que has de reemplazarlo, y luego la mente continúa pensando en ello.

Cuanto más libre seas, menos necesidad tendrás de sustituir la experiencia con la actividad mental. Y sensualidad es sustituir. ¿Me comprendes? Sensualidad es sustituir algo que te estás perdiendo. Por eso cuando la conciencia es realmente transformada y se vuelve libre, no hay sentimiento de libertad. Cuando la conciencia es transformada y se vuelve santa, no hay sentimiento de santidad. Así que un verdadero santo es uno que no sabe que él es un santo. Sólo los pecadores saben que son santos. ¡Sólo los pecadores lo saben!

Un hombre auténticamente bueno nunca sabe que es bueno; sólo los malos saben que son buenos. ¿Cómo vas a percibir que estás sano? Sólo uno que está enfermo, uno que se siente mal, piensa en la salud. Cuando estás sano, estás sano. En realidad nunca te acuerdas de que estás sano. Empiezas a pensar en el cuerpo sólo cuando estás enfermo. Por eso si alguien habla sobre la salud, ten claro que está enfermo.

Ocurre que los enfermos son los que crean teorías sobre la salud. Los enfermos hablan y hablan sin parar sobre la salud y se vuelven expertos. ¡Se vuelven expertos en ella! Sucede a diario que si estás enfermo y no puedes trascender tu enfermedad, antes o después te vas a volver un naturópata. Si las medicinas no te sirven de ayuda, ¿qué vas a hacer? El constante leer y pensar en la salud te va a convertir en un naturópata. La naturopatía es buena en cierto modo pues cada paciente se convierte en un médico. Si estás sano verdaderamente, no tienes necesidad de ello. Y lo mismo se aplica a todo. Cuando estás libre, no te das cuenta; cuando eres bueno, no te das cuenta; cuando eres moral, no te das cuenta.

Y, en segundo lugar, cuando eres libre vives momento a momento plenamente. Esto se aplica hablando en general. Nunca podemos particularizar porque dependerá en cada caso. ¡Dependerá de cada caso! Por ejemplo, Mahoma se casó, y se casó con nueve mujeres. No podemos imaginarnos lo mismo de Mahavira, no podemos imaginar lo mismo de Buda. Buda se casó y abandonó su hogar, pero Mahoma se casó con nueve mujeres. De modo que si interrogas a un jaino, no te dirá que Mahoma sea una auténtica Alma Realizada. ¿Cómo va a serlo! Y lo mismo ocurre con los musulmanes. No pueden ni imaginarse como esos «escapistas» de Buda y Mahavira, puedan ser Almas Realizadas, pues cuando alguien se Realiza no se asusta de nada. Es capaz de casarse con nueve mujeres, y este Buda que sólo tiene una, incluso la deja, se escapa. ¿Por qué?

Los jainos no pueden pensar de Krishna que sea un

Iluminado, porque era simplemente común, y hacía cosas ordinarias. El amar es una de las cosas más corrientes y él amaba, cantaba, bailaba, luchaba y hacía cualquier cosa. ¿Cómo va a estar Iluminado? ¡Los jainos creen que Krishna murió y fue al séptimo infierno, al último! Según ellos, él está ahora en el séptimo infierno. Era el mayor pecador imaginable, pues sedujo a Arjuna para que luchara, para que guerreara. Dicen que Arjuna estaba a punto de convertirse en un *mahatma*. Estaba tratando de escapar cuando Krishna le sedujo y le forzó a pelear. De modo que a los ojos de los jainos, este hombre, Krishna, es la persona más violenta y está sufriendo en el infierno.

Esto sucede y es natural. Es natural porque nos hemos obsesionado con los modos de ser. No podemos permitir que alguien de un modo de ser distinto alcance la Libertad, la Iluminación. ¡Y esto varía! La forma de ser, la individualidad, perdura hasta el mismo final, hasta la misma cumbre. Se purifica, pero persiste. Por eso un Buda puede sentir que no tiene necesidad ahora de seguir ligado con ninguna mujer. Depende de él. Depende; es libre de hacerlo así. Y un Mahoma pensará de un modo totalmente distinto, y también es libre de comportarse según su estilo. Y todo el mundo se comporta, cuando se libera, según su estilo. No puedes aplicar una forma de ser determinada.

Por ejemplo, a Mahoma no le gustaba en absoluto la música. No era así, no era su forma de ser. Pero entonces los musulmanes creen que cualquiera que ame la música es un pecador, por eso en las mezquitas musulmanas no se permite tocar música. Pero Mahoma estimaba los perfumes en alto grado, por eso los musulmanes continúan estimando los perfumes. Un musulmán extremadamente pobre, particularmente en las festividades religiosas, se perfumará ocasionalmente. El perfume ofrece tantas posibilidades como la música, incluso más. ¿Cuál es pues la diferencia? El perfume es una música para la nariz y nada más, y la música es un perfume para los oídos y nada más. ¡Pero depende de la forma de ser!

Cuando Mahoma se Liberó, cuando se se volvió totalmente libre, cuando se Iluminó, su forma de ser empezó a desplegarse tal y como era y un día surgió una explosión, un amor por los perfumes, sin motivo. Pero cuando los seguidores llegan, crean motivaciones. Empiezan a creer que existe alguna motivación ahí. No hay una razón tal. Es simplemente la libertad de una forma de ser.

Meera continúa cantando y Chaitanya sigue bailando de pueblo en pueblo. Mahoma no puede admitirlo, «¿Qué tontería estáis haciendo? ¿Bailando? ¿Qué relación tiene con la Realización Divina?» Y un Chaitanya no puede concebir como puedes permanecer sin bailar cuando se presenta el Amigo. ¿Cómo puedes permanecer sin bailar? Un Chaitanya no puede concebir como un Buda disfruta de estar sentado cuando la Luz ha llegado a su puerta: «¿Cómo sigues sentado de esta manera cuando la Luz ha descendido? ¡Deberías bailar! ¿Te has vuelto loco!», pero esos son formas de ser y uno debe ser consciente para permitir que cualquier forma de ser se manifieste. Así el mundo se enriquece.

Por eso no soy capaz de decir qué es lo que sucederá cuando tú te liberes, qué sentidos serán los que se purificarán más, que sentidos empezarán a ser medios de expresión de tu alma. Nadie puede decirlo, es impredecible. Una cosa es cierta: la sensualidad habrá desaparecido. Los sentidos sí estarán presentes, más perfectos, más puros, y más pura y más profunda será su vivencia. La sensitividad estará presente, pero no la sensualidad.

Osho, viendo el antagonismo que existe entre los hechos de la vida, ¿puede uno practicar simultáneamente el camino de la relajación y el camino del esfuerzo?

¡No, no es posible! No puedes practicar ambos simultáneamente porque ambos son diametralmente opuestos. Conducen a un mismo punto, pero no van por los mismos caminos, por la misma ruta, por los mismos parajes. Son diametralmente opuestos.

No puedes practicar ambos, del mismo modo que no puedes ir a un mismo sitio por dos caminos diferentes simultáneamente. Puede que haya dos caminos. Vas a la estación y puede que haya dos caminos para ir, pero no puedes ir por ambos al mismo tiempo. Y si lo haces, no llegarás a la estación. Ambos caminos van, pero tú no llegarás a la estación porque caminarás diez pasos en uno, luego volverás atrás, seguirás el otro; después regresarás y seguirás el primero. Los puedes seguir por mucho tiempo, pero no llegarás a ninguna parte.

Cada camino es un camino distinto. Tiene su propia ruta, sus propios pasos, sus propios mojones, sus propios símbolos, su propia filosofía, su propia metodología, sus propios vehículos, sus sistemas propios de movimiento. Tiene sus propios modos en todo: cada camino es en sí un camino perfecto. Nunca te comportes según dos sistemas. Simplemente crearás confusión. ¡Sigue uno! Cuando llegues al final, descubrirás que si hubieras seguido el otro también habrías llegado. Cuando hayas llegado, puedes tomar como un juego el ir por el otro. Esto es una cosa distinta, tan sólo para saber si esta carretera también llega o no llega. Pero no sigas los dos simultáneamente porque cada camino es tan científicamente perfecto que el hacerlo sólo creará perturbaciones.

En realidad, en los viejos tiempos, incluso el saber algo del otro camino estaba prohibido porque el mero saber creaba perturbaciones. Y nuestras mentes son tan infantiles, tan curiosas, tan tontamente curiosas, que si oímos de algo distinto o leemos sobre algo distinto comenzamos a mezclar. Y desconocemos que lo que puede tener sentido en un camino puede ser dañino en el otro. Así que no mezcles. Un componente de un coche puede ser útil, valioso, tan útil que el coche no se pueda mover sin él. Pero el mismo componente puede ser un estorbo en otro coche. No lo uses, porque cada parte ocupa un lugar en el modelo que le es propio, en su propia gestalt. En el instante en que cambias el conjunto, la parte se vuelve un estorbo.

Se ha introducido mucha confusión en el mundo religioso debido a que todas las religiones son conocidas por todo el mundo, todos los caminos son conocidos, y tú te quedas perplejo. Hoy en día, encontrar un cristiano es difícil, encontrar un hindú es difícil, encontrar un musulmán es difícil, porque todos tienen algo de hindú, algo de musulmán, algo de cristiano, y esto crea un grave peligro. Es peligroso. Puede que sea suicida.

Por eso la pureza del camino es una necesidad básica para uno que tiene que hollarlo. Si sólo ha de pensar en él, no hay porqué haya pureza alguna. Puedes continuar pensando. Pero si has de viajar, la pureza del camino es esencial. Y debes de permanecer alerta para no confundir nada y no introducir elementos extraños en él.

Esto no significa que el otro esté equivocado. Sólo implica que el otro está en lo correcto en lo concerniente al otro camino. No necesitas concluir que, «Sólo yo estoy en lo cierto y el otro está equivocado». El otro está en lo cierto a su manera. Y si has de ir por el otro camino, ve por él abandonado completamente el tuyo.

Por eso es por lo que las antiguas religiones, y hay sólo dos religiones básicas: la hindú y la judía, nunca estaban dispuestas a convertir a nadie. Y la única razón, la cual era conocida como una antigua, muy antigua tradición, era ésta: que el convertir es confundir. Si alguien ha sido criado como cristiano y lo conviertes al hinduismo, sólo lo confundirás porque él no puede olvidar lo que ha conocido. No puedes hacerle un lavado. Permanecerá ahí, y sobre esta base, todo lo que le des como hinduismo dejará de significar lo mismo porque sus antiguos fundamentos estarán siempre presentes. Sólo lo confundirás, y esta confusión no lo volverá religioso, no puede hacerlo.

Así que las antiguas religiones -y realmente sólo hay dos religiones antiguas, la judía y la hindú, y todas las demás son ramales suyos - han permanecido dogmáticamente siendo anti-conversión. El concepto hindú fue alterado por Dayananda. Debido a que su mente funcionaba de modo político, no de modo religioso, empezó a convertir. Pero ese concepto tiene su propia belleza. No implica que las demás religiones sean malas, no quiere decir que las demás no estén en lo cierto. No quiere decir nada de esto. Sólo significa que si has sido criado según un concepto determinado, es mejor seguirlo. ¡Síguelo! Se ha vuelto parte de tu carne y de tus huesos, de modo que es mejor seguirlo.

Pero ahora esto se ha vuelto algo imposible y nunca será posible de nuevo porque los modelos antiguos han sido destruidos. Hoy en día nadie puede ser un cristiano ni nadie puede ser un hindú. Eso no es ahora posible, así que una nueva clasificación es necesaria. Ahora no clasifico como hindú, o musulmán o cristiano. Esta clasificación no es posible hoy en día. Ha muerto y sólo podemos desprendernos de ella. Ahora debemos clasificar cada camino.

Por ejemplo, hay dos divisiones básicas: el camino de la relajación y el camino del esfuerzo; el camino de la entrega y el camino de la voluntad. Esta es la división fundamental. Luego surgirán otras divisiones, pero esas dos son fundamentales y diametralmente opuestas. El camino de la relajación implica el entregarse aquí y ahora sin esfuerzo. Si eres capaz, puedes. Si no eres capaz, no puedes. Si eres capaz, lo haces. Si no eres capaz, no lo haces. No hay alternativa. El camino de la entrega es muy sencillo: ¡entrégate! Si pides como hacerlo, entonces no eres adecuado para este camino, porque el «cómo» pertenece al otro camino. ¿Mmm? «Cómo» significa «¿Con qué esfuerzo, con qué técnica? ¿Cómo voy a entregarme?» Si pides, «¿Cómo voy a entregarme?», entonces tú no eres adecuado para seguir el camino de la entrega. Sigue pues el otro.

Si eres capaz de entregarte sin pedir cómo, sólo entonces será posible. Parece simple, pero es muy difícil, muy arduo, porque el «cómo» surge instantáneamente. Si te digo «¡Entrégate!», no has ni oído la frase y ya te estás preguntando cómo: «¿Cómo lo hago?» Entonces no eres apto para este camino. El otro camino es el del esfuerzo, el de la voluntad, el del empeño. Entonces todos los «cómo» te son dados: el cómo hacerlo. Entonces hay muchos sistemas.

La entrega tiene sólo un modo, y no hay ramales. No puede haberlos. No puede haber distintos tipos de entrega. Entrega es sencillamente entrega. No hay clases. Las clases pertenecen a las técnicas. Puede haber distintas técnicas, pero al permanecer sin técnica alguna, la entrega persiste como el camino más puro, sin divisiones.

Luego viene el segundo: el camino de la voluntad. Tiene muchas divisiones. Todos los yogas, todos los métodos, pertenecen al segundo. El segundo dice, «Eres incapaz de relajarte ahora, así que vamos a prepararte: se requiere de una preparación. Sigue estos métodos, y llegará un momento en que te soltarás».

Parecen difíciles, pero no lo son. Parecen difíciles porque sostienen que la preparación, los métodos, los años de entrenamiento y disciplina son necesarios. Parecen difíciles, pero no lo son porque cuanto más tiempo se te da, más simplificado se vuelve el proceso. Y la entrega es el proceso más difícil porque no hay tiempo disponible. Te dicen, «Aquí y ahora». Si eres capaz, hazlo. Si no eres capaz, no lo hagas.

Baso, un monje zen, le decía a todo aquél que se le acercaba, «¡Entrégate!» Si la persona le preguntaba, «¿Cómo?» le contestaba, «¡Vete a otro sitio!» Durante toda su vida sólo utilizó dos frases constantemente, nunca empleo una tercera. Decía, «¡Entrégate!». Si contestabas «¿Cómo?», él te decía, «¡Vete a otro sitio!»

A veces llegaba alguien qué no preguntaba «¿Cómo?» y se entregaba. ¡Pero era algo raro! Cuanto más progrese nuestra mente moderna, más rara será la entrega, más difícil será el entregarse, porque el entregarse implica una inocencia, una mente confiada, una fe absoluta. No requiere esfuerzo, requiere fe. No pregunta por el método, por el camino, por el puente; da el salto. No pregunta por los pasos a seguir. No pide nada.

Pero el otro camino es el del esfuerzo, el de la tensión. Y los método posibles son muchos, porque para hacer algo hay muchas técnicas. Hay muchas técnicas que crean la tensión suprema para que explotes. Pero nunca sigas ambos. ¡No puedes seguirlos! Sólo puedes continuar pensando en ellos. Y no te confundas. Determina con claridad, exactamente, cuál es para ti.

¿Eres capaz de confiar? ¿Estás dispuesto a dar el salto sin pedir «cómo»? Si no es así, olvídate de la relajación, olvídate del entregarte, olvídate del la palabra misma, porque no eres capaz ni de entenderla. Entonces esfuérzate, y este Upanishad habla del esfuerzo, del esfuerzo ascendente, un constante apuntar de la mente hacia la cumbre.

¿QUÉ PUEDE OFRECER EL HOMBRE?

La mente constantemente apuntando
hacia Eso
es arghyam,
la ofrenda.

*La mente constantemente apuntando
hacia Eso
es* arghyam,
la ofrenda.

¿Qué es lo que el hombre puede ofrecer? ¿Cuál puede ser su ofrenda? Podemos ofrecer sólo lo que nos pertenece. Lo que no nos pertenece no podemos ofrecerlo, y el hombre siempre ha ofrecido aquello que no le pertenece. El hombre ha sacrificado aquello que no es suyo.

La religión se convierte en un ritual si ofreces algo que no es tuyo. La religión se convierte en una experiencia auténtica si ofreces algo que verdaderamente te pertenece. Los rituales son en realidad métodos para escapar de la auténtica religiosidad. Puede que encuentres sustitutos, pero no estás engañando a nadie más que a ti mismo, porque ¿cómo vas a ofrecer algo que no es tuyo? Puedes sacrificar un caballo, puedes sacrificar una vaca, puedes ofrecer tierras, pero nada de ello te pertenece. Así que, realmente, esto es robar en nombre de la religión. ¿Cómo vas a ofrecer a lo Divino algo que no es tuyo?

Por eso lo primero es averiguar qué es lo que es tuyo, qué es lo que te pertenece. ¿Hay algo que te pertenezca? ¿Eres tú el amo de algo de forma que puedas decir, «Esto pertenece al hombre y yo se lo ofrezco a lo Divino»? Esta es una de la preguntas más difíciles: «¿Qué es lo que le pertenece al hombre?» Nada parece pertenecerle. Y cuando nada parece pertenecerte, únicamente puedes decir, «Puedo ofrecerme a mí mismo». Pero incluso esto es incorrecto porque, ¿te perteneces tú a ti mismo? ¿Es tuyo tu ser? ¿Eres responsable de tu ser? ¿Eres responsable de tu existencia?

El hombre proviene de alguna parte, de algún origen desconocido. No es responsable de que esté aquí. Kierkegaard ha dicho, «Cuando miro al hombre, siento que ha sido arrojado aquí». No es ni siquiera responsable de su propio ser; el ser está arraigado en lo Divino. Considéralo así: ¿Puede un árbol decir,

«Me ofrezco a mí mismo a la tierra»? ¿Qué significado tiene? Carece de sentido porque el árbol está enraizado en la tierra, el árbol es sólo una parte de la tierra. El árbol es sólo tierra y nada más, de modo que cómo va a decir, «Me ofrezco a mí mismo a la tierra»? No tiene sentido. El árbol es una parte. No es distinto, por lo tanto el ofrecimiento no es posible. Así que, primero, sólo puedes ofrecer aquello que te pertenece. Segundo, sólo puedes ofrecer si hay una cierta distancia, una cierta separación.

El árbol no puede ofrecerse a sí mismo porque no es diferente de la tierra en sí. O considéralo así: un río no puede decir, «Me ofrezco a mí mismo al mar». El río no se basa en el mar. Es algo aparte. Pero aún así no puede decir, «Me ofrezco al mar». ¿Por qué? No puede decirlo porque no es una elección del propio río. El río ha de fluir hacia el mar. No hay posibilidad de elección. El río es impotente. Aunque el río deseara elegir no ofrecerse, no podría escoger, pues el ofrecimiento es inevitable. Cuando el ofrecimiento es inevitable, no tiene sentido.

El río no puede afirmar, «Me ofrezco a mí mismo al mar», porque es algo que ha de llegar. Este llegar forma parte de la naturaleza. El río no llega al mar debido a que sea él el que lo haya elegido pues no hay posibilidad de elección de su parte. El río es impotente, no puede hacer nada más. Y una tercera cosa: sólo puedes ofrecer algo cuando tienes la posibilidad de hacer otra cosa. Si tienes la posibilidad de no ofrecer, sólo entonces te vuelves capacitado para ofrecer. Entonces ésta es tu elección.

El hombre está arraigado como un árbol. El hombre es un árbol, sólo que con raíces móviles, enraizado en el Ser, enraizado en la Existencia. Y el hombre no es algo separado: en lo profundo no hay separación. Un hombre no es responsable de su propio ser: tiene que regresar inevitablemente como un río precipitándose en el mar. Así qué, ¿dónde está la elección? ¿Cómo vas a ofrecer? Tu muerte será una disolución tanto si quieres como si no. ¿Quién eres? ¿En dónde estás y dónde es que el ofrecimiento se hace posible?

Este sutra es muy profundo. Este sutra dice,

> *La mente constantemente apuntando hacia Eso,*
> *es la ofrenda.*

No puedes ofrecerte a ti mismo, pero puedes ofrecer tu

mente. Esto te pertenece y ésta es tu elección. Si no la ofreces, lo Divino no puede forzarla para que se ofrezca. No eres impotente. No es como un río precipitándose al mar. La mente tiene una elección. Puedes seguir negando lo Divino y lo Divino no puede obligarte. Tu ser se arraiga en lo Divino, pero no tu mente. No puedes negar lo Divino en lo concerniente a la Existencia. Tú eres parte suya.

Puedes negar lo Divino en lo que respecta a la consciencia. Puedes negarlo hasta tal grado que eres capaz de vivir en una consciencia en la cual no haya nada similar a lo Divino. Para decirlo de otra forma, «Dios es» o «Dios no es» puede ser tu elección. Incluso si no hay Dios eres capaz de fabricarte uno, puedes creer. Incluso aunque haya Dios, puedes negarlo, y nada puede hacerte variar. Por eso la única elección posible es la de la mente, la única libertad posible es la de la mente. Tu ser está arraigado, pero tu mente es libre.

Desde luego, tu mente nace de tu ser, pero todavía así es libre, libre en el sentido en que un árbol está enraizado en la tierra; el árbol está arraigado, las ramas, las raíces, cada flor está arraigada, pero la fragancia de la flor puede liberarse y puede desplazarse sin estar arraigada. Por eso eres como un árbol, pero tu mente es una fragancia. Puede ser ofrecida, puede no serlo. Depende de ti.

La libertad del hombre es la mente del hombre. Los animales no son libres únicamente porque no tiene elección: son lo que son. ¡No tienen elección! No pueden ir en contra de la naturaleza. La mente del hombre es la libertad del hombre. Así que lo que debe entenderse fundamentalmente es que debido a que la mente es una opción libre puede volverse una ofrenda. Puedes ofrecer tu mente, pero también puedes resistirte, puedes ir en contra, e incluso ni Dios podrá obligarte. Esta es la gloria, ésta es la belleza de la existencia humana. Por eso el hombre es el único animal que es, en cierto modo, libre. De esta libertad puedes hacer uso o abuso.

La mente constantemente apuntando a Eso,
es la ofrenda

. Si tu mente puede ser constantemente direccionada, continuamente dirigida hacia *Eso*, te has ofrecido a ti mismo. Pero debido a que la mente posee libertad es muy difícil atarla a algo. Su auténtica naturaleza es ser libre, por eso cuando intentas someterla, se rebela, se vuelve rebelde.

Puede que te siga si no lo intentas, pero si lo intentas se va a rebelar porque la naturaleza misma de la mente es la de libertad, y en el instante en que tratas de fijarla en algo, se rebela. Es natural. Puedes ofrecer la mente, pero no es fácil. Ofrecer la mente es la cosa más difícil. Y cuando digo, «La mente significa libertad», se vuelve más difícil aún. Estás intentando que la mente vaya en contra de su naturaleza.

La concentración va en contra de la mente porque estás tratando de limitarla sobre algo, exclusivamente a algo. Pero la mente es libertad, movimiento, un constante movimiento. Vive sólo cuando do se mueve. Existe sólo cuando se mueve. Es una fuerza dinámica, por eso en el momento en que tratas de fijarla estás tratando de lograr algo imposible. ¿Qué hacer pues? El hombre religioso ha intentado siempre fijar la mente hacia lo Divino, y cuanto más intenta fijarla, más se va la mente hacia el Diablo.

Jesús se encuentra al Diablo. El Diablo no está en ningún lugar más que en el esfuerzo de Jesús por estar constantemente apuntando hacia lo Divino. El Diablo no existe. Ocurre tan sólo que cuando obligas a la mente a atarse a algo, crea el opuesto para poder moverse. Debes comprender la ley del efecto contrario. Con la mente, esta ley es fundamental. Intentes lo que intentes, lo contrario será el resultado. Lo contrario, lo totalmente opuesto, será el resultado. Intenta pues dirigir tu mente hacia Dios y te encararás con el Demonio. Lo contrario será el resultado. Intenta dirigir tu mente y tu mente se volverá anárquica, te encontrarás agitado.

Cuanto más se busca la quietud, más inquieta se vuelve la mente. Cuanto más tratas de silenciarla, más ruido crea. Cuanto más intentas volverla buena, más pecados la tientan. Esta es la ley básica de la mente. Es tan básica como lo es la ley de Newton para la Física: la ley del efecto contrario.

Trates lo que trates de alcanzar, nunca lo lograrás. Lograrás lo contrario, y entonces se crea un círculo vicioso. Cuando logras lo contrario, empiezas a pensar que «lo contrario» es tan poderoso que «He de luchar con más ahínco». Cuanto más luchas, más poderoso será el opuesto, lo contrario. Lo opuesto no existe. Tú lo creas únicamente porque tratas de someter a tu mente. Es un subproducto, un subproducto que aparece porque desconoces la ley. ¿Qué hacer pues para ofrecer la mente a lo Divino ? Si eliges lo Divino en contra de algo nunca vas a ser capaz de ofrecer.

Sólo hay un método: elige a lo Divino como el Todo; toma a lo Divino como la Totalidad; toma a lo Divino en todo y por todo. Incluso si el Demonio se te aparece, vive lo Divino en él. De este modo habrás hecho el ofrecimiento, y posteriormente el ofrecimiento puede continuarse, sin interrupciones, sin pausas, porque ahora ninguna pausa es posible. Por eso es por lo que los Upanishads no emplean la palabra «Dios». Utilizan *Eso*, pues en el instante en que pronuncias «Dios», se crea el Demonio. En realidad no emplean palabra alguna: usan un dedo. Dicen *Eso*, y con este *Eso* lo incluyen todo. Todo y por todo. Si eres pues capaz de concebir lo Divino como el Todo, entonces eres capaz de ofrecer. En caso contrario se creará el opuesto: ofrecerás a Dios, y la ofrenda irá a parar al Diablo.

Todas las religiones han encarado el problema, la dicotomía. El cristianismo, el judaísmo o el islamismo. Todas las religiones surgidas de la India han aceptado la dicotomía. Han aceptado la dicotomía de Dios-y-el-Diablo. Por eso si analizas la historia de esas religiones te darás cuenta de un fenómeno muy extraño. Jesús representa a Dios, pero el Diablo también sigue tentándole. Y sea lo que sea lo que Jesús representa, su Iglesia representa lo opuesto, lo diametralmente opuesto. Por eso al cristianismo le precocupa poco Cristo. Más bien, el cristianismo es su enemigo, porque cualquier cosa que haya hecho la Iglesia no puede decirse que haya sido la obra de Dios. Puede considerarse la obra del Diablo. Pero esto se debe a la ley del efecto contrario.

Una vez aceptas la dicotomía, el opuesto será el resultado. Cristo predica el amor y la Iglesia representa el odio. Cristo dice, «No te resistas ni al mal», y toda la historia de la Iglesia no es más que una larga guerra. Por eso Nietzsche está en lo cierto cuando afirma, «El primer y el último cristiano murieron en la cruz». ¡También el último! Después de Jesús no ha habido otro cristiano. No obstante, San Pablo y otros cristianos no son tan responsables de esto como aparentan serlo. La verdadera responsabilidad recae en la ignorancia de la ley del efecto contrario.

Si eliges una parte como Divino y una parte como anti-Divino, la mente se irá cambiando de bando. Y la mente tiene sus propios trucos para poderse cambiar de bando. Es capaz de justificar el mal en defensa del bien; puede justificar la guerra por la paz; es capaz de matar y asesinar en nombre del amor. Así que la mente es muy astuta y sagaz desplazándose al opuesto. Y cuando se desplaza te proporciona todas las razones necesarias para que creas que «No estoy cambiando». Por eso si escoges a Dios como algo aparte del mundo o en contra del mundo, nunca serás capaz de ofrecer la mente. Y una ofrenda parcial no es una ofrenda. Esto también debes recordarlo.

Una ofrenda parcial está matemáticamente equivocada. Es como una circunferencia incompleta; no es una circunferencia. Una circunferencia es sólo una circunferencia cuando está completa, cerrada. No puedes llamar a una circunferencia incompleta, circunferencia. ¡No lo es! O bien la ofrenda es total o no lo es. ¿Cómo vas a ofrecer algo en parte? Es intrínsecamente imposible. ¿Cómo vas a amar parcialmente? O amas o no amas. No hay compromiso posible. No hay posibilidad de grados en el amor. O lo hay o no lo hay. Todo lo demás es puro engaño.

El ofrendar es algo completo en sí mismo. Puedes renunciar, puedes entregarte, pero no puedes decir, «Me entrego en parte». ¿Qué quieres decir? Una entrega parcial significa que tú eres todavía el amo y que puedes reconsiderarlo. La parte que has salvaguardado puede rectificar; mañana puede decir no. De modo que una entrega total es aquella en la que nada es salvaguardado, nada es retenido, de tal manera que no puedes retroceder. No hay retroceso posible porque no hay nadie que permanezca al margen y pueda retroceder. Así el ofrecimiento es total.

Pero si divides al mundo, si divides la Existencia en extremos opuestos, te hallarás en una profunda dicotomía y tu mente se desplazará al opuesto. Y cuanto más te resistas, más atrayente se volverá. Lo negativo es muy atrayente. Cuando insistes demasiado en el «no hacer», la atracción se vuelve insoportable. Un *no* es una invitación altamente encantadora. Siempre que intentes forzar tu mente hacia algo, lo otro, aquello hacia lo que no estás tratando de ir, se volverá atrayente. Y antes o después te aburrirás de la parte que has escogido, y la mente se cambiará. Siempre se cambia.

La filosofía china dice que el «Yin» está continuamente desplazándose hacia el «Yang» y que el «Yang» continuamente se desplaza hacia el «Yin», y forman un círculo. Están en perpetuo movimiento el uno hacia el otro. El hombre está continuamente yendo hacia la mujer y la mujer se mueve continuamente hacia el hombre, y forman un círculo. Y la luz se mueve hacia la oscuridad y la oscuridad se mueve en pos de la luz, y hacen un círculo. Y cuando te aburres de la luz, eres atraído por la oscuridad; y cuando estás aburrido de oscuridad eres atraído por la luz.

Continuamente vas de un opuesto al otro. De modo que si tu Dios forma parte del mundo de opuestos, parte de la lógica de los opuestos, te irás hacia el otro extremo. Por eso es por lo que el Upanishad dice *Eso*. En este *Eso*, todo está implícito, nada es negado. Los Upanishads tienen un concepto muy en favor de la vida, un filosofía muy en favor de la vida.

En realidad, esto es bastante raro. Albert Schweitzer ha dicho que la filosofía hindú niega la vida, pero en realidad no ha entendido nada. En su mente, cuando dice «filosofía hindú», debe de haberse estado refiriendo a Buda y a Mahavira. Pero ellos no son la verdadera corriente, ellos son los chicos rebeldes. La filosofía hindú no niega la vida. Muy al contrario. Albert Schweitzer es un cristiano; es profundamente cristiano y la filosofía cristiana niega la vida. La filosofía hindú es una de las que más afirman la vida.

Por eso es bueno el que nos adentremos en esta afirmación de la vida; sólo entonces serás capaz de comprender el significado de *Eso*, porque está es una de las palabras más afirmativas, que no niega nada. El «negar la vida» significa que tu Dios está en cierto modo en contra de la vida. Los jainos niegan la vida. Afirman que este mundo es pecado. ¡Debes abandonarlo, renunciar a él! A menos que renuncies a él totalmente no podrás alcanzar lo Divino. Así que lo Divino se vuelve algo que puedes alcanzar sólo si pones ciertas condiciones: si renuncias al mundo.

Este es un requisito fundamental. Para los budistas también éste es un requisito fundamental: «Debes renunciar a todo: debes elegir la muerte. ¡La muerte, no la vida, ha de ser la meta! ¡Debes esforzarte para no nacer de nuevo! La vida no tiene valor alguno, carece de valor. Existe en función de nuestros pecados. Es un castigo y, de alguna forma, has de escaparte, no has de nacer de nuevo». Pero éste no es el concepto hindú. A los Upanishads no les preocupa para nada este tema .

La misma actitud de negación de la vida es la cristiana: «La vida es pecado y el hombre nace en pecado». La historia comienza con pecado. Adán fue expulsado del cielo porque pecó.

Desobedeció y por tanto nosotros nacemos del pecado. Por eso es que los cristianos insisten tanto en que Jesús no nació por un acto sexual, en que nació de una madre virgen: porque si naces de un acto sexual, naces del pecado, y al menos Jesús no debe haber nacido del pecado. Así que todos nacemos en pecado; la Humanidad vive en pecado. Se requiere pues una absoluta renunciación para alcanzar lo Divino.

El cristianismo también se orienta hacia la muerte. Por eso la cruz ha adquirido tanta importancia. Si no fuera así, la cruz no contendría tanto significado. Es el símbolo de la muerte. Los hindúes no pueden concebir como la cruz pudo volverse un símbolo, hasta el punto de que Jesús es significativo en tanto que fue crucificado. Si Jesús no hubiera sido crucificado y hubiera sido simplemente un hombre común, el cristianismo no hubiera nacido.

Así pues, los que están orientados hacia la muerte son atraídos por Cristo debido a que fue crucificado. La muerte de Jesús se convirtió en el hecho histórico más importante. De modo que, en realidad, el cristianismo nació porque los judíos, de forma estúpida, crucificaron a Jesús. Si no hubiese sido crucificado, no hubiera había cristianismo. Por tanto Nietzsche está en lo cierto otra vez. El sostiene que el cristianismo no es realmente cristianismo sino «cruz-tianismo», orientado hacia la cruz.

Schweitzer dice que los hindúes niegan la vida. Se equivoca porque él está pensando en Buda. El tenía tanto de hindú como Jesús de judío. Del mismo modo que Jesús nació judío, él nació hindú. Pero los hindúes tienen su esencia en los Upanishads, los cuales preceden a Buda, y Buda no dijo nada que no figurará ya en los Upanishads. Estos afirman la vida, la afirman totalmente. Y ¿qué quiero decir cuando digo que la afirman plenamente? No te puedes imaginar a Jesús bailando, no te lo puedes imaginar cantando, no te puedes imaginar a Buda bailando o cantando o amando, no te puedes imaginar a Mahavira luchando. ¡No puedes! Sólo Krishna puede ser imaginado riendo, bailando, amando, incluso luchando, sin negar nada. ¡Sin negar nada!

Toda la vida es Divina, así que escoger a Dios no es renunciar al mundo. Elegir a Dios significa escoger a Dios utilizando al mundo, no en contra del mundo. Este es el significado de *Eso*. Y cuando elijes a Dios estando a favor del mundo, no en oposición al mundo, no hay oposición. Sólo entonces puedes escapar de la ley del efecto contrario. Cuando eliges *Eso* a través de *esto*, entonces no hay oposición, no hay polaridad. Y cuando no hay polaridad, la mente carece de un lugar al que ir. No es que esté atada, no es que sea esclava, no es que la hayas forzado a permanecer ahí. Ahora no tiene dónde moverse. El opuesto no existe.

Entiéndelo claramente: cuando el opuesto no existe, la mente es libre para moverse, aunque no se mueve, porque ¿adónde puede ir? Si se puede mover, se moverá pues el moverse es su naturaleza. Y si creas la dicotomía, se desplazará al opuesto, se rebelará contra ti. Si no hay dualidad, si el opuesto no existe y has incluido al opuesto en lo Divino, entonces ¿adónde va a ir la mente? Se mueva donde se mueva, sólo puede ir a *Eso*. Por eso, si Krishna baila con una chica, baila con lo Divino, porque la chica no está excluida, lo Divino no está en contra de la chica. Si lo Divino estuviera en contra de la chica, la chica se convertiría en el Diablo. Entonces la chica sería una tentación y surgirían dificultades.

Cristo es incapaz de reír: vive en constante tensión. Krishna es capaz de reír pues no hay tensión alguna en él. Cuando todo es Divino y cuando todo se transforma en una ofrenda, ¿dónde está la tensión? No tiene porqué haberla y Krishna puede estar a gusto en cualquier parte. Incluso en el infierno puede encontrarse a gusto porque el infierno es *Eso*.

Te estaba diciendo que los jainos han colocado a Krishna en el infierno porque él fue el responsable del Mahabharata, la gran guerra hindú. Lo han condenado al séptimo infierno; el más profundo; adecuado para los peores pecadores. Pero en cuanto cierro mis ojos y empiezo a imaginármelo en el infierno, no puedo verlo si no es bailando. Debe de estar bailando allí. Aunque esté allí, debe de estar bailando, porque incluso el infierno es *Eso*. Y no tendrá prisa alguna ni rezará para poder salir del infierno. No se esforzará en ello, porque *Eso* está presente en todas partes. No necesitas ir a ninguna parte y no necesitas pensar en ciertas premisas, pensar en que sólo en ciertas condiciones El es posible.

El es posible en toda condición. El está incondicionalmente presente. Cuando seas capaz de concebir a lo Divino como incondicionalmente presente, entonces se convertirá en el *Eso* de los Upanishads. Entonces, incluso en el veneno, *Eso es* ; incluso en la muerte *Eso es*; incluso en el sufrimiento *Eso es*. Y no puedes irte a sitio alguno. O vayas donde te vayas, te vas a *Eso*. Por lo tanto *Eso* debe ser concebido mediante el *esto*, pues si no es así la ley del efecto contrario comenzará a funcionar. Y toda persona religiosa tiene que caer bajo la ley del efecto contrario.

A menos que lo comprendas totalmente, a menos que comiences a percibir que esta ley está en funcionamiento en todas partes, nunca crees extremos opuestos en la mente porque entonces serás víctima de tu propia estupidez. En el momento en que escoges uno como opuesto a otro, has cavado la zanja en la que vas a caer. Vas a ser hipnotizado por el opuesto.

Todos estamos hipnotizados por el opuesto. Una sociedad se vuelve sexual si afirmas que el sexo es pecado. Entonces el sexo se torna romántico, comienza a adquirir un halo de misterio a su alrededor. Un hecho vital tan simple, tan sólo por llamarlo pecado, se convierte en la zanja. ¡Y sólo porque se le llama pecado! Llama a lo que sea pecado y habrás creado un algo mediante el cual vas a ser hipnotizado. La autohipnosis es ahora posible. Niega algo y ya has caído en la trampa.

Lao Tse dice, «Una distinción de un centímetro entre el cielo y la tierra, y todo queda separado. Una distinción de un centímetro entre lo bueno y lo malo, y todo es separado».

No se debería hacer distinción alguna. Por eso es por lo que religión no es moralidad. La religión está más allá porque la moralidad no puede existir sin distinciones, y la religión no puede existir con distinciones. La moralidad no puede existir sin crear el otro. Depende de la división en opuestos: el bien y el mal, y así sucesivamente. Así que Dios y el Demonio no son parte de la religión sino de la moralidad. El concepto de Dios como opuesto al mal, al Diablo, a Satán no es en realidad un concepto religioso. Es un concepto moral.

Cuando por primera vez fueron traducidos los Upanishads a las lenguas occidentales, los eruditos se hallaron desconcertados porque no aparecía nada similar a los Diez Mandamientos, que dicen, «¡Haz esto, y no hagas esto otro!» No había nada como los Diez Mandamientos, y sin los Diez Mandamientos ¿cómo puede existir una religión? ¿Cómo? Occidente no podía imaginárselo. Por eso esos libros no fueron considerados realmente religiosos, porque no había discusión acerca de lo que es bueno y de lo que es malo y sobre lo que se debería y sobre lo que no se debería hacer.

Y en cierto modo esto era correcto. Si nuestro concepto de religión es como moralidad, entonces los Upanishads no son religiosos. Pero si los Upanishads no son religiosos, entonces nada es religioso, porque la moralidad es sólo una conveniencia, y la moralidad puede cambiar según la nación, según la raza, según la geografía, según la historia. Cambiará, porque cada raza, cada nación crea sus propios sistemas. La religión no es una conveniencia y no puede cambiar de una raza a otra. No depende de la geografía y no depende de la historia. En realidad no depende de la forma de pensar del hombre. Depende de la verdadera naturaleza de la Realidad. Por eso, la religión es, en cierto modo, eterna.

Las moralidades son siempre temporales. Pertenecen a cierta época, a cierto tiempo y a cierto espacio. Luego cambian. Cuando pasa el tiempo, cambian. Pero la religión es eterna porque es la misma naturaleza de la Realidad. No depende de tu forma de pensar. Esta religión pertenece a la Realidad sin opuestos. Pero a la Realidad se la escinde en opuestos. Según la vemos, la vemos dividida, porque el mismo hecho de ver la divide, del mismo modo que un rayo de luz, un rayo de sol, se descompone al pasar a través de un prisma.

Cuando la mente observa las cosas, éstas son divididas en polaridades. En el instante en que observamos, dividimos. No somos capaces de permanecer en la Realidad indivisa ni un solo instante. Te veo y ya te he dividido: hermoso-feo, bueno-malo, blanco-negro, mío-no mío. En el instante en que te observo, la división se hace presente. La mente trabaja como un prisma, y el prisma divide la Realidad. Y si continúas escogiendo, serás una víctima de tu mente. Lo bueno y lo malo son caracterizados como tales por la mente.

No elijas lo bueno como opuesto a lo malo, pues si lo haces, al final, caerás en lo malo oponiéndote a lo bueno. Escoge el bien a través del mal; conoce el mal a través del bien. Son uno: siente esta indivisible unidad. Contempla la vida a través de la muerte; contempla la muerte a través de la vida; no como opuestos, sino como uno, como los dos extremos de una misma cosa. Esto es lo que se quiere decir con *Eso*. Y el sutra dice,

La mente constantemente apuntando
a Eso, es la ofrenda.

La mente debe estar fluyendo hacia *Eso* constantemente, continuamente, sin pausa. ¿Cómo va a fluir la mente si haces de Dios algo separado del mundo? Tendrás que comer y te olvidarás, te olvidarás de tu Dios. Tendrás que dormir y te olvidarás, te olvidarás de tu Dios. Tendrás que hacer tantas y tantas cosas, que Dios será siempre un constante conflicto. Por eso una religión que viva con Dios en oposición al mundo crea mucha angustia, y las mal llamadas personas religiosas no es que estén constantemente esforzándose hacia Dios, si no que simplemente están esforzándose, en tensión. Viven en angustia. Todo se vuelve en contra de Dios, de modo que la angustia hace su aparición. ¿Cómo van a ser capaces de reír? ¿Cómo van a poder cantar? Todo se queda en un querer y no poder. Dondequiera se dirijan para descubrir a Dios, algo aparece como un obstáculo.

El mundo entero se vuelve un enemigo. Los amigos no son amigos. Se quedan a medias, se vuelven enemigos. El amor se convierte en veneno, porque se queda a medias. Todo se convierte en un obstáculo. Eres obstaculizado desde todas partes. ¿Cómo vas a poder vivir en paz? No puedes. Incluso un simple hombre, un hombre del mundo es capaz de vivir más en paz que tú. Si tu Dios está en oposición al mundo, no puedes vivir en paz. Te hallarás en constante tortura.

Desde luego, cuando la tortura es auto-impuesta, el ego se siente halagado y reforzado y por este motivo disfrutas con ello. Y cuando alguien comienza a disfrutar con sus auto-impuestas torturas, es que está loco, ido. No está en sus cabales. Te puedes convertir pues en un mártir de tu propia estupidez y puede que incluso otros te veneren porque hay gente que se siente muy feliz cuando alguien se tortura a sí mismo. Disfrutan. Son sádicos y tú te vuelves un masoquista. Te torturas a ti mismo. Eres capaz de torturarte a ti mismo sin descanso y te torturarás a ti mismo cuando todo el mundo esté en contra de Dios. Entonces la vida será una constante tortura. Todo es pecado, y todo creará culpa y miedo y ansiedad, y te verás envuelto constantemente en el caos.

Te torturarás a ti mismo y te volverás un masoquista. Y siempre que hay un masoquista los sádicos hacen su aparición y lo veneran. Hay gente que se siente bien cuando alguien está sufriendo. Les gustaría hacerte sufrir, pero tú les has ahorrado el problema: te estás torturando a ti mismo. Ellos se sienten bien. De modo que de cada cien, noventa y nueve santos están simplemente enfermos, existencialmente enfermos: son masoquistas. Puedes venerarlos, pero te llevarán al infierno. Y en esto no consiste la religión. La religión consiste esencialmente en crear una vida extática, una vida que sea una bendición, un gozo absoluto. ¿Cómo se relaciona pues esta ansiedad con el gozo? Son extremos opuestos.

Los Upanishads dicen, «Ofrece tu mente a *Eso* mediante *esto*, a través de cualquier medio». No crees obstáculo alguno, no crees el opuesto. Sea lo que sea que es, es *Eso*. Y, en verdad, un milagro sucede. Cuando contemplo el bien a través del mal, el mal desaparece. Cuando digo que contemplo *Eso* a través de esto, esto desaparece. Se vuelve transparente y sólo *Eso* permanece. El mundo deja de estar allí, pero somos aún incapaces de ver *Eso* que allí permanece.

El mundo desaparece. Por eso es por lo que Shankara afirmaba que es una ilusión. El decir ilusión o *maya* no significa que el mundo no exista. Sólo significa esto: que el mundo no es una realidad, sino una imagen. Si eres capaz de observarlo en profundidad, Brahma se revela y el mundo desaparece.

Si no eres capaz de ver *Eso*, el mundo se vuelve mucho más real. Esta realidad emerge porque eres incapaz de hallar lo Real. En el instante en que encuentras lo Real, el mundo desaparece. No significa que dejen de existir las casas, las naciones, que no vaya a haber carreteras; no, esto no es lo que significa. Cuando Shankara dice que el mundo es una ilusión y que desaparece cuando *Eso* es revelado, no significa que desaparezca como un sueño, ¡no! Desaparecerá en un sentido diferente.

Desaparecerá cuando lo oculto sea revelado, cuando la Totalidad sea revelada. La *gestalt* cambia, toda la *gestalt* cambia. Bajo un nuevo modelo empiezas a ver diferente. El mismo árbol es, para un leñador, una cosa, y el modelo, la *gestalt* para un pintor es otra cosa distinta. Para un leñador puede que el verdor no exista porque sólo se fija en la madera, en la textura de la madera, en si puede ser empleada en ebanistería o no. Esta mente tiene una *gestalt*, y en esta *gestalt*, según este modelo, puede que el árbol no sea verde. Puede que él no haya contemplado su verdor.

Un pintor se halla en sus proximidades. Para él el árbol es verde, y me pregunto si sabes que cuando un pintor mira a un árbol, no ve sólo verde, porque existen miles de tonalidades distintas del verde. Cuando los ves, por lo general, todos los árboles son verdes, pero no hay dos verdes que se parezcan entre sí. Dos verdes son dos colores. Cada verde tiene su verdor propio. De modo que, para un pintor, no existe sólo un verde. Hay un verde A, un verde B, un verde C. Muchas tonalidades, muchas individualidades.

Un amante que está triste, que ha perdido a su amada, puede que no se percate del árbol. El verde puede parecerle muy triste y se le presentará con diferentes colores y tonalidades. No será capaz de percibir su textura, o puede incluso que eso le recuerde el cuerpo de su amada, no la textura del árbol. Y un niño jugando allí y un viejo muriéndose allí, ¿contemplarán una misma realidad? Su *gestalt* serán distintas. Surgirá un árbol distinto, habrá allí un árbol distinto.

¿No es posible que un Shankara no vea al árbol sino sólo a *Eso*? ¿Ni la textura del árbol, ni su verdor, ni la tristeza del amante, ni la alegría del niño, ni la pesadumbre del moribundo, nada? ¿No es posible que un Shankara vea sólo *Eso* y no el árbol? Entonces el árbol se vuelve transparente. En una nueva *gestalt* el árbol desaparece y Brahma es revelado. Esto es lo que quiero decir cuando digo observa, descubre, indaga por todas partes en busca de *Eso*. Y cuando comiences a percibir a *Eso* por todo, tu mente no podrá moverse: el opuesto no existirá.

Entonces surge la ofrenda, ¡Sólo entonces! Entonces has sido, entonces has dado. No eres capaz de darte a ti mismo. Solamente puedes entregar tu mente porque tú puedes desprenderte de tu mente. Tú estás en *Eso*, pero no tu mente. ¡No puede estarlo! Y tú eres libre: la elección es tuya. Así que tú serás el responsable, nadie más. La responsabilidad es tuya, por lo tanto ser o no ser religioso es tu decisión. No te pierdas en lo innecesario; en si Dios existe o no existe. ¡Es tu decisión! No tiene sentido el discutir si hay o no hay Dios: es tu elección. Puedes decir que no existe, pero diciendo esto niegas una Realidad mayor y el camino a ella. Puedes afirmas que existe, y diciéndolo, te estás abriendo a una más grande Realidad.

Esto no puede ser probado: si El existe o no existe. No puede ser probado como hecho científico, porque si fuera probado no existiría la libertad. Entonces la ofrenda sería imposible. Si se convierte en un hecho tan vulgar como cualquier otro, si se convierte en un hecho como lo es la Tierra o el Sol o la Luna, si se convierte en un hecho ordinario, objetivo, entonces no serás libre de elegir. Por eso Dios no se convertirá nunca en un hecho científico, y no podrá probarse si existe o no. Sólo se puede decir esto: si lo eliges, te volverás diferente; si no lo eliges, también serás diferente. Si no lo eliges crearás un infierno para ti; si lo eliges, te crearás una existencia extática.

El es irrelevante. Es tu elección la que cuenta. Tanto si Dios es como si no es, no tiene importancia. No vale la pena ni discutirlo. Lo básico, lo importante es que si eliges te vuelves diferente, y si no eliges también te vuelves diferente. ¡Todo depende de ti! Depende de ti el que desees una existencia que sea puro miedo y temblor, pura angustia y muerte, un largo sufrir o bien desees un gozo, una apertura momento a momento hacia un gozo cada vez mayor. De modo que la pregunta no consiste en si Dios existe o no. La pregunta consiste en si tú deseas o no deseas ser transformado y transportado a otra Existencia. Y eso siempre será tu elección.

Si todo el mundo afirma que Dios existe y yo lo niego, puedo seguir negándolo y nadie podrá obligarme a cambiar. Por eso es por lo que es una ofrenda. ¡Es un ofrecimiento! Puedes ofrecer, o puedes retener. Tú ya te has ofrecido, así que este no es el tema. Pero tu mente no ha sido ofrecida, y este es el enigma: que vives en *Eso*, pero sufres. Tú estás en *Eso*, pero sufres. ¿Por qué? Porque tu mente no está en *Eso*. Y, en realidad, es tu mente la que sufre, no tú. Tú nunca has sufrido, nunca podrás sufrir. Nunca has muerto, no puedes morir. Pero tu mente sufre, tu mente muere y nace, y muere y sufre y sigue sufriendo. Esta mente ha crecido demasiado. Ofrécela a *Eso* y llegarás al punto en el que siempre has estado. Realizarás eso que es tu naturaleza.

Buda fue interrogado, «¿Qué es lo que has alcanzado?» Cuando hubo alcanzado el *Nirvana*, cuando alcanzó la Iluminación se le preguntó, «¿Que es lo que has alcanzado?» Buda dijo, «No he alcanzado nada, sólo aquello que ha estado en mí siempre. Más bien, al contrario, me he desprendido de algo. No he alcanzado nada. He perdido la mente que estaba en mí y he alcanzado *Eso* que estuvo siempre conmigo, pero que debido a esa mente no podía penetrar, no podía verlo».

Es tu elección. La pantalla de la Realidad es nuestra elección. El ocultar la Realidad es la mente. Esta vida de miseria lo es por decisión nuestra y nadie más es responsable. Y tú puedes continuar durante vidas junto a ella. Has seguido así y puedes seguir junto a ella durante vidas enteras. Y nadie podrá separarte y nadie podrá tirar de ti, porque ésta es tu libertad. Sólo tú puedes salirte de ella y puedes saltar en el momento en el que lo decidas. Así que no pienses más en términos tales como «Al haber estado viviendo durante tantas vidas en esta ignorancia ¿cómo voy a salirme de ella en un instante? Puesto que he vivido tantas y tantas vidas en ignorancia, ¿cómo lo voy ha hacer?» Eres capaz de salirte en cualquier instante porque todas esas vidas fueron tu elección. Cambia la elección y todo cambiará.

Es algo así: si en esta habitación ha habido oscuridad durante muchos años, dirás, «¿Cómo voy a poder encender una vela en este mismo instante? ¡Ha estado tan oscuro durante tanto tiempo! Durante años ha estado oscuro, ¿cómo va a dispersar la oscuridad en un instante una vela encendida? Tendremos que esforzarnos durante años y años y la vela tendrá que luchar también durante años y años. Sólo entonces podrá ser dispersada la oscuridad, porque la oscuridad tiene un pasado, tiene una historia. Tiene un gran, un profundo arraigue».

Pero enciende la luz y la llama desaparecerá. La oscuridad no tiene tiempo: tiene sólo duración. Por duración quiero decir que no se va apilando, así que no puede adquirir espesor. Un instante de oscuridad tiene el mismo espesor que un año o un siglo de oscuridad. No puede engrosarse más. No puede acumularse y no se acumula a cada instante que pasa. No puede volverse tan gruesa y tan densa que una luz de una vela no pueda penetrarla. Permanece la misma. Sólo tiene duración, una simple duración sin que vaya adquiriendo grosor.

La ignorancia es simplemente como la oscuridad: sólo tiene duración. Puedes permanecer en ella por siglos, por milenios, y simplemente en una decisión instantánea deja de estar ahí. Es como la luz. En el instante en que la luz se hace presente, la oscuridad deja de estar allí. Y la oscuridad no puede decir, «Esto no es como debería ser. He estado aquí durante muchos, muchos siglos, y esto no es lo correcto. He permanecido aquí y he tomado posesión de este lugar. Se ha vuelto mío».

No puede decir nada. Cuando la luz aparece, la oscuridad simplemente desaparece. De este modo llega la Iluminación, llega el ofrecimiento. Eres capaz de ofrecer en cada momento: tú decides. Pero la ofrenda debe ser total y sólo puede ser total si no divides la Realidad. Afirma la vida como Divina; afirma ambos extremos opuestos como *Eso*. Entonces, te muevas o no te muevas, no puedes ir a ninguna parte. O, dondequiera que vayas, te encontrarás *Eso*. Esto es una mente apuntando continuamente, y esto, dice el Upanishad, es la única ofrenda. Todo lo demás son falsos sustitutos.

EL SECRETO
DE SER TOTAL

*¿Cuáles son las semejanzas y las diferencias entre
la voluntad y la entrega?*

¿Es la mente algo que merece ser entregado?

¿Qué es la «voluntad total»?

Osho, en referencia al tema del ofrecimiento a lo Divino, explica por favor cuál es el significado de la voluntad y de la entrega. ¿Cuáles son las semejanzas y las diferencias entre la voluntad y la entrega?

El fin es el mismo, pero los comienzos son distintos y todas las diferencias pertenecen siempre al comienzo. Cuanto más te acercas a la meta, menor es la diferencia entre los caminos.

En el comienzo la voluntad y la entrega son diametralmente opuestos. La entrega significa total ausencia de voluntad propia. No tienes voluntad propia, te sientes indefenso, no eres capaz de hacer nada. Estás tan totalmente desvalido que no eres capaz ni de decir que existe la voluntad; el concepto mismo de voluntad es ilusorio. No tienes voluntad. Más bien al contrario, tienes un destino, no una voluntad, por eso sólo puedes entregarte. No es que te entregues, es que no puedes hacer nada más.

Así que el entregarse no es un acto. Es más bien un reconocimiento. ¡No es un acto! ¿Cómo puede ser un acto el entregarse? ¿Cómo puedes entregarte? Si «tú» te entregas, ¿cómo lo vas a llamar entrega si sigues siendo tú el amo? Si «tú» te entregas, entonces tú sigues siendo el que «haces», la entrega ha sido un acto de voluntad, y esas dos cosas son diametralmente opuestas. No puedes «querer» entregarte. El entregarte no es un acto, es más bien un reconocimiento, el reconocimiento del fenómeno de la ausencia de voluntad.

No existe algo así como la voluntad, así que tú no tienes la capacidad de poder hacer. No puedes hacer nada. Todo es un puro suceder. Tú has sucedido y todo lo demás que ha venido luego ha sido un puro suceder. Sentir esto, saber esto, es un reconocimiento. De repente te das cuenta de que no existe una voluntad en ti. Con este darse cuenta, el ego desaparece, porque el ego sólo puede existir si hay voluntad.

Así que el ego significa la totalidad de los actos voluntarios. Si hay voluntad, entonces puedes *ser*. Si no hay voluntad, entonces desapareces. Entonces eres sólo una ola en un infinito océano, y no puedes desear «hacer». Existes como suceso; dejarás de exisitir como suceso. ¿Qué puede hacer una ola en un océano infinito? Ha sido ola merced al océano. No existe por sí misma, sólo aparenta existir.

Si sientes esto y este sentimiento surge como una profunda búsqueda, un indagar en tus profundidades, - ¿hay ahí alguna voluntad? - entonces descubrirás que eres como una hoja seca arrastrada por el viento. A veces irás hacia el norte, a veces hacia el sur, y la hoja seca puede que llegue a pensar que va hacia el sur. Lo que verdaderamente ocurre es que el viento sopla y la hoja seca es arrastrada. Si profundizas en ti mismo te volverás consciente de una ausencia total de voluntad. El reconocer esto es entregarse. No es un acto. Y si te entregas, si la entrega sucede, no hay necesidad de ofrecer. ¡No puedes ofrecerte!

De modo que en el camino de la entrega, realmente el ofrecimiento no es posible, porque todo ofrecimiento se basa en la voluntad: tú ofreces, tú estás allí. En el camino de la entrega el ofrecimiento sucede, pero el que se entrega nunca lo sabe. No puede saberlo, no puede decir, «He ofrecido mi mente a lo Divino». En realidad, no puede hablar en términos de acciones, sólo puede hablar en términos de sucesos. A lo más puede decir, «La ofrenda ha sucedido».

Sin una voluntad no puedes tener un ego y sin un ego no puedes hablar de nada como de un acto. Por eso el «suceder» es lo que aparece en el camino de la entrega. La entrega en sí misma es un suceder.

Pero en el camino de la voluntad se da un proceso distinto. En el momento en que digo, «el camino de la voluntad», la voluntad se presupone. Tú haces algo. Esto es un hecho en el camino de la voluntad, es algo que se da por supuesto. Nunca es cuestionado porque aquellos que siguen el camino de la voluntad dicen que incluso el cuestionar algo es aceptar la voluntad. Incluso el cuestionar una cosa implica que la voluntad está ahí. El preguntar es un acto, contestar es un acto, dudar es un acto, decir no es un acto. Por eso la voluntad no puede ser cuestionada. En el camino de la voluntad, la voluntad no puede ser cuestionada. Esta es la hipótesis fundamental.

En el camino de la entrega, la ausencia de voluntad propia es la hipótesis fundamental. No puedes poner en duda esto. Esto debe ser bien entendido: en cada camino algo se constituye en hipótesis. Ha de ser así porque has de empezar por alguna parte y has de empezar desde la ignorancia. Debido a esos dos factores se necesita de una hipótesis. Incluso en la ciencia comienzas con una hipótesis, asumes algo que no puede ser cuestionado, y si lo cuestionas todo el edificio se desploma.

Por ejemplo, una de las materias más exactas, más científicas es la geometría, pero comienzas con una hipótesis. Empiezas con algo que asumes y que no puede ni probarse ni negarse, porque sólo puede demostrarse aquello que puede ser negado. De modo que para comenzar, asumes algo desde la ignorancia, con fe. Así que, en realidad, la ciencia no es tan científica como parece. Si retrocedes a sus inicios todas las ciencias comienzan con una hipótesis y si cuestionas esa hipótesis, ninguna respuesta es posible. Y así es como ha de ser porque no se puede comenzar desde la nada.

Míralo así: si llego a una ciudad extraña para mí y le pido a alguien donde vive la persona A, el puede que conteste, «A es un vecino de B». Pero si yo digo, «Esto no es una respuesta porque no conozco tampoco a B. ¿Dónde vive B?» Entonces el dirá, «B es el vecino de C». Pero yo afirmaré, «Qué sitio tan extraño. No se nada de C o de D o de E, indícamelo por favor de forma que lo pueda entender. Todo me es desconocido, así que ¿por dónde comenzar?»

Si el dice, «D, E, F, G», todos son hipotéticos. ¿Desde dónde empezar? El empezar sólo es posible si asumo una cosa como conocida y que en realidad no es conocida; si no, no hay alternativa posible. Y esta es la situación, así es cómo nos encontramos en este mundo: todo es desconocido, ¿por dónde empezamos entonces? Si dices que debemos empezar desde el saber, ¿cómo vas a empezar? Cuando todo se desconoce, ¿cómo vas a empezar con algo tomándolo como un hecho conocido? Así no puedes empezar. Y si empiezas con un hecho desconocido, tampoco entonces puedes empezar.

Una hipótesis significa un hecho desconocido asumido desde la fe como conocido. Una hipótesis significa un hecho desconocido tomado como conocido a sabiendas. Entonces sí puedes empezar. Por eso una hipótesis no puede ser cuestionada, en ninguna parte, ni siquiera en matemáticas.

De modo que en el camino de la voluntad, la voluntad es la hipótesis, y en el camino de la entrega, la ausencia de voluntad propia es la hipótesis. Si uno de los dos caminos te atrae, serás incapaz de entender el otro, porque ambos parten de hipótesis opuestas. Si la ausencia de voluntad propia te atrae, entonces la voluntad no tendrá atractivo alguno. Entonces será absurdo. Y si la voluntad te atrae, entonces la entrega carecerá de sentido.

Con la voluntad, se da por sentado que eres capaz de hacer, y entonces aparece la pregunta, ¿qué hacer? Puedes hacer algo que te aleje de lo Divino y puedes hacer algo que te aproxime a lo Divino. Y tú eres el responsable, ya lo hablamos ayer. ¿Cómo puedes tú, paso a paso, actuar para acercarte y, en último término, establecerte en *Eso*? Pero recuerda este hecho: que la voluntad se toma como hipótesis. Una vez la tomas como hipótesis, puedes continuar ejerciendo la voluntad y, por último, querer totalmente; o sea, tu mente es direccionada totalmente hacia *Eso*, y en esa tensión total, en ese clima, en esa culminación, la voluntad se disuelve, porque la perfección es la muerte. En el momento en que algo se vuelve perfecto, muere.

Por eso es que Lao Tse dice, «No seas nunca perfecto. Párate a medio camino, nunca lo recorras hasta el final». Si vas hasta el final, el éxito se tornará fracaso y la vida se convertirá en muerte. Si llegas al final mismo, el amor se volverá odio y la amistad se reducirá a enemistad porque la perfección significa muerte. Y cuando algo muere, muere en su extremo opuesto.

Cuando la voluntad es perfecta, cuando la mente está totalmente direccionada, la voluntad muere, la voluntad desaparece, porque la perfección es el punto de evaporación, del mismo modo que el agua se evapora a los cien grados. El límite de los cien grados es la perfección. Por lo que concierne al agua, el calor ha llegado a la cima. Si ahora el calor continúa, el agua ya no estará allí. Y si el agua quiere estar allí, el calor no debe alcanzar ese límite. Por eso cuando alcances un cien por cien de voluntad, estarás al límite de la explosión, morirás, tu voluntad morirá. El fenómeno mismo de la voluntad desaparecerá. Y cuando la voluntad desaparece, alcanzas el mismo punto desde dónde uno empieza con la ausencia de voluntad. Ahora hay ausencia de voluntad.

Así que o cero o perfección: ambos alcanzan el mismo fin. Dependerá de ti, de tu clase de mente. Si eres capaz de concebir la ausencia de voluntad , no surgirá la cuestión. Pero eso es difícil, no sólo difícil, es cierto modo es casi imposible. Es inconcebible. Sucede, a veces sucede. Pero este suceder contiene un prolongado, un continuado esfuerzo de voluntad. Muchas, muchas vidas ejerciendo la voluntad te proporcionan la experiencia con la que has estado soñando. Uno que ha querido durante mucho tiempo y aún así no llega a sitio alguno puede llegar a un punto en el que repentinamente se de cuenta de que está trabajando con algo que no existe.

Un Buda por ejemplo. El alcanza lo Supremo mediante la ausencia de voluntad. Pero trabajó hasta la extenuación en el camino de la voluntad durante seis años de su vida. Acudió a todos los Maestros, indagó en todos los caminos, lo hizo lo mejor que supo, probó todo lo que le fue enseñado y dicho. Hizo todo aquello que un ser humano es capaz de hacer y con cada Maestro trabajó duro. No hubo ningún Maestro que le pudiera decir, «No lo estás logrando porque no te estás esforzando», pues trabajaba más que el propio Maestro. Por eso todos los maestros tuvieron que decirle, «No puedo decir que no te estés esforzando, estás haciendo lo imposible, lo estás intentando al máximo, pero eso es todo lo que yo puedo enseñarte. Debes irte a otro sitio».

Así que buscó a todo Maestro, trabajó en todos los métodos. Y Bihar era un lugar con un gran potencial en aquellos tiempos. Sólo en dos ocasiones cimas así se han alcanzado. Una fue en Atenas, durante la civilización griega. Atenas era una ciudad con un gran futuro y en Atenas se dio una situación de elevado potencial. La otra vez fue en Bihar; sucedió que Bihar se convirtió en la cumbre de todo lo que la mente puede hacer. Y en Bihar, en los tiempos de Buda, todos los métodos habían sido desarrollados y cada método tenía su propio profesor, su propio Maestro. Y Buda trabajó con todos ellos. Trabajó tan duro y tan sinceramente que cada Maestro tuvo que pedirle que le dejara, porque se dedicaba con toda entrega y no obtenía nada de provecho.

En realidad, él no era un hombre adecuado para el camino de la voluntad. Mahavira, un contemporáneo de Buda, llegó por el camino de la voluntad y lo logró. Pero Buda no pudo alcanzarlo. Después de trabajar duro en todos los caminos, en un repentino instante de impotencia se sintió frustrado. Se sintió incapaz. Lo había intentado todo y no había logrado nada, seguía siendo el mismo sin transformación alguna. Le poseyó una frustración total y un día, lo abandonó todo.

Antes, ya había abandonado el mundo: ésta fue la primera renuncia. Pero la segunda, la que no se menciona en la escrituras, fue mayor. Los budistas no hablan de ella. Sucedió una segunda renunciación aún mayor. Después de seis años de esfuerzo, Buda abandonó el camino de la voluntad. El dijo, «Me siento impotente y parece que nada es posible, que nada se puede hacer, por eso abandono todo empeño».

Era una noche de luna llena y estaba sentado bajo un árbol. Había abandonado al mundo; esa noche abandonó toda religión, toda filosofía, toda técnica. Se relajó bajo un árbol. Por primera vez después de innumerables vidas se relajó, pues siempre había estado trabajando, esforzándose, tratando de conseguir algo de la forma que fuera. Pero esa noche, en su mente no había esfuerzo alguno por conseguir algo. Se sentía tan totalmente desvalido que el tiempo se le detuvo, el futuro desapareció, los deseos se volvieron algo sin objeto. El esfuerzo era algo imposible; la voluntad estaba totalmente ausente.

Estaba en realidad muerto; psicológicamente muerto. Sólo vivía en el sentido en el que vive un árbol, sin deseos, sin futuro, sin perspectivas. Era como el árbol bajo el que estaba tumbado. Imagínatelo. ¡Trata de imaginártelo! Si no hay deseos ni futuro ni un mañana que perseguir y no hay nada que alcanzar y todo se ha vuelto un absurdo y el pensamiento de que «No puedo hacer nada» penetra hasta lo más hondo, ¿cuál es la diferencia que hay entre tú y el árbol? ¡No hay diferencia! Estaba tan relajado como el árbol. Estaba tan relajado como el río que corría por allí.

Se durmió. Su sueño fue algo extraño. No hubo ni tan sólo un sueño, pues los sueños pertenecen al mundo del deseo, del querer hacer, del esfuerzo. Durmió como duermen los árboles. Su sueño fue total. Fue simplemente como la muerte, sin oscilaciones de la mente, sin motivación interior. Todo se detuvo. El tiempo se detuvo.

Por la mañana a las cinco abrió sus ojos. Digamos que más bien, sus ojos se abrieron, porque no existía la motivación. Tal y como los ojos se cerraron por la noche, se abrieron por la mañana. Refrescado por la noche, refrescado por la relajación, refrescado por una profunda ausencia de deseos, Buda abrió sus ojos. La última noche estaba desapareciendo del cielo y se dice que contemplando esa estrella desvanecerse, Buda Despertó. ¡Se realizó!

¿Que fue lo que sucedió? Sucedió porque no había esfuerzo, porque el esforzarse había cesado. No había ni deseos. No había ni frustración porque la frustración es parte del deseo y de la expectativa. Si realmente las expectativas cesan, no hay lugar para la frustración. No pedía, ni rezaba, ni estaba meditando, no estaba haciendo absolutamente nada. Simplemente estaba allí, vacío. Cuando la última estrella desapareció, algo desapareció en él también. Se convirtió en puro espacio, en pura nada. Esto es entrega, sin sentimiento de entregarse, porque ¿quién se entrega a quién? Pero esto sucedió como una culminación de largos esfuerzos.

Esto es lo que quería decir: uno tiene que empezar con la voluntad. ¡Comienza con la voluntad! Si eres de la clase que es capaz de alcanzar la voluntad perfecta, desaparecerás al llegar a esa cima. Si no eres de esa clase entonces alcanzarás la perfección de la frustración, y desde ese pico de la frustración, desaparecerás. Si se da el primer caso, la voluntad habrá sido tu camino; si se da el segundo, será el de la entrega.

Pero comienza con la voluntad. No eres capaz de empezar con la entrega, porque la entrega no puede tener comienzo. La acción puede tener un comienzo, pero ¿cómo puede algo que sucede tener un comienzo? Puedes empezar con la acción; no puedes empezar con el suceder, esa es la diferencia. Puedes empezar con hacer algo, pero ¿cómo puedes empezar con la entrega?

Empieza pues con la voluntad y pon todo tu ser en ella. Sólo así serás capaz de determinar si este camino es o no es adecuado para ti. Si funciona, entonces de acuerdo. Entonces alcanzarás el ego más perfecto. Y cuando el ego es perfecto la burbuja estalla. O, si no eres de esa clase, irás dando vueltas y vueltas y vueltas ...y frustración tras frustración. Entonces alcanzarás otra cima, la cima de la frustración, y sucederá la entrega.

Así que, incluso para el entregarse, no pienses que no tienes nada que hacer. ¡Recuérdalo! No lo pienses, porque la mente es muy astuta y puede decir, «La entrega es nuestro camino. Esto significa que no voy a hacer nada en absoluto. La entrega es mi camino». Es una habilidosa treta. Si la entrega es tu camino, entonces el entregarse puede suceder en cualquier instante, porque el entregarse no requiere de tiempo. No hay un mañana necesario para ello. Si dices, «La entrega es mi camino», no esperes a mañana, porque el entregarse sólo puede ser aquí y ahora. No se necesita de esfuerzo alguno ni de un tiempo determinado para entregarse.

Si no ocurre en este mismo instante, da por sentado que el de la entrega no es tu camino. La mente es falsa, la mente trata sólo de posponer el esfuerzo. Y la mente lo puede todo. La mente puede racionalizar: «No hay necesidad de voluntad porque no existe la voluntad, por lo tanto estoy dispuesto a andar el camino de la ausencia de voluntad propia». Pero recuerda bien que tu «estar dispuesto» no funcionará. Tu «estar dispuesto» no es un estar dispuesto; tu «estar dispuesto» no es realmente una calificación para la entrega. Tu absoluta impotencia es la condición. ¿Te sientes real y absolutamente impotente? Si te has sentido así, si has sentido que no hay nada que puedas hacer; si te sientes así, entonces la entrega puede suceder en este mismo instante.

La entrega no puede posponerse; la voluntad sí puede ser pospuesta. De modo que con la voluntad puedes tomarte tu tiempo, vidas, y puedes ir trabajando lentamente. Pero con la entrega no hay dónde ir y no puedes pensar en el futuro; el futuro no está permitido. Si dices, «El de la entrega es mi camino y algún día sucederá», te estás engañando a ti mismo. Si el de la entrega es tu camino, la entrega habría sucedido ya.

Alguien le preguntó a Mozart, «¿Quién es tu Maestro? ¿De quién aprendiste música?»

Mozart le contestó, «No hay nadie que sea mi Maestro. La he aprendido solo, por mí mismo».

El que le preguntaba le dijo, «Entonces dime, ¿puedo también yo aprender por mí mismo?»

Mozart le contestó, «Yo nunca le hice esta pregunta a nadie. Hasta para saber esto has venido a mí a preguntármelo, de modo que te será difícil aprender música por ti mismo. Incluso esto lo has tenido que preguntar a alguien: si eres capaz de aprender música sin Maestro. ¡Necesitas de un Maestro hasta para decidir esto! Así que no podrás».

El hombre insistió. Le dijo, «¿Por qué? ¿Si tú fuiste capaz, por qué no yo?»

Mozart le dijo, «Si fueras capaz de hacerlo, ya lo habrías hecho».

Así que si la entrega pudiera suceder y tú estuvieses en condiciones para ello, ya habría sucedido. No puedes escogerla. Elige la voluntad, porque tiene afinidad con el elegir. Con la entrega, el elegir no tiene afinidad. La elección necesita de la voluntad. Escoge pues la voluntad, y trabaja duro. Y sólo pueden pasar dos cosas. O bien tienes éxito o bien fracasas; pero esfuérzate al máximo de modo que si tienes éxito, éste sea total, y si fracasas, que el fracaso sea total, y esa condición de totalidad decidirá.

Los tibios y mediocres esfuerzos no conducen a ninguna parte, pues nunca puedes determinar cuál es tu tipo esforzándote a medias. Con tímidos y tibios esfuerzos nunca podrás decidir cuál es tu tipo. Nunca podrás saberlo. ¡Trabaja duro! O bien ten éxito totalmente, o bien fracasa totalmente. De ambas maneras llegarás al mismo punto. Si triunfas plenamente, la voluntad desaparecerá. Al ser perfecta, muere. Si fracasas totalmente, entonces la ausencia de voluntad se volverá una señal y luego vendrá la entrega.

Todos los esfuerzos pertenecen al camino de la voluntad. Cuando alguien se esfuerza con todo su corazón y falla, se abre el otro camino. ¡Es un camino sin preparación! Es como una puerta de emergencia. En un accidente de aviación utilizas las puertas de emergencia. Puede que no te hayas ni dado cuenta de que existen. No tienes porqué. Por lo general, abres, entras y sales por la puerta corriente, la usual. La puerta de emergencia sólo se abre cuando hay una emergencia y un colapso total. En ese instante las puertas corrientes no valen.

El entregarse es la puerta de emergencia. Empieza con lo usual, la voluntad. Cuando la voluntad falla totalmente, se abre la puerta de emergencia y sales fuera. Y si triunfas, no hay necesidad de que la puerta de emergencia se abra. Puede que ni te enteres de que existe. Puedes llegar a tu destino sin saber que había una puerta, una puerta de emergencia que podía haber sido abierta en cualquier instante.

Por eso no puedes empezar con la entrega, nadie puede. Todo el mundo ha de empezar con la voluntad.

Sólo tienes que recordar una cosa: sé siempre total en lo que hagas para que así puedas decidir el camino adecuado.

Osho, con frecuencia has descrito a la mente como una colección de experiencias pasadas y de memorias ya muertas. Incluso su aparente vitalidad no es propiamente suya, es suministrada por el origen mismo del Ser. La última noche dijiste que la mente era la única cosa que uno podía ofrecer a Dios; pero, ¿vale la pena el ofrecerla?

Hay tres cosas que han de entenderse. Primero: la mente tiene dos significados. Uno, el contenido; otro, el continente. Cuando digo «contenido», quiero decir memorias, pensamientos, el pasado muerto, su acumulación. Pero eso es sólo el contenido. Si todo el contenido es expulsado, sólo resta el continente. Ese continente es el que puedes ofrecer. Los pensamientos, las memorias, el pasado, carecen realmente de valor, no vale la pena el ofrecerlos, pero sí el continente. La mente tiene dos significados, de modo que siempre que la mente es escrita con M significa el continente. Ese continente lo puedes ofrecer y ese es el significado del sutra: «*La mente constantemente apuntando hacia* Eso», el continente.

«*Constantemente apuntando hacia* Eso» significa que ahora el continente no tiene más contenido que *Eso,* sin pensamientos, sin memoria, sin deseos, sin pasado, sin futuro, sin nada. Ahora la mente, como continente, sólo tiene un contenido: *Eso*. Esta es la ofrenda.

Esos contenidos están ya muertos porque tu mente los absorbe sólo cuando están muertos. Por ejemplo, tu mente ni va hacia el pasado ni va hacia el futuro. Cuando se mueve hacia el pasado, se mueve entre lo muerto; todo está muerto, no hay nada vivo. El pasado no existe más que en tu memoria.

¿Dónde está el pasado? ¡En ninguna parte! No puedes encontrarlo por ninguna parte. Sólo reside en tu memoria. Si poseo algún recuerdo privado, secreto, y si es sólo mi recuerdo y nadie lo conoce, entonces cuando muera, ¿dónde estará ese recuerdo? No aparecerá por ninguna parte. ¿Cuál será la diferencia? Tanto si existió como si no existió, ¿cuál será la diferencia? Tanto si existió como si no existió, no habrá ninguna diferencia.

El pasado muerto reside sólo en el recuerdo. En ninguna otra parte. Y debido a este pasado, se proyecta el futuro. El futuro existe sólo debido al pasado. Te quise ayer y te quiero querer mañana. Deseo repetir la experiencia. Te oí cantar, y quiero oírte otra vez. Quiero repetir. El pasado anhela repetirse, lo que está muerto quiere nacer otra vez, y así se crea el futuro.

Esos son los contenidos de la mente: pasado y futuro. Si ambos desaparecen y tu mente se vuelve vacía, sin pensamientos, sin contenido, entonces estás aquí y ahora, en el presente, sin pasado, sin futuro. Y en el aquí y ahora, *Eso* está presente. En todo, simultáneamente, *Eso* está presente. Cuando tu mente deja de ser, quiero decir cuando tu pasado y tu futuro no existen, te vuelves consciente de *Eso*. Y en esa consciencia la experiencia de *Eso* es el único contenido. Esto es lo que se quiere decir con «*La mente constantemente apuntando hacia* Eso *es la ofrenda*». No debería existir otro contenido de la mente excepto el de la Existencia universal.

Cuando digo, «ofrenda de la mente», me refiero al continente, porque puedes ofrecer los contenidos, pero no tienen valor, están muertos. Cuando ofreces el continente, la mente viva, la capacidad vital de saber, la capacidad vital de ser, cuando ofreces eso, eso constituye una ofrenda. Y no es fácil, sucede raramente porque es arduo. Y vale la pena ofrecerlo. Y cuando algo así sucede, cuando un Buda o un Krishna o un Cristo se ofrecen a sí mismos, ofrecen la mente a lo Divino, no sólo ocurre que el Buda o el Jesús son enriquecidos: lo Divino también se enriquece.

Esto es muy difícil de entender. Cuando un Buda es ofrecido a lo Divino, lo Divino se enriquece también, pues aun en Buda lo Divino florece, aun en Buda lo Divino alcanza una cima. Por eso lo Divino no es algo para colocar aparte. No es algo que no esté en nosotros. Por eso la ofrenda no se hace a alguien externo. Se hace al contenido de conciencia común en todos, a la Existencia común en todos, al Ser común en todos. Por eso cuando un Buda se ofrece, Buda es enriquecido porque Buda se convierte en el Todo. Pero el Todo también se enriquece, porque con Buda ha alcanzado una culminación.

Lo Divino vive en ti, así que cuando tú caes, lo Divino cae; cuando tú te alzas, lo Divino se alza; cuando ríes, lo Divino ríe; cuando tú lloras, lo Divino llora, porque El no es algo aparte. No es un observador sentado en un cielo lejano observándote. El está en ti. Por eso cada acto, cada gesto es suyo. Se haga lo que se haga, se hace con El, a través de El, lo hace El, se le hace a El.

Existen muchas historias. Son bellas, poéticas, enseñan mucho. Se dice que cuando Buda alcanzó la Iluminación el universo entero se volvió dichoso: las flores llovieron del cielo, las deidades comenzaron a bailar a su alrededor; Indra mismo, el rey de todos los Devas, acudió presentándole sus respetos. Se entregó a los pies de Buda. Los árboles comenzaron a florecer fuera de tiempo; los pájaros empezaron a cantar fuera de tiempo. La Existencia entera se convirtió en una celebración.

Esto es poesía. Nunca sucedió una cosa igual, pero en cierto modo si ha sucedido. Y es simbólico, porque así es como debería ser. Cuando alguien alcanza el estado de Buda, ¿cómo es posible que la Existencia entera no se enriquezca? Percibirá la vibración, todo el universo se sentirá feliz. Así, mediante la simbología poética, se nos muestra un hecho.

Pero hay gente estúpida, tontos que siguen creyendo que eso es un hecho histórico, pues en caso contrario sería una mentira. Sólo tienen dos alternativas. Dicen, «Si es un hecho histórico, ¿dónde está la prueba de que florecieran los árboles fuera de estación? ¿Dónde está la evidencia? Se requiere una prueba fehaciente, y si no se tiene, entonces el hecho es una mentira». Esos desconocen que hay un espacio más allá del hecho y más allá de las mentiras, el reino de la poesía que expresa muchas cosas que no podrían ser expresadas de otra forma. Es sólo una indicación de que el mundo entero se convirtió en una pura celebración. ¡Ha de ser así, tiene que ser así, ha sido así!

De modo que, cuando esta mente se constituye en ofrenda, la mente sin contenidos, simplemente el continente, purificado, vacío, inmaculado, cuando este continente es ofrecido, la ofrenda es válida. Hasta lo Divino se siente enriquecido, porque lo Divino se vuelve más Divino. Y otra cosa: Dios no es una entidad estática. Es una fuerza creativa, una fuerza dinámica. O sea, que no es sólo el hombre el que está evolucionando, Dios también está evolucionando. Para aquellos de nosotros que estamos confinados a la lógica corriente, Dios no puede evolucionar, porque para nosotros, si evoluciona, entonces no es perfecto. ¿Cómo va a evolucionar la perfección? La lógica ordinaria no puede concebir que algo pueda llegar a ser más perfecto que lo perfecto. ¡No puede concebirlo! ¡Parece ilógico!

Pero la vida no se halla confinada a tu lógica, y existe la posibilidad de que la perfección pueda ser más perfecta, más rica.

La perfección puede evolucionar. Es perfección en cada instante, y aún así no es algo estático. Por ejemplo, un bailarín: cada uno de sus gestos es perfecto. En cada instante, cada gesto es perfecto. Y aún así, hay un movimiento dinámico y el total resultante es más perfecto que cada una de las partes. Cada danza es perfecta, y aún otra danza puede ser más perfecta.

Mahavira lo expresaba de un modo muy bello. Decía que hay infinitas perfecciones, multiperfecciones, por lo tanto Dios está evolucionando. Para mí, Dios es una fuerza que evoluciona, pues en caso contrario la evolución no existiría. Si El no estuviera en evolución, no habría evolución, pues mediante la evolución, El evoluciona. Este es el concepto de *Eso*: si consideramos una flor, entonces El está floreciendo allí; si consideramos un ser humano, entonces Él se está «humanizando» allí. Suceda lo que suceda, le sucede a El; y nada puede suceder sin El, fuera de El. Por eso cuando un Buda aparece, lo Total se ve incrementado.

Buda dice, «No acudáis a deidad alguna para rendirle culto. Iluminaos y ellas os venerarán». Y lo muestra y lo dice no como una teoría: él lo conoce. Las deidades acudieron a rendirle culto. Esto fue su vivencia. De modo que es algo sobre lo que hay que meditar. Sólo los budistas y los jainos dicen esto: que cuando te Iluminas, las deidades van y te rinden culto, porque, dicen, las deidades no se hallan en un estado de ausencia de deseos, y cuando tú te Iluminas, tú si te hallas en ese estado.

Incluso un Indra no está sin deseos. Puede que las deidades vivan en el cielo, pero tienen deseos. Por eso con Buda y Mahavira, la dignidad humana alcanzó su punto culminante. Si puedes volverte ausente de deseos, entonces todos te venerarán, porque la consciencia carente de deseos es una con eso. Esa mente sin contenidos no solamente es que sea digna de ser ofrecida: lo Divino la necesita, lo Divino la espera. Cuando un niño regresa Iluminado, el padre se siente enriquecido, el hogar se siente enriquecido.

En realidad, cuando un niño regresa Iluminado, cuando el padre ve a su hijo Iluminado, el padre deja de ser el mismo. Por eso cuando un Buda florece, el universo entero florece con él. El muestra el potencial, la posibilidad cumbre. Puede que no lo alcances ahora, pero te sientes confortado al saber que eres capaz de lograrlo. Todo el universo gana en confianza cuando un Buda aparece. El universo entero se convierte en una promesa, una certeza. Lo mismo le puede ocurrir a cada partícula, a cada «mónada», a cada mente, y ahora depende de ti.

Cuando Buda se estaba muriendo, Ananda le dijo, «¿Cuándo regresarás?»

Buda le dijo, «Es imposible. Nunca regresaré». Ananda empezó a llorar, y Buda le preguntó, «¿Por qué estás llorando? Has estado conmigo durante cuarenta años. Si aún no has sido capaz de beneficiarte por estar conmigo, ¿por qué me pides que retorne?»

Ananda le contestó, «No es por mí que te lo estoy pidiendo. Aunque no hayamos alcanzado *Eso*, tú sí, y tenemos esa certeza. Y es más que suficiente. ¡Sabemos que es cierto! Y esa certeza no podemos perderla. Estoy preguntando por los que no te han visto. ¿Cuándo regresarás? Porque sólo si ellos pudieran alcanzar contigo un destello de esa certeza , podrían emprender el camino.

«No lo estoy pidiendo por mí. Puede que durante vidas deambule, pero esa certeza no desaparecerá. Te he visto y he contemplado la posibilidad cumbre. Así que no es para mí, es para los demás. ¿Cuando regresarás? Porque tú eres lo único cierto; te miramos y las dudas desaparecen. Te miramos, puede que no seamos capaces de hacer lo mismo, por eso te seguimos; pero en ese instante al mirarte, somos tú en cierta manera. Por eso, ¿cuándo regresarás?»

La ofrenda no es pues únicamente valiosa: es esperada. Lo Divino espera, la Totalidad espera que tú regreses enriquecido, que regreses a casa con todo tu potencial realizado, que la semilla regrese, no como semilla, sino en plena manifestación. Pero con una mente llena de contenidos, la ofrenda carece de valor alguno. Estás ofreciendo basura.

Algo más sobre la primera pregunta. En referencia a los esfuerzos concernientes a la meditación, ¿qué significa un estado de «total voluntad»? ¿Qué estado de meditación puede ser denominado estado de «total voluntad» en busca del éxito final ?

El primer significado de «total» es el de que tú estés en él sin retraer ni una sola parte, sin resquemor, sin división. Así que cualquier método de meditación valdrá. Si estás totalmente en él, absorbido, sin permanecer parcialmente no involucrado, si eres capaz de gritar «Ram» a plenitud, sin que ninguna parte de ti permanezca como observador, si te conviertes en el gritar y ni una sola parte en ti observa que estás gritando «Ram», si te vuelves el grito, entonces eso es total, entonces un solo grito es suficiente. No hay necesidad de continuar repitiendo «Ram-Ram-Ram». No hay necesidad. Un grito total en el que nada se quede al margen es suficiente. Por eso sólo tú puedes decidir si eres total en algo o no.

El segundo significado de «total» se refiere a que, hagas lo que hagas, sea cual sea la técnica de meditación, debes hacerlo sin albergar duda alguna. Una minúscula duda lo convertirá en algo parcial; una pequeñísima duda no dejará que sea total. Pero eso también puedes decidirlo tú: si hay duda o no la hay. Seguimos haciendo las cosa con dudas en nuestro interior. Esas dudas anulan todo esfuerzo. No se debe tanto el que no lo logres a que no te esfuerzas lo suficiente, como a que tus dudas están en la trastienda. Por eso, hagas lo que hagas, la parte de la mente que es escéptica sigue negando, sigue esperando con escepticismo. Incluso si alcanzas algo, la mente desconfiada creará las dudas. Totalidad significa que no hay dudas. El esfuerzo se torna total.

Y, en tercer lugar, poseemos muchos niveles de energía, por lo que puede que ocurra que hagas un esfuerzo total en el primer nivel sin percatarte para nada de la existencia de un segundo nivel. Todos los niveles deberían estar implicados, comprometidos, entonces el esfuerzo se volvería total. Así que, cuando estés haciendo algo en un nivel y sientas que lo estás haciendo totalmente, no te dejes engañar tan pronto. Sigue con ello, y cuando sientas que «Nada más puede hacerse; lo he hecho todo y no me queda energía para más», ¡continúa! Este es el momento, ¡Continúa! Y pronto te darás cuenta de que una repentina ola de energía te inunda desde el segundo nivel. Una nueva tierra se ha abierto. Sigue entonces haciendo lo mismo. Y cuando estés totalmente implicado en todos los niveles, ¿cómo lo sabrás?

Hay ciertas señales. Una señal es que, cuando todos los niveles se han abierto y absolutamente toda tu energía está en ello, cuando la totalidad de la energía está en ello, nunca te sentirás agotado. Nunca llegarás al punto en que digas, «No puedo más». Este sentimiento siempre llega cuando un nivel ha sido agotado. Cuando el segundo nivel es agotado, ese sentimiento se repetirá.

Y hay hasta siete niveles. Cuando el séptimo se abre, ese sentimiento nunca regresará, ¡nunca! Nunca sentirás el «No puedo más». Seguirás con más y con más y con más, y siempre sentirás que algo más queda. Entonces estás totalmente en ello.

Lo total nunca se agota, recuérdalo. Sólo lo parcial se agota. ¡Lo total nuca es agotado! No puedes vaciarlo; cuanto más lo vacías, más se llena. Suceda lo que suceda, la totalidad no puede ser agotada. Si el amor sucede con totalidad, entonces no puede ser agotado. Si la meditación sucede con totalidad, entonces la meditación no puede ser agotada.

Me acuerdo de Bokuju, un Patriarca zen que llegó, que se Iluminó a los veinte años. Pero continuó meditando. Su Maestro se le acercó y le dijo, «Bokuju, ¿qué estás haciendo? No tienes porqué. Sé que te has Iluminado».

Pero Bokuju le contestó, «¿Cómo voy a acabar con la meditación? No hay un final. Continúo y continúo y no me siento agotado. ¿Cómo voy a dejarlo? ¿Cómo voy a apartarme? No alcanzo a ver su final».

El Maestro le dijo, «Cuando uno cae en lo Infinito, sólo existe un comienzo, no hay un final. Déjalo. Déjalo y ponte en marcha. Ya sé que ahora sientes que no puedes dejarlo. ¡Muévete! Vendrá contigo. ¡No sigas sentado!»

Estuvo sentado durante siete semanas sin cesar desde que se Iluminó. Simplemente sentado. Para su Maestro, para su monasterio fueron siete semanas. El se Iluminó: surgió una luz a su alrededor, fue transformado. Todo el mundo se dio cuenta de que algo le había sucedido. Su Maestro acudía y se iba. Acudía y se marchaba cada día. Esperó a que abriera los ojos y hablara, pero los ojos no se abrieron. En último término el Maestro tuvo que detenerlo y pedirle que lo dejara.

Bokuju dijo, «¡Cómo voy a dejarlo? No tiene fin. No se acaba. Y dicen, «Has estado sentado ahí continuamente durante siete semanas. ¡Es mucho tiempo!» Pero yo no me acuerdo. Siento como si no hubiera pasado ni un solo instante. No ha existido el tiempo para mí».

Cuando la energía en su totalidad está funcionando, no hay un fin y el tiempo desaparece. No puedes sentir el tiempo. Lo percibes solamente con la energía parcial, porque se agota. El tiempo se percibe únicamente con algo limitado, si no, no puede ser percibido. El tiempo es en realidad una percepción de limitaciones.

Con cualquier cosa que tenga límite, percibirás el tiempo a su alrededor. Es relativo.

De modo que este extraño fenómeno aparece: si tu jornada ha transcurrido vacía, sin acontecimientos, sin nada que resaltar, vacía de contenidos, sin nada que destacar, simplemente habiendo transcurrido el día, entonces el tiempo aparentará alargarse. El permanecer sin ocupación alarga el tiempo. Sientes que ese día no va a acabar nunca, que se ha alargado. Pero sólo ocurre cuando está transcurriendo. Si lo recuerdas después, entonces el día aparece como muy corto, porque a posteriori no puedes sentir el paso del tiempo si no hay acontecimientos. Por lo tanto el día aparece como muy corto.

Percibimos el tiempo en torno a ciertas cosas. Cuando estás de vacaciones y están pasando muchas cosas, el día te parece muy corto. Debido a que está tan repleto, se vuelve comparativamente corto. Pero si recuerdas tus vacaciones cuando estás en casa, te parece que han sido muy largas, porque los acontecimientos extendidos secuencialmente se vuelven largos.

Bokuju dijo, «No sé nada del tiempo. ¿Qué le ha pasado al tiempo? Se detuvo». Mahavira dijo que el elemento que cambia por completo cuando uno entra en *samadhi*, es el tiempo. El tiempo se detiene.

Alguien le preguntó a Jesús, «¿Qué ocurrirá en tu reino de Dios?» y él dijo, «Qué no habrá más tiempo». Esta es una indicación básica, que el tiempo se detiene, porque el tiempo puede ser percibido sólo con energías parciales.

Por eso es por lo que un niño percibe menos el tiempo, porque está más lleno. Un viejo percibe más el tiempo, porque está vacío ahora, se está vaciando. Con un viejo el tiempo deviene un problema. Con un niño el tiempo no es en absoluto problema, vive en ausencia de tiempo. Y lo mismo sucede con la civilización. Cuando una civilización se vuelve excesivamente consciente del tiempo, significa que la civilización se está encaminando, paso a paso, hacia su muerte. Cuando una civilización permanece in- consciente del tiempo, implica que está en su infancia, en la inocencia. No es vieja. La consciencia del tiempo significa que la muerte se está acercando. Cuanto más sientas la muerte, más percibirás el tiempo.

En la India no hemos estado excesivamente pendientes del tiempo debido a nuestra concepción de la rueda de sucesivos nacimientos. Cada vez que mueres, no es que mueras, naces otra vez. Realmente, la India destruyó absolutamente el concepto de muerte. No hay muerte si renaces cada vez. Por eso la India nunca fue consciente del tiempo. Así somos de letárgicos y capaces de desperdiciar tan fácilmente el tiempo. La razón estriba en que la muerte no existe en la mente hindú. Después de la muerte hay un nacimiento. De modo que el tiempo es infinito, y no hay prisa.

Pero la mente americana, la mente Occidental, se ha vuelto muy consciente del tiempo, y es debido al cristianismo, pues una vez que dices que sólo tienes una vida y que ésta va a ser la última, que no hay renacimiento, la muerte adquiere plena dimensión. Y todo ha de ser referenciado en torno a ella. Si la muerte es el final y sólo ocurre una vez, el tiempo se vuelve muy valioso. No puede desperdiciarse. Y ocurre un fenómeno muy extraño: cuanto más consciente te vuelves del tiempo, menos lo usas. Sólo sabes apresurarte. Lo usas cada vez menos, porque sólo vives con prisas. Y para emplear el tiempo necesitas de una actitud muy, muy paciente, una actitud muy pausada: sólo entonces puedes usarlo.

De modo que cuando tu mente se halle en un esfuerzo total de la voluntad, no existirá el tiempo y la energía de la que dispondrás no tendrá fin. Pero todos esos son sentimientos subjetivos. Puedes preguntar, «¿Puedo ser engañado?» Sí, el engaño es posible. Pero siempre que surge el engaño, te das cuenta. El darse cuenta surgirá de esta forma: en cualquier sentimiento interno, en cualquier vivencia interna, si dudas entre si es cierto o es imaginario, entonces ciertamente es imaginario, porque la Verdad es tan autoevidente que no puedes dudar de ella. La mente desconfiada desaparece.

A veces alguien acude a mí y me dice, «Dime si mi *kundalini* se está o no se está despertando. Mi Maestro dice que mi *kundalini* se ha despertado; confírmamelo». Y yo les digo que a menos que sea evidente por sí mismo, no crean a nadie. Cuando pasa, no tienes que pedirle a nadie si ha sucedido o no. Si alguien viene y te pregunta, «Dime si estoy o no estoy vivo», ¿qué le vas a decir? ¡Desde luego que estará muerto! Si tiene que preguntar eso, es que está muerto.

La vida es algo evidente por sí mismo, no requiere de ninguna prueba. ¿Cómo sientes que vives? ¿Necesitas de alguna evidencia? ¿Hay alguna prueba? ¿Cómo percibes tu vida? ¿Cómo sabes que estás vivo? ¿Hay alguna duda de si «estoy vivo o no»?

Descartes comenzó de esta manera. Empezó a buscar algún hecho indudable que no pudiera ser puesto en duda, y así continuó. De Dios puede dudarse, del cielo y del infierno puede dudarse, de todo puede dudarse. Por último se encontró consigo mismo, y empezó a pensar, «¿Puedo dudar de mí mismo? ¿Puedo dudar a cerca de mí mismo? ¿Puedo decir que existo o que no existo?» Y se tropezó con una verdad autoevidente, y dijo, «Incluso aunque afirme que no existo, existo; por lo tanto no puedo dudar de este hecho». Este hecho se constituyó en su fundamento. De ahí que dijera, «*Cogito ergo sum*». Pienso, luego existo. Aunque lo dude, pienso, luego existo. No puedo negarlo».

La vida es algo evidente por sí mismo; no puedes dudar de ello. Lo mismo ocurre cuando estás más vivo. Cuando entras a una vida mayor, cuando entras en la vida plena, es autoevidente, no se necesita de ninguna evidencia, no se necesita de ningún *testigo*. Aunque el mundo entero lo niegue, te ríes. Puede que todos crean que estás loco, pero tú te ríes.

Esas son vivencias autoevidentes, por eso puedo describirlas. Pero cuando suceden, lo sabes; cuando se presentan, lo sabes. Y el saber es suficiente en sí mismo, no requiere de pruebas externas, ni de testigos exteriores. Tu conocimiento se convierte en la única prueba.

Por eso es por lo que los místicos a veces aparecen como arrogantes. No lo son. Son las personas más humildes que puedan encontrarse. Pero parecen arrogantes y percibimos la arrogancia porque ellos son verdades evidentes. No nos proporcionan ninguna prueba, no te darán ningún argumento, no te proporcionarán ningún razonamiento. Dirán, «¡Lo sé!»

Esto nos parece arrogancia, pero es lo mismo que si te pregunto, «¿Cómo sabes que estás vivo?·» ¿Qué puedes contestar? Sólo puedes decir, «¡Lo sé!» ¿Es esto arrogancia? Es un simple hecho. Cómo lo vas a poder expresar si no es con un «Lo sé y lo sé porque es evidente por sí mismo. Incluso para mí no hay razones por la cuales yo exista. Simplemente existo».

Estos Upanishads son afirmaciones evidentes por sí mismas. No discuten contigo. Te dicen. «Esto es esto». No puedes pedir el porqué. Sólo puedes pedir el cómo. Pueden decirte cómo lograrlo. No puedes preguntar, «¿Por qué? ¿Por qué esto es esto?»

En el instante en que seas totalmente, en esa totalidad, lo

sabrás. Y es un fenómeno de tal magnitud que podrás dudar de todo menos de eso. Podrás dudar del mundo entero, excepto de eso. Si todo el mundo se constituye en testigo en su contra, aún así tu sentimiento de que es cierto no podrá ser conmovido.

Esta es la forma en que un Jesús muere, en que un Mansur es asesinado. Pueden matarles, pero no pueden cambiarles, no pueden convertiles. ¡No pueden ser convertidos! Puedes matar a un Mansur, pero no puedes convertirlo. Seguirá diciendo lo mismo. Mansur decía, «Soy Dios». A los ojos de los musulmanes, eso es *kufra,* egoísmo. No es una expresión religiosa. Una persona religiosa ha de ser humilde, y este Mansur sigue diciendo, «Soy el Dios, *Anal Hak, Aham Brahmasmi,* Soy el Brahma». Por eso le mataron. Creyeron que matándole conseguirían hacerle recapacitar. Pero él siguió riéndose y alguien le preguntó, «Mansur, ¿de qué te ríes?» Mansur le dijo, «Me río porque no podéis matar a un Dios. ¡No podéis matar a un Dios! *¡Aham Brahmasmi! ¡Anal Hak!* ¡Yo soy el Dios!»

Jesús dice como últimas palabras, «Padre, perdónalos porque no saben lo que hacen». Le pide a lo Divino que perdone a los que le están crucificando porque, «No saben lo que hacen».

Pero tanto Mansur como Jesús están en lo cierto de una forma arrogante. Esa certeza proviene de la autoevidencia de la Verdad. Y de todo puede dudarse, menos de un sentimiento que penetra tu totalidad.

Si eres pura voluntad, llegarás a conocer algo que es autoevidente. Si eres pura entrega, también llegarás a conocer algo que es evidente por sí mismo. Aunque lo pongas todo en duda, incluso entonces, llegarás a algo que es autoevidente. Pero ser total es la condición básica. Debes ser total en ello, estar plenamente en ello.

LUZ, VIDA Y AMOR

*El estar constantemente centrado
en la Iluminación interior
y en el infinito néctar interno
es el baño preparatorio para la adoración.*

*El estar constantemente centrado
en la Iluminación interior
y en el infinito néctar interno
es el baño preparatorio para la adoración.*

La luz es la cosa más misteriosa del universo, por muchas razones. Puede que no lo sientas así, pero lo primero que hay que saber sobre la luz es que es la energía más pura. Los físicos dicen que todo lo que es materia no es en realidad materia. Sólo la energía es real. La materia es una cosa muerta; la materia ya no existe. Nunca ha existido excepto conceptualmente. La materia parece que existe, pero no existe. Sólo la luz existe, o la energía, o la electricidad. Cuanto más penetramos en la materia, menos material la encontramos. En último término, no hay materia, y la material en sí misma se vuelve inmaterial. Pero la luz, la energía permanecen.

La luz es la energía más pura. La luz no es materia, y siempre que observemos la materia no es nada más que luz condensada. Así que materia quiere decir luz condensada.

Este es el primer misterio sobre la luz, porque es el substrato de toda la Existencia. Bajo una nueva luz, la vieja idea religiosa de que al principio Dios dijo, «Que se haga la luz» y la luz fue hecha, se vuelve altamente significativa, porque la Existencia, es, en su pureza, luz. Por eso, si la Existencia tiene comienzo, éste ha de ser con la luz.

Otra cosa: la luz puede existir sin la vida, pero la vida no puede existir sin la luz. De modo que la vida se convierte en algo secundario. La materia simplemente desaparece. No existe. Simplemente es luz condensada. Entonces la luz puede existir sin la vida. La vida no es un requisito para que la luz exista, pero la vida no puede existir sin la luz. Así que la vida se convierte en algo secundario y la luz en algo primario.

En este contexto hay otra cosa que mencionar: así como la luz puede existir sin la vida y la vida empero no puede existir sin la luz, análogamente, la vida puede existir sin el amor, pero el amor no puede existir sin la vida. Estas tres «eles» han de ser recordadas: luz, vida y amor. (*)

La luz es el substrato, la base, y el amor es la culminación. La vida es solamente una oportunidad para que la luz alcance el amor. La vida es un medio. De modo que si únicamente estás vivo, sólo existes como medio. A menos que ames, no has llegado. La luz es lo potencial, el amor es la realización de este potencial, y la vida es el instrumento. Por eso cuando se dice que Dios es amor, esto es lo que amor significa. A menos que te conviertas en amor estarás a medio camino, no habrás alcanzado el final. La luz es el comienzo, el amor es la meta y la vida sólo es el medio.

Recuerda esto: la luz puede existir sin la vida. La materia es sólo una apariencia, una «condensación», una cierta intensidad de luz, y la vida es una manifestación. Lo que está oculto en la luz, se manifiesta. La vida no es una apariencia: la vida es una manifestación. La materia es solamente luz condensada. Por eso cuando la luz permanece como luz y se condensa, se vuelve materia. Cuando la luz evoluciona y manifiesta su potencial, se convierte en vida. Si simplemente permanece como vida, entonces la muerte es su final. Si evoluciona más, se convierte en amor, y el amor es inmortal. Puedes llamarlo Dios, puedes llamarlo como quieras. Esos son los puntos fundamentales. Si los recuerdas, podemos entonces penetrar en el sutra.

En tercer lugar, en este mundo todo es relativo excepto la luz. Sólo la luz posee una velocidad constante. Por eso es por lo que los físicos toman a la luz como medida del tiempo. Todo es relativo, sólo la luz es, en cierta manera, absoluta. La luz viaja a velocidad constante. Nada más es constante. Sólo la luz es absoluta. Entonces no existe el cambio: la velocidad es absoluta, la aceleración es absoluta. Por eso la luz se convierte en un misterio. No está en relación a nada, y todo está en relación a la luz. Nada puede viajar a mayor velocidad que la de la luz, porque si algo adquiere la velocidad equivalente a la de la luz, se convierte en luz.

Si lanzamos una piedra a la velocidad de la luz, la piedra se convertirá en luz. Cualquier cosa moviéndose a la velocidad de la luz, se convertirá en luz. De modo que nada alcanza la velocidad

* N. del T.- En inglés en el original, «light, life, love».

de la luz ni nada supera la velocidad de la luz. La velocidad de la luz es de 300.000 km por segundo. Cualquier objeto viajando a esta velocidad se convertirá en luz. Por eso es por lo que los científicos dicen que no podemos viajar a la velocidad de la luz: porque cualquier cosa, seamos nosotros, una nave espacial o cohetes, cualquier cosa viajando a esa velocidad se convertirá en luz.

Cuarto, la luz viaja sin vehículo alguno; todo lo demás viaja en alguna clase de vehículo. Solamente la luz viaja sin vehículo. Eso es un misterio. Y además, la luz viaja sin necesidad de un medio. Todo lo demás ha de viajar a través de un medio. Un pez puede moverse en el agua, el hombre puede viajar por el aire, pero la luz viaja a través de la nada, en el vacío.

A comienzos de este siglo, los físicos se imaginaron algo como el éter. Imaginaron que debía de existir algo, si no ¿cómo iba a propagarse la luz? Esta se convirtió en una pregunta fundamental: la luz alcanza la Tierra proveniente del Sol o de alguna estrella, se propaga, de modo que debe de existir algún medio a través del cual viaje. Solamente por el hecho de que nada puede viajar si no es a través de un medio, a comienzos de este siglo los científicos hipotéticamente asumieron que debía de existir algún medio, X, y lo llamaron éter, a través del cual la luz se propagase.

Pero en la actualidad han descubierto que no hay tal medio. Todo el universo es tan sólo un vasto espacio, y la luz se propaga en la nada. Eso quiere decir que ni la nada puede destruirla, que el vacío no puede afectarla. Eso significa que ni el «no-ser» puede afectar al «ser» de la luz. Y es capaz de viajar sin medio ni vehículo alguno. Eso significa que la energía no deriva de ninguna parte. La luz en sí misma es la energía. Si tú posees una energía derivada, entonces has de viajar a través de algún medio, mediante ciertos vehículos, no puedes hacerlo por ti mismo. La luz se propaga por sí misma.

Quinto, la luz ni es empujada ni atraída. Simplemente viaja. Si lanzo una piedra, hay un empuje. Le doy mi energía a la piedra, y la piedra llegará sólo hasta el límite, hasta el máximo donde pueda ser empujada por mi energía. Cuando mi energía decaiga o se agote, la piedra caerá. La piedra no viaja con su propia energía. La energía le ha sido comunicada, es exterior.

Todo en el mundo posee energía externa, excepto la luz. Todo lo que se mueve se mueve gracias a cierta energía derivada de alguna otra parte. Un árbol crece, pero su energía es derivada. Una flor florece, pero su energía es derivada. Tú respiras y vives, pero tu energía es derivada. No tienes energía propia. Nada la tiene, excepto la luz.

En referencia a esto, el dicho de Mahoma en el Corán resulta muy significativo. El dice, «Dios es luz» y quiere decir que sólo Dios es su propia fuente de energía. Todo lo demás es derivado.

Vivimos en realidad una vida prestada. Prestada desde muchas, muchas fuentes. Por eso es por lo que nuestras vidas están condicionadas. Si una fuente rehusa darnos energía, morimos. La luz vive con su propia energía, no prestada, auto generada. Nada la empuja ni nada la atrae, y se mueve. Es la cosa más misteriosa que pueda haber. ¡Es un milagro!

Sexto, si solamente la luz tiene su propia energía y todo lo demás vive a expensas de energía prestada, debe de ser que en todas partes, en último término, la energía es cedida por la luz, porque todo vive de energía prestada excepto la luz. En última instancia la luz es el donante. Tomes de dónde tomes tu energía, la fuente primigenia debe de ser la luz.

Comes y estás tomando energía, pero la comida en sí la obtiene a su vez de la luz, de los rayos del Sol, de modo que no la estás absorbiendo de la comida. La comida no tiene su propia fuente energética: la comida se deriva de otra cosa. La comida realiza una función intermediaria, una función de medio. Debido a que no eres capaz de absorber la luz directamente, los árboles la absorben, y luego la transforman en tal forma, la conforman de tal manera, que puedes tomar esa energía directamente. De modo que funcionan como intermediarios y entonces la luz se convierte en la única fuente de energía.

Por eso si todo en el universo se colapsa, la luz no se verá afectada. Si todo desaparece, si el universo entero se muere, la luz no se verá afectada. El universo continuará lleno de luz, pero si la luz desaparece, todo se morirá. Nada podrá existir.

Esta función básica de la luz no es únicamente básica para la ciencia, lo es también para la religión. Ahora viene la segunda parte: si penetras en la materia, te topas con la luz. Si penetras en la vida, también te encuentras con la luz. Por eso los místicos religiosos siempre han afirmado, «Somos la luz, vivimos la luz, la luz interior, la llama interior». Todos los místicos han hablado así y no es sólo una forma simbólica. Unicamente en este siglo se ha podido decir que ésta no es una afirmación simbólica. Si la materia se disuelve en la luz, si proviene de la luz, ¿por qué no la vida misma? Y cuando un místico profundiza, cuando profundiza en la vida, se encuentra con la luz. Este profundizar en uno mismo significa acercarse más y más a la fuente original de luz.

Así pues la luz externa no es la única luz. Posees también una luz interior porque no puedes existir sin ella. Es la base. «Ser» significa estar enraizado en la luz; no hay otro «ser» posible. Por eso cuando te interiorizas, obligadamente vivirás una dimensión, un reino de luz, de luz interior. Esta luz interna y tu vida componen dos niveles. Tu vida es el nivel exterior; la luz es un nivel más profundo.

Tu vida acabará en la muerte. A menos que vivas la luz interior no conocerás lo inmortal, porque la vida es sólo un fenómeno, no es el fundamento. Es solamente un fenómeno, una onda, una onda en el océano de luz. ¡Desaparecerá! Si eres capaz de atravesarla hasta alcanzar el nivel más profundo de luz, conocerás lo que es inmortal, lo que no puede morir, porque la luz es lo único que no muere, sólo la luz es inmortal. Todo ha de morir porque todo vive una vida dependiente, una vida prestada. Sólo la luz tiene su propia luz. Todo lo demás posee una vida prestada desde alguna otra parte. Por eso uno ha de devolverla, ha de retornarla.

A menos que realices la luz interior, no conocerás eso que hay más allá de la muerte. En cierto sentido está más allá de la muerte y también más allá de la vida. Unicamente entonces uno se vuelve inmortal . Todo lo que nace ha de morir; todo lo que vive, morirá. Por eso sólo lo que puede estar más allá de la muerte, está más allá de la vida. La luz está más allá de la vida y de la muerte. Siempre que los místicos han hablado de la luz, se han referido a lo inmortal, pues en el instante en que entras en la luz interior, la fuente de la vida, entras en lo inmortal.

En este sutra, ambos términos han sido utilizados. Este sutra dice,

> *El estar constantemente centrado*
> *en la Iluminación interior,* **en la luz interior,**
> *y en el infinito néctar interno*
> *es el baño preparatorio para la adoración.*

A menos que seas bañado en tu propia luz interior y en el néctar, en la inmortalidad que pertenece a esa luz, no estás preparado para entrar en el templo Divino. Es un baño preparatorio. El agua no sirve: has de utilizar la pura luz. A menos que seas bañado en pura luz, no estás en condiciones de entrar en el Divino templo.

Cuando Krishna mostró su infinitud a Arjuna, Arjuna le dijo, «No te veo, Krishna. Sólo veo luz. ¿Dónde estás? Veo miles y miles de soles y estoy asustado. ¡Regresa!» Cuando uno entra en la luz interior ...está ya ahí, pues sin ella no podrías ser, nada puede existir. Este es un hecho científico porque sin la luz nada puede existir. Si existe algo, entonces en su raíz ha de estar presente la luz. Puede que lo sepas o que no lo sepas, pero la luz es la raíz de todo. Tú existes, por eso posees un reino interno de luz. En el instante en que penetras en él, te sientes bañado, y este baño tiene muchos significados.

Por lo general, cuando entras en un templo, externamente tomas un baño. Te bañas para lavar la suciedad de tu cuerpo y así poder entrar en el templo con un cuerpo más puro, fresco, limpio. Pero cuando entras en el templo Divino, tu cuerpo no es el que entra; tu consciencia es la que está entrando. Y tú no puedes bañar tu consciencia con agua. Pero la consciencia puede purificarse a fondo en la luz interior, y esa profunda limpieza significa quedar limpio de todos los *karmas*, de todas las acciones.

Hayas hecho lo que hayas hecho, hayas sido lo que hayas sido, sea cual fuere tu pasado, lo llevas adherido, como el polvo, como la suciedad. Se te adhiere. Cuando entras en la luz interna, el polvo desaparece. ¿Por qué? Porque en el instante en que entras en la luz interna, todo adquiere la velocidad de la luz y nada queda. El polvo, la suciedad de los *karmas* se disuelve. Todo lo que hayas hecho en todas tus vidas. Cuando penetras en ese reino, todo se vuelve luz, pues con la luz, con esa velocidad, nada permanece. No es pues un sencillo baño. Todos los *karmas* desaparecen simplemente, se vuelven luz y la consciencia es limpiada. Se vuelve fresca y joven como debería ser, como ha de ser.

Y cuando todos los *karmas* desaparecen, y por *karmas* me refiero al polvo material que uno acumula mediante las acciones, los deseos y las pasiones, cuando desaparecen, la base, el núcleo del ego también desaparece, porque el ego existe solamente como un conjunto de todo el polvo, de toda la suciedad, de todas las impurezas. Esto existe como centro. Cuando todo desaparece, el ego desaparece. Y cuando el ego desaparece, eres puro, estás limpio, has nacido de nuevo. Por eso entrar en esa luz interior es entrar en el fuego interior.

Otra cosa: la luz externa es constante, pero no puede ser constante para ti. El sol sale y se pone. En realidad, el sol nunca sale ni nunca se pone, pero para la Tierra sí que se levanta y se pone; llega la noche. Por eso con la luz externa no puedes permanecer constantemente iluminado. Solamente con la luz interior no hay amanecer ni ocaso. Esto es lo que dice el sutra, *«Estar centrado constantemente ...»,* continuamente. No hay noche, no hay ocaso, porque no hay amanecer. La luz está ahí como tu Ser, como tu misma Existencia. Por eso el estar constantemente centrado en esa luz es el baño. Y por baño se quiere significar que todo aquello a lo que uno estaba apegado, simplemente es destruido, y no sólo destruido, sino también transformado. Se convierte en luz.

Este proceso tiene tres partes. Primero, realizas la luz, luego experimentas una profunda limpieza de tu alma, de tu ser, y tercero, realizas el elixir, el néctar, el *amrit,* la inmortalidad, su inmortalidad, pues una vez que el ego muere eres inmortal; una vez los *karmas* son limpiados, eres inmortal; una vez penetras más hondo que la propia vida, eres inmortal.

A un nivel más profundo que la vida, la muerte no puede existir. La muerte existe paralelamente a la vida. Por eso la vida posee dos dimensiones. Una es solamente horizontal. Vas de un instante en la vida a otro instante, luego a otro, A-B-C en secuencia. Luego, por último, con Z se encuentra a la muerte. Te mueves de A a B, de B a C, luego vendrán X-Y-Z. A es el nacimiento, Z es la muerte, y tú recorres A-B-C-D horizontalmente. Este es una clase de movimiento, desde el nacimiento hasta la muerte. Buda dice, «Uno que nace ha de morir, porque se está moviendo en horizontal». De modo que la muerte es necesaria en un plano horizontal.

Pero tú eres capaz de moverte en vertical. Desde A, en vez de ir a B, desciende por debajo de A o sube por encima de A. No vayas hacia B. Desde cualquier punto en la vida, puedes moverte en dos sentidos. Puedes desplazarte hacia otro movimiento en la vida; entonces la muerte será el fin. Así estás progresando hacia la muerte de forma automática, sin saberlo. Tú puedes moverte hacia arriba o hacia abajo, no en horizontal sino verticalmente. Muévete desde A hacia arriba o hacia abajo y te estarás moviendo desde la vida hacia la luz. Si vas hacia abajo, vas hacia la luz. Si vas hacia arriba, vas hacia el amor. Este es el plano vertical.

Si desciendes desde la vida, vas hacia la luz. Si asciendes, vas hacia el amor. Y ambos te proporcionan el pasaje hacia lo inmortal, porque la muerte significa sólo moverse en horizontal. Ahora no te estás moviendo horizontalmente. Y puedes hacerlo en cualquiera de los dos sentidos. Si eres capaz de descender conscientemente hacia la luz, tu vida se convertirá en amor, porque una vez hayas conocido lo inmortal no podrás ser nada más que amor.

En realidad, la muerte es el enemigo del amor. No eres capaz de amar porque estás temeroso de la muerte: no eres capaz de amar porque estás asustado de todos, de los demás. Y todos los miedos son básicamente un miedo a la muerte. Todos pueden ser reducidos al miedo a la muerte. Una vez conoces lo inmortal, el miedo desaparece. Y cuando la mente carece de miedo, es amor. Cuando la mente está temerosa, nunca es amor. Puedes aparentarlo, puedes simularlo, pero nunca es amor. Con el miedo existe el odio, con el miedo existen los celos, con el miedo cualquier cosa puede existir menos el amor. Por eso es por lo que simulamos que amamos, y no hay amor. En el fondo, se hallan los celos, se halla el odio, se halla el miedo, pero no el amor. ¿Por qué? Porque realmente no eres capaz de amar. ¿Cómo vas a ser capaz de amar cuando existe la muerte? ¿Cómo vas a amar incondicionalmente cuando a cada instante la muerte se está acercando?

Considéralo así: tú estás aquí; tu amado o tu amante están ahí. Te hallas en el éxtasis del amor y alguien te dice que dentro de cinco minutos vas a morir. En el instante en que te digan que dentro de cinco minutos vas a morir, el amor desaparecerá. Te olvidarás del amado, del amante y de la poesía y todo se desvanecerá. ¿Por qué desaparecerá? Porque nunca ha existido. Ocurría simplemente que no eras consciente de la muerte, por eso simulabas amor.

El conocimiento de lo inmortal se convierte en amor. Entonces ya no hay nada más que hacer. No es que tú ames; es que te conviertes en amor. El amor se convierte en tu cualidad, no es una acción, es tu misma esencia. O sea, o bien desciendes desde A, desde la línea horizontal desciendes verticalmente hasta la luz - ésta es una forma; el yoga se ocupa de este descender - o, desde A, asciendes en vertical hacia el amor. *Bakti*, el camino de la devoción, se ocupa de este ascender. En ambos casos te desplazas verticalmente. El resultado será el mismo.

Si eres capaz de ascender desde A, de nuevo te encontrarás con lo inmortal. Verticalmente no hay muerte, sólo en la horizontal se encuentra la muerte. Así que si descubres el amor al ascender, encontrarás la luz, porque al penetrar en lo inmortal uno ineludiblemente se encontrará con la luz, y al penetrar en la luz, ineludiblemente uno se encuentra con lo inmortal. ¡Ambos son uno! La vida y la muerte son pues las dos caras de una moneda, y la muerte no es el opuesto de la vida. La luz se opone a la muerte, no la vida, porque la luz es inmortalidad. El amor también se opone a la muerte porque, de nuevo, es inmortal.

De modo que el problema estriba en si penetrar en la luz descendiendo o penetrar en el amor ascendiendo. Este viaje en vertical es el viaje de la religión. Y este sutra dice,

> *El estar constantemente centrado*
> *en la Iluminación interior*
> *y en el infinito néctar interno*
> *es el baño preparatorio para la adoración.*

Por lo tanto, ¿cuál es la manera de entrar en ella y cómo mantenerse centrado? ¿Cómo alcanzarla? ¿Cómo hallar esa luz?

Dos o tres cosas. Una, siempre que afirmas que existe la luz, ¿qué quieres decir? Yo digo, «La habitación está iluminada» ¿Qué quiero decir con ello? Quiero decir que puedo ver. Nunca se ve la luz, sólo se ve lo iluminado. Puedes ver las paredes, no la luz; puedes verme a mí, no la luz. Se ve lo que se ilumina, nunca a la luz en sí misma, porque la luz es tan sutil que no se puede ver. No es un fenómeno evidente. Por eso inferimos que la luz existe. Es una inferencia, no un conocimiento del hecho. ¡Es sólo una deducción! Debido a que soy capaz de verte, deduzco, asumo, que existe la luz. ¿Cómo voy a verte sin luz?

¡Nadie ha visto la luz! ¡Nadie! Y nadie la verá nunca. Pero empleamos las palabras «Veo luz» y con ello significamos que «Veo cosas que no podrían ser vistas sin luz». Cuando dices que hay oscuridad, que no hay luz, ¿qué quieres decir? Tan sólo que «Ahora no puedo ver las cosas». Cuando no puedes ver los objetos, deduces que no hay luz. Cuando puedes ver los objetos deduces que hay luz. De modo que la luz es una inferencia incluso en el mundo exterior, externo. Por esto, cuando uno tiene que entrar, cuando uno está listo para ir hacia adentro, ¿qué queremos decir con luz?

Si puedes percibirte a ti mismo, si puedes verte a ti mismo, eso significa que ahí hay luz. Es extraño pero nunca pensamos en ello. Toda la habitación está a oscuras, no puedes afirmar que haya algo en ella, pero si puedes afirmar una cosa: «Yo existo». ¿Por qué? Tampoco te ves a ti mismo. La habitación está totalmente a oscuras, nada se puede ver, pero sobre una cosa estás seguro y es de tu propio ser. No hay necesidad de pruebas, no hay necesidad de luz. Sabes que existes, sientes que existes. Ahí debe de haber una sutil claridad. Puede que no seamos conscientes de ella, podemos ser inconscientes o muy escasamente conscientes, pero está ahí.

De modo que dirige tu mirada hacia adentro. Cierra todos tus sentidos de modo que no exista una percepción de ninguna luz exterior. Penetra en la oscuridad, cierra tus ojos e intenta ahora entrar, ver en ella. En primer lugar puede que percibas sencilla-mente oscuridad; es debido a que no estás acostumbrado a ella. Sigue penetrando. Intenta mirar en la oscuridad en que estás metido. Penétrala y poco a poco irás percibiendo muchas cosas dentro. Una iluminación interior comienza a funcionar. Puede ser tenue al comienzo. Comenzarás a ver tus pensamientos porque los pensamientos son objetos interiores. ¡Son cosas! Comenzarás a tropezar con los muebles de tu mente.

Allí hay muchos muebles, muchas memorias, muchos deseos, muchas pasiones insatisfechas, muchas frustraciones, muchos pensamientos, muchos pensamientos-simiente, muchas cosas . Cuando empiezas a percibirlas, intenta primero penetrar la oscuridad. Entonces una lucecita comenzará a manifestarse y te volverás consciente de muchas cosas. Es como cuando entras repentinamente en una habitación a oscuras: no eres capaz de distinguir nada. Pero quédate ahí. Acomódate a la oscuridad, deja que tus ojos se acomoden a la oscuridad. Los ojos han de adaptarse, y eso lleva tiempo. Cuando vienes del exterior, de un jardín iluminado por el sol a tu habitación, tus ojos han de reajustarse a sí mismos. A tus ojos les llevará un poco de tiempo, pero se adaptarán.

Si uno emplea constantemente sus ojos para ver las cosas que tiene cerca, por ejemplo si uno lee sin cesar, se vuelve corto de vista porque un exceso de visión de cerca fija el mecanismo de los ojos. Por eso cuando quiere ver una estrella lejana, no puede verla porque el mecanismo se ha encasquillado. No es flexible. Lo mismo ocurre en el interior: debido a que hemos estado mirando al exterior continuamente, durante vidas, el mecanismo se ha quedado fijo y no podemos mirar hacia adentro.

Pero inténtalo, haz un esfuerzo, mira en la oscuridad. No tengas prisa, porque el mecanismo ha sido fijado durante muchas vidas. Los ojos han olvidado completamente el mirar hacia adentro. Nunca los has empleado para este propósito. Mira pues dentro de la oscuridad, observa la oscuridad y no te impacientes. Penetra la oscuridad, continúa penetrándola y al cabo de tres meses serás capaz de ver en su interior muchas cosas que nunca hubieras pensado que estuvieran allí. Y ahora, por primera vez, tomas consciencia de que los pensamientos son sólo objetos. Y cuando te vuelves consciente, puedes colocar un pensamiento donde tú quieras. Si quieres expulsarlo, puedes expulsarlo.

Pero ahora no eres capaz de expulsarlo. Ahora no eres capaz de eliminar ningún pensamiento porque no eres capaz de agarrarlo. Desconoces incluso que sea un objeto que puede ser cogido y puede ser expulsado. No sabes en dónde están localizados; no sabes de dónde vienen. Todo el mundo dice, «No quiero tener miedo; no quiero enojarme». Pero no pueden hacer nada por evitarlo porque desconocen de dónde proviene esa ira, cuál es su raíz, dónde tiene esa ira su reserva, dónde se acumula esa ira. Desconoces sus raíces.

Todo pensamiento es un objeto. Tiene una reserva acumulada. Por eso, cuando un pensamiento llega, es sólo como una hoja de un gran árbol. No puedes cortarla y tirarla pues otra hoja brotará. Las raíces están ahí; el árbol está ahí. Cuando te vuelvas consciente, incluso sólo un poquito, de que los pensamientos están ahí, de que los deseos están ahí - la ira, la pasión, la lujuria - de que todo está ahí, no empieces a combatirlo. Tan sólo obsérvalos, porque con el observar te volverás más consciente, y con el luchar nunca te volverás consciente. No luches, ¡observa! «Observar» es la palabra, el mantra. Observa sin descanso, y cuanto más observes, más empezarás a sentir que la luz está ahí. La luz está ahí, sólo que tus ojos han de adaptarse.

¡Observa! Con el observar, los ojos se acomodarán. Y cuando haya más luz y todo se vuelva claro, cuando no haya un rincón oscuro, te volverás el amo de tu mente. Podrás excluir lo que quieras, podrás reordenar como quieras. Y una vez te vuelvas el amo de tu mente, te volverás consciente de dónde es que proviene la luz, de dónde está su origen. El sol no está ahí, está afuera. No has ni tan siquiera encendido una vela, y todo se ha iluminado. ¿De dónde proviene esa luz? Primero te darás cuenta de las cosas que son iluminadas, luego te volverás el amo de los objetos de tu mente y luego empezarás a ser consciente de dónde proviene esa luz, de cuál es su fuente. Empezarás a ser consciente de una flor floreciendo. Luego empezarás a ser consciente de dónde proviene esa luz. Entonces podrás conocer el sol.

Tendrás que proceder únicamente de un modo indirecto, desde un objeto iluminado hacia la fuente de la luz. De nuevo la luz no es lo que se ve; de nuevo verás al sol. Empieza primero por percibir los contenidos de la mente. Luego, más y más, la mente se irá aclarando. Luego tomarás consciencia de dónde procede esa luz. Justo en el centro de la mente está su origen. ¡Entonces entra en el origen! Ahora podrás olvidarte de la mente, tú eres el amo. Podrás decir a la mente: «¡Detente!» y la mente se detendrá.

La consciencia es necesaria para ser el amo. Nunca intentes lo contrario: primero ser el amo y luego ser consciente. Nunca funciona, nunca puede funcionar así. Eso no es posible. Sé consciente, y el convertirte en el amo llegará. Te vuelves el amo. Entonces acude al origen, entra en el origen de dónde procede esa luz. ¡Ve! ¡Entra en la Iluminación! Esa entrada en la Iluminación es el «baño». Te has vuelto el amo de tu mente. Ahora puedes convertirte en el amo de la vida misma; ahora puedes convertirte en el amo de la consciencia misma. Y una vez bañado en esa Iluminación, en esa fuente de luz, serás capaz de contemplarte a ti mismo en tu eternidad. En este instante, todo el pasado y el futuro estarán ahí. Este instante es eterno. Eres tan puro que el tiempo en su totalidad se junta en ti. El pasado purificado crea un futuro purificado, y este momento se vuelve eterno.

Observa, sé consciente, observa en profundidad los contenidos de la mente. Entonces te harás consciente del origen; luego entra en el origen. Es pavoroso, porque todo lo que has conocido como ti mismo, morirá. Este baño es una muerte, una personalidad, todo morirá, porque la personalidad, la identidad, el ego, todos están en el polvo, en el polvo acumulado alrededor de tu ser. Sólo el ser permanecerá sin nombre ni forma. Y este sutra dice que este es el baño preparatorio. Sólo ahora eres capaz de entrar, y sólo hasta aquí tienes que esforzarte. En el instante en que eres purificado, en el instante en el que has atravesado este baño, en el instante en que los *karmas* se han disuelto, no necesitas ya hacer ningún esfuerzo.

Desde ese punto, Dios se convierte un campo gravitacional. Has entrado ahora en el Campo de la Gracia. Es lo mismo que la gravitación en la Tierra, pero has de entrar en el campo. Para las naves espaciales tenemos que hacer un arreglo fundamental: deben desprenderse de la atracción de la Tierra, salirse del campo de gravedad. Trescientos veinte kilómetros alrededor de la Tierra, envolviéndola, está el campo. Si estás bajo la acción del campo serás traído de regreso. Si traspasas los trescientos veinte kilómetros, la Tierra deja de poder influenciarte.

Lo Divino no puede tirar de ti al menos que estés totalmente puro, a menos que te vuelvas luz. Entonces, con igual velocidad, entras en lo Divino. De modo que esta entrada en la luz es el último esfuerzo. Una vez has sido purificado comienzas a gravitar. No necesitas moverte, eres atraído. Esta gravedad se conoce como Gracia: la fuerza de gravedad de lo Divino es la Gracia. La Gracia no es realmente una ayuda, ¡no! Es sólo una ley. Dios no otorga la Gracia solamente a algunos, no es así. No es parcial. La Tierra no es gravitacional únicamente para algunos. En el instante en que entras en el campo, la ley empieza a hacer su trabajo.

No digas pues que Dios otorga la Gracia, no digas que Dios es generoso, no digas que tiene compasión. No es cierto. Dios significa «La Ley de la Gracia». La ley comienza a operar. Una vez entras en su campo, la ley comienza a operar. Una vez te conviertes tú mismo en la luz, la ley comienza a trabajar y tú comienzas a gravitar.

Dije que la luz es la base de la vida. Incluso la ciencia coincide en esta frase. La ciencia acaba en este punto, no hay más allá para la ciencia. La religión tiene un más allá porque la religión dice que incluso más allá de la luz se halla la Existencia.

Otra cosa: la luz existe, por eso la luz posee dos cualidades: que es luz y que es existencia. Aun la luz no es lo supremo, pues posee dos cualidades: luz y existencia. La religión dice que la existencia puede darse sin luz, pero que la luz no puede darse sin existencia. Así que hay un paso más: la religión dice, «Dios es pura Existencia». Por eso, para la gente realmente religiosa, esta palabra o esta frase de «Dios es», es una falacia porque «Dios» y «es» significan lo mismo.

Una mesa «es», pero decir «Dios es» no es correcto. El hombre «es» porque puede «no ser», así que el hombre y «ser» son dos cosas concatenadas. Pero pueden ser separadas. Pero «Dios es» no es correcto porque Dios quiere decir «ser». O sea, es tautológico, repetitivo. Decir «Dios es» es tan absurdo como decir «Es es» o «Dios Dios». «Dios es» significa lo mismo que «Dios Dios» o «Es es». No tienen sentido, son absurdas. El «ser» es Dios. Por eso la religión lo reduce aún más y dice que cuando entras en la luz, entras en el «Ser», en la Existencia, en *Eso*. De modo que la luz es el aura de *Eso*. Cuando entras en la luz, entras en el aura. Pero en el instante en que entres en el aura serás succionado sin dilación. ¡Sin dilación!

Y ahora otra cosa. Dije que la luz se mueve a la más alta velocidad posible: 300.000 km por segundo. ¡Cuánto avanza la luz en un sólo segundo, en un minuto, en una hora, en un año! La unidad con la que los físicos miden su movimiento es el año luz. Un año luz significa la distancia que recorre la luz en un año a esta velocidad. Todavía esto es un movimiento en el tiempo. Es muy rápido, pero aún así a la luz le toma tiempo el desplazarse. Como dije, la luz no requiere de medio alguno, no necesita ningún vehículo, no necesita energía prestada, pero aún así la luz requiere de tiempo. Así para la religión, la luz necesita de algo sin lo cual es incapaz de desplazarse. Por eso la luz aún depende del tiempo.

La religión dice que debemos ahondar aún más para encontrar algo que no requiera ni siquiera de esa dependencia del tiempo. Para nosotros eso no tiene sentido. ¿Cómo se va a mover la luz sin medio alguno? Pero la ciencia afirma que se mueve. Y es así. La religión dice, «No te alteres. ¿Cómo puede existir Dios sin tiempo?» El «es», y Dios se mueve sin tiempo; la consciencia se mueve sin tiempo.

La luz posee la velocidad más elevada según las mediciones de la ciencia, pero en cierto modo es la más alta debido a que no puede decirse que la Existencia posea una mayor velocidad. En realidad la Existencia se mueve sin depender del tiempo. No es cuestión de velocidad. No podemos decir cuanto se mueve en un segundo. El movimiento es absolutamente absoluto. No hay intervalo. Por eso cuando uno penetra en esta Iluminación, es succionado. Incluso la palabra «succionado» requiere de cierto tiempo para ser pronunciada, pero el mismo fenómeno de ser succionado es intemporal.

Cuando digo «succionado», conlleva un tiempo, se pierde un tiempo. Pero, en realidad, cuando alguien entra en la Iluminación, no se requiere ni ese tiempo. No hay un intervalo. Eres succionado y más allá de esa luz está Dios, el templo. Esta luz únicamente te baña, te purifica, como un fuego. Te purificas. Y en el instante en que eres purificado: la entrada, la explosión.

Con la luz te vuelves inmortal, pero todavía percibes. Percibes que has penetrado en la inmortalidad. Pero al entrar en *Eso*, en el «ser», no percibes ni tan siquiera la inmortalidad. La vida y la muerte carecen ahora de sentido, sólo existe el «ser». Tú «eres», sin condiciones. Esa condición de «ser» es lo Supremo para la religión.

La luz es el campo, la mente está alrededor del campo y nosotros estamos alrededor de la mente, vivimos fuera de la mente. Por eso uno ha de entrar en la mente, luego en la luz y luego en lo Divino. No obstante nos mantenemos vagando alrededor, fuera de la mente. Este estado de estar siempre fuera de casa se ha vuelto un hábito fijo. Nos hemos olvidado de que vivimos en la terraza. Es cómodo, la terraza es un sitio cómodo para estar afuera. Por eso es por lo que nos hemos quedado ahí: es cómodo. Podemos desplazarnos por el exterior siempre y, puesto que nuestros deseos y nuestra mente están siempre en el exterior, vivimos en la terraza. De modo que en cualquier momento, a cualquier oportunidad de irnos, nos vamos. Hemos olvidado el que hay un hogar y que este salir afuera es convertirse en un mendigo. Entrar en la casa significa que has de girar la vista ciento ochenta grados y que has de utilizar tus ojos de una nueva manera, y que tendrás que atravesar una noche oscura. Tan sólo debido a un hábito fijo.

Los místicos cristianos han hablado mucho sobre «la noche oscura del alma». Esta es la noche oscura, debido a que nuestros ojos están fijos. Como dije, uno se vuelve miope, otro se vuelve hipermétrope. Y si continúa mirando a lo lejos, se vuelve incapaz de ver de cerca. Y si continúa mirando cerca, se vuelve incapaz de ver a lo lejos. Los ojos se vuelven fijos. Se vuelven mecánicos, pierden flexibilidad. Así como unos se han vuelto mío-pes y otros hipermétro-pes, nos hemos vuelto «externo-pes». Hemos de desarrollar la «interiorización» (*).

Puede que conozcas la palabra «interiorizar», pero puede que nunca hayas oído la palabra «externo-pe». Sabes que es «interiorizar», pero carece de sentido a menos que entiendas que significa «externo-pe». Nos hemos vuelto «externo-pes», fijos en lo externo; hemos de desarrollar el «interno-pe», la interiorización. Siempre que tengas tiempo, cierra tus ojos, cierra tu mente al exterior y trata de penetrar en ella. Al comienzo te hallarás en una noche oscura. No habrá nada más que oscuridad. No seas impaciente. Espera y observa y poco a poco la oscuridad se irá disipando y serás capaz de percibir muchos fenómenos internos. Y únicamente cuando te vuelvas consciente del mundo interno, sólo entonces podrás darte cuenta dónde está el origen de donde procede esta luz. Entonces entra en el origen. A esto los Upanishads le llaman «el baño».

¡Cuán estúpida es la mente humana! Lo ritualizamos todo y se pierde el significado. Sólo permanecen entonces los estúpidos rituales. Así nos bañamos antes de acudir al templo. Y no hay ni templo ni baño. El templo está adentro y el baño también. Y este baño, dicen los Upanishads, es el baño en la Iluminación interna.

La luz es en realidad el puente entre lo Divino y el mundo. Lo Divino crea al mundo al crear la luz. La luz es la primera creación, y luego la luz se condensa y sobreviene la materia; luego la luz crece; digo que la luz crece, y luego aparece la vida; entonces la vida crece y aparece el amor.

Luz, vida, amor, esas son las tres capas. No te quedes en la segunda. O retrocede a las raíces o asciende hasta la semilla otra vez, a las flores. Desciende hasta la luz o asciende hasta las flores. Y hay dos caminos. Uno es el camino del conocimiento. «Conocimiento» significa descender hasta la luz. Con «*Gyana* Yoga» el verdadero secreto que se oculta es éste: descender hasta la luz. Y luego está el «*Bakti* Yoga», el camino de la devoción, que significa ascender hasta el amor.

* N. del T.- Juego de palabras en inglés entre: *short-sight*=mirar de cerca =miope; *far-sight* = mirar de lejos = hipermétrope; *out sight* = mirar hacia afuera, sin equivalente en castellano; e *insight*= mirar hacia adentro = interiorizar.

Un Buda desciende, una Meera asciende. Un Mahavira baja, un Chaitanya sube. Hablan lenguajes muy contradictorios. Ha de ser así porque uno habla de ir hacia las raíces, hasta la fuente, y el otro habla de ir hacia las flores, hacia el final, hacia el clímax, hasta la cima. Por una parte están Buda, Mahavira, Patanjali; su lenguaje es árido. Tiene que ser así porque están regresando al origen. No hay poesía, no puede haberla porque no se están dirigiendo hacia las flores. Hablan de un modo científico. Un Patanjali habla como un científico: de leyes. Un Buda siempre dice, «Haz esto, y esto sucederá. Al hacer esto, sucede esto otro. Esta es la causa y éste es el efecto».

Hablan en términos muy científicos, hablan en términos de matemáticas, muy áridos. Hablan en prosa, nunca hablan en poesía. No pueden, ¿cómo va ha hablar en poesía un científico? Está escarbando en la fuente. No se preocupa en absoluto de las flores. Está escarbando en profundidad en busca de las raíces. ¿Cómo va a hablar poéticamente? Chaitanya, Meera, hablan un lenguaje distinto. Bailan, cantan porque están ascendiendo hasta las flores. Y la floración no puede suceder sin bailar y cantar, sin celebrar la vida misma. Por eso es por lo que Buda y Mahavira aparecen como anti-vida, porque van hacia las raíces. Y Chaitanya y Meera aparecen como muy afirmativos. Aman la vida porque ascienden.

Ambos caminos alcanzan la misma meta. El tomar uno u otro depende de ti. Si tienes una mente muy científica, matemática, sin poesía es mejor que sigas el que desciende hasta la luz. Si posees una mente orientada a la prosa, entonces baja. Pero si tienes una actitud estética, poética, si eres capaz de bailar y cantar y celebrar, no te dirijas entonces hacia las raíces. Dirígete hacia las flores. Llegarás a lo mismo, porque una vez llegues a las flores alcanzarás la semilla. La flor es de nuevo la futura semilla.

Si bajas a las raíces, te desplazas. Desde la vida, te desplazas. La vida es sólo un puente. Es una fonda, no una meta. Ve a una u otra orilla, pero la vida no ha de ser estática. Debe ser un movimiento más allá de sí misma. A una orilla o a otra, esto o eso.

Básicamente éstas son las dos dimensiones del movimiento. ¡Escoge una! El quid no es cuál es la mejor. Depende de ti, de la que sea mejor para ti. Las dos son iguales. Pero para ti no pueden ser equivalentes. Para ti, una debe de ser preferencial. Depende de ti. Explora cuál es la tuya.

La que denomino poética es ilógica, sensitiva, de la clase emocional que es capaz de amar totalmente, profundamente. La del conocimiento no es emocional, no es del tipo sensitivo. Es lógica hasta la médula. Así algunas personas son lógicas, intelectuales, orientadas hacia el conocimiento. Siente la diferencia. Si eres del tipo cognitivo, tu elección es el conocimiento. Si eres del tipo emocional, orientado al corazón, tu búsqueda no es en pos del saber, tu búsqueda es en pos del sentir, del ser. Y ambos son distintos en su comienzo. Al final son lo mismo, pero al comienzo son diferentes. Si acudes a Meera y le dices que éste es el camino para conocer la Verdad, Meera te dirá. «¿Y qué voy a conseguir con conocer la Verdad? ¿Qué ganaré con ello? Quiero amar la Verdad».

Pero, ¿cómo amar la Verdad? Por eso es porque los *baktas* nunca hablan de la Verdad. Hablan del Amado, hablan del Amigo. ¡Hablan en términos del sentimiento! El decir «Dios es la Verdad» les parece algo matemático. Vinoba dice que Dios debe de ser un matemático. No es que Dios lo sea, sino que la mente de Vinoba es matemática. Su propio amor hacia las matemáticas convierte Dios en un matemático. Para un Pitágoras, Dios es un matemático. Depende de ti. Si sientes a Dios como a un amado, como un amigo, como un amante, si no puedes imaginarte a Dios como la Verdad, entonces asciende, sube en vertical hacia el florecimiento. Así tu meditación será más creativa. Crea poesía, crea pintura, crea danza, crea cantos, y mediante todos ellos alcanzarás la Iluminación.

Pero si tu inclinación es hacia el conocimiento, el llamar a Dios el Amado es un absurdo. ¡Que quieres decir con ello? ¿Cómo va a ser la Verdad un amante? Llamar a Dios, padre, es un sinsentido. ¡Cómo va a ser Dios un padre? Debe ser la Verdad. Por eso si tu clase pertenece a la cognoscitiva, muévete en vertical: desciende. Sumérgete en las profundidades, no en las alturas. Ve hacia las raíces, hacia la fuente. Cuando alcances tu conocimiento y cuando un *bakta* alcance lo que siente, llegaréis al mismo centro. Pero un *bakta* asciende y un *gyani* desciende.

Este sutra es para aquellos cuya búsqueda es en pos del conocimiento porque los Upanishads pertenecen a la clase que busca el conocimiento. No son para devotos. Pero menciono esto únicamente para que te des cuenta pues, de que a veces, algo puede que te atraiga en gran medida pero puede que no pertenezca a tu tipo. No te dejes engañar. La atracción no significa nada. La atracción no significa nada a menos que se de una sintonía interior. Puede que te sientas atraído, pero no funcionará. Debes de empezar a percibir que «Esta es mi inclinación; así es como soy». Entonces no escuches a nadie. Nos creamos mucha confusión unos a otros porque nadie sabe de lo que está hablando.

Si eres una persona inclinada hacia el corazón, no escuches al intelecto, no escuches los argumentos, no discutas. Di tan sólo, «Soy una persona que se inclina hacia el corazón. No me importan para nada las explicaciones». No escuches los razonamientos porque te confundirán. Y puede que a veces te sientas atraído porque el opuesto tiene una atracción sexual. Sucede que una persona emocional puede ser influenciada en gran medida por una intelectual, pues carece de esa dimensión, y uno comienza a percibir que aquello de lo que carece es importante. Y tú no podrás convencer a un intelectual, pero él si te convencerá a ti. No puedes argumentar por ti mismo, pero el sí puede por él mismo. Por eso tu ego se siente herido y empiezas a imitar. Dejas de lado tu tipo y puede que, durante muchas vidas, no seas capaz de reencontrarlo porque cuando un proceso comienza es muy difícil el volver atrás.

Y nunca confundas a nadie. Si percibes que alguien es del tipo emocional, no discutas con él aunque esto no te satisfaga. No discutas, no argumentes, no digas nada. Déjalo que se sumerja en sí mismo.

Somos tan violentos que nadie permite a nadie que permanezca consigo mismo. Todo el mundo anda en busca del otro, todo el mundo trata de convertir al otro a su propio modo de ser sin saber que puede estar destruyendo una gran posibilidad. Insiste en ser tú mismo. No hay ninguna arrogancia en ello. Es una sencilla ley el decir, «déjame que sea yo mismo». Pero cuando empiezas a hablar utilizando los términos del otro, antes o después terminarás por ser succionado por ellos. Por eso si eres del tipo emocional di directamente, «No me importan para nada la lógica u otro tipo de argumentaciones». No discutas, no emplees los mismos términos o el mismo lenguaje. Tan sólo di, «Soy irracional. Tengo fe sin tener una sola prueba, pero la fe me funciona y no necesito más».

Algo fatal le ha sucedido a la mente humana y es que los

intelectuales se han declarado a sí mismos como la única clase posible. Han obligado a todo el mundo a aceptar el punto de vista de que son el único tipo correcto y que todos los demás están errados. La educación les pertenece, las escuelas les pertenecen, las universidades les pertenecen. Crean literatura, crean razonamientos, crean pruebas, contra-pruebas, crean filosofías. Se han vuelto excesivamente dominantes y el tipo emocional se está sintiendo inferior: siente que está de más. En realidad, no hay educación emocional, sólo educación intelectual. Esta no conoce el lenguaje de la emoción, no conoce los argumentos de la emoción, no conoce la lógica del corazón. No conoce nada y por tanto se siente culpable. Si tiene fe, si se desarrolla en amor hacia lo Divino, se siente culpable, siente que está equivocada. Nunca te sientas así. Percibe siempre tu propio pulso, lo que eres, lo que es tu naturaleza; y luego decide. O más bien, deja que tu naturaleza decida.

Esos son pues los dos caminos: o bien ser bañado en la luz interior o ser bañado en el amor interno. Y entonces estarás en el umbral, en los límites dónde la gracia empieza a ejercer su acción. Entra, y halla la fuente, o sal, y descubre al amado.

Recuerda esto también: si has de encontrar la fuente, entra. Si has de encontrar al amado, sal. Para buscar las cosas, has de salir; para buscar al amado, también has de salir. La actitud es distinta, pero el movimiento es el mismo. Encontrar al amado quiere decir descubrir *Eso* en todo lo que te encuentras. Sal y sigue indagando y llegará un momento en que nada queda excepto tu amado. Entonces eres bañado en amor, y éste será el resultado.

O, entra. Si te desplazas hacia adentro puedes descartar hasta la palabra Dios. En los viejos textos de yoga, no se menciona a Dios en absoluto. E incluso en los textos más modernos, se menciona a Dios sólo como medio. Para alcanzar *Eso*, Dios es mencionado como medio. Y puedes descartarlo; es prescindible.

Por eso un Buda puede culminar sin ningún concepto de Dios, un Mahavira puede llegar sin ningún concepto de Dios, pero una Meera no puede llegar sin concepto de Dios. Un Chaitanya no puede llegar, porque Dios no es algo prescindible si tu camino es el del amor, porque entonces ¿dónde encontrarás al amado?

Pero, ¡muévete! No permanezcas estático en la vida. ¡Ve hacia la luz o hacia el amor!

TÚ ERES
EL RESPONSABLE

*¿Cuál es el significado de las experiencias
en las que aparecen colores durante la meditación?*

*¿Cuáles son los factores necesarios
para encontrar la luz interior en la meditación?*

¿Cómo puede uno determinar a qué tipo pertenece?

Osho, cuando uno experimenta en meditación diferentes formas de luz y color , tales como rojo, amarillo, azul, ocre, etc, ¿cómo puede uno determinar a qué niveles del ser pertenecen? ¿Hay alguna secuencia gradual de experiencias de color y de luz antes de alcanzar la suprema experiencia luminosa?

La luz carece de color en sí misma. Todos los colores pertenecen a la luz, pero la luz no es un color. La luz es la ausencia de color. La luz es blanca; el blanco no es un color. Cuando la luz es dividida, analizada o cuando pasa a través de un prisma, se divide en siete colores.

La mente también trabaja como un prisma, un prisma interno. La luz exterior, si se pasa a través de un prisma, se separa en siete colores. La luz interior, si se pasa a través de la mente se divide en siete colores. Por eso la experiencia de colores en el viaje interior significa que aún estás en la mente. La vivencia de la luz está más allá de la mente, pero la vivencia de los colores pertenece a la mente. Por eso, si estás todavía viendo colores, estás todavía en la mente. La mente no ha sido trascendida.

Por eso lo primero que hay que recordar es que la vivencia de colores pertenece a la mente porque la mente funciona como un prisma a través del cual la luz es dividida. Así que primero uno comienza a vivenciar colores, luego los colores se disuelven y sólo queda la luz.

La luz es blanca; el blanco no es un color. Cuando todos los colores son uno, se crea el blanco. Cuando todos los colores son uno, percibes el blanco. Cuando todos los colores permanecen sin dividir, ves el blanco. Cuando no hay ningún color, vivencias el negro. El negro y el blanco no son colores. Cuando no hay ningún color presente, surge el negro. Cuando todos los colores están presentes, sin dividir, surge el blanco. Todos los colores no son más que luz dividida.

Si percibes colores internamente, estás en la mente. Por eso la vivencia de colores es mental, no es espiritual. La experiencia de la luz es espiritual, pero no la de colores, porque cuando la mente no está allí no puedes vivenciar colores. Sólo se vivencia luz.

En segundo lugar, no hay una secuencia fija de colores. No puede haberla porque cada mente difiere. Pero la vivencia de la luz es exactamente la misma. Buda vivenciando la luz o Jesús vivenciando la luz, la vivencia es la misma. No puede ser de otra forma porque eso que crea las diferencias ya no existe. La mente crea las diferencias.

Estamos aquí, somos diferentes debido a nuestras mentes. Si la mente deja de estar presente, el factor que divide, que diferencia, deja también de estarlo. Por eso la vivencia de luz es similar, pero la vivencia de colores son distintas y las secuencias varían. Por eso es por lo que, en cada religión, se ha dado una secuencia distinta. Algunos creen que un color se presenta primero y que otro se presenta el último. Otros opinan completamente diferente. Esta diferencia es, en realidad, la diferencia de mentes. Por ejemplo, una persona que tiene miedo, que está profundamente arraigada en el miedo, vivenciará el amarillo como primer color. El primer color en aparecer será el amarillo porque el amarillo es el color de la muerte, no sólo simbólicamente, sino fácticamente también.

Si tomas tres botellas, una roja, una amarilla y una blanca, totalmente blanca, y las colocas las tres en la misma agua, la botella amarilla será la primera en deteriorarse. Luego se deteriorarán las otras. La botella roja de agua será la última en deteriorarse. El amarillo es un color muerto. Por eso es por lo que Buda escogió el amarillo como el color de la vestimenta para sus *bikus*, porque Buda sostenía que morir totalmente a esta existencia es el *Nirvana*. Por eso el amarillo fue elegido, como un color muerto.

Los hindúes han elegido el ocre, una tonalidad de rojo, como el color para sus *sanyasins*, porque el rojo o el ocre es el color de la vida. Simplemente el opuesto al amarillo. Te ayuda a sentirte más vivo, más radiante. Crea más energía, no sólo simbólicamente, sino de hecho, físicamente, químicamente. Así una persona que es muy energética, vital, profundamente enraizada en el amor a la vida, experienciará el rojo como primer color, porque su mente está más abierta al rojo. Una persona inclinada al miedo está más abierta al amarillo. Así la secuencia diferirá. Una persona muy silenciosa, muy quieta, vivenciará el azul en primer lugar.

Por eso, depende. No hay una secuencia fija para tu mente. Cada mente difiere en orientación, en tendencias, en estructura, en tipología. ¡Cada mente es distinta! Debido a esta diferencia la secuencia será distinta. Pero una cosa es cierta: cada color tiene un significado constante. La secuencia no es constante, no puede serlo, pero el significado del color sí es constante.

Por ejemplo, el amarillo es un color muerto. De modo que siempre que aparezca el primero, quiere decir que tienes una inclinación hacia el miedo, que tu mente se abre en primer lugar hacia el miedo. Vayas dónde vayas, lo primero de lo que te darás cuenta será del miedo, la primera reacción de tu mente en cualquier situación nueva será de miedo. Cuando algo extraño suceda, la primera reacción estará llena de miedo. Si el rojo es el primer color en tu viaje interior, entonces te hallas más arraigado en el amor a la vida, y tus reacciones serán distintas. Te sentirás más vivo y tus reacciones afirmarán más la vida.

Una persona cuya primera vivencia es el amarillo está interpretándolo todo en términos de muerte, y una persona cuya primera vivencia es rojo, siempre interpreta sus vivencias en términos de vida. Aunque alguien se esté muriendo, empezará a pensar que ha de renacer en algún otro lugar. Incluso a la interpretará como renacimiento. Pero la persona cuya primera experiencia es el amarillo, incluso ante el nacimiento de alguien empezará a pensar que ha de morir algún día. Esas serán las actitudes. Por eso una persona que se inclina hacia el rojo será feliz incluso en la muerte, pero una persona inclinada al amarillo no puede ser feliz ni en el nacimiento. Será negativo. El miedo es una emoción negativa. En todo encontrará algo sobre lo que quejarse o ser negativo.

Por ejemplo, dije que una persona muy silenciosa percibirá el azul, pero esto se refiere a una persona que sea silenciosa e inactiva simultáneamente. Una persona silenciosa que al mismo tiempo sea activa percibirá el verde como primera experiencia. Mahoma escogió el verde como el color de sus fakires. El Islam tiene el verde como color simbólico. Ese es el color de su bandera. El verde es ambas cosas: silencioso, calmo, pero también activo.

El azul es silencioso e inactivo. Por eso una persona como Lao Tse empezará por percibir en primer lugar el azul; una persona como Mahoma comenzará percibiendo el verde. De modo que el sistema simbólico de colores es algo prefijado, pero la secuencia no.

Hay que resaltar otra cosa y es que esos siete colores son colores puros. Pero tú puedes mezclar dos, tres y un nuevo color aparece. Por eso puede suceder que nunca experiencies un color puro al principio. Puedes percibir tres colores, su combinación, o dos colores o cuatro colores. Depende de tu mente. Si posees una mente muy confusa, tu confusión se plasmará en los colores.

En occidente, en la actualidad, han desarrollado en psicología un test de colores y ha demostrado ser de mucha utilidad. Simplemente el proporcionarte una gama de colores y dejar que elijas tu color preferente y luego un segundo color, un tercero, un cuarto, es un hecho muy indicativo, demostrativo. Si eres sincero y honesto eso revela mucho sobre tu mente, porque no puedes escoger sin que exista una causa interior. Si eliges el amarillo el primero, la lógica del sistema dice que elegirás el rojo como último. Tiene su propia lógica. Si la muerte es tu primera elección, entonces la vida va a ser la última; elegirás el rojo en último lugar. Y uno que elija el rojo en primer lugar, automáticamente elegirá el amarillo como último color. La secuencia mostrará la estructura de la mente.

Pero al hacerlo una , dos , tres veces - te dan las muestras una y otra vez - sucede algo extraño. Si la primera vez eliges amarillo y te vuelven a entregar las muestras por segunda vez , entonces no elegirás el amarillo como preferencia. La tercera vez escogerás cualquier otro y toda la secuencia cambiará. Por eso las muestras se entregan siete veces. Si una persona persevera en la elección del amarillo como color preferente continuamente las siete veces, revela una mente muy fija, muy constante, una fijación. Este hombre está permanentemente sustentado en el miedo. Debe de estar viviendo muchas fobias porque todo adquiere el tinte del miedo. Pero si se le dan las muestras otras siete veces y entonces cambia, una vez azul, otra verde o algún otro, entonces hay una doble secuencia. Una secuencia en la primera serie y otra en la segunda, lo que también revela mucho. Si en la segunda serie nunca repite el mismo color como primera elección, muestra que es muy fluctuante y que no puede decirse nada sobre él. Es impredecible. Y la secuencia también cambia porque la mente cambia constantemente.

Recientemente, a causa del LSD, la marihuana y otras drogas, muchos hechos han emergido desde la mente inconsciente. Cuando Aldous Huxley narró sus experiencias con LSD lo hizo como si hubiera entrado en el cielo. Todo era hermoso, utópico, cromático, poético. No había rastro de mal en ello. No había algo así como pesadillas, nada de miedo ni de muerte. Todo era vívido, vivo, rico en abundancia. Pero cuando Zaehener lo ingirió entró en el infierno. Con el mismo LSD entró en el infierno y fue una larga pesadilla, horrorosa.

Ambos malinterpretaron sus experiencias. Aldous Huxley creyó que era una cualidad propia del LSD y que debido al LSD el cielo había aparecido. Zaehner lo interpretó en forma diametralmente opuesta a Huxley y afirmó, «Es tan sólo una pesadilla, algo horroroso. Nadie debe probarlo, puede volverte loco». Pero la interpretación sigue las mismas líneas. También creyó que era el LSD el que había creado esas experiencias.

La realidad es diferente. El LSD sólo actuaba como agente catalítico. El LSD no puede crear ni el cielo ni el infierno. El LSD sólo puede abrirte y, aquello que contengas, será proyectado. Así que, si la experiencia de Zaehner carece de colorido es debido a la clase de mente de Zaehner, y si la experiencia de Huxley es fascinante se debe a la clase de mente de Huxley. El LSD sólo puede proporcionarte un vislumbre de tu propia mente. Puede desvelar tus niveles más profundos. Por tanto, si has reprimido tu inconsciente, puedes entrar en el infierno, o si, no has reprimido nada, si posees un inconsciente relajado, natural, puede que entres en el cielo. Pero eso dependerá de tu tipo de mente. Lo mismo sucede cuando uno profundiza en su viaje interior: encuentres lo que encuentres será tu propia mente. Recuerda esto: encuentres lo que encuentres es tu propia mente.

La secuencia de colores es también tu propia secuencia mental, pero uno ha de trascender los colores. Sea cual sea la secuencia, uno ha de ir más allá. Uno debe recordar continuamente que esos colores son mentales. No tienen existencia fuera de la mente; la mente funciona como un prisma. Cuando trasciendes la mente, está la luz: incolora, absolutamente blanca. Y cuando esta blancura empieza a presentarse, sólo entonces sabes que has trascendido la mente.

Los jainos han elegido el blanco como el color de sus monjes y monjas, y la elección es significativa. Así como los budistas han escogido el amarillo y los hindúes el ocre, los jainos han elegido el blanco porque afirman que, únicamente cuando aparece el blanco, comienza realmente la espiritualidad. Mahoma eligió el verde porque dice que el silencio si está muerto, no tiene valor. El silencio ha de ser activo, ha de participar en el mundo, por eso un santo ha de ser un soldado. El eligió el verde. Todos los colores son significativos.

Hay una secta sufí que usa el negro, las ropas negras, para sus fakires. El negro es también muy, muy significativo. Demuestra ausencia: sin color, con todo ausente. Es el contrario del blanco. Los sufíes dicen que, a menos que nos volvamos totalmente vacíos, Dios no puede presentársenos. Por eso uno debe volverse como el negro: absolutamente ausente, una no-entidad, un no-ser, una nada. Han elegido el negro.

Los colores están plenos de significado. Elijas lo que elijas, es revelador. Incluso tus ropas son reveladoras. Nada es accidental. Si has elegido un color especial para tus ropas, no es por accidente. Puede que no te hayas dado cuenta de porqué lo has elegido, pero la ciencia si lo sabe, y revela mucho. Tus ropas revelan mucho porque son parte de tu mente, y tu mente es la que elige. No puedes elegir sin que tu mente tenga ciertas tendencias, ciertas inclinaciones.

Por eso la secuencia será distinta, pero todas las secuencias de colores pertenecen a tu mente. No te preocupes de ellas en demasía. Sea cual sea el color que percibas, déjalo, no te quedes colgado con él. El colgarse es la tendencia natural. Si algún bello color aparece, uno se cuelga de él. ¡No lo hagas! ¡Muévete! Recuerda que los colores pertenecen a la mente. Y si algún color es terrorífico, uno retrocede para no percibirlo. Eso tampoco es bueno porque si uno retrocede no es posible transformación alguna. ¡Atraviésalo! No retrocedas. Es tu mente: ¡atraviésala! Aunque un color sea terrorífico, aunque sea desagradable, aunque sea caótico o sea armonioso, sea lo que sea, atraviésalo.

Debes alcanzar el punto en que los colores no existen, en el que sólo la luz permanece. Esa entrada en la luz, es espiritual. Todo lo anterior es mental.

¿Cuáles son los factores físicos y psíquicos necesarios para encontrar la luz interior en meditación? ¿Cómo puede uno desarrollarlos?

Hay tres cosas que han de ser recordadas. Una, debes sentirte conscientemente frustrado de la vida exterior. ¡Conscientemente frustrado! Todos estamos frustrados, pero inconscientemente. Y siempre que estamos frustrados inconscientemente, sólo cambiamos de objetos de deseo. Pero un objeto en lugar de otro no te ayudará a entrar. Permanecerás afuera. Reemplazas una cosa por otra y luego por una tercera. Debido a que te sientes frustrado por el objeto A, sustituyes tu deseo con el objeto B. Luego te sientes frustrado con el objeto B, y sigues con el C. Reemplazas objeto tras objeto únicamente porque estás inconscientemente frustrado. Si te haces consciente, entonces dejarás de reemplazar objetos: cambiarás de dirección.

Yo puedo cambiar. Puedo amar a una mujer, luego a otra y luego a otra. Puedo amar a un hombre, luego a otro, luego a otro. Esto es frustración inconsciente. Creo que A no es bueno y que B podría serlo, por eso escojo B. Luego B resulta que no es bueno y, ¿quién sabe?, puede que C lo sea, por eso elijo C. Esto es frustración inconsciente. Si te vuelves consciente entonces no es cuestión de A de B o de C. El meollo reside en la relación misma, en la expectativa misma, en el deseo mismo. Este deseo de alcanzar la felicidad a través de alguien es el fundamento. Reemplazas personas, pero nunca cambias de dirección.

Cuando digo volverse conscientemente frustrado, quiero decir que las personas son irrelevantes. A menos que cambies tu dirección en la búsqueda de la felicidad, nada sucederá. Hay pues dos sistemas: o bien cambiar A por el objeto B, o bien cambiar la dirección A por la dirección B. A está enfocada en lo exterior, B está enfocado hacia lo interior, así que cambia de dirección. Al cambiar de dirección comienzas a cambiarte a ti mismo; reemplazando objetos, permaneces el mismo.

Puedo continuar reemplazando objetos durante años y años, vidas y vidas. Permaneceré el mismo. Y con cada objeto, al ser yo el mismo, el resultado será el mismo, el mismo sufrimiento será la consecuencia. Cuando digo volverse conscientemente frustrado quiero decir el no ser frustrado por los demás, sino ser frustrado por uno mismo, frustrado en uno mismo. Sólo entonces cambia la dirección.

Todos nos sentimos frustrados con respecto a alguien. El marido lo está con respecto a la mujer, la mujer se siente frustrada por el marido, el hijo es frustrado por el padre, el padre se siente frustrado por el hijo. Todo el mundo se siente frustrado por los demás. Esta es la mente que se dirige a lo externo. Siéntete frustrado contigo mismo y entonces cambiará la dirección: empezarás a dirigirte hacia adentro. Y a menos que te sientas frustrado contigo mismo no hay posibilidad de transformación.

Un Buda no se siente realmente frustrado por el mundo. Si se sintiese frustrado por el mundo trataría de cambiarlo por otro mundo, intentaría alcanzar otro mundo. El se siente frustrado consigo mismo, por eso empieza a cambiarse a sí mismo. El objeto de frustración se convierte en objeto de transformación.

Por eso el viaje interior comienza, la búsqueda de la luz interior comienza únicamente cuando comienzas a percibir que en el exterior no hay nada más que oscuridad. A menos que vuelvas tus ojos hacia adentro, no vas a encontrar la luz. Por eso lo primero es: vuélvete conscientemente frustrado. Pero con esto no es suficiente. Es necesario, pero no es suficiente porque puedes sentirte frustrado contigo mismo y seguir viviendo en la frustración. Entonces te volverás un muerto viviente. Estarás muerto, serás una carga para ti mismo. Esto es necesario, pero no suficiente.

Lo segundo a darse cuenta es que seas lo que seas lo eres debido a ti mismo. Solemos decir, «Soy así porque ese es mi destino, debido al Divino Creador, debido a las fuerzas de la naturaleza, por causa de la herencia, por causa del ambiente, debido a la sociedad». Sea lo que sea, lo soy por culpa de alguien o de algo. Puede que sea por voluntad de Dios que está en los cielos, o puede que sea debido a la herencia según los libros de biología, o puede que lo sea por culpa de la sociedad según los comunistas, o debido a algún trauma freudiano de la infancia, pero siempre por alguna otra causa. Tú no eres el responsable.

La sociedad ha ido variando las causas. A veces es Dios: entonces te sientes en paz. Entonces, seas lo que seas, no puedes remediarlo. A veces es debido al karma: las acciones pasadas te han hecho tal como eres y nada puede hacerse. Luego el comunismo afirma que es la sociedad. El comunismo dice que no es la conciencia la que determina la sociedad, al contrario, es la sociedad la que condiciona la conciencia. Eres sólo un eslabón de la cadena. Has sido condicionado. Has sido manipulado. Eres un subproducto, por eso no eres responsable.

Luego los freudianos afirman que no es la economía como sostiene Marx. En realidad es la infancia la que te condiciona. Seas lo que seas son los siete años de infancia los que te han hecho así. Ahora no puedes volver a ser un niño otra vez y esos siete años no pueden cambiarse. Seas pues lo que seas, lo eres. Como máximo, mediante el psicoanálisis puedes alcanzar un ajuste contigo mismo. Puedes empezar a sentir: «De acuerdo, no hay nada que hacer, soy como soy». Y otra vez empiezas a deteriorarte.

Puedes sentirte frustrado contigo mismo: es una función negativa. Lo positivo, lo segundo, es recordar que seas lo que seas, tú eres el responsable. Puede que la sociedad tenga cierta parte, puede que el destino haya influido algo, puede que también la infancia tenga su papel, pero en último término tú eres el responsable. Este sentimiento es la base de todas las religiones. De modo que si los freudianos triunfan o los marxistas se imponen, la religión desaparecerá, porque la base de la religión es la posibilidad de que puedas transformarte a ti mismo. Y esta posibilidad depende del sentimiento de que tú eres o no eres el responsable de ti mismo.

Si estoy predestinado por mis células, por la herencia, ¿qué puedo hacer? No puedo cambiar mis células. No es posible. Y si mis células llevan incorporado un programa, lo irán desplegando. ¿Qué puedo hacer? Y si Dios lo ha determinado todo, ¿qué puedo hacer? No hay ninguna diferencia si es Dios o son las células o la herencia o la infancia. ¡No importa! Lo básico es que si estás desplazando la responsabilidad sobre algún otro, X, Y o Z, entonces no puedes dirigirte hacia el interior.

Por esto lo segundo es: recuerda, seas lo que seas - si eres sexual - tú eres el responsable. Si te enojas, te llenas de ira, si te asustas, si el miedo es tu rasgo principal, tú eres el responsable. Puede que todo lo demás haya desempeñado algún papel, pero sólo parcialmente, y ese papel pudo ser desempeñado únicamente porque tú colaboraste. Y si tú acabas con tu cooperación en este mismo instante, te volverás diferente. Por eso, la segunda cosa positiva es ser permanentemente consciente de que seas lo que seas, tú eres el responsable.

Es difícil. Sentirse frustrado es muy fácil. Incluso sentirse frustrado con uno mismo no es muy difícil, pero sentir que «sea lo que sea que soy, yo soy el responsable» es muy difícil, muy difícil porque de este modo no hay excusa posible. Esto por una parte. Y, en segundo lugar, si sea lo que sea que soy, soy el responsable de ello, entonces si no cambio soy responsable incluso de esto. Si no me estoy transformando, no hay nadie excepto yo que tenga la culpa. Por eso es por lo que creamos tantas teorías: para escaparnos de la propia responsabilidad.

La responsabilidad es la base de toda transformación religiosa. Puede que hayas oído a alguien decir que el creer en Dios es la base de la religión. ¡No lo es! Uno puede ser religioso sin Dios alguno y uno puede ser muy irreligioso teniendo todos los dioses. Alguien puede afirmar que el renacimiento, la reencarnación, es la base. No lo es porque puedes creer en la reencarnación y puede que la duración de tu vida se alargue, pero ¿de qué modo, solamente por incrementar su duración, te vas a volver religioso? El tiempo no es el factor que te convierte en religioso. Aunque vivas eternamente, ¿cómo te va eso a ayudar a ser religioso?

No, lo cierto, la base de toda religiosidad es el sentimiento de responsabilidad. Tú eres el responsable de ti mismo. Entonces, repentinamente, algo se abre en ti. Si tú eres el responsable entonces puedes cambiar. Con ello puedes penetrar al interior. Así que, siéntete frustrado contigo mismo.

Nietzsche dijo en alguna parte, de una bella manera, que ese día será el día del juicio final, cuando nadie se sienta frustrado consigo mismo porque entonces no habrá posibilidad para una evolución ulterior. Pero debo añadir apresuradamente que si todo el mundo se siente frustrado, pero nadie se siente responsable de ello, ese será un día del juicio final aún mayor.

La frustración es negativa. Siéntete responsable positivamente y adquirirás mucha fuerza. En el instante en que sepas que si eres malo es por tu culpa, entonces puedes ser bueno. Entonces está en tus manos. Te vuelves fuerte, te vuelves poderoso. Malgastas mucha energía y esa pérdida de energía puede ser utilizada para el viaje interior, tal y como cuando un átomo estalla y se libera mucha energía. Eso es lo que quiero decir con energía atómica. De ese modo si la idea de que «sea lo que sea, yo soy el responsable, y sea lo que sea lo que quiera ser, puedo serlo,» profundiza en tu mente, este concepto liberará mucha energía. Y sólo con esa energía puedes ir en busca de la luz interior.

Y en tercer lugar, permanece en perpetuo descontento hasta que alcances la luz. ¡En perpetuo descontento! De nuevo, esa es una de las cualidades básicas de la mente religiosa. De ordinario creemos que un hombre religioso es un hombre satisfecho. Esto es una tontería. Aparece como satisfecho porque su descontento pertenece a otra dimensión. Parece satisfecho. Puede vivir en una casa pobre, puede llevar ropas vulgares, puede vivir desnudo, puede vivir bajo un árbol. Puede parecer satisfecho, no porque este satisfecho con esas cosas, sino porque, en realidad, su descontento se ha dirigido hacia otros objetos, y ahora no se siente preocupado por esas cosas.

Está tan descontento con la revolución interior, tan descontento en espera de la luz interior que no puede preocuparse de esas cosas. Esas cosas se han vuelto periféricas. En realidad no significan nada para él. No es que esté satisfecho, ellas no significan nada, son irrelevantes. Están en algún lugar de la periferia, no está preocupado por ellas. Pero vive en profundo descontento, en un fiero descontento, y sólo ese descontento puede conducirte hacia el interior.

Recuerda, es el descontento el que te conduce hacia afuera. Si estás descontento con tu casa puedes construirte otra mayor. Si estás descontento con tu situación financiera puedes cambiarla. En el viaje exterior es el descontento el que te hace avanzar. Es el mismo factor el que te guía también en el viaje interior. ¡Mantente descontento! A menos que alcances la luz, a menos que trasciendas la mente, has de estar en descontento, permanece descontento. Este es el tercer punto.

Esos tres puntos: frustración con uno mismo, no con los demás; responsabilidad de uno mismo, no desviándola hacia los demás; y un nuevo descontento por algo que es interior. Eso ayudará. Incluso en un sólo instante es posible alcanzar la meta suprema. Pero debes estar absolutamente descontento. El estar descontento a medias no valdrá. Debes permanecer sin comprometerte. Nada debe desalentarte, nada debe entrometerse en tu camino. Suceda lo que suceda en el exterior, debes permanecer sin ninguna preocupación por ello, porque no tienes energía para hacerlo así. Toda la energía está yendo hacia adentro. Esas tres cosas pueden ayudarte.

Son solamente ayudas. Lo central es la meditación. Medita, y con esas ayudas la luz interior podrá ser alcanzada. Está ahí, no muy lejos, sólo que no estás descontento, sólo que no lo anhelas o que tu anhelo se disipa en lo exterior. Acumúlalo, guárdalo, y cambia la dirección. La flecha no debe partir de ti hacia el mundo. La flecha debe ir desde ti hacia tu interior, hacia el centro. ¡Has de meditar! Esas tres cosas son sólo ayudas. Sin meditación esas cosas no valdrán, pero la meditación puede valer incluso sin ellas. Son sólo ayudas.

Pero cuando digo que la meditación puede funcionar aun sin ellas, no me malinterpretes, no creas que no son necesarias. Para el noventa y nueve por ciento de la gente esas ayudas son obligadas, porque a menos que esas tres cosas estén presentes no vas a meditar. Sólo para el uno por ciento, esas tres cosas no son necesarias, no porque no sean esenciales, sino porque la meditación en sí misma es un esfuerzo tan total que nada es necesario como ayuda adicional.

Recuerdo a un místico sufí, Hasán. Acudió a su Maestro y le preguntó, «Dime, ¿qué debo hacer?»

El Maestro comenzó a explicarle, se disponía a dirigirle un largo discurso. Este Hasán era desconocido para él, no lo conocía. Simplemente dijo, «Meditación...». Era sólo la primera palabra. Iba a decirle muchas cosas, pero en primer lugar sólo dijo, «Meditación». Hasán cerró sus ojos. El Maestro le miró y le dijo, «¿Tienes sueño?», pero él ya no estaba allí.

El Maestro tuvo que esperar durante horas. Cuando regresó el Maestro le dijo, «¿Qué estabas haciendo? Empecé a explicarte y cerraste tus ojos. ¿Por qué viniste a mí?»

Hasán le contestó, «Me dijiste la palabra clave. Dijiste «Meditación». Eso es más que suficiente. ¿Qué más necesito? Entré en ella y estoy agradecido porque me diste la clave».

Pero este uno por ciento es raro. Encontrar un Hasán es raro. Es extraño, sólo una palabra puede hacer encajar algo. Estaba en el límite, sólo un empujón: «meditación», oyó una palabra y dio el salto.

Puede que ni esto hubiera sido necesario. Muchas veces ha sucedido que un pájaro vuela en el cielo y alguien alcanza la Iluminación. Ni tan siquiera la palabra «meditación» es pronunciada. Con solamente el volar de un pájaro en el cielo ante el sol, alguien alcanza la meditación. Cae una hoja seca de un árbol, alguien lo ve y llega, ¡Y lo alcanza! Esa gente estaba en el límite.

Algo absolutamente irrelevante puede dispararlo. ¿Qué sentido tiene?

Lao Tse alcanzó su Iluminación. Estaba sentado bajo un árbol y cayó una hoja seca. Miró la hoja caída y empezó a bailar. Si alguien le hubiera preguntado le hubiera dicho, «¿Cómo puedo mostrártelo? Es muy difícil. Siéntate bajo un árbol, contempla una hoja seca caer, obsérvala, y sucede, y uno empieza a bailar». Y no estaba bromeando. Esto le ocurrió a él.

Pero una mente tan simple, tan inocente, es rara. Estuvo meditando y meditando, sobre la vida, sobre la muerte, y de repente una hoja seca cae y todo se revela. La vida desaparece, la muerte se vuelve la realidad. Y en la caída de la hoja uno ve su propia muerte, y todo se acabó. Pero eso es raro. Para el noventa y nueve por ciento de la gente las ayudas son necesarias, no me malinterpretes.

Osho, al estar uno fluctuando entre ambos tipos, el emocional y el intelectual, ¿cómo se puede llegar a una conclusión sobre a qué tipo se pertenece?

Es difícil. Lo primero: hay tres tipos fundamentales. El intelectual, cognitivo; el emocional, emotivo; y en tercer lugar el activo. Esos son los tres tipos básicos.

«Intelectual» significa uno cuya auténtica urgencia es el saber. Pone en juego su vida por saber. Alguien que esté trabajando con venenos puede ingerir el veneno por conocer que es lo que sucederá. Es incapaz de imaginárselo. Aparece como estúpido porque morirá. Y ¿qué importancia tiene el saber algo si vas a morir? ¿Qué es lo que vas a hacer con este conocimiento? Pero el tipo intelectual coloca el conocimiento por encima del vivir, por encima de la vida. El saber es vital para él. No saber es su muerte. El saber es su amor; no saber es ser inútil.

Un Sócrates, un Buda, un Nietzsche están en busca del saber lo que es el *ser*, de saber qué es lo que somos. Para ellos esto es básico. Sócrates dice que la vida sin ser comprendida no vale la pena ser vivida. Si no sabes lo que es la vida, ésta carece de sentido. Para nosotros puede que no tenga sentido; esta frase puede que no nos parezca significativa, porque vivimos y no sentimos la necesidad de saber lo que es la vida. Este el tipo que vive por saber. El saber es su amor. Este tipo desarrolló la filosofía. Filosofía quiere decir amor por el saber, por el conocer.

El segundo tipo es el emotivo. ¡Sentir! El saber no tiene sentido a menos que uno lo sienta. Una cosa adquiere un sentido para ellos sólo cuando uno la siente. ¡Uno debe sentirla! El sentimiento funciona a través de un centro más profundo, el corazón. El saber es a través del primer centro, el intelecto. ¡Uno debe sentir! Los poetas pertenecen a esta categoría, los pintores, los bailarines, los músicos. El saber no es suficiente. Es árido,no tiene corazón, carece de corazón. ¡Sentir! Por eso un intelectual podrá diseccionar una flor para saber lo que es, pero un poeta no podrá. Puede amarla, ¿y cómo puede el amor diseccionar? Puede sentirla y sabe que sólo a través del sentir aparece el auténtico conocimiento.

Puede que un científico sepa más de una flor, pero aún así un poeta no puede ser convencido de que el otro sabe más. Un poeta sabe que él sabe más y que conoce más en profundidad. Un científico sólo está informado; el poeta sabe de corazón a corazón, tiene una charla con la flor de corazón a corazón. No la ha diseccionado. No conoce cuál es su química. ¡No la conoce! Puede que no conozca ni el nombre, o a qué especie pertenece esa flor, pero dice, «Conozco su auténtico espíritu».

A Hui-Hai, un pintor zen, el Emperador de la China le encargó que pintara algunas flores para su palacio. Hui-Hai dijo, «Entonces tendré que vivir con las flores».

Pero el Emperador le dijo, «No hay porqué. En mi jardín están toda clase de flores. ¡Ve y pinta!»

Hui-Hai dijo, «A menos que sienta las flores, ¿cómo voy a poder pintarlas? He de conocer su espíritu. ¿Y cómo voy a conocer el espíritu a través de los ojos? ¿Y cómo puede tocarse el espíritu con las manos? Por eso tendré que vivir íntimamente con ellas. A veces, con los ojos cerrados, sentado a su lado, percibiendo el aroma que comunica, percibiendo el perfume que llega, puedo permanecer en una silenciosa comunión con ellas. A veces la flor es sólo un capullo, a veces la flor florece. A veces la flor es joven y su humor es distinto, y a veces la flor se vuelve vieja y le ronda la muerte. Y a veces la flor es feliz y gozosa, y a veces la flor está triste. ¿Cómo voy simplemente a ir y pintar? Tengo que vivir con las flores. Y esa flor que nació, un día morirá. Debo conocer toda su biografía. Debo vivir con ella desde su nacimiento hasta su muerte, y debo percibirla en su multiplicidad de estados.

He de percibir cómo se siente por la noche con la oscuridad rondándola, y cómo se siente por la mañana cuando el sol ha salido, y cómo cuando un pájaro vuela y otro canta; cómo se siente la flor entonces. Cómo se siente cuando llegan los vientos tormentosos, y cómo se siente cuando todo está silencioso... Debo conocerla en su multiplicidad de ser, íntimamente, como un amigo, como un participante, como un espectador, como un amante. ¡He de relacionarme con ella! Unicamente entonces puedo pintarla y así y todo no puedo prometer nada porque una flor es una cosa tan vasta que puede que no sea capaz de pintarla. Por eso no puedo prometer nada, sólo puedo intentarlo».

Pasaron seis meses y el Emperador se puso impaciente. Entonces preguntó, «¿Dónde está ese Hui-Hai? ¿Está todavía tratando de estar en comunión?»

El jardinero contestó, «No podemos molestarle. Ha intimado tanto con los árboles que, a veces, al pasar junto a su lado no sentimos que haya allí un hombre. Se ha convertido en un árbol. Sigue en contemplación».

Habían pasado seis meses. El Emperador llegó y dijo, «¿Qué estás haciendo? ¿Cuándo vas a pintar?»

Hui-Hai dijo, «No me molestes. Si tengo que pintar debo olvidarme del pintar completamente. ¡No me lo recuerdes de nuevo! ¡No me molestes! ¿Cómo voy ha vivir en intimidad si albergo algún propósito? ¿Cómo va a ser posible la intimidad si permanezco aquí como pintor y tratando de intimar únicamente porque he venido a pintar? ¡Qué tontería! No hay lugar para negocios aquí; no vuelvas otra vez. Cuando llegue el momento vendré por mí mismo, pero no puedo prometerlo. Puede que el momento adecuado llegue o puede que no llegue».

Y durante tres años el Emperador esperó. Entonces Hui-Hai se presentó. Se presentó en la corte real y el Emperador dijo, «Ahora no la pintes porque te has vuelto como una flor. Veo en ti todas las flores que he visto. En tus ojos, en tus gestos, en tu andar, en tu movimiento, te has vuelto como una flor».

Hui-Hai dijo, «He venido para decirte que no puedo pintar porque el hombre que deseaba pintar ha desaparecido».

Este es un modo distinto; es el del tipo emotivo que conoce a través del sentimiento. Para el tipo intelectual, incluso para sentir tiene que conocer primero. El conoce primero, luego puede sentir. Su sentimiento es a través del conocer.

Luego hay un tercer tipo: el activo, un tipo creativo. No puede permanecer en el saber o en el sentir. Tiene que crear. Puede saber únicamente a través de la creación. A menos que cree algo, es incapaz de saber. Sólo siendo un creador llega a ser un conocedor.

Este tercer tipo vive en la acción. ¿Qué es lo que quiero decir con acción? Son posibles muchas dimensiones, pero este tercer tipo siempre está orientado hacia la acción. No preguntará qué es lo que es la vida, qué es lo que significa. Preguntará, «¿Qué es lo que hace la vida? ¿Para que sirve? ¿Qué crea?» Si puede crear, es feliz. Sus creaciones son varias, puede ser un creador de seres humanos, puede ser el creador de una sociedad, puede ser el creador de una pintura, pero la creatividad está allí. Por ejemplo, este Hui-Hai no era del tipo activo por eso se disolvió en el sentimiento de totalidad. Si hubiera sido del tipo activo, hubiera pintado. Unicamente con el pintar se hubiera realizado. Esos son los tres tipos.

Se han de entender muchas cosas. Una: dije que Buda y Nietzsche pertenecen al primer tipo, pero Buda le pertenece verazmente y Nietzsche en forma errónea. Si un tipo intelectual se desarrolla verdaderamente se convierte en un Buda, pero si sigue un camino equivocado, si se pierde y yerra el objetivo, se vuelve un Nietzsche. Enloquece. A través del saber no se convertirá en una Alma Realizada. ¡A través del saber enloquecerá! Mediante el saber no alcanzará una confianza ciega. Con el saber seguirá creando dudas, dudas, dudas y por último, atrapado en sus propias dudas, se volverá loco. Buda y Nietzsche pertenecen al mismo tipo, pero son los dos extremos. Nietzsche puede convertirse en un Buda, Buda puede convertirse en un Nietzsche. Si un Buda yerra, se volverá loco. Si un Nietzsche acierta, se convertirá en un Alma Realizada.

Del tipo emocional citaré a Meera y De Sade. Meera pertenece correctamente a este tipo. Si el sentimiento se desarrolla acertadamente se convierte en un amor a lo Divino, pero si lo hace erróneamente, se convierte en perversidad sexual. De Sade pertenece al mismo tipo, pero este sentimiento se despliega de forma equivocada y entonces se convierte en un hombre pervertido, anormalmente loco. Si el tipo emocional se desarrolla equivocadamente se vuelve sexualmente pervertido. Si el tipo

intelectual se desarrolla equivocadamente, se vuelve escéptica-
mente loco.

Y, en tercer lugar, la acción. Hitler y Gandhi pertenecen al
tercer tipo. Si evoluciona correctamente, surge un Gandhi. Si se
desarrolla equivocadamente, surge un Hitler. Ambos pertenecen
a la acción. No pueden vivir sin hacer algo. Pero el hacer puede ser
una locura y un Hitler está loco. El actuaba, pero su hacer se
volvió destructivo. Si el tipo creativo se despliega adecuadamente
se vuelve creativo; si equivocadamente, se vuelve destructivo.

Esos son los tres tipos básicos puros. Pero nadie es un tipo
puro; esa es la pega. ¡Esos son sólo tipos! Nadie es un tipo puro,
todo el mundo es una mezcla. Y esos tres están en cada uno. Por
eso, realmente no es cuestión de a que tipo perteneces; el punto a
considerar es cuál es el tipo predominante. Tan sólo para poder
explicártelo los he dividido. Nadie es un tipo puro, nadie puede
serlo porque los tres están en ti. Si los tres están equilibrados, eres
armonioso; si los tres están desequilibrados, entonces te vuelves
loco, te desestabilizas. Esa es la dificultad al decidir. Decide pues
cuál es el dominante, cuál es tu tipo.

¿Cómo decidir cuál es el dominante? ¿Cómo saber a qué tipo
pertenezco o cuál es el tipo más significativo para mí, el más
fundamental para mí? Los tres estarán presentes, pero uno será
secundario. Hay dos criterios que han de recordarse. Uno, si eres
del tipo cognitivo, todas tus experiencias comenzarán básicamente por el saber, nunca con alguna otra cosa. Por ejemplo, si un
tipo cognitivo se enamora de alguien, no se podrá enamorar a
primera vista. ¡Es incapaz! ¡Imposible! Primero ha de saber, debe
entrar en contacto, y esto implica un largo proceso. La decisión
puede llegar sólo a través de un proceso cognitivo. Por eso es que
este tipo de gente siempre se pierde muchas oportu-nidades,
porque se necesita una decisión instantánea y este tipo no puede
decidir en un instante.

Por eso este tipo, por lo general, nunca es activo. No puede
serlo porque cuando ha alcanzado alguna conclusión, el momento ha pasado. Mientras está pensando, el momento ha
pasado. Cuando alcanza una conclusión, la conclusión no tiene
sentido. Cuando era el momento preciso para obtenerla, no pudo.
Así que no puede ser activo. Y esa es una de las calamidades del
mundo, que esos que son capaces de pensar no pueden ser
activos, y esos que pueden ser activos son incapaces de pensar.

Esa es una de la calamidades fundamentales, pero es así.

Y recuerda siempre que son muy pocos los que pertenecen al tipo intelectual. El porcentaje es ínfimo, dos o tres por ciento. Para ellos todo comienza con el saber. Unicamente entonces viene el sentir y por último el actuar. Esta será la secuencia con los de este tipo: saber, sentir, actuar. Puede que llegue tarde, pero no puede ser de otra forma. Primero ha de pensar.

La segunda cosa a recordar es que para el tipo cognitivo todo comenzará con saber, nunca concluirá antes de saber y no extraerá prejuicio alguno a menos que los pros y contras hayan sido establecidos. Este tipo se convierte en el científico. Este tipo puede convertirse en un filósofo imparcial, en un científico, en un observador.

Por eso sea cual sea tu reacción, tu acción, descubre por dónde comienza. El inicio determinará qué predomina. Uno que pertenece a la emoción empezará primero por sentir y luego agrupará todos los razonamientos. El razonar será secundario. Empezará primero por sentir. El te ve y decide en su corazón si eres bueno o malo. Esta es una decisión emocional. No sabe nada sobre ti, pero a primera vista decidirá. Percibirá si eres bueno o si eres malo y luego irá acumulando las razones por las que ha decidido de antemano.

El tipo sensitivo decide primero, luego viene el razonar; luego racionaliza. Observa en ti si decides primero con sólo ver a una persona, si te sientes convencido de que es bueno, malo, amoroso, no amoroso, y luego creas razones, luego intentas convencerte a ti mismo de tus propios sentimientos: «Sí, estaba en lo cierto. Es bueno y esas son las razones. Lo sabía. Lo he verificado. He hablado con los demás. Ahora puedo afirmar que es bueno». Pero este «es bueno» fue una primera conclusión.

Por eso con un tipo emocional el silogismo de la lógica es totalmente inverso: la conclusión llega primero, luego el proceso. Con el tipo argumentativo, la conclusión nunca va en primer lugar. Primero va el proceso, y al final la conclusión. Sigue pues indagando sobre ti mismo. ¿Cuál es tu forma de decidir las cosas? Con el tipo activo, la acción es lo primero. El decide actuar al instante, luego comienza a sentir y por último crea las razones.

Dije que Gandhi es del tipo activo. El decide primero. Por eso es por lo que afirma, «Esta no es mi decisión. Dios ha decidido por mí» En realidad, la acción se le presenta tan de súbito, sin ningún proceso, que no puede más que preguntarse, «¿He decidido yo?» Uno del tipo cognitivo siempre dirá, «Yo lo he decidido». Uno del tipo emocional dirá siempre, «Siento que es así». Pero un tipo activo, un Mahoma, un Gandhi, dirá siempre, «Ni lo he sentido, ni lo he pensado. Esta decisión me ha llegado». ¿De dónde? ¡De ninguna parte! Si no cree en Dios dirá, «¡De ninguna parte! Esta decisión ha surgido en mí. No sé de dónde procede».

Si cree en Dios, entonces Dios se convierte en el que toma las decisiones. Entonces El es el que lo dice todo y Gandhi lo ejecuta. Por eso Gandhi sólo puede decir, «Me equivoqué, pero la decisión no fue mía». Puede afirmar, «Puede que no lo haya seguido al pie de la letra, puede que no haya comprendido el mensaje correctamente, puede que no haya perseverado tanto como debiera, pero la decisión fue Divina. Yo únicamente tuve que seguirla. Sólo tuve que entregarme y seguirla». Para Mahoma, para Gandhi, ese es el sistema.

Dije que Hitler era de un cierto tipo aunque equivocado, pero él también habla en esos términos. También dice, «No es Adolfo Hitler el que está hablando. Es el auténtico espíritu de la historia. Es la totalidad de la mente Aria. Es la mente de la raza la que habla a través mío». Y, en verdad, muchos lo sintieron así. Aquellos que escucharon a Adolfo Hitler sintieron que el que estaba hablando no era en absoluto Adolfo Hitler. Era como si él fuese el vehículo de una fuerza superior. El hombre activo siempre aparece así. Debido a que actúa tan rápidamente no puedes decir que sea él el que decide, el que piensa, el que siente. ¡No! ¡El actúa! Y la decisión es tan espontánea que ¿cómo vas a imaginarte de dónde proviene? Viene o bien de Dios o bien del Diablo, pero viene de algún lugar. Y posteriormente tanto Hitler como Gandhi podrán razonar sobre ello, pero primero actuarán.

Por ejemplo, Gandhi decidió hacer un largo ayuno. A media noche se despertó y entonces lo decidió. Luego, por la mañana, les dijo a sus amigos, «Voy a iniciar un largo ayuno».

Nadie podía comprender lo que estaba diciendo. Le dijeron, «Hemos estado a tu lado, nunca nos informaste, nunca nos hablaste de esto. Por la noche estuvimos hablando de muchas cosas y no mencionaste para nada este tema».

Pero Gandhi dijo, «No dependía de mí, la decisión no dependía de mí. Por la noche el sueño desapareció. De repente me encontré despierto y con un mensaje Divino de que debía iniciar un largo ayuno». Pero, ¿para qué? Luego Gandhi descubre todas las razones. Esas razones son añadidas con posterioridad.

Esos son los tres tipos. Si la acción es lo que se presenta en primer lugar y luego el sentir y luego el pensar, puedes determinar cuál es tu factor predominante. Y determinar ese factor predominante es de gran ayuda porque entonces puedes proceder directamente, de otra forma tu progreso siempre será zigzagueante. Cuando no sabes a qué tipo perteneces sigues innecesariamente direcciones, dimensiones en las que no deberías ir. Cuando conoces tu tipo, sabes lo que tienes que hacer contigo mismo, como hacerlo, por dónde empezar. Lo primero es: recuerda qué es lo que surge primero y qué es lo que surge en segundo lugar.

Lo segundo te parecerá muy extraño. Por ejemplo, el tipo activo puede ejecutar lo opuesto muy fácilmente, eso es, puede relajarse fácilmente. ¡El tipo activo es capaz de relajarse muy fácilmente! La relajación de Gandhi era milagrosa. Era capaz de relajarse en cualquier parte. Parece paradójico. Un tipo activo debe de estar tan tenso que debe de ser incapaz de relajarse. Pero este no es el caso. Unicamente un tipo activo es capaz de relajarse con mucha facilidad. Un tipo cognitivo no puede relajarse tan fácilmente, un tipo emocional encuentra todavía más difícil el relajarse, pero un tipo activo es capaz de relajarse muy fácilmente.

De modo que el segundo criterio es que sea cual sea el tipo al que pertenezcas, serás capaz de moverte hacia el opuesto muy fácilmente. Recuerda pues: si puedes irte al opuesto, éste es tu tipo predominante. Si eres capaz de relajarte muy fácilmente, perteneces al tipo activo. Si puedes dejar de pensar, quedarte sin pensamientos con facilidad, perteneces al tipo cognitivo. Si puedes sentirte ausente de sentimientos muy fácilmente, perteneces al tipo emocional.

Y esto es extraño porque por lo común pensamos, «Un tipo emocional, ¿cómo va a poder permanecer sin emociones? Un tipo cognitivo, ¿cómo va a poder quedarse sin pensar? Un tipo activo, ¿cómo va a poder dejar de actuar?» Pero sólo parece paradójico. No lo es. Es una de la leyes fundamentales la de que los opuestos se corresponden, los dos extremos se juntan, tal como un péndulo de un gran reloj, tal y como el péndulo va hacia el extremo izquierdo, luego se dirige al derecho. Y cuando ha llegado al extremo derecho empieza a dirigirse hacia el izquierdo.

Cuando está yendo hacia la derecha está acumulando inercia para ir luego a la izquierda. Cuando está yendo a la derecha está acumulando inercia para ir después hacia la izquierda. Cuando está desplazándose a la izquierda, cuando parece que se está yendo a la izquierda, está preparándose para ir hacia la derecha. Así que lo opuesto es fácil.

Recuerda: si eres capaz de relajarte con facilidad, perteneces al tipo activo. Si eres capaz de meditar con facilidad, perteneces al tipo cognitivo. Por eso es que un Buda puede meditar con tanta facilidad. Por eso es que un Gandhi es capaz de relajarse con tanta facilidad, incluso en un accidente de circulación.

Ocurre un accidente de circulación y es la hora en que Gandhi se suele relajar en su siesta. Pero el coche no puede llegar al lugar de destino de modo que los que están en el coche han de esperar. Es un accidente mortal; todos están asustados y tienen miedo, pero, junto a la carretera, él se echa a dormir. ¡No puede esperar! Es la hora de su siesta, así que se echa a dormir. Cuando otro coche llega para recogerle le encuentra profundamente dormido.

El tipo activo puede relajarse muy fácilmente. Un Nehru no puede concebir como puede suceder este milagro, es algo milagroso para él. El no es del tipo activo, es incapaz de relajarse. Gandhi puede relajarse varias veces al día. Descansaba en multitud de ocasiones. Siempre que encontraba el momento, se dormía. El dormirse le era fácil.

Un Buda puede quedarse sin pensar, un Sócrates puede estar sin pensar con mucha facilidad. De ordinario, parece algo difícil. Una persona que es capaz de pensar en tal grado, ¿cómo va a disolver el pensar? ¿Cómo va a entrar en el estado sin pensamientos? Todo el mensaje de Buda se centra en el no pensar, y él era del tipo cognitivo. El pensó tanto que, en realidad, su pensamiento se mantiene aún actual.

Han pasado veinticinco siglos, pero Buda pertenece aún a la mente contemporánea. Nadie pertenece durante tanto tiempo a la mente contemporánea. Incluso un pensador de los tiempos actuales no puede afirmar que Buda sea anticuado. Pensó con tal profundidad, con una antelación de siglos, que todavía tiene atractivo. Para quienquiera que sea pensador Buda posee un atractivo porque es el tipo puro. Pero su mensaje es: introdúcete en el no pensar. Aquellos que han pensado en profundidad siempre han dicho, «Penetra en el no-pensar». ¿Por qué es tan fácil para ellos? Simplemente lo hacen.

Y el tipo emocional puede introducirse en el no-sentir. Por ejemplo, Meera, ella es del tipo emotivo; Chaitanya, él es un tipo emotivo. Su sentimiento es tal que no pueden permanecer sintiendo amor hacia unas pocas personas u objetos. Han de amar al mundo entero. Este es su tipo. No pueden sentirse satisfechos con un amor limitado, el amor no ha de tener límites, ha de esparcirse hasta el infinito.

Un día Chaitanya acudió a un Maestro. El había alcanzado la Iluminación por propio derecho. Su nombre era conocido en toda Bengala, y entonces, un día, acudió a un Maestro, a un Maestro del Vedanta. Puso su cabeza a sus pies. El Maestro se sintió asustado, atemorizado, porque respetaba a Chaitanya en grado sumo. Y le dijo, «¿Por qué has acudido a mí? ¿Qué es lo que quieres? Te has realizado. No puedo enseñarte nada». Chaitanya dijo, «Ahora quiero penetra en el *vairagya*, el desapego. He vivido una vida de sentimiento, quiero penetrar ahora en el no-sentir. Así que, ayúdame».

Un tipo emotivo es capaz de cambiar, Chaitanya cambió. Ramakrishna era del tipo emotivo. Al final se introdujo en el Vedanta. Toda su vida fue un devoto, un adorador de la Madre, y al final se convirtió en un discípulo de un Maestro de Vedanta, Totapuri, y fue iniciado en el mundo de la ausencia de senti-miento. Y muchos le dijeron a Totapuri, «¿Cómo puedes iniciar a ese hombre, Ramakrishna? ¡Es del tipo emocional! Para él el amor es lo único. Puede rezar, puede adorar, puede bailar, puede entrar en éxtasis. No es capaz de introducirse en el desapego, no puede trascender el reino de lo sentimientos».

Totapuri dijo, «Por eso es por lo que él puede hacerlo, y le voy a iniciar. Vosotros no podéis; él lo hará».

Así que el segundo criterio para decidir es: si eres capaz de situarte en el opuesto, eres de este tipo. Observa que hay al principio y luego el movimiento hacia el opuesto; esos son los dos factores. Y busca en ti constantemente. Durante veintiún días, continuamente nota esas dos cosas: primero cómo reaccionas, cuál es el comienzo, la semilla, el inicio, y luego a qué opuesto puedes irte con facilidad. ¿Al no-pensar? ¿Al no-sentir? ¿A la no-acción? Y a los veintiún días alcanzarás la comprensión de tu tipo; del predominante, desde luego.

Los otros dos estarán presentes como sombras, ¿mmm?,

porque los tipos puros no existen. No pueden existir. Los tres son parte de ti, sólo que uno es más significativo que el resto. Y una vez conoces qué tipo eres, tu camino se vuelve muy cómodo y fácil. Entonces no desperdicias tu energía. Entonces no disipas tu energía en caminos equivocados que no te corresponden. Por eso, descubrir el tipo de uno mismo es un requisito básico en la búsqueda espiritual. De no hacerlo así seguirás haciendo infinidad de cosas y crearás únicamente confusión, crearás sólo desintegración.

Eso es lo que Krishna quiere decir en el Gita con *swabhav*, el tipo que conforma tu naturaleza. Por eso dice que es mejor morir sin tener éxito permaneciendo en el propio tipo que tener éxito con el tipo de otro. Es mejor ser un fracasado, incluso ser un fracasado según el propio tipo, que ser un triunfador de acuerdo con el tipo de otro, porque este éxito se convertirá en una carga, un fardo, un peso muerto. Incluso el fallar según tu propia naturaleza es algo bueno, porque este fallo te enriquecerá. Madurarás con él, aprenderás con él, te desarrollarás con él. Por eso un fracaso es algo bueno si concuerda con el tipo de uno.

Descubre a qué tipo perteneces o cuál es tu tipo predominante. Luego, de acuerdo con este tipo, empieza a trabajar. La tarea será más llevadera y la meta más cercana.

TRASCENDER A TRAVÉS DEL «SER»

El sentimiento de Eso
en todas partes
es gandha,
la única fragancia.

El sentimiento de Eso
en todas partes
es gandha,
la única fragancia.

La metafísica hindú divide la Existencia en dos áreas. Una es *esto*, lo que puede ser indicado, y el otro es *Eso*, lo que está más allá de *esto*, lo que no puede ser indicado. La palabra sánscrita para la Verdad es *Satya*. Esta palabra sánscrita es altamente significativa y muy bella. Es una combinación de dos palabras: *sat* y *tat*. *Sat* quiere decir *esto* y *tat* quiere decir *Eso*; *Satya* quiere decir «*esto* más *Eso* es la Verdad». Por eso debemos primero entender que es *esto* y qué es *Eso*.

Lo que puede ser percibido, lo que puede ser comprendido, lo que puede ser entendido, lo que puede ser indicado, señalado, lo que puede ser mostrado, lo que puede ser visto, todo ello pertenece a *esto*. Lo que no puede ser visto pero que aun así *es*, lo que no puede ser entendido pero que aun así *es*, lo que no puede ser contemplado pero que aún así *es*, pertenece a *Eso*. Así que *esto* significa lo conocido y lo cognoscible, y *Eso* significa lo desconocido y lo incognoscible. Lo conocido más lo desconocido es la Verdad: *esto* más *Eso* es *Satya*.

De modo que esta división es muy significativa, está llena de sentido. Sin otorgarle nombre alguno simplemente lo llamamos *esto* y *Eso*. Todo lo que puede conocer la ciencia es *esto*, y todo aquello que la ciencia no es capaz de conocer es *Eso*. La ciencia se ocupa de *esto* y la religión se ocupa de *Eso*. Por eso es por lo que entre ciencia y religión no hay un encuentro y en realidad no puede haberlo. Ese encuentro es en cierto modo imposible. *esto* no puede convertirse en *Eso*. *Eso* quiere decir todo aquello que trasciende, todo aquello que está siempre más allá. La misma condición de más allá es *Eso*. De ahí que no puedan encontrarse y aun así no estén separados; no les separa una distancia, no los separa un abismo. ¿Cómo comprenderlo?

Es como esto: la oscuridad y la luz nunca se encuentran y aún así no están separados. Cuando la luz termina, comienza la oscuridad. No hay separación, aunque nunca se encuentran, aunque nunca se superponen. No pueden. Dónde acaba la luz, la oscuridad comienza. Dónde hay luz, no hay oscuridad. Dónde hay oscuridad, no hay luz. Nunca se superponen, nunca se encuentran, y no hay separación, no hay distancia. Nunca se encuentran aunque están muy cerca. El límite de uno es el límite también del otro. No están verdaderamente separados.

El mismo fenómeno ocurre con *esto* y *Eso*; el mundo, *esto*, y la Verdad, *Eso*. Nunca se encuentran, nunca se superponen, aunque no están separados. En cierta forma siempre se están encontrando en algún lugar porque dónde uno acaba el otro empieza, y aún así no hay superposición. La luz puede aumentar, entonces la oscuridad retrocederá. La ciencia puede conocer más, pero sea lo que sea lo que conozca se convertirá en *esto*. El *Eso* retrocede, nunca puede tocarlo, aunque permanece en el límite. Está ahí justo dónde acaba. Denominarlo *Eso* significa que está muy lejos, más allá, trascendiendo.

Esto está muy cerca. *Eso* está muy lejos. *Esto* es conocido por nuestros sentidos, por nuestro intelecto, por nuestra mente. Ya lo conocemos. Nuestra mente, nuestro saber tiene un foco. El ámbito sobre el que este foco cae es *esto;* lo que está más allá es *Eso*. Los yoguis indios no lo han denominado ni tan siquiera Dios, porque una vez que empleas tales palabras - Dios, Alma, *Nirvana*, Moksha - parece como si lo desconocido se hubiera vuelto conocido. La palabra *Eso* indica que es aún desconocido. Lo percibes, pero no eres capaz de expresarlo. En alguna forma te penetra, pero aún no puedes afirmar, «Se ha convertido en experiencia propia, en mi conocimiento».

Siempre que alguien dice, «Dios se ha convertido en mi experiencia», significa que ha trascendido Dios, porque aquello que puedes conocer es más pequeño que tú. Tu experiencia nunca puede ser mayor que tú. Tu experiencia está en tu mano. Es algo que tienes, es tu posesión. Pero Dios no puede nunca ser poseído, la Verdad no puede nunca ser poseída, nunca está en tu mano. No es algo que se haya convertido en parte de tu memoria, no es algo con lo que hayas acabado, no es algo que puedas definir.

Unicamente puedes definir una cosa cuando la conoces en su totalidad. Entonces puedes definirla y creer en ella. Entonces puedes decir, «Esto es esto». Pero Dios permanece indefinible.

Nunca llega el instante en que puedes decir, «He conocido». Dios, en este sentido, nunca se vuelve una experiencia. Es una explosión, pero no una experiencia. Es un saber, pero nunca es conocimiento. Recuerda la diferencia. Un saber es algo en vías de crecimiento, continúa creciendo. El conocimiento es un punto final muerto. Cuando dices, «Lo sé», te has detenido. A partir de allí no habrá crecimiento, no habrá un fluir, no habrá dimensiones desconocidas, ya no serás una experiencia vital como un río.

El saber significa fluir; una existencia como la de un río. Sabes, pero no como erudición, no como algo acabado, completo, muerto en tu mano. Sabes como algo abierto, una constante apertura hacia algo mayor, una constante apertura al mar, una constante apertura a la trascendencia. El saber es un constante abrirse; la erudición es un cerrarse. Aquellos que han sentido que la erudición se convierte en algo muerto no han denominado a esa experiencia «Dios». No le han dado un nombre. Cualquier nombre implica erudición. Cuando puedes dar un nombre a cierta experiencia implica que la has conocido en su totalidad, completamente. Ahora puede abarcarla. Ahora puedes nominarla. Una palabra implica limitación. Por eso la sabiduría hindú dice: El es *Eso*. *Eso* no es una palabra; es una indicación.

Ludwig Wittgenstein ha dicho en alguna parte que hay ciertas cosas que no deben ser dichas, sino que deben ser mostradas. No puedes decir, pero si puedes mostrar, puedes indicar. Esta palabra, *Eso*, es una indicación. Es simplemente un dedo indicando el más allá. No es una palabra, no niega. No demuestra que hayas conocido; muestra que has sentido.

La erudición tiene un límite, pero el sentimiento es ilimitado. Y cuando decimos *Eso*, decimos muchas cosas más. Una: que está muy lejos. *Esto* quiere decir cerca, aquí. Lo conocemos, está dentro de nuestra capacidad el conocerlo. *Eso* quiere decir muy lejano, muy lejos. En cierto sentido, *Eso* está muy lejos; en otro sentido está más cercano que lo más próximo, pero depende de donde empieces. Estamos aquí sentados. El punto más cercano es aquel en el que estás sentado, cualquier otro comparado con él está más lejos. Pero tú puedes moverte y viajar alrededor de la Tierra y volver a tu propio origen; entonces será el punto más distante. Así que depende.

Oí una vez. Mulla Nasrudin estaba sentado en las afueras de su pueblo y alguien, un extraño, estaba preguntando el camino para ir al pueblo del Mulla y cuán lejos quedaba. Mulla dijo, «Depende».

El extranjero no podía entenderlo. Le dijo, «¿Qué quieres decir con «depende»?»

El Mulla dijo, «Si te mantienes en la dirección en la que vas, si sigues en la dirección que has tomado, entonces mi pueblo está muy lejos. Tendrás que dar la vuelta a toda la Tierra, porque acabas de dejar atrás el pueblo. Pero si te das la vuelta, si estás dispuesto a dar un giro total, entonces el pueblo es la cosa más cercana».

Por eso depende de dónde estemos, del punto en que nos encontremos, del estado de consciencia en el que nos encontramos justo ahora. Si somos capaces de ver ese estado y de entrar en él, entonces *esto* está muy lejos y *Eso* es lo más cercano. Pero si somos incapaces de mirar al centro de dónde estamos y seguimos la dirección de los ojos y de los sentidos, entonces *esto* es lo cercano y *Eso* es la cosa más distante posible. Depende. Pero en ambos casos *Eso* trasciende *esto*. Si penetras, si alcanzas el centro de tu ser, entonces trascenderás *esto* que te rodea, y *Eso* será alcanzado. O, si sales, entonces tendrás que iniciar un largo viaje, un viaje infinito y podrás tocar *Eso* sólo cuando acabe.

Por eso es por lo que la ciencia es un largo viaje, muy largo. Eddington, sólo en sus últimos días, y Einstein, también en sus últimos días, pudieron sentir que habían alcanzado un vislumbre muy misterioso del universo. Se dice que Eddington dijo, «Cuando comencé a indagar en la Existencia, pensaba que toda esta Existencia era un gran mecanismo, una gran existencia mecánica, una gran máquina. Pero cuanto más la penetraba, menos me parecía una máquina. Y ahora que he profundizado más y me he alejado de mi punto de partida, puedo afirmar que se parece más a un pensamiento que a una máquina. Más a un pensamiento».

Este vislumbre es a través de la ciencia; la ciencia es una indagación en *esto*. Cuando continúas indagando, llega un momento en que *esto* se agota. Pero es un largo viaje. Unicamente una mente como Eddington es capaz de tener este vislumbre. Los científicos comunes nunca serán capaces de obtener ese destello. Sólo una mente como Einstein puede llegar a esto. Al final de *esto* y el destello de *Eso*.

Einstein ha dicho, «Ahora el universo es un misterio para mí, no es un problema matemático». Pero alcanzar esta conclusión a través de las matemáticas implica un larguísimo viaje. ¡Un larguísimo viaje! Mediante los cálculos matemáticos él ha llegado a un punto en el que todo se cae. Tus matemáticas se tornan absurdas; tus cálculos no tienen utilidad alguna. Tu propia razón desaparece en este encuentro. Eres incapaz de pensar más. El pensar se vuelve imposible porque el pensar tiene un campo de acción. Puede operar únicamente según un esquema particular, según un modelo determinado.

Por ejemplo, ¿Por qué pudo Einstein llegar a percibir lo misterioso a través de las matemáticas? Las matemáticas son una dimensión lógica. Se desenvuelven según un modelo lógico concreto. Por ejemplo, en matemáticas A es A y B es B, y A nunca puede ser B. ¿Mmm? Este es un modelo lógico. Si A puede ser B y B puede ser A, entonces será poesía, no matemáticas. Las matemáticas necesitan de líneas claras, divisiones, no de fluidez. Si A es capaz de fluir y convertirse en B, entonces las matemáticas son imposibles. A debe ser A y debe permanecer como A; B debe ser B y debe permanecer como B. Sólo entonces pueden operar las matemáticas. La división debe estar bien establecida. No debe haber mezcla ni confusión.

Einstein trabajó con las matemáticas, pero más allá de cierto punto percibió las dificultades. Y durante esos cincuenta años los físicos se han hallado en tantas dificultades como nunca las habían tenido. Por ejemplo, hace cincuenta años, la materia era materia. A era A. La energía era energía. B era B. Pero durante estos cincuenta años, cuanto más avanzaba la física, las divisiones comenzaban a ser confusas, y, de repente, la materia desapareció por completo. No se halló por ninguna parte. Más bien, al contrario, se descubrió que esas divisiones entre materia y energía eran falsas. La materia es energía. Y así, toda la matemática, toda la lógica que depende del dividir, se cae.

¿Qué hacer con esta penetración no matemática de la Existencia? ¡Ahora la materia ya no existe! Y recuerda, cuando no existe más la materia, tus definiciones de energía no pueden permanecer las mismas porque en los viejos tiempos energía quería decir lo que no es materia. Ahora ya no existe la materia, ¿qué es pues la energía? Puede que hayas escuchado la definición: «La mente no es la materia; la materia no es la mente», pero ahora no hay materia, así que ¿cuál es la definición de mente?

Cuando la materia desapareció, la mente desapareció también. Sólo quedó energía, manifestaciones de la misma energía, sin divisiones. Y la fluidez entró en la física. Ahora A no es con certeza A. Cuando más ahondas en A, encuentras B allí. Cuanto más ahondas en la materia, se halla la energía. Y muchas otras cosas, muchos hechos extraños, surgieron.

Sabemos que una partícula es una partícula y nunca una onda; que una onda es una onda y nunca una partícula. Pero Einstein tuvo que encarar un nuevo, extraño misterio. En los más recónditos dominios de la Existencia, una partícula puede a veces comportarse como una onda, de forma impredecible, y una onda puede comportarse como una partícula. Puede que resulte difícil así que es mejor considerarlo con la ayuda de la geometría.

Sabemos que un punto no es nunca una línea. ¿Cómo va a ser un punto una línea? Una línea necesita de muchos puntos en sucesión. ¡Un punto nunca puede ser una línea! Una línea implica muchos puntos en sucesión, de forma que un solo punto no puede comportarse como una línea, y una línea no puede comportarse como un punto. Sin embargo, ¡lo hacen! Lo hacen, pero no en geometría, porque la geometría es obra del hombre, sino que lo hacen en la Existencia . A veces un punto se comporta como una línea y una línea se comporta como un punto. ¿Qué hacer entonces? ¿Cómo definir lo que es un punto y lo que es una línea? Las definiciones se vuelven algo imposible, porque un punto puede comportarse como una línea. Y cuando la definición se vuelve imposible, las dos cosas no son dos cosas. Mas bien, Einstein dice, «Es mejor decir X. No digas, «línea», no digas «punto», porque es algo irrelevante y carece de sentido. Di que existe X. X a veces se comporta como una línea y a veces como un punto». Este X es, de nuevo, *Eso*. X significa que ahora no estás utilizando palabra alguna: X significa *Eso*.

Si dices «punto», quieres decir *esto*; si dices «línea», quieres decir *esto*. Si dices X, lo desconocido se ha hecho presente. Cuando empleas X, estás diciendo que es un misterio, que no son matemáticas. Por eso si profundizas, llegarás a *Eso*, pero eso sucede sólo con una mente excepcional como la de Einstein. ¿Mmm? Es un larguísimo viaje. En milenios, únicamente una o dos personas pueden llegar a *Eso* a través de *esto*, porque das la vuelta a la Tierra y llegas a tu punto de partida.

La religión dice que tal viaje no es necesario. No hay tal viaje.

Puedes hallarlo aquí y ahora. Puedes ser *Eso* sin ir a parte alguna. *Eso* está aquí. Si yerras el centro interno, estás en *esto*. Si eres capaz de trascender *esto*, estarás de nuevo en *Eso*. Así que *Eso* está más allá de *esto*, o bien dentro o bien fuera. El más allá significa *Eso*, y el no utilizar ningún nombre en concreto implica que es un misterio.

La metafísica no es la matemática, no es la lógica. Es un misterio. Sería conveniente comprender que quiere decirse con «misterio». Significa que, tus esquemas, tus usuales esquemas mentales no servirán. Si sigues pensando según tus esquemas habituales continuarás dando vueltas y vueltas, pero nunca llegarás a la meta. Girarás y girarás alrededor, pero nunca llegarás a la meta. Los esquemas lógicos son circulares. Avanzas, te esfuerzas, caminas, pero nunca llegas.

El centro no está en la periferia, si no ya habrías llegado. Si das vueltas y más vueltas en círculo, nunca llegarás al centro. Si vas despacio puede que pienses, «No estoy llegando porque ando lentamente». Puedes probar a correr; nunca llegarás. Puedes aplicar cualquier velocidad, la velocidad es irrelevante: no llegarás. Cuanto más aprisa vayas, más mareado te sentirás, pero no llegarás porque el centro no está sobre la circunferencia. Está en el círculo, no sobre la circunferencia. Tienes que abandonar por completo la circunferencia. Tienes que caer desde la periferia al centro.

Los esquemas lógicos son circulares. Mediante la lógica nunca alcanzarás la verdad, ¡nunca! Todo lo que está implícito en los supuestos se hace aparente, pero nunca alcanzas una verdad. Mediante la lógica nunca te encuentras con una nueva experiencia. Es circular. La conclusión siempre está presente. Se vuelve obvia; estaba latente. Esa es la única diferencia. Pero mediante la lógica nunca alcanzarás a vivenciar un nuevo fenómeno, y mediante la lógica nunca llegarás a conocer lo incognoscible. Los misterios nunca puede ser alcanzados con la lógica porque la lógica es anti-misterio. La lógica divide y la lógica depende de las delimitaciones definidas y claras. La realidad es fluida.

Por ejemplo, dices de cierta persona que es alguien muy amable. Pero es sólo una frase. Y mientras tanto, mientras enunciabas esta frase, la persona que era amable puede ya no ser así, puede haber cambiado. Dices, «Amo a alguien». Es una frase.

Pero en la frase misma tu amor ha desaparecido. En este momento te sientes amoroso, en el instante siguiente estás enojado. Ahora eres amable, dentro de un momento serás cruel.

En el diccionario, la amabilidad nunca se convierte en crueldad; nunca. Pero en la realidad se intercambian: la amabilidad se vuelve crueldad, la crueldad se vuelve amabilidad; el amor se convierte en odio, el odio se convierte en amor. En la realidad las cosas cambian; en los diccionarios están estáticas. La realidad es dinámica y cambiante. No puedes fijarla. No puedes decir, «¡Quédate así!» Y no solamente las cosas cambian si no que lo hacen hasta convertirse en sus contradicciones, cambian hasta el mismo extremo, hasta el otro extremo. El amor se puede convertir en odio. No es un simple cambio, es un cambio dialéctico. Lo diametralmente opuesto ha surgido. Un amigo puede ser un enemigo, pero la palabra «amigo» nunca se convertirá en la palabra «enemigo». ¿Cómo va ha hacerlo? Las palabras son algo fijo.

La razón funciona con parámetros fijos y la vida nunca es fija. Dices, «Esto es Dios», pero Dios puede haberse convertido en el Diablo. No puedes etiquetar. Realmente el etiquetar es algo fútil porque, mientras estás etiquetando una cosa, ésta está cambiando; el intervalo es suficiente para que cambie. Pero la lógica, la razón, la mente, es incapaz de funcionar sin etiquetar.

Somos capaces de entender como el odio puede convertirse en amor, pero hay categorías mucho más fijadas que pueden cambiar. Dices, «Esta persona es un hombre, es masculina; esa persona es femenina, una mujer». Otra vez, estas categorías son etiquetas. La realidad no es así. Cuando digo que la realidad no es así quiero decir que puedes ser masculino por la mañana y femenino por la noche. Depende. Hay estados en los que tú eres femenino y hay estados en los que eres masculino. Y ahora, la psicología moderna dice que el hombre es bisexual. La lógica nunca lo aceptará. Nadie es un hombre ni nadie es una mujer. Todos son ambos. La diferencia es solamente de grados, nunca de cualidad, sólo de cantidad. Y los grados varían.

La realidad no puede ser etiquetada, nada puede ser etiquetado. Pero hemos de etiquetar. Es una necesidad, la mente no puede funcionar sin ello. Sin etiquetar la mente no puede funcionar, por eso la mente sigue etiquetando. Este mundo etiquetado es conocido como *esto*, el mundo que es creado al etiquetar. Y el mundo que existe más allá de esas etiquetas es *Eso*, lo no etiquetable, lo indefinido, lo incatalogado.

Posees un nombre, ¿mm?, esto es una etiqueta, por eso tu nombre pertenece a *esto*. Eres un hombre o una mujer. Esto es una etiqueta, así que el ser un hombre o una mujer pertenece a *esto*. Si con las etiquetas tienes suficiente, entonces no hay *Eso*, pero si sientes que hay algo más tras las etiquetas, si sientes que las etiquetas no son nada más que la periferia y que hay un centro que permanece sin etiquetar, sin tocar; si sientes que incluso el ser hombre o mujer es una etiqueta, que el ser joven o viejo es una etiqueta, que el ser bello o feo es una etiqueta, que el estar sano o enfermo es una etiqueta, si eres capaz de percibir algo en ti que permanece sin etiquetar, has rozado los dominios de *Eso*.

Así que *esto* es el mundo de las etiquetas y *Eso* es lo no etiquetado. *Esto* es el reino de la mente, las categorías, el pensamiento, la lógica, las matemáticas, el cálculo. *Eso* es un misterio. Si tratas de alcanzarlo mediante la lógica, no podrás, porque la lógica es anti-misterio. Cuando digo que la lógica es anti-misterio quiero decir que la lógica no puede operar en un mundo misterioso. Sólo puede funcionar en un mundo fijo, muerto, etiquetado.

Alicia fue al País de las Maravillas y se sintió aturdida. Un caballo se le estaba acercando y de repente se transformó en una vaca, tal y como sucede en los sueños. Nunca pones pegas en los sueños. ¿Has puesto alguna vez reparos? Ves algo y de repente cambia sin causa alguna. La causalidad no existe en el mundo de los sueños. Un caballo puede convertirse en una vaca y nunca preguntarás porqué o cómo ha sucedido. Nadie pregunta en los sueños; no puedes preguntar. Si preguntas, sales del sueño, el sueño se interrumpe. Pero la duda nunca surge.

¿Por qué? Si vas por la calle y de repente un caballo se convierte en una vaca, o un perro se convierte en un hombre, o tu esposa o tu marido se convierten en un perro, no serás capaz de aceptarlo. Para la mente será imposible. Pero en el sueño lo aceptas sin dudarlo, sin vacilar, sin preguntar. ¿Por qué? En los sueños los esquemas lógicos no funcionan. El «por qué» está ausente, la duda está ausente, el mundo etiquetado está ausente. Un caballo puede convertirse en una vaca y no haber preguntas. El caballo puede fluir y transformarse en una vaca. Es un mundo fluido.

Por eso en el País de las Maravillas, Alicia se sentía perpleja. Todo se convertía en cualquier cosa, en cualquiera. De modo que interpeló a la Reina, «¿Qué es lo que ocurre? ¿Por qué están cambiando las cosas? ¿Cómo puedo funcionar aquí? Porque no se puede presuponer nada, ¡nada! Cualquier cosa puede ser cualquier cosa y en cualquier instante puede cambiar. No se puede garantizar nada, así qué ¿cómo tengo que funcionar aquí?»

La Reina le dijo, «Este es un mundo vivo. No está muerto. Tú vienes de un mundo muerto, por eso es por lo que te sientes en dificultades. Las cosas están vivas aquí. A puede convertirse en B. No hay categorías fijas; no hay ni categorías. Todo es fluido y se transforma en todo. Este es un mundo vivo. Tú provienes de un mundo muerto».

Vivimos en un mundo muerto. Este mundo muerto es *esto*. Si eres capaz de percibir la corriente vital que trasciende este mundo muerto, has percibido *Eso*. Pero los *rishis* no lo han nombrado de ninguna forma, ¿mm? Porque al darle nombre lo estás etiquetando otra vez. Si lo llamas «Dios» lo estás etiquetando, y así Dios se convierte en una parte de *esto*.

Shankara dijo que incluso Dios es parte de *maya*, de la ilusión. ¿Mmm? Esto es inconcebible para una mente cristiana o judía, porque Dios significa la Suprema Realidad. Pero para la mente hindú, Dios nunca ha sido la Realidad Suprema, ¡porque lo Supremo no puede ser etiquetado! En el instante en que Lo nombras, se convierte en parte de *esto*. Los hindúes se han esforzado y han tratado de señalarlo, pero nunca de definirlo.

Eso es una indicación. Si dices que es Dios, lo has definido. Entra en la categorización. Por eso es que Buda permaneció callado. No utilizaba ni tan siquiera la palabra *Eso*, porque decía que si empleabas *Eso* te referías a *esto*. Incluso el emplear *Eso* hace referencia a *esto* y la Realidad Ultima no puede referenciarse a nada. Si afirmamos que es luz, la referimos a la oscuridad. Puede que no sea oscuridad, pero la tomamos como referencia, la relacionamos con la oscuridad. Tiene significado únicamente en referencia a la oscuridad, de modo que no la trasciende. Por eso Buda permaneció callado. No dijo ni tan sólo *Eso*.

Eso es la última palabra que debe ser usada. Pero Buda sintió que incluso el emplear *Eso* no era adecuado, por eso negó *esto*, destruyó *esto*, pero nunca afirmó la palabra *Eso*. El insistía,

«Acaba con esto, y luego ..». ¡y luego qué? Pero permanecía en silencio. Más allá de «luego», permanecía callado. Solía decir, «Destruye esto y luego..». Luego algo sucede. Pero entonces nadie sabe que sucede. Aún un Buda no lo sabe. Solía decir, «Incluso un Buda desconoce lo que sucede, porque entonces no hay un Buda para conocer. Acaba con esto, no inquieras sobre *Eso*.

Al llegar a un nuevo lugar sus *bikus* se paseaban por el pueblo declarando: «Hay once preguntas que Buda no va a contestar, de modo que no se las preguntéis». La primera era, «No preguntéis sobre *Eso*. Preguntad sobre *esto*, porque *esto* es contestable. Preguntad sobre *esto* y él responderá. No inquiráis sobre *Eso*».

Me acuerdo de un místico sufí, Bayazid. Un día estaba diciendo que nada puede ser dicho sobre *Eso*. Su Maestro, su Gurú, al oírlo salió de la habitación. Su Maestro era un hombre muy, muy anciano, iletrado, ¿mmm?. Bayazid era un hombre muy ilustrado. Por eso muchos de los discípulos que estaban allí sentados creyeron que había salido porque no entendía esas cosas tan profundas. Bayazid se detuvo en ese mismo instante, corrió tras el Maestro y le preguntó, «¿He hecho algo incorrecto? ¿He dicho algo impertinente?»

El Maestro le dijo, «¡Sí! Incluso el decir que no se puede decir nada sobre *Eso*, es decir algo. Has dicho algo. ¡No puedo tolerarlo!»

Hay una historia sobre Marpa, el místico tibetano. Alguien había acudido a él para pedirle, «Dime algo sobre *Eso*. Pero he oído,» dijo el que preguntaba, «que nada puede ser dicho, que no se pueden emplear las palabras, que el lenguaje es inútil. Dime pues algo sobre *Eso* de un modo en el que no se utilicen las palabras».

Marpa rió y le dijo, «Te lo diré, pero pregúntalo sin palabras. Pregunta algo sobre *Eso*, pero sin palabras, y te contestaré».

El interrogador le dijo, «¿Cómo voy a pedirte algo sin palabras?»

A lo que Marpa replicó, «Ese es tu problema, no el mío. ¡Ve y averígualo! Ese es tu problema, no el mío. El mío empezará cuando tenga que responder, de modo que ve y averígualo».

Iba en serio. No era una broma. La persona que había acudido a hacer la pregunta la hacía en serio. Se fue, pensó y lo intentó. Meditó de todas las formas posible: «¿Cómo preguntar sin palabras? Verdaderamente, Marpa está en lo cierto. Si quieres una respuesta sin palabras, debes preguntar sin palabras». Meditó, contempló, pensó sobre ello, pero fue imposible. ¿Cómo preguntar algo sin palabras? Pasaron años, y debido a esa constante interrogación, a cómo pedir algo sin emplear palabras, los pensamientos desaparecieron. El hombre se volvió vacío.

De repente, un día, Marpa se presenta a su puerta, llamando. El hombre abre la puerta. Marpa está allí, riendo, sonriendo. Marpa le dice, «Has preguntado y yo te he contestado». Y ambos se ríen. Y desde ese día, esa persona, el que preguntaba, siguió a Marpa como una sombra, riendo sin parar. Marpa iba de pueblo en pueblo y aquel hombre le seguía como una sombra, riendo. Y todo el mundo con el que se encontraba le preguntaba, «¿Por qué se ríe este hombre?»

A lo que Marpa respondía, «El ha preguntado sin palabras y yo le he contestado sin palabras, de ahí la risa».

Los esquemas lógicos no valdrán para nada porque la lógica funciona con el pensar y el misterio existe en el no-pensar. Contactas con un misterio cuando deja de haber pensamientos. Contactas con un misterio y todos los puentes son destruidos, todas las distancias desaparecen cuando no hay pensamientos. Así pues, desde otra perspectiva, *esto* significa el mundo del pensamiento y *Eso* significa el mundo de ausencia de pensamiento. Si puedes mantenerte en un estado de ausencia de pensamiento, estás en *Eso*. Si estás pensando, estás en *esto*. Cuando estás pensando no estás en el Ser. Cuando estás pensando, estás embarcado en un viaje lejos de ti mismo. Cuanto más profundizas en el pensar, más te alejas de ti mismo. Por eso un pensador nunca es alguien que conoce, ¡nunca! Un pensador es simplemente un soñador.

Puede que hayas visto la escultura de Rodin conocida como «El Pensador». El hombre está sentado y cavilando. Su mano en su cabeza; la cabeza gacha. Este es un concepto, el concepto occidental de un pensador. El sujeto está ansioso, tenso, preocupado; todos sus nervios en tensión. Está pensando; un supremo esfuerzo se está desplegando en algún lugar en su interior. ¡Está pensando! Todos sus músculos, todos sus nervios están en tensión. Se ha ido muy lejos.

Existe otra pintura, una pintura zen, una pintura china, del pensador. Sería adecuado colocarlas juntas y meditar. La pintura china del pensador está relajada, nada sucede. El título en chino reza, «Es un pensador porque no está pensando». No hay pensamientos. Sencillamente permanece la conciencia, sin problemas, sin tensiones internas. El no está pensando. ¡El es el pensador! Sólo ha quedado el pensador, sin pensamientos. En la escultura de Rodin, hay pensamientos, hay un proceso de pensar, pero el pensador no está, el centro no existe, sólo existe la circunferencia. Se despliega un gran esfuerzo, una gran labor, pero el centro está oculto.

En la pintura china del pensador, sólo existe el centro: relajado en sí mismo, centrado, sin movimiento. La consciencia no ha desaparecido. Está relajada en sí misma. En el concepto de pensar de Rodin estás en contacto con *esto*, y en la pintura china del pensador estás en contacto con *Eso*. Si estás pensando, entonces el saber no es posible porque o bien sabes o bien piensas. La mente no puede simultanearlos. O bien piensas o bien sabes. Es lo mismo que correr o estar parado, no puedes simultanearlos. Si alguien te dice, «Estoy parado mientras corro» está diciendo el mismo absurdo que cuando estamos pensando y aseveramos, «Mientras pienso, sé».

Eres incapaz de saber porque saber es estar parado y pensar es correr de un pensamiento a otro. Es un proceso. Vas corriendo y saltando, corriendo y saltando. Si estás parado por dentro, sin correr, ... centrado, simplemente sentado. En Japón ellos lo llaman za-zen. Quiere decir sencillamente estar sentado. La palabra japonesa para meditación es za-zen. Significa simplemente estar sentado, sin hacer nada, ni tan siquiera meditando, porque si estás meditando estás haciendo algo. Los japoneses dicen si estás meditando estás haciendo algo, estás corriendo. Ni siquiera medites, tan sólo está presente. No hagas nada. ¡Tan sólo sé! Si puedes estar sin hacer nada, caes en *Eso*, porque el pensar es *esto*, el proceso del pensamiento, el etiquetado, la lógica.

El pensar es el proceso de ignorancia. Piensas porque desconoces. Si supieras, no tendrías porqué pensar. Piensas porque no conoces; es un tantear en la oscuridad. Pero el pensar es un proceso muy tenso. ¡El más tenso! Y cuanto más tenso estás por dentro, menos estás en contacto con el centro. Relajado, te deslizas en ti mismo. Relajado, simplemente eres. Relajado, no vas a ninguna parte. Permaneces en ti mismo; de repente estás en *Eso*.

Este sutra dice :

El sentimiento de Eso
en todas partes
es la única fragancia.

La única Divina fragancia. ¡El sentimiento de *Eso* en todas partes! Pero, ¿cómo vas a percibirla si no la has sentido en tu interior? Si no la has sentido en ti mismo, ¿cómo vas a sentirla en todas partes? El sentimiento debe de llegar, en primer lugar, a tu centro, y luego, en ondas, se esparcirá a tu alrededor. Una vez hayas conocido en tu interior lo que es esta fragancia, te darás cuenta en un instante de que está por todo. Entonces este *esto* es solamente una apariencia y ese *Eso* está escondido en todo. Así que esto ha de ser entendido: a menos que encuentres a *Eso* dentro, serás incapaz de conocerlo en el exterior; a menos que conozcas *Eso* desde dentro, no lo podrás conocer afuera. Primero tienes que caer en *Eso* desde dentro, si no, crearás un fenómeno totalmente ilusorio.

Mucha gente religiosa está haciendo eso. Sin conocer el interior piensan que *Eso* está en todas partes, en los árboles, en las casas, en el cielo, en las estrellas, en el sol, en todas partes. Puedes continuar pensándolo; insisto: creyendo, puedes continuar pensando que *Eso* está presente en todas partes, y llegarás a un falso sentimiento al creer que *Eso* está ahí, en todo. Esta es una proyección, un imposible, y la mente es capaz de ello. Es capaz de proyectar. Pero el proyectar no te conducirá a *Eso*. ¿Mmm? Estás soñando sobre *Eso*, sin conocerlo, sin percibirlo, sin vivirlo. Así que puedes, con la constante repetición, autohipnotizarte a ti mismo creyendo que *Eso* está en todas partes. Puedes continuar repitiéndote a ti mismo que lo estás percibiendo en cada piedra.

¡Inténtalo! Es un buen experimento. Prueba durante veintiún días seguidos de percibir *Eso*, lo Divino, el Dios, en cada hoja, en cada piedra, en todas partes. Acuda lo que acuda a tu mente recuerda que es *Eso*, continuamente durante tres semanas, y verás que eres capaz de crear cierta ilusión a tu alrededor. Te sentirás en un estado de alta euforia como con el LSD, la marihuana o la mescalina. Al repetir constantemente cierto sentimiento, te vuelves capaz de proyectarlo sin la ayuda de ninguna droga. La mente crea sus propias drogas.

Pero es arduo; mediante las drogas es sumamente fácil. Pero el proceso es el mismo. Cuando ingieres una píldora e instantáneamente se te presenta el cielo, ¿qué es lo que significa? Significa que la droga debilita todas tus medidas de defensa, acaba con tu lógica, con tu pensamiento racional. Estás soñando de despierto. La lógica se ha detenido, no como algo que has logrado, sino forzada por la química. Estás en un estado de soñar despierto. Con el LSD estás soñando despierto.

Timothy Leary ha escrito un libro comparando a los místicos tibetanos con los que toman LSD, y asegura que la experiencia es la misma. Afirma de Marpa y Milarepa, o, podríamos incluir también a Kabir y Eckhardt, Huang-Po o Hui-Hai, o Bayazid y Rabiya, que, sea lo que sea lo que hayan conocido o hayan llegado a saber es simplemente semejante a las experiencias con LSD. Y Timothy Leary está en lo correcto en cierto modo, pero aún así está básicamente equivocado. El está en lo cierto al decir que las experiencias son similares, pero no son las mismas.

Cuando ingieres alguna droga que disminuye los mecanismos de defensa de la mente, de la lógica, de la razón, te hallas en el mismo estado que en el que estás cuando sueñas por la noche. La diferencia estriba en que ahora te encuentras soñando despierto. Estás despierto y estás soñando de modo que si un caballo se convierte en una vaca, no hay problema. Y este soñar despierto le otorga al conjunto de la realidad un nuevo color irisado. Todo se vuelve fresco. Todas las etiquetas han desaparecido; tu sueño se ha esparcido por todo. Ahora, todo lo que está sucediendo químicamente por dentro está siendo proyectado afuera.

Los colores que ves en el exterior son una proyección de tu mente interna. Ahora tus sueños son proyectados en todas partes. El mundo entero se ha convertido en una pantalla y tú eres el proyector: lo proyectas todo. Todo lo que esté dentro será proyectado. Por eso el LSD no proporcionará las mismas experiencias a todos. Un poeta tendrá experiencias poéticas, pero un asesino no podrá compartir la misma experiencia. Alguien puede alcanzar el cielo en un instante, y alguien puede caer en el infierno. Todo lo que haya en el interior será proyectado al exterior.

Lo mismo puede hacerse mediante la repetición constante. Si repites continuamente un cierto sentimiento, te vuelves capaz de proyectarlo. Puedes empezar a vivir en este mundo como si este mundo estuviera muerto. Pero, a menos que lo hayas conocido interiormente, es un falso fenómeno. Y cualquier día dejarás de repetir y la hipnosis desaparecerá. Puedes continuar con este proceso durante vidas. Se perpetua a sí mismo porque es muy placentero.

Recuerda bien esto: no has de proyectar. Has de conocerlo interiormente, no proyectarlo afuera. Para la proyección el pensar será necesario, y para la realización, la ausencia de pensamiento será necesaria. Para proyectar necesitarás de una cierta idea para implantarla en la realidad. Es una violación de la realidad. Y puedes autohipnotizarte a ti mismo pero esto es un vivir en sueños. Lo que se debe hacer es alcanzar un stop interior en el pensar y en el cavilar. Deben despejarse las nubes. Tu centro interior se debe convertir en un cielo muy despejado. Tu centro interior debe estar presente sin acción alguna, y el pensar es la acción.

Si todos los pensamientos se detienen ... pero puedes hacerlo volviéndote totalmente inconsciente. Si te vuelves inconsciente, entonces no es de ninguna utilidad. Has caído en un sueño profundo. Al proyectar exteriormente has caído en un soñar despierto. Puedes ser capaz de detener todo pensamiento por dentro y ser inconsciente. Has caído en el sueño profundo. Y no valdrá para nada.

Se ha de hacer una tercera cosa: no pensar y no estar inconsciente. Esta es la fórmula básica: nada de pensar ni nada de inconsciencia. Consciencia total sin pensamientos, y llegarás no sólo a conocer *Eso* sino a ser *Eso*. Tú eres uno con ello. Y una vez saboreado, este sabor nunca desaparece. Una vez sentido, nunca te abandona porque eres transformado, dejas de ser el mismo. Y cuando lo has conocido, cuando lo has sentido por dentro, entonces abres tus ojos y está en todas partes. Todo se convierte ahora en un espejo. No necesitas pensar en ello, no hay necesidad. No necesitas recordar que está ahí, ¡Está ahí! *Eso,* sentido interiormente, está en todas partes.

En realidad, el dentro y el afuera desaparecen. Entonces tu «adentro» es tu «afuera». Entonces toda distinción entre el interior y el exterior carece de sentido. Una vez has conocido *Eso*, al infinito por dentro, entonces lo mismo es afuera. Entonces llega un sentimiento absolutamente diferente. No es que entonces estés dentro o estés afuera. Entonces estás en todas partes. El dentro y el afuera son sólo dos polos de una misma realidad. Tú te extiendes entre ambos. Tú eres la realidad, el *Eso*. Anteriormente un polo era conocido como dentro, y el otro polo era conocido como afuera. Ahora te extiendes entre ellos. Ambos son tus extremos.

Este conocer interiormente es la verdadera religión. Y este sutra dice:

> *El sentimiento de* Eso
> *en todas partes es* gandha,
> *la única fragancia.*

Si uno ha de conocerla, si uno ha de vivir en esa divina fragancia, en ese gozo, éste es el camino. ¿Por qué el *rishi* dice que el sentimiento de *Eso* en todas partes es la fragancia? Si vas a presentar una ofrenda tomas unas flores contigo. Es una expresión simbólica. Las flores comunes no sirven para ofrendar. Lleva esta fragancia contigo, este sentimiento de *Eso* en todas partes. Unicamente entonces tu ofrenda será auténtica, sino, será una falsa demostración. Las flores comunes no valdrán para nada.

Lleva esta fragancia contigo cuando vayas a rendir culto. Pero en tal caso no habrá adónde ir porque no existe templo. Entonces todo se ha convertido en templo. Si sientes *Eso* en todas partes, ¿dónde está el templo? ¿Dónde está la Meca y dónde está Kashi? Entonces El está en todas partes. Entonces toda la Existencia se convierte en un templo. Si sientes a *Eso* en todas partes, entonces *esto* se convierte en un templo. Lleva esta fragancia contigo.

Pero, en realidad, el *rishi* es muy profundo incluso en su simbología. El no dice flores, dice «fragancia», porque las flores son, de nuevo, parte de esa fragancia, parte de *Eso*. Una flor nace y muere; una fragancia dura eternamente. Puedes saber de ella o puedes no conocerla. Una flor es una manifestación material; una fragancia es un componente espiritual. A una flor la puedes tener en tu mano, pero no puedes tener una fragancia en tu mano. Una flor puede ser comprada, pero nunca la fragancia. Una flor es una limitación, pero una fragancia es sencillamente lo ilimitado. Una flor está en alguna parte, pero la fragancia se esparce sin límites. No puedes decir que este ahí, ni puedes decir que no está ahí. Está en todas partes. Se esparce, se esparce.

Por eso es por lo que el *rishi* dice fragancia y no flores. Lleva está fragancia contigo y sólo entonces entrarás en el verdadero templo, porque la realidad del templo no depende del templo, depende de ti. Si tú eres auténtico, el templo se vuelve auténtico. En este caso cualquier templo o cualquier lugar vale, no hay diferencia entre ellos.

He oído de Hasán. El oró en una mezquita durante setenta años, continuamente. Todo el pueblo llegó a familiarizarse con Hasán rezando en la mezquita durante setenta años. Virtualmente, la mezquita y el que rezaba se hicieron uno. Nadie se imaginaba a Hasán sin la mezquita, ni nadie podía imaginarse a la mezquita sin Hasán. Iba allí cinco veces cada día. Nunca se marchó de ese pueblo, ¡nunca! , pues si se iba a cualquier otro sitio y no había mezquita, ¿cómo iba a hacer sus oraciones? Y cinco veces, el día entero, estaba ocupado con el rezar. Incluso a veces estando enfermo, no lo dejaba; acudía.

Una mañana, al no encontrarlo en la mezquita, todos los demás devotos pensaron que la única razón posible era que Hasán hubiera muerto; no había ninguna otra posibilidad. ¡Nunca había faltado! Durante años y años, cinco veces al día Hasán estaba allí, en la mezquita. De modo que toda la congregación fue a la cabaña de Hasán. Sin dudarlo creyeron que estaba muerto, pues nada hubiese podido evitar que hubiera ido si no fuese así. Pero Hasán no estaba muerto. Ese viejo estaba sentado bajo un árbol.

La gente no podía entenderlo. Decían, «¿Qué estás haciendo? ¿Te has convertido en un hereje ahora que eres anciano? ¿Has dejado de hacer tus oraciones? ¿Por qué no viniste? Pensábamos que habías muerto, pero estás vivo. No nos hubiera parecido tan extraño si hubieses estado muerto, pero estás vivo. Es muy extraño y no podemos entenderlo».

Hasán dijo, «Yo iba diariamente a la mezquita porque desconocía dónde estaba Su templo. Pero ahora lo he descubierto. Ahora Su templo está en todas partes y no tengo necesidad de ir. Su templo ha venido aquí. ¡Vedlo! El está aquí, en todas partes».

Pero los aldeanos no pudieron verlo. Creyeron que se había vuelto loco.

La autenticidad del templo, la realidad del templo, depende de ti. Un falso adorador no puede descubrir un verdadero templo. Vaya dónde vaya, va con su falsedad. Todos esos templos se han vuelto falsos debido a la falsedad de los que rinden culto. Dondequiera que vayan, van con su falsedad.

El *rishi* dice,

Acude a El, póstrate a Sus pies con esta fragancia. Pero en tal caso no hay un *ir*. Estés dónde estés, estás en Su presencia. Si la fragancia está en el interior, entonces la presencia está en el exterior. Si estás colmado del sentimiento de *Eso*, deja de haber búsqueda.

Bokuju, un Maestro zen, dijo que el *sansar* es el *Nirvana*, que este mundo es lo Supremo. Cuando dijo esto por primera vez sus propios discípulos se alteraron y le dijeron, «¿Qué estás diciendo? ¡Este mundo, el *sansar,* es *Nirvana*! ¡Este mundo es lo Supremo! ¡Este mundo es Brahma! ¿Qué estás diciendo?»

Bokuju les contestó, «Cuando no sabía, cuando era ignorante, existía una división. Pero cuando llegué a realizar *Eso*, la división desapareció. Ahora todo es *Eso*».

De modo que por último: *esto* y *Eso* es una división para el ignorante y del ignorante. Conoces únicamente *esto* y *Eso* es solamente un concepto. Cuando llegues a conocer *Eso*, *esto* se convertirá en un concepto rutinario, una argucia. Si solamente conoces *esto*, entonces *Eso* es sólo un concepto, un concepto metafísico. Si llegas a conocer *Eso*, entonces *esto* desaparecerá. Conocer *Eso* no quiere decir que el mundo desaparezca; permanecerá. Pero para ti, no será *esto*, se convertirá en *Eso*.

Un discípulo de Mahoma, Alí, fue agredido por alguien y quedó inconsciente. Fue golpeado tan brutalmente que quedó inconsciente. La persona que lo atacó, escapó. Cuando los otros llegaron, el agresor había desaparecido. Alí se encontraba inconsciente tendido en la calle, de modo que le ayudaron. Alguien trajo agua e hicieron todo por ayudarle. Entonces Alí se recuperó. Alguien lo estaba abanicando, otro estaba sentado tras él masajeando su rostro. La persona que estaba sentada a su lado le preguntó, «¿Has recobrado la conciencia? ¿Puedes reconocer al que te está abanicando?» Le estaba preguntando para averiguar si Alí había o no había recobrado la conciencia.

Alí dijo, «¿Cómo no voy a reconocerle? Sé que El es el mismo que me golpeó?»

El hombre que le hizo la pregunta creyó que estaba todavía inconsciente, porque el agresor ya se había escapado. ¿Y cómo el hombre que le había agredido iba ahora a ayudarle a recuperar la conciencia? Le estaba abanicando, y el hombre dijo, «Alí, creo que estás todavía inconsciente, confundido. Este no es aquel hombre».

Alí le dijo, «¿Cómo Ese no va a ser El? Soy incapaz de ver a nadie más que Ese. ¡Cuando me estaba golpeando sabía que era El, y ahora que me está ayudando sé que es El, pero ambos son el mismo!»

Este es un concepto, un sentimiento no dual. Cuando conoces *Eso*, *esto* desaparece. Cuando conoces *esto*, *Eso* permanece como un mero concepto. Comienza pues desde ti mismo. No trates de hallarlo en ninguna otra parte, si no, el viaje será muy largo. Y puede que llegues o puede que no llegues. Da un giro de ciento ochenta grados: busca en tu propio centro.

ENCARANDO LA REALIDAD

¿Cómo conduce el centramiento a la Verdad?

*¿Cómo se puede diferenciar entre una experiencia
proyectada y un verdadero «sentir»?*

Osho, dijiste la última noche que para realizar Eso, *la Verdad trascendental omnipresente, uno debe realizar primero el centro de su ser. Luego dijiste que para esto, el centramiento es una necesidad. ¿Es este centramiento el mismo que la cristalización de Gurdjieff?*

Por favor, indícanos como este centramiento o cristalización es distinto del reforzamiento del propio ego, y cómo conduce a la trascendental Verdad, al Eso.

El hombre nace con un Yo, pero no con un ego. El ego es una creación de la sociedad, un desarrollo posterior. El ego no puede existir sin que existan las relaciones. Tú puedes existir, el Yo puede existir, pero el ego no tiene existencia propia. Es un subproducto del relacionarse con los demás. Por eso el ego existe entre «Tú y yo». Es una relación.

El niño nace con un Yo (*), pero no con un ego. El niño desarrolla el ego. A media que se va haciendo más y más social y se relaciona más, el ego se desarrolla. Este ego está en tu periferia donde te relacionas con los otros, justo en los límites de tu ser. El ego está en los límites de tu ser, y el Yo es el centro. El niño nace con un Yo, pero es inconsciente. El es un Yo, pero no es consciente de ese Yo.

La primera conciencia del niño llega con su ego. Se vuelve consciente del «yo», no del «Yo». En realidad se hace consciente en primer lugar del «tú». El niño percibe en primer lugar a su madre. Luego, como reflejo, se percibe a sí mismo. Primero percibe los objetos a su alrededor. Luego, poco a poco, comienza

* N.del T. -En inglés en el original «self». Puede entenderse como «ser», pero en éste contexto parece ser más adecuado «Yo» y reservar «ser» para «being».

a percibir que él está separado de ellos. Este sentimiento de separación es el que le da el sentimiento del ego y, debido a que en primer lugar el niño se vuelve consciente del ego, el ego se convierte en un recubrimiento del Yo.

El ego sigue creciendo porque la sociedad te necesita como ego, no como Yo. El Yo es irrelevante para la sociedad; tu periferia sí es significativa. Y surgen muchos problemas. El ego puede ser enseñado y el ego puede ser vuelto dócil y puede ser forzado a ser obediente. El ego puede ser ajustado, pero no el Yo. El Yo no puede ser enseñado, el Yo no puede ser forzado. El Yo es intrínsecamente rebelde, individual. No puede ser convertido en parte de la sociedad.

Así que la sociedad no está interesada en tú yo. La sociedad está interesadas en tu ego, porque se puede hacer algo con el ego y no se puede hacer nada con el Yo. Por eso la sociedad ayuda a fortalecer el ego y tú continúas viviendo alrededor de tu ego. Cuanto más creces, cuanto más social te vuelves, más educado, más culturizado, más civilizado, más posees un ego definido. Entonces empiezas a funcionar desde tu ego, no desde el Yo, porque eres inconsciente totalmente respecto de él.

Así pues, tu esencia continúa en el inconsciente, en la oscuridad interior, y una falsa construcción, una creación social, el ego, se convierte en tu centro. Te identificas ahora con tu ego, con tu nombre, con tu educación, con tu familia, con tu religión, con tu país. Todas esas cosas son sólo parte de tu ego, no de tu yo, porque el Yo no pertenece a tus padres, el Yo no pertenece a tu país, el Yo no pertenece a ninguna religión, el Yo no pertenece ni siquiera a tu propio yo. ¡No le pertenece! El Yo es libertad. ¡Es libertad total! Existe por sí mismo. No pertenece a nadie, no depende de nada. ¡El es!

Pero el ego pertenece a algo. Existe según un modelo. Si eres dejado solo durante un largo período, tu ego se va hundiendo. Poco a poco, sentirás que tu ego está languideciendo, porque el ego requiere de ayuda constante por parte de los demás. Necesita energía constante, comida de los demás. Por eso es por lo que el amor te proporciona un enaltecido sentimiento del ego, porque en el amor el otro te aporta significado, valor. Te vuelves, por primera vez, importante. Y en el amor, los amantes se ayudan mutuamente. El amor es una comida muy sutil para el ego. La suprema vitamina para el ego, es el amor.

Por eso es que Mahavira y Buda y Mahoma y Cristo huyeron de la sociedad. No fue realmente un escapar de la sociedad: ellos escaparon hacia la soledad. No fue en contra de la sociedad. Básicamente era para determinar si sus egos eran capaces de subsistir fuera de la sociedad. Y Mahavira, continuamente durante doce años, permaneció en soledad tan sólo para disolver su ego, esta creación social. Escogió permanecer sin un centro durante un tiempo de modo que un verdadero centro, un auténtico centro, pudiera surgir.

Uno ha de entrar en una discontinuidad. ¿Mmm? Esa discontinuidad implicará un caos porque estás centrado en el ego y el verdadero centro está oculto detrás. A menos que disuelvas este falso centro no puedes alcanzar el verdadero centro, porque no tienes necesidad. El ego desempeña su papel.

El ego es suficiente por sí mismo en cuanto a lo que concierne a la sociedad, en cuanto al mundo, en cuanto a lo que concierne a las relaciones. El ego es suficiente. Si te retiras a una vida solitaria en ausencia de relaciones, este ego no puede subsistir porque es un puente entre tú y yo. Si el «tú» no está presente, el puente no puede existir en una orilla. Necesita de dos orillas para existir. Por esto es por lo que el retirarse en soledad se convierte en una profunda *sadhana*.

Pero te puedes engañar a ti mismo. Si te retiras en soledad y empiezas a hablar con Dios, otra vez estás creando tu ego. Has creado el «tú», el otro, de nuevo. Si te retiras en soledad y rezas a Dios y empiezas a hablar con Dios entonces has creado un «tú» imaginario. Ahora el ego puede de nuevo existir. De modo que permanecer en soledad quiere decir permanecer sin el «tú», sin «tú», totalmente solo. Entonces este ego no puede existir. Se marchitará y serás arrojado a un caos porque estarás, durante cierto tiempo, sin centro. Este caos ha de ser encarado. A menos que lo enfrentes no podrás estar centrado en tú yo. Tienes que pasar por él.

Los místicos cristianos lo han llamado «La noche oscura del alma». Realmente uno se vuelve loco, porque cuando uno no tiene centro alguno, está loco. No tienes referencia respecto a la cual puedas funcionar, no tienes unidad ninguna. Eres solamente fragmentos sin energía en ellos, sin centro, sin foco. Eres una multitud; te volverás loco. Has de efrontar esta locura. Este es el único coraje que requiere la revolución religiosa: el volverse loco, el permanecer sin un centro. Esta es la auténtica austeridad; el atravesarla sin crear otra vez un nuevo falso centro; el ser tan honesto que, a menos que un verdadero centro surja, no crees ningún otro centro. Esperarás. Esta espera puede tener una duración indeterminada. No se puede predeterminar.

Mahavira tuvo que permanecer en soledad durante doce años. Mahoma permaneció así, solo, durante treinta días. Depende de muchas cosas. Yo siento que Mahavira tuvo que esperar durante doce años porque era el hijo de un gran rey. Debió de haber estado profundamente arraigado en un falso ego, más que Mahoma. No era ningún hombre corriente. Su ego era mayor que el de Mahoma. Mahoma era tan sólo un pobre hombre sin un ego desarrollado, ineducado, un donnadie. ¡Era un donnadie! Pero Mahavira era un personaje. Pertenecía a una gran familia. Poseía una gran herencia, un ego muy refinado, bien educado, culto. Poseía un ego muy cristalizado en todos los aspectos. Fueron necesarios doce años para disolverlo.

Jesús permaneció en soledad solamente durante cuarenta días. También era un pobre hombre sin ningún soporte para su ego. Cuanto más progresa la civilización, más difícil es, porque toda civilización con alto progreso tiene un efecto solidificante sobre los egos que constituyen esa civilización.

Este atravesar un caos sin centro alguno, el ser un caos, te arroja al final al centro, al verdadero centro, al Yo. Hay muchos métodos para poder atravesar este caos y destruir este ego. Pero esto es una cosa básica: el tener el coraje suficiente para permanecer sin un centro durante un cierto período de tiempo.

Puedes lograrlo entregándote. Puedes entregarte a alguien, al Maestro. Si la entrega es total, no tendrás ego. Eres capaz de ser un Yo, pero no un ego; por eso es que la entrega es algo tan difícil. Y cuanto más egoísta es una época, más difícil se vuelve el entregarse. Al entregarte te abandona a ti mismo, te conviertes en una sombra, simplemente sigues las instrucciones. No piensas en ello; dejas de existir.

Pero siempre uno reflexiona sobre la entrega, empieza a pensar, «Si me entrego entonces dejaré de ser un individuo».

Esto es absolutamente incorrecto. Si te entregas, sólo entonces podrás ser un individuo, porque el ego no es tu individualidad. Es algo falso, solamente una fachada. Si entregas lo falso, vas a explotar a lo real. Y esa es la belleza de la entrega: no puedes entregar el Yo, ¿mmm? Es imposible. Solamente puedes entregar el ego. Puedes abandonar únicamente aquello que te ha sido dado. No puedes abandonar tú Yo; eso es imposible. No hay tal posibilidad. ¿Cómo vas a abandonar a tú Yo? Puedes abandonar algo que haya sido colocado en ti, algo que sea puesto por la sociedad. En realidad, únicamente puedes entregar lo que no te pertenece, lo que no eres.

Esto parecerá contradictorio, paradójico. Sólo puedes dar lo que no eres. Lo que eres, no puedes entregarlo. De modo que al entregarte abandonas todo lo que sabes que eres. Entonces solamente el Yo permanece, aquello que eres y que no puedes abandonar. Cuando se abandona lo falso, se encuentra lo real.

Hay pues dos formas, dos caminos básicos: uno es la entrega. ¿Mmm? Hay muchas maneras de entregarse, pero la base es entregarse siempre a alguien. No es importante a quién. Es absolutamente insignificante a quién se entrega uno. Lo verdaderamente importante es el entregarse. A veces sucede que el Maestro no es en sí un auténtico Maestro, pero si te entregas, puedes alcanzar el verdadero Yo.

Incluso un falso Maestro puede ser de ayuda, incluso un Maestro fallecido puede ser de ayuda, porque lo fundamental no es a quién te entregas, lo verdaderamente fundamental es el hecho de que te estás entregando. Lo que sucede está en ti. A quién se dirige es totalmente irrelevante. Puede que Krishna esté allí o no esté; Buda puede ser un personaje histórico o puede no serlo; Jesús puede que sea un mito. No importa. Si puedes entregarte a Jesús, tanto si Jesús existió como si no existió, lo que tenga que suceder te sucederá. Es la entrega la que tiene valor.

De modo que un sistema, una camino básico es el de la entrega. Otro, es el de la absoluta voluntad. No te entregues, pero entonces sé absolutamente tú mismo. Dije que cuando te entregas, el Yo no puede ser entregado. Entregues lo que entregues ha de ser el ego, lo falso, la persona, no la esencia. Otro camino fundamental es el ser tú mismo totalmente, sin entregarte, pero en este caso has de ser pura voluntad.

De nuevo, el ego carece de voluntad; no puede tenerla. El ego carece absolutamente de voluntad porque una entidad falsa no puede poseer la cualidad de la voluntad. La voluntad pertenece a lo real. Tú careces absolutamente de voluntad. Por la mañana decides algo; por la tarde lo suspendes. En el mismo instante en que estás decidiendo, una parte de ti lo está cancelando. Dices, «Amo». Profundiza, y en algún lugar en un rincón, el odio se esconde. En ese mismo instante. Decides, «Voy ha hacer esto», y en ese mismo instante lo contrario está presente.

La voluntad significa la ausencia de lo contrario en la mente. Voluntad significa uno, sin dualidad. El ego no puede tener voluntad alguna. El ego significa muchas voluntades contradictorias simultáneamente. Eres una multitud por lo que respecta al ego, y ha de ser así. Es natural, porque el ego es creado con las relaciones. Es un subproducto. Tienes gran cantidad de relaciones, así que tu ego es una construcción hecha de multitud de relaciones. No puede ser único: es una multitud.

Realmente considéralo desde este punto: posees una parte de tu ego que fue creada con tu madre; un fragmento de ego que fue creado por ti en relación a tu madre. Otra parte de tu ego fue creado por ti en relación con tu padre; otro fue creado en la relación con tu esposa. El fragmento que fue creado por tu esposa no puede ser el mismo que el que fue creado por tu madre. Serán antagonistas. Lucharán en tu interior. No es solamente que tu madre y tu esposa peleen en el exterior, la parte del ego que está en ti también peleará. No es sólo que tu padre y tu madre peleen en el exterior; ellos han creado pedazos de tu ego y éstos lucharán en tu interior. Tú tienes pues muchos pedazos, eres una multitud en el nombre del ego. Una multitud. Constantemente estás en lucha, en conflicto. No puedes «querer» nada.

Gurdjieff solía decir, «No puedes «querer hacer» porque no eres». El hombre no es hombre porque no es uno. Eres una multitud, y una multitud sin una unidad verdadera. Tienes muchas caras, tienes muchas voluntades. En cierto momento, en cierta situación, un fragmento es el amo. Entonces dices algo, entonces decides algo. En ese momento sientes que posees voluntad, pero al instante siguiente la voluntad se ha evaporado. Otro fragmento ha emergido, y este fragmento no era consciente de tus decisiones.

Te enfadas y entonces decides: «No me enfadaré de nuevo». La parte que estaba enfadada no ha decidido esto. Esto es otra parte y ambas no se encuentran nunca en tu vida. La segunda parte que dice, «He decidido no enfadarme», no es la parte que estaba enfadada. Y no coinciden. La parte que estaba enfadada seguirá enfadada mañana, y la parte que esté enfadada se olvidará por completo de lo que decidiste. Y otra vez te arrepentirás. La otra parte emergerá de nuevo, y así indefinidamente.

Gurdjieff solía decir que somos como una casa en la que el amo está ausente o está dormido. Durante años la casa no ha conocido al que es su amo. Y hay muchos sirvientes. Los sirvientes han olvidado por completo que hubo alguna vez un amo. O bien está dormido o bien se ha ido. Durante años los sirvientes han vivido en la casa sin el amo. Alguien pasa por la casa; un sirviente está afuera y le pide a este sirviente, «¿Quién es el amo?».

El sirviente contesta, «Yo soy el amo».

Otro día, el mismo hombre pasa de nuevo por la casa y encuentra a algún otro. Le pregunta, «¿Quién es el amo?»

El segundo sirviente dice, «Yo soy el amo».

Todos los sirvientes proclaman que son el amo, y nada puede decidirse porque el amo está dormido o se ha ido a alguna otra parte. Esos sirvientes-amos pueden tener algún valor decisorio, pero no pueden asumir sus decisiones. Pueden prometer algo, pero no pueden cumplirlo. No son los amos en absoluto.

Esta es la situación con el ego. No tiene voluntad. Así que el segundo camino es crear una voluntad. Si creas una voluntad, entonces el ego desaparece, porque solamente el Yo posee voluntad. Si empiezas pues con la voluntad, si insistes en tener voluntad, poco a poco irás avanzando. El ego no puede «querer hacer», y si tú insistes en «querer hacer», el ego desaparecerá.

La entrega es un camino fundamental, el camino de los *baktas. Tap,* voluntad, es el segundo camino básico; el camino de los guerreros, de los luchadores. Cada camino posee multitud de técnicas, pero lo fundamental es esto.

Gurdjieff empleó el segundo camino, el camino de la voluntad. Lo denominó cristalización. Dijo, «Si «quieres hacer», entonces poco a poco cristalizarás en tu centro». El ego no puede existir con una consciencia con voluntad; no puede existir. Por eso Gurdjieff utilizó métodos muy intensos para alcanzar la integración interna. Por ejemplo solía decir, «No durmáis durante siete días. Suceda lo que suceda, no durmáis». Puedes estar sin comer durante siete días; no es difícil. Pero estar sin dormir durante siete días es muy difícil. Estar sin comer durante siete días no es tan difícil; un hombre puede permanecer sin comer durante noventa días al menos, sin ningún peligro. Pero con el sueño es difícil. El comer es un acto voluntario. Puedes comer, puedes dejar de comer. El sueño no es un acto voluntario; es involuntario. O llega o no llega. No puedes traerlo, no puedes forzarte a dormir. Puedes obligarte a no comer o a comer más; eso es algo voluntario. Pero el sueño es un fenómeno no voluntario. No puedes forzarlo en ti. Y cuando el sueño se presenta, no serás capaz con tu ego, de mantenerte despierto. Pero puedes insistir. Puedes decir, «Suceda lo que suceda, no dormiré. Estoy dispuesto a morir, pero no a dormir».

El discípulo principal de Gurdjieff, Ouspensky, se estaba muriendo, pero no quería acostarse. Continuaba andando. Se estaba muriendo y era consciente de que la muerte estaba a punto de presentarse, pero no quería acostarse. Los médicos le insistían, trataban de persuadirlo, pero él no quería acostarse. El decía, «No, voy a morirme andando. Voy a morir conscientemente». Empleó incluso la muerte para crear voluntad, y murió caminando. Fue el primer hombre en la historia de la Humanidad que murió mientras caminaba, conscientemente.

Considera, reflexiona sobre qué es lo que estaba sucediendo en su interior. No era un simple sueño, era la muerte. Y no estaba dispuesto a entregarse ni incluso a la muerte. ¿Mmm? Este es un camino anti-entrega. No estaba dispuesto a entregarse, ni tan siquiera a la muerte. Continuó luchando. Siguió andando durante tres días y tres noches. El cuerpo estaba muy enfermo, viejo. Aquellos que le estaban cuidando no podían hacer lo que él hacía, ellos tenían que dormir. Alguien dormía y otro hacía guardia. Un grupo de doce personas continuaba vigilándole, pero durante tres días consecutivos, día y noche, continuó andando. No se sentó. No quería arreglo ni concesión alguna con la muerte. Murió como hombre cristalizado. Usó la muerte para crear voluntad.

Puedes luchar con el sueño, puedes luchar con el comer, puedes luchar con el sexo, puedes luchar con lo que quieras, pero si lo haces, ¡hazlo sin concesiones! ¡Entonces no te entregues! ¡Permanece absolutamente en ello! Pero el ego no puede estar plenamente en algo. Y si insistes en dedicarte plenamente, el ego desaparecerá y de repente te darás cuenta de un centro diferente en ti. El ego no puede «querer hacer», por eso si «quieres hacer» el ego no podrá existir.

O bien entrégate totalmente o «quiere» totalmente. Entonces comprenderás que esas partes aparentemente contradictorias no son realmente contradictorias, porque una cosa es común: la totalidad. O total entrega o total voluntad. El ego nunca puede ser total en algo. Siempre es fragmentario, está dividido. Sé total, en cualquier cosa, y el ego desaparecerá. Y cuando no hay ego, por primera vez te das cuenta de tu auténtico centro.

Yo lo llamó centramiento; Gurdjieff lo llamó cristalización. Las palabras no importan mucho. Mediante este centramiento te conviertes en un ser; mediante este centramiento estás en la Existencia. Antes de esto estabas en la sociedad, no en la Existencia. Antes de esto eras una parte de la civilización, de una cultura, de una lengua, de una religión, pero no una parte de la Existencia. Antes de esto vivías en un mundo creado por el hombre. Antes de esto, pertenecías a *esto*. Una vez centrado, perteneces a *Eso*, a lo que está más allá, a lo que no es creado, a lo eterno. Entonces llegas al origen. Puedes llamarlo Dios, puedes llamarlo Alma. Puedes llamarlo como quieras. Los Upanishads lo llaman *Eso*, lo que nunca nació, lo que nunca morirá, lo que Es.

Este centramiento es posible; no es imposible. Parece imposible, aparece como imposible, es imposible para el ego, no para ti. Es imposible para el ego porque el ego no puede alcanzarlo. Más bien, al alcanzarlo, el ego morirá.

Las antiguas escrituras del yoga dicen, «Escucha lo que el Maestro te diga y síguelo, porque él es tú Yo. Diga lo que diga, es tu propia voz interior». Por eso afirman que el verdadero Maestro, el auténtico Gurú, mora en ti. En tu exterior, el Maestro es simplemente una ayuda para despertar a tu Maestro interior. Por eso, en verdad, entregarse al Maestro es entregarse al Yo. Es algo así como esto: te plantas ante un espejo y, por primera vez, descubres cuál es tu cara mediante el espejo. El Maestro es simplemente un espejo. Si te entregas serás consciente de tu propio Yo.

Este es un modo. El otro es hallar tu propia voluntad. Y decide cuál es tu camino, porque, tal y como sé, hay mucha gente que simplemente se lo piensa; a veces creen que es la entrega, a veces creen que es la voluntad. Así funcionan: cuando les hablas de la voluntad, ellos piensan en la entrega; cuando les hablas de la entrega, piensan en la voluntad. Así es como trabajan los fragmentos del ego.

Si te digo, «Entrégate», entonces pensarás, «¿Cómo voy a entregarme? ¿Qué le sucederá a mi individualidad, a mi libertad?» Y no tienes ninguna realmente: ni individualidad, ni libertad. Pero entonces te asustas de perder algo que no posees. «¿Cómo voy a entregarme?» Y si te digo entonces, «¡No te entregues! ¡Crea una voluntad!», entonces dirás, «Soy tan débil, ¿cómo voy a crearme una voluntad? ¡Es tan difícil!» Y ambas vías tendrán su contraparte en tu ego. Y seguirás dudando. Este dudar nunca te ayudará a alcanzar tu centro.

Decide: o esto o eso, y entonces síguelo. Y síguelo absolutamente, totalmente, porque esa totalidad, en último término, ayuda a destruir la falsa estructura del ego. Y cuando el falso centro deje de existir, conocerás al auténtico centro. Habrá una discontinuidad, una discontinuidad caótica. Uno ha de enfrentarla. Es doloroso, pero es un dolor de parto. Uno tiene que pasar por ello, es necesario. Pero cuando llegues al centro, entonces sabrás que cualquier pago ha valido la pena. Lo que has ganado excede toda valoración, y hayas hecho lo que hayas hecho, no ha sido nada. Pero antes de llegar, tu esfuerzo es muy valioso.

Y, por último, puedes estar aún en confusión y creer que te has centrado o que has cristalizado, tan sólo porque tienes un ego cristalizado. ¿Cuál es pues la diferencia? ¿Cómo juzgar si estás centrado en el ego o si estás centrado en el Yo?

Hay que recordar tres cosas. Una, si existes en el ego, nunca puedes permanecer en silencio. Nunca. Estás en una multitud, en un mercado. Tu ego es un producto del mercado. Nunca puedes permanecer en silencio.

Segundo, nunca puedes encontrar ni un ápice de felicidad, porque la felicidad pertenece solamente al verdadero centro. El silencio únicamente pertenece al verdadero centro. Son cualidades del auténtico centro. No necesitas hacer un esfuerzo para obtenerlas; están allí. Si estás en el ego, tu felicidad estará siempre en el futuro. Nunca se habrá obtenido, estará por obtenerse.

Y tercero, cuando estés en el ego tu motivación vital será el miedo. Hagas lo que hagas tu motivación radicará en el miedo, estarás basado en el miedo. Si amas, lo harás por miedo. Si rezas, rezarás por miedo. Si piensas en Dios, pensarás por miedo. Si te enriqueces, te enriquecerás por miedo. Si haces amistades, ...hagas lo que hagas, el motivo básico radicará en el miedo.

Estas tres cosas. No habrá silencio posible porque habrá una multitud, una multitud en conflicto por tensiones. Y habrá tensiones y conflictos, ansiedad y angustia, pero no silencio, no felicidad, porque la felicidad pertenece al centro, no al ego. Y el miedo tendrá una dirección, porque el ego está constantemente atemorizado por la muerte, porque el ego es simplemente algo producido. No es una realidad, por eso está asustado de la muerte. El Yo nunca está asustado por la muerte, el Yo nunca ha conocido la muerte. La muerte es imposible para el centro, para el auténtico centro. La inmortalidad es su cualidad intrínseca, su naturaleza. Recuerda pues estas tres cosas.

La mente será una tensión constante, una angustia constante, un anhelo por la felicidad, pero no una experiencia, y todo es inestable, basado en el miedo. Tu religión será puro miedo; tus creencias, tus filosofías, puro miedo, existiendo únicamente para esconder el miedo, para escapar del miedo, para engañarte a ti mismo.

Si permaneces en el verdadero centro, el silencio será tu naturaleza, sin depender de situación alguna. No es que exista una situación determinada en la que estés en silencio. Sea cual sea la situación, estarás en silencio. No podrá ser de otra forma. Nada podrá alterarte. La alteración estará allí, pero tú permanecerás sin verte afectado, inaccesible. Nada penetrará en tu centro; es imposible.

El silencio entonces, no depende de la situación. No depende de que haga buen día, ni de que tengas éxito, ni de verte rodeado de amigos, no. No depende de la situación. El silencio está allí. Sea cual sea la situación, el silencio y la felicidad están ahí; no en el futuro, sino aquí y ahora. Y esta felicidad no es algo que ocurra en cierto momento. Es un estado. No es que hoy estés feliz; no puedes sentirte de otra forma. Tú eres felicidad, y el miedo se disuelve. Y con la disolución del miedo, la totalidad del mundo que hemos creado alrededor del miedo se disuelve. Entras en un mundo donde no hay miedo. Y cuando no existe el miedo, solamente entonces es posible la felicidad. El miedo y la felicidad no pueden coexistir. Es debido al miedo que hemos creado todas nuestras dependencias, todas nuestras esclavitudes. Nuestro encarcelamiento se debe al miedo.

Recuerda pues estas tres cosas. Y una vez que hayas conocido tu verdadero centro, ya no serás el mismo. El hombre viejo ha muerto y un nuevo hombre ha nacido. ¡Es un nuevo nacimiento! Cuando el niño nace, sólo un cuerpo nace. Luego la sociedad proporciona el ego. Sigues viviendo con el ego y un cuerpo, sin Yo. A menos que disuelvas este ego y descubras el Yo, tu vida será desperdiciada. Tus padres te dan el cuerpo y la sociedad te proporciona el ego. ¿Quién eres tú? El cuerpo pertenece a tus padres, a la herencia, a un largo proceso, y el ego pertenece a la sociedad. ¿Quién eres tú?

Gurdjieff solía decir que tú no existes. Eres un simple mecano. A menos que descubras algo que no te haya llegado a través de tus padres, que no provenga de la sociedad, que no te sea suministrado, que haya sido siempre tuyo, antes de nacer tú, después aun de tu muerte, lo que serás, lo que has sido, lo que eres; a menos que descubras eso, no serás un ser centrado, seguirás viviendo en la periferia. Esta existencia periférica ha sido llamada *samsar*, el mundo, *esto*. Esta existencia centrada es denominada el *Nirvana, Eso*.

Osho, ¿cómo puede uno distinguir una experiencia proyectada de un sentimiento auténtico?

«*¿Cómo puede uno distinguir una experiencia proyectada de una auténtica?*» Es difícil. Debido a que tenemos que especular, es difícil. Por ejemplo, ¿cómo puedes saber si estás tocando un fuego real o uno imaginario? Si nunca has tocado un verdadero fuego, es muy difícil averiguarlo, hacer una distinción teórica. Si has tocado un fuego real, entonces no hay dificultad, entonces sabes. Una experiencia proyectada es solamente una experiencia onírica.

Pero podemos pensar algo sobre ello. Si has proyectado algo, tienes que seguir proyectándolo, si no, desaparecerá. Por ejemplo, si proyecto a Dios y digo, «Le veo en los árboles, Le veo en el cielo, Le veo en todas partes,», si ésta es una experiencia proyectada, si es únicamente mi proyección, mi pensamiento sobreimpuesto en las cosas, no una realización, sino una idea, una teoría impuesta sobre las cosas; si yo proyecto el ver a un árbol como Divino, entonces he de sustentar esta proyección constantemente. Si dejo de repetirlo, si me olvido por un sólo instante, lo Divino desaparecerá y sólo quedará un árbol.

Con una experiencia proyectada, has de mantenerla continuamente. No puedes tomarte un descanso, no puedes tomarte unas vacaciones. Los mal llamados santos no pueden irse de vacaciones. Continuamente han de estar al tajo. Están trabajando y trabajando día y noche. Si los detienes un solo instante, su experiencia proyectada desaparecerá.

Unos amigos me trajeron un místico sufí. Era un viejo y decía que durante treinta años había estado vivenciando a Dios en todas las cosas. ¡Y así parecía, lo parecía! Estaba en éxtasis, bailando, sus ojos encendidos con alguna desconocida experiencia. Así que le pregunté a ese hombre, a ese místico, «Durante treinta años lo has estado viviendo, ¿tienes que hacer aún algún esfuerzo?»

El dijo, «Tengo que estar recordándolo en todo momento. Continuamente he de estar recordándolo. Si me olvido, todo desaparece». Por eso le pedí que abandonara todo esfuerzo durante tres días y que se quedara conmigo.

Estuvo conmigo solamente una noche. A la siguiente mañana me dijo, «¿Qué es lo que has hecho? ¡Lo has destruido! ¡Mis treinta años de esfuerzo y tú has acabado con todo!» Empezó a llorar. Los mismo ojos que habían estado prendidos de algo desconocido, se tornaron feos. Treinta años de esfuerzo; y dijo, «¿Cómo, en qué infortunado momento tuve que acudir a ti? ¿Qué es lo que has hecho? ¿Por qué me dijiste que lo dejara durante tres días? ¿Cómo voy a volver a estar en ello?»

Esta es una experiencia proyectada. Se lo dije, «Es mejor que no te envuelvas otra vez en ello porque has desperdiciado treinta años en un sueño. Puedes desperdiciar treinta vidas, pero, ¿qué provecho vas a obtener con eso?»

Las experiencias auténticas no requieren de esfuerzo. No necesitas el mantenerlas. Cuando sucede, ha sucedido. Ahora puedes olvidarte de todo. No necesitas mantenerla, no hay un mantenimiento constante. Permanece. Te olvidas de ella: está ahí. Ni la miras: está ahí. Duermes: está ahí. Entonces el árbol nunca se convertirá en un árbol de nuevo; nunca volverá a ser un simple árbol. Tanto si lo recuerdas como si no, es Divino.

Una cosa pues: necesitas esforzarte antes de que suceda. ¿Mmm? Recuerda, necesitas esforzarte antes de que suceda. En ambas, en la auténtica y en la proyectada, se necesita esfuerzo antes de que sucedan. En las experiencias auténticas no hay necesidad después de que hayan sucedido, pero en las experiencias proyectadas existe una constante necesidad, has de seguir esforzándote. Es como en los cines. El proyector funciona constantemente para que en la pantalla se vea el film. Si por un solo instante la película se rompe o el proyector se detiene, todo desaparece, el sueño entero desaparece por completo y sólo queda una pantalla vacía y nada más. Has de mantener el proyector funcionando constantemente; entonces la pantalla no existe, en su lugar hay un mundo diferente.

El caso es el mismo si has de mantener tu mente funcionando constantemente como proyector o si has de recordar que eres divino, que todo es Divino, que todo a tu alrededor es Dios: has de estar proyectando continuamente, sin pausa. Si hay una interrupción, todo desaparece. Es una proyección. No es auténtico, no es real.

Si no hay necesidad de ese constante esfuerzo, entonces es auténtica, es real. Entonces te puedes olvidar de ella. El día en que te olvidas de Dios, solamente entonces has realizado. Si has de estar recordándole, es una proyección. El día en que puedas dejar tu meditación y no haya diferencia, cuando tanto si medites o no sea lo mismo, entonces será auténtica. Si dejas de meditar, si dejas de rezar, si dejas de esforzarte y todo cambia y sientes que en tu interior falta algo, entonces es una proyección, un sentimiento proyectado. Es una adición. Uno es un adicto a las drogas y tú eres un adicto a los rezos, pero es lo mismo.

Uno de los más raros y profundos tratados sobre yoga en la India es el «Gherand Samhita». Es el fundamental. Dice, «A menos que trasciendas la meditación, tus meditaciones no son de utilidad alguna. A menos que trasciendas la oración, tus oraciones no son de ninguna utilidad. A menos que trasciendas la oración, tus oraciones no habrán sido escuchadas. A menos que te olvides de Dios completamente, no serás uno con El».

Un Buda no hablará de Dios. No hay porqué. Alguien ha dicho, «No ha habido nunca un hombre tan ateo como Gautama el Buda, pero tampoco uno tan divino». Pero él podía ser ateo debido a que era divino.

Recuerda pues una cosa: deja de proyectar constantemente. Solamente hay una cosa que puedes hacer y es dejar tu mente vacía de pensamientos, porque los pensamientos son las proyecciones. Si tienes pensamientos, serán proyectados. Si careces de pensamientos, es como si el proyector no tuviera película. Si no hay película, no hay proyección. Tu mente es un proyector de cine y los pensamientos son la película. Si los pensamientos pasan y la máquina funciona, serán proyectados, entonces el mundo entero se convertirá en la pantalla.

Sigues y sigues proyectando. Cuando amas a alguien, la persona es simplemente una pantalla: tú eres el que proyectas. Cuando odias a alguien, la persona es simplemente una pantalla: tú eres el que proyectas. Son tus pensamientos los que vas proyectando. El mismo rostro es bello hoy, y mañana será feo. La misma cara, porque tu belleza, tu fealdad, tu sentimiento de belleza, tu sentimiento de fealdad no tiene relación alguna con la cara. El rostro es simplemente una pantalla en la cual tus ideas son proyectadas.

¡Ni pensamientos, ni proyecciones! De ahí mi insistencia en que alcances un punto de ausencia de pensamientos, de consciencia sin pensamientos de modo que no haya proyecciones. Entonces contemplarás al mundo tal y como es, no como lo conforman tus pensamientos. Si eres capaz de ver al mundo como es, has llegado a lo Divino.

Ahora puedes percibir la diferencia. El mundo está ahí: tú proyectas lo Divino en él; es un pensamiento. Dices, «El mundo es Divino». Es un pensamiento. No lo conoces. Lo has oído, lo has leído, alguien te lo ha dicho. Desearías que fuera así, lo anhelas, suspiras por que fuera así, pero no lo sabes por ti mismo. No conoces al mundo como algo Divino. Conoces al mundo como mundo.

Este concepto de que «el mundo es Divino», es un pensamiento. Ahora eres capaz de proyectarlo. Repítelo constantemente, déjalo que permanezca en la mente constantemente, déjalo que se interponga constantemente entre tú y el mundo, y entonces tu mente proyectará mediante este pensamiento y algún día el mundo comenzará a parecerte Divino. ¿El hombre? Es una proyección: has pensado que es Divino, y ahora lo percibes.

La auténtica realización es absolutamente distinta. Tú no sabes lo que es el mundo. No dices que sea Divino o que no lo sea. Tú dices, «No lo sé». Así es como un auténtico, un verdadero buscador comienza. El dice, «No lo sé». El falso, el que proyecta siempre afirma, «¡Lo sé! El mundo es Divino. Dios está en todas partes». El verdadero buscador dice, «No lo sé. Conozco el árbol, conozco la piedra. No sé que es lo que es el interior de la Existencia. Soy ignorante».

Este sentimiento te otorga una humildad, una profunda humildad. Y cuando no sabes, no eres capaz de proyectar, porque entonces no cooperarás con ningún pensamiento. Abandona entonces todo pensamiento y di, «No lo sé». Abandona todo pensamiento. No te ates al conocimiento. Poco a poco, conciénciate de que no debería de haber pensamientos entre tú y el mundo. Esto es lo que significa meditación: una relación sin pensamientos. Tú estás aquí; te observo sin pensamiento alguno, sin prejuicio, sin imagen, sin ninguna interposición. Tú estás ahí, yo estoy aquí y hay un espacio, sin llenar, vacante.

Si puede darse esto entre tú y el mundo, el mundo te será revelado en su totalidad, en su realidad, en su esencia. Entonces conocerás *Eso* que *es*, y *Eso* es Divino. Pero entonces no será una idea. No habrá ideas en absoluto. Estarás vacío, hueco, en silencio. Será una revelación, no una proyección. Así que una mente meditativa alcanza un estado de ausencia de pensamientos y solamente entonces es posible la Revelación. De otro modo continuarás proyectando. El pensamiento no puede hacer otra cosa: proyectará.

Profundiza en la meditación y permanece con la realidad sin pensamientos. Siéntate bajo un árbol sin pensamientos, mira al árbol sin ideas en la mente, sin pre-conceptos. Deja que el árbol esté ahí, encarado por tu consciencia. Sé un espejo, en silencio, sin ondas de pensamientos, y deja que el árbol se refleje en ti. Y entonces sabrás que el árbol nunca existió como árbol. Eso era sólo una apariencia, una cara, una *persona*. Era Divino, únicamente que enmascarado como árbol. El árbol era solamente una vestimenta: ahora conoces el interior. ¡No tienes necesidad de recordarle! Siempre que estés en este estado meditativo, Dios estará ahí, lo Divino estará ahí.

Me gustaría expresarlo de esta forma: lo Divino no es un objeto, no puedes descubrir a lo Divino como un objeto, en alguna parte. Es un estado mental. Cuando posees este estado mental, está en todas partes. Y si no posees este estado mental, puedes crear un falso estado, con pensamientos. Pero ha de ser mantenido constantemente. Y no puedes mantener una cosa constantemente.

De modo que encontrarás a santos arrepintiéndose y llorando y sintiendo que han pecado porque no lo han mantenido continuamente. ¡Cómo vas a poderlo mantener sin cesar! Si estás sosteniendo algo, tendrás que relajarte. Todo esfuerzo tiene que relajarse. Si has estado intentando recordar que el árbol no es un árbol sino Dios, al cabo de un cierto tiempo tendrás la mente tan en tensión que necesitarás de un descanso. Cuando descanses, el árbol será un mero árbol, y Dios habrá desaparecido. Luego lo volverás a intentar, y así continuarás. Con el esfuerzo, la relajación está implícita; vendrá.

Puedes hacer cualquier cosa esforzándote, pero no llegará a formar parte de tu ser. Se te seguirá escurriendo una vez y otra. Por eso, si una y otra vez pierdes cierto sentimiento, has de saber que eso es una proyección. Cuando no puedes perderlo, entonces haces lo que quieres hacer o dejas de hacer lo que no quieres hacer; eres lo que quieras ser...

Me gustaría contarte una historia. Un monje chino vivía bajo un árbol desde hacía treinta años y era conocido por ser un hombre altamente Realizado. Una mujer del pueblo estaba sirviendo a ese monje durante treinta años, continuamente. El monje era considerado como absolutamente puro. Ahora era viejo y la mujer era vieja también. Esa mujer estaba en su lecho de muerte y llamó a una prostituta del pueblo y le pidió que fuera donde el monje por la noche, a medianoche: «Tan sólo ve y abrázalo y regresa y dime cómo ha reaccionado».

La prostituta le preguntó, «¿Para qué tengo que hacer esto?»

La anciana le dijo, «Le he servido durante treinta años, pero aún siento que su pureza es una pureza forzada. No es natural. Por eso antes de morir desearía saber si he estado sirviendo al hombre que debía o si simplemente fui engañada como él se ha engañado a sí mismo, porque yo he sido parte de esto. Por eso antes de morir, dímelo. Quiero saberlo».

Así que la prostituta fue. Era medianoche y el monje estaba meditando; era la última meditación nocturna. En el instante en que vio a la prostituta acercarse ...él la conocía, y la conocía bien. Eran del mismo pueblo. Y la conocía bien porque se había sentido atraído hacia ella en muchas ocasiones. En realidad estuvo luchando contra esa prostituta durante años. Estaba asombrado. Salió corriendo de la cabaña y gritó, «¿Por qué has venido aquí? ¡No me toques!» Y estaba temblando y sudando. La prostituta se rió, se dio media vuelta y le contó a la anciana lo que había sucedido.

La vieja le dijo, «Así que fui engañada. Aún es el mismo. Nada ha cambiado. Reacciona como todos. Está asustado. Su mente está todavía encadenada; su mente es aún sexual».

El sexo puede adquirir simplemente el aspecto contrario. Puedes sentirte atado de dos formas: positiva y negativamente. La atracción negativa puede que no parezca atracción, pero lo es.

Lo mismo le sucedió a Buda. Buda estaba bajo un árbol en un bosque. Unos jóvenes habían ido de picnic, para disfrutar. Habían llevado una prostituta con ellos. Estaban comiendo y bebiendo y se emborracharon tanto que la prostituta se les escapó. ¡Estaban tan borrachos que la prostituta se les escapó! Cuando se dieron cuenta de que la prostituta se había escapado, fueron tras ella.

Había únicamente un camino. La prostituta debía de haber pasado por dónde Buda estaba sentado, así que se acercaron y le pidieron al Buda, «*Bikku*, ¿has visto una hermosa mujer desnuda pasar por aquí? Este es el único camino».

Buda abrió sus ojos y les dijo, «Es difícil decir si era mujer u hombre; es difícil decir si era hermosa o no; es difícil decir si iba desnuda o vestida. Pero alguien ha pasado. Esto sí lo puedo asegurar. Alguien ha pasado. No puedo decir si era un hombre o una mujer porque no estoy interesado, no estoy en absoluto interesado, ni incluso negativamente. Si era hermosa o no, no me interesa. Si iba desnuda o no, no me interesa. Esto puedo garantizar: alguien ha pasado.

Y una cosa más. ¡La noche es tan silenciosa! ¿Muchachos, os parece correcto ir en pos de alguien que ha pasado, es correcto tratar de encontrar a esa persona? ¿O es mejor venir y sentarse junto a mí y encontrarse a uno mismo? La noche es muy silenciosa, ¿qué me decís? ¿Es mejor encontrarse a uno mismo o ir en busca de algún otro?»

Esta es una mente muy diferente, sin ataduras ni negativas ni positivas, como si éstas carecieran de significado. Puede subsistir un significado, incluso cuando creas que no existe. Más bien, hay aún más. El tratar de mantener cualquier estado mental, cualquier esfuerzo por mantenerlo, demuestra que estás todavía luchando. No es una Realización; es aún un esfuerzo por imponer algo.

Mantente pues en silencio, sin pensamientos, y entonces sabrás qué es. No pienses en ello y no formules de antemano nada sobre ello. No te preocupes de filosofías ni de teorías metafísicas, no te preocupes de ideas. Sólo entonces es revelada la Realidad. Si te ocupas de las ideas, proyectarás algo sobre la Realidad y la Realidad servirá simplemente de pantalla. Y este es el peligro:

puedes llegar a conocer todo lo que quieras, puedes proyectar lo que quieras.

La mente tiene dos capacidades. Una es la de proyectar cualquier cosa y la otra es que puede permanecer totalmente vacía. Esas son las dos posibilidades. Si la mente es empleada como una proyección positiva, entonces puedes realizar lo que quieras, pero no será una Realización: estarás viviendo en un sueño. Vacía la mente y encara la realidad con la mente vacía, sin pensamiento. Entonces conocerás Aquello que Es.

EL «SER TESTIGO»: LA BASE DE TODAS LAS TÉCNICAS

Establecerse uno
en la propia naturaleza de testigo
es akshat,
el arroz entero y sin descascarillar
utilizado para el culto.

*Establecerse uno
en la propia naturaleza de testigo
es akshat,
el arroz entero y sin descascarillar
utilizado para el culto.*

El permanecer como *testigo* es la técnica para el centramiento. Ya discutimos el centramiento. Un hombre puede vivir de dos modos: puede vivir en su periferia o puede vivir en su centro. La periferia pertenece al ego y el centro pertenece al Ser. Si vives según el ego, estás siempre relacionado con el otro. La periferia se relaciona con el otro. Hagas lo que hagas no es una acción, es siempre una reacción. Lo haces como respuesta a algo que te han hecho. Desde la periferia no hay acción, todo es una reacción, nada proviene de tu centro. En cierto modo eres un esclavo de las circunstancias. No haces nada, más bien eres forzado a hacer. Desde el centro la situación cambia radicalmente: desde el centro comienzas a actuar. Por primera vez empiezas a existir sin depender; empiezas a existir por ti mismo.

Buda estaba cruzando un pueblo. Un grupo de gente estaba muy enojado, muy en contra de lo que enseñaba. Abusaban de él, le insultaban. El Buda les escucha en silencio y luego les dice, «Si habéis acabado dejadme ir. He de llegar al otro pueblo y me estarán esperando. Si en vuestras mentes os queda aún algo por decir, cuando pase de regreso por esta ruta podéis acabarlo».

Le dicen, «Hemos abusado de ti, te hemos insultado. ¿No vas a responder?»

Buda les dice, «Ahora nunca reacciono. Lo que hagáis es cosa vuestra. Yo, ahora, nunca reacciono. No podéis forzarme a que haga algo. Podéis abusar de mí: depende de vosotros. Yo no soy un esclavo. Me he vuelto un hombre libre. Actúo desde mi centro, no desde mi periferia, y vuestro abuso sólo alcanza mi periferia, no mi centro. Mi centro no es afectado».

Os sentís afectados, no porque vuestro centro sea afectado, sino únicamente porque carecéis de centro. Sois solamente periferia, identificados con la periferia. La periferia siempre será afectada por cualquier cosa, por cualquier cosa que suceda. Es vuestra frontera, así que cualquier cosa que suceda la va a afectar.

Y no tenéis centro alguno. En el momento en que tienes un centro, te distancias de ti mismo, estás distanciado de tu periferia. Alguien puede maltratar la periferia, pero no a ti. Tú permaneces distante, separado. Hay una distancia entre tú y tú mismo. Entre tú como periferia y tú como centro hay una distancia, y esa distancia no puede ser atravesada por nadie ajeno a ti, porque nadie puede penetrar hasta el centro. El mundo exterior puede afectarte únicamente en la periferia.

Por eso Buda dice, «Ahora tengo un centro. Hace diez años hubiera sido distinto. Si hubieras abusado de mí, hubiera reaccionado, pero ahora solo actúo».

Entiende claramente la distinción entre reacción y acción. Amas a alguien porque alguien te ama. Buda también te ama; no porque tú le ames, esto es irrelevante. Tanto si le amas como si no le amas es irrelevante. El te ama como acción, no como reacción. El acto proviene de ti y la reacción es forzada sobre ti. Estar centrado significa que has comenzado a actuar.

Hay que recordar otra cosa : cuando actúas, el acto es siempre total. Cuando reaccionas nunca puede ser total. Siempre es parcial, fragmentario, porque cuando actúo desde mi periferia, o sea, cuando reacciono, no puedo hacerlo con plenitud porque no estoy implicado en ello realmente. Sólo mi periferia está implicada, así que no puede ser total.

Si amas desde tu periferia, tu amor nunca será total, siempre será parcial. Y esto tiene gran importancia porque si el amor es parcial, el espacio sobrante se llenará con odio. Si tu amabilidad es parcial, el espacio restante se completará con la crueldad. Si tu bondad es parcial, ¿qué rellenará el hueco restante? Si tu Dios es parcial, necesitarás de un Demonio para llenar el espacio restante.

Eso significa que una acción parcial siempre será contradictoria, en conflicto consigo misma. La psicología moderna dice que amas y odias simultáneamente. Tu mente es ambigua, contradictoria. Te relacionas con el mismo objeto a través del amor y del odio. Y si el amor y el odio están ahí, va a haber confusión, y será una confusión venenosa. Tu amabilidad está mezclada con crueldad y tu caridad es hurto y tu rezo se torna violencia. Y aunque intentes ser un santo, en tu periferia, tu santidad va a tener tintes de pecado. En la periferia todo está obligado a ser contradictorio.

Unicamente cuando actúas desde tu centro tu acción es total. Y cuando esa acción es total, posee una belleza por sí misma. Cuando la acción es total, es del presente. Cuando la acción es total no cargas con la memoria, ¡no la necesitas! Cuando la acción es parcial, es una acción inacabada. Comes algo: si el comer es parcial, cuando terminas de comer lo que comes, continuarás comiendo mentalmente. Quedará inacabado. Solamente algo total puede tener un final y un principio. Una acción parcial es simplemente una serie continua sin comienzo ni final. Estás en tu casa y llevas contigo tu tienda y tu mercado. Estás en tu tienda y llevas contigo tu casa y los asuntos domésticos. No estás nunca, nunca puedes estar, ni un solo instante, totalmente en ello. Acarreas con muchas cosas de continuo. Esta es la carga, la tensa carga sobre la mente, sobre el corazón.

Una acción total tiene un comienzo y tiene un final. Es atómica, no es seriada. Está ahí y luego no está ahí. Estás absolutamente libre para ir hacia lo desconocido. Si no, uno se mueve en surcos, la mente se vuelve rutinaria. Continúas moviéndote en círculos, en un círculo vicioso. Te mueves continuamente en ellos.

Debido a que el pasado nunca se ha acabado, se entromete en el presente, continua aún más y penetra en el futuro. Por eso, en realidad, una mente parcial, una mente periférica, acarrea con su pasado, y el pasado es una gran carga. Aunque no tomes en consideración las vidas pasadas, incluso entonces el pasado es una gran carga. Cincuenta años de experiencias, hermosas y desagradables, pero inacabadas, con todo sin acabar. Continúas acarreando un extenso pasado de cincuenta años, que está muerto.

Este pasado muerto se desplomará sobre un único instante del presente. Lo va a aplastar, de modo que así no puedes vivir, es imposible. Con este pasado sobre ti, en ti, no puedes vivir. Cada instante es tan fresco y tan delicado que este peso muerto lo aplastará. ¡Lo está aplastando! Tu pasado continúa matando tu presente y cuando el presente fallece se convierte en parte de él. Cuando está vivo, no forma parte de ti. Cuando se muere, cuando ha sido aplastado por tu pasado muerto, se vuelve tuyo, entonces es parte de ti. Esta es la situación.

En el instante en que empiezas a actuar desde el centro, toda acción es total, atómica. Está ahí y luego desaparece. Te liberas completamente de ella. Entonces puedes moverte sin carga, liberado. Y solamente entonces puedes vivir el nuevo instante que siempre está ahí, accediendo a él con frescura.

Pero únicamente puedes acceder a él con frescura cuando no hay un pasado con el que cargar. Y tendrás que acarrear con el pasado si está inacabado. La mente tiene una tendencia a finalizarlo todo. Si no ha finalizado, entonces tienes que acarrear con ello. Si algo queda inacabado durante el día, entonces soñarás con ello por la noche, porque la mente tiene la tendencia a completar todo. En el instante en que finaliza, la mente se libera de ello. A menos que finalice, la mente volverá sobre ello una y otra vez.

Hagas lo que hagas, tu amor, tu sexualidad, tu amistad, todo está sin acabar. Y no puedes hacerlo total si te mantienes en la periferia. Así que, ¿cómo centrarse en uno mismo? ¿Cómo alcanzar ese centramiento de modo que no estés en la periferia? El *ser un testigo* es la técnica.

Esta expresión *ser un testigo* (*), es una palabra altamente significativa. Hay cientos de técnicas para alcanzar un centramiento, pero *ser un testigo* siempre forma parte, una parte fundamental, en todas ellas. Cualquiera que sea la técnica, *ser un testigo* será una parte esencial en ella. Por eso es mejor denominarlo «la técnica de todas las técnicas». No es una técnica sencilla. El proceso de *ser un testigo* es la parte esencial de todas las técnicas.

Uno puede hablar sobre el *ser un testigo* como de una técnica pura. Por ejemplo, J. Krishnamurti. El habla sobre *ser un testigo* como de una pura técnica. Pero ese hablar es como hablar del espíritu sin hablar del cuerpo. No puedes percibirlo, no puedes verlo. Siempre el espíritu siempre está presente en el cuerpo, puedes percibir el espíritu a través del cuerpo. Desde luego, el espíritu no es el cuerpo, pero puedes percibirlo gracias al cuerpo.

Cada técnica es simplemente un cuerpo y «el ser un *testigo* es el alma. Puedes hablar del *ser un testigo* independientemente de cualquier cuerpo, de cualquier asunto, entonces se vuelve algo abstracto, totalmente abstracto. Por eso Krishnamurti ha estado hablando continuamente durante medio siglo, pero todo lo que dice

* N. del T.- En inglés, en el original, «witnessing»

es tan puro, sin cuerpo, que uno cree que comprende, pero esa comprensión queda meramente como un concepto.

En este mundo no hay nada que sea un espíritu puro. Todo existe en un cuerpo. Así que el *ser un testigo* es el espíritu de todas las técnicas espirituales y todas las técnicas son cuerpos, cuerpos distintos. Debemos pues entender primero lo que es el *ser un testigo* y luego podremos comprender el *ser un testigo* en las diferentes técnicas, de los diferentes cuerpos.

Conocemos el pensar y uno ha de comenzar desde el pensamiento para averiguar lo que *ser un testigo* significa, porque uno ha de empezar desde lo que se conoce. Conocemos el pensar. Pensar significa enjuiciar: ves algo y lo juzgas. Ves una flor y juzgas si es bella o no es bella. Escuchas una canción y la aprecias o no la aprecias. Aprecias algo o lo condenas.

El pensar es juzgar. En el instante en que piensas has empezado a juzgar. El pensar es evaluar. No eres capaz de pensar sin evaluar. ¿Cómo vas a pensar en una flor sin evaluarla? En el instante en que comiences a pensar dirás que es bella o que no es bella. Tendrás que emplear alguna clasificación porque el pensar es clasificar. En el instante en que has clasificado una cosa, que la has etiquetado, que le has puesto un nombre, has pensado sobre ella. El pensar es imposible si no juzgas. Si no juzgas, entonces permaneces simplemente consciente, pero no puedes pensar.

Una flor está ahí y yo te digo, «Obsérvala, pero no pienses. Mírala, pero no pienses». ¿Qué vas ha hacer? Si no se te permite el pensar, ¿qué harás? Solamente puedes permanecer como *testigo*, solamente puedes permanecer atento, solamente puedes ser consciente de la flor. Puedes encarar el hecho. La flor está ahí. Ahora puedes encararla. Si el pensar no está permitido no puedes decir, «Es hermosa. No es hermosa. Lo sé». o «Es rara, nunca la había visto». No puedes decir nada. Las palabras no pueden ser utilizadas porque cada palabra tiene un valor en sí misma. Toda palabra es un juicio.

El lenguaje está cargado de juicios, el lenguaje nunca puede ser imparcial. En el instante en que utilizas una palabra, has juzgado. De modo que, si no puedes utilizar el lenguaje, no puedes verbalizar. Si digo, «Esto es una flor, mírala, pero no pienses» entonces no se te permite la verbalización. ¿Qué puedes hacer entonces? Solamente puedes *ser un testigo*. Si estás ahí sin pensar, simplemente encarando algo, esto es *ser un testigo*.

Entonces *ser un testigo* quiere decir atención pasiva. Recuerda: pasiva. El pensar es activo, estás haciendo algo. Sea lo que sea lo que estés viendo, estás haciendo algo con ello. No eres pasivo, no eres simplemente un espejo. Estás haciendo algo. Y en el instante en que haces algo, ya has cambiado el hecho.

Veo una flor y digo, «Es bella». La he cambiado. Ahora he impuesto algo a la flor. Ahora, sea lo que sea la flor, para mí es una flor más el sentimiento de que es bella. Ahora la flor está muy lejos. Entre la flor y yo hay un juicio, mi evaluación de que es bella. Ahora la flor no es la misma para mí. La cualidad ha cambiado. Yo me he entrometido. Mi juicio ha penetrado en el hecho. Ahora es más una ficción y menos un hecho.

Este sentimiento de que la flor es hermosa no pertenece a la flor, me pertenece a mí. Yo he entrado en el hecho. Ahora el hecho no es virgen. Lo he corrompido. Ahora mi mente se ha vuelto parte de él. En realidad, el decir que mi mente ha entrado a formar parte de él quiere decir: mi pasado a entrado a formar parte, porque cuando digo, «Esta flor es hermosa», significa que la he juzgado según mi saber anterior. ¿Cómo puedo afirmar que esa flor es hermosa? Tus experiencias del pasado, tus concepciones anteriores, el que algo como esto es hermoso. La has juzgado de acuerdo con tu pasado.

La mente significa tu pasado, tus recuerdos. El pasado ha interferido con el presente. Has destruido un hecho virginal; ahora está distorsionado. Ahora ya no es una flor. La flor, como una realidad en sí misma, ya no está ahí. Ha sido corrompida por ti, destruida por ti. Tu pasado se ha interpuesto. Has interpretado. Esto es pensar. Pensar significa traer el pasado a un hecho del presente. Por eso es que el pasado nunca puede conducirte a la Verdad, porque la Verdad es virgen y tiene que ser encarada en su total virginidad. En el instante en que entremezclas tu pasado, la estás destruyendo. Entonces es una interpretación, no una vivencia del hecho. Lo has hecho pedazos. Se ha perdido su pureza.

Pensar significa traer el pasado al presente. *Ser un testigo* quiere decir que no existe el pasado, solamente el presente. No hay que introducir el pasado. *Ser un testigo* es algo pasivo. No estás haciendo nada, ¡sólo eres! Simplemente estás ahí. Simplemente estás presente. La flor está ahí, tú estás ahí, entonces se establece una relación mediante el *ser testigo*. Cuando la flor está presente y todo tu pasado está presente, no tú, entonces se establece una relación mediante el pensamiento.

Empieza pues desde el pensar. ¿Qué es el pensar? Es traer la mente al presente. Entonces te has perdido el presente, lo has perdido por completo. En el instante en que el pasado penetra en el presente, te lo has perdido. Cuando dices, «Esta flor es hermosa», en realidad se ha convertido ya en pasado. Cuando afirmas, «Esta flor es hermosa», es una experiencia pasada. La has conocido, la has juzgado. Cuando la flor está ahí y tú estás ahí, no es posible decir ni siquiera que la flor es bella. No eres capaz de establecer juicio alguno estando en el presente. Cualquier juicio, cualquier afirmación pertenece al pasado. Si digo, «Te amo», se ha vuelto pasado. Si digo, «Esta flor es hermosa», ya he sentido, ya he juzgado: se ha vuelto pasado.

Ser un testigo es siempre el presente, nunca el pasado. El pensar siempre es el pasado. El pensar es algo muerto; *ser un testigo* es algo vivo. La siguiente distinción es pues: primero, el pensar es activo, es hacer algo. *Ser un testigo* es ser pasivo, es no-hacer, solamente ser. Pensar siempre está en el pasado, lo muerto que ya se ha ido, lo que ya no existe. *Ser un testigo* es siempre el presente, lo que es. De modo que si continuas pensando nunca conocerás lo que es *ser un testigo*.

El final, el acabar con el pensar se convierte en un comienzo del *ser un testigo*. El dejar de pensar es *ser un testigo*. ¿Qué hacer pues? Porque el pensar es un hábito profundamente arraigado en nosotros. Se ha convertido en algo mecánico, robótico. No es que tú pienses; ya no es tu decisión ahora. Es un hábito mecánico, no eres capaz de hacer otra cosa. En el instante en que una flor está ahí, el pensar ha empezado. No tenemos experiencias no verbales; solamente los niños pequeños las tienen. La experiencia no verbal es una auténtica experiencia. La verbalización es un escapar de la experiencia.

Cuando digo, «La flor es hermosa», la flor se ha desvanecido. Ahora es con mi mente, no con la flor, con lo que estoy ocupado. Ahora es la imagen de la flor en mi mente, no la flor en sí misma. La flor misma es ahora una imagen mental, una idea en la mente y ahora puedo compararla con mis pasadas experiencias y juzgar. Pero la flor ya no está ahí. Cuando verbalizas estás cerrado a la experiencia.

Cuando estás atento sin verbalizar, estás abierto, vulnerable. El *ser un testigo* significa una constante apertura a la experiencia, sin cerrarse. ¿Qué hay que hacer? este hábito mecánico, mal llamado «pensar», ha de ser roto. Por eso, hagas lo que hagas, hazlo sin verbalizar. Es difícil, arduo y al principio parece absolutamente imposible, pero no lo es. No es imposible, es difícil. Caminas por la calle: hazlo sin verbalizar, simplemente camina, aunque sea durante unos pocos segundos, y tendrás un destello de un mundo distinto, de un mundo no verbal, del mundo real, no del mundo mental que el hombre ha creado en sí mismo.

Estás comiendo: come sin verbalizar.

Alguien le pidió a Bokuju - Bokuju era un gran Maestro zen - «¿Cuál es tu *sadhana*?»

A lo que Bokuju replicó, «Mi *sadhana* es muy simple: cuando estoy hambriento, como; cuando tengo sueño, duermo. Eso es todo».

El hombre se quedó asombrado. Dijo, «¿Qué estás diciendo? Yo también como y duermo y todo el mundo hace lo mismo. ¿Qué tiene esto de particular para que lo llames *sadhana*?»

Bokuju le dijo, «Cuando estás comiendo estás haciendo muchas cosas, no solamente comes. Cuando estás durmiendo estás haciendo de todo excepto dormir. Pero cuando yo como, simplemente como; cuando duermo, simplemente duermo. ¡Toda acción es total!»

Toda acción se convierte en total si la haces sin verbalizar. Intenta comer sin verbalización alguna en la mente, sin pensamientos en la mente. Sencillamente come y entonces el comer se convertirá en meditación, porque si no verbalizas te vuelves un *testigo*. Si verbalizas, te volverás un pensador. Si no verbalizas te volverás, automáticamente, un *testigo*, no podrás remediarlo, no podrás evitarlo. Intenta pues hacer algo sin verbalizar: camina, anda, báñate o simplemente siéntate en silencio. Simplemente siéntate, ¡qué sea sólo un «sentarse»! No pienses. Entonces, simplemente sentarse puede convertirse en meditación, simplemente el caminar puedeconvertirse en meditación.

Alguien le pidió a Bokuju, «Dame una técnica para meditar».

Bokuju le dijo, «Te puedo dar una técnica, pero serás incapaz de meditar, porque se puede practicar una técnica con una mente que verbalice».

Tus dedos pueden deslizarse por un rosario y puedes seguir pensando. Si tus dedos simplemente se deslizan por un rosario sin estar pensando, se convierte en una meditación. Entonces no se requiere de técnica alguna. Toda la vida es una técnica. Por eso Bokuju dijo, «Sería mejor que te quedarás conmigo y me observaras. No preguntes por un método. Simplemente obsérvame y llegarás a conocer».

El pobre individuo observó durante siete días. Se empezó a sentir más confuso. Después de siete días dijo, «Cuando llegué estaba menos confundido. Ahora estoy más confuso. Te he observado durante siete días continuamente, ¿qué es lo que hay que ver?»

Bokuju le dijo, «Entonces no has observado. ¿Te has fijado cuando camino? Sencillamente camino. Cuando me traes el té por la mañana, ¿te has fijado? Simplemente tomo el té y lo bebo; simplemente lo bebo. No hay un Bokuju; tan sólo existe el beber. Ningún Bokuju, solamente el beber el té. ¿Te has fijado? Si te has fijado debes de haber sentido que Bokuju ya no existe».

Esto es algo muy sutil puesto que si el que piensa está presente, entonces hay ego, entonces eres Bokuju o cualquier otro. Pero si solamente hay la acción sin verbalización alguna, sin pensamientos, no hay ego. Por eso Bokuju dice, «¿Te has fijado? Allí no estaba Bokuju, solamente había el beber el té, el caminar por el jardín, el cavar un hoyo».

Buda, debido a esto, dijo, «No existe el alma». Porque no has estado observando continuamente te crees que tienes un alma. ¡No la tienes! Si eres un *testigo*, entonces no existes. El «yo» se forma a sí mismo con los pensamientos. Y una cosa más: los pensamientos acumulados, los recuerdos apilados, crean el sentimiento del ego, de que tú eres.

Intenta este experimento: destierra totalmente tu pasado, quédate sin recuerdos. Olvídate de quienes son tus padres, a quien perteneces, a qué país, a qué religión, a qué raza. Si has sido educado, o si fuiste educado o si no lo fuiste. Corta con el pasado, y acuérdate de quién eres. No eres capaz de recordar quién eres. Tú eres, obviamente. Tú existes, pero ¿quién eres tú? En este instante no puedes percibir un «yo». El ego es simplemente el pasado acumulado. El ego son tus pensamientos, condensados, acumulados.

Por eso Bokuju dice, «Si me has observado, habrás visto que yo no estaba. Había un beber el té, pero no un bebedor. Había un caminar en el jardín, pero no un caminante. Había una acción, pero no un ejecutante».

En el *ser un testigo* no existe un sentido del yo; en el pensar, está ahí. No es una coincidencia que los mal llamados pensadores estén tan profundamente asentados en sus egos. Los artistas, los filósofos, los literatos, no es una coincidencia que sean tan egoístas. Cuantos más pensamientos albergas, mayor ego tienes. En el *ser un testigo* no hay ego, pero esto únicamente se alcanza trascendiendo el lenguaje. El lenguaje es la barrera. El lenguaje se necesita para comunicarte con los demás; no es necesario para comunicarse con uno mismo. Es un instrumento útil; más bien el instrumento más útil. El hombre pudo crear una sociedad, un mundo, debido únicamente al lenguaje, pero debido al lenguaje el hombre se ha olvidado de sí mismo.

El lenguaje es nuestro mundo. Si durante un sólo instante el hombre se olvida de su lenguaje, ¿qué es lo que queda? La cultura, la sociedad, el hinduismo, el cristianismo, el comunismo, ¿qué queda? Nada queda. Si el lenguaje es erradicado de la existencia, toda la Humanidad con su cultura, su civilización, su ciencia, su religión, su filosofía, desaparece.

El lenguaje es una comunicación con los demás; es la única comunicación. Es útil, pero es peligroso. Y siempre que un instrumento es útil, en la misma proporción también es peligroso. El peligro es éste: cuanto más se adentra la mente en el lenguaje, más se aleja del centro. Uno requiere pues un sutil equilibrio y un sutil dominio para ser capaz de moverse en el lenguaje y también para ser capaz de abandonar el lenguaje, de salirse del lenguaje, de escaparse del lenguaje.

El *ser un testigo* significa salirse del lenguaje, de la verbalización, de la mente. El *ser un testigo* significa un estado de no-mente, de ausencia de pensamientos. ¡Inténtalo! Es un gran esfuerzo y no se puede predecir nada, pero inténtalo y mediante el esfuerzo alcanzarás algunos instantes en los que, repentinamente, el lenguaje desaparece. Y entonces una nueva dimensión se abre. Te vuelves consciente de un nuevo mundo, del mundo de la simultaneidad, del mundo del aquí y del ahora, el mundo de la no-mente, el mundo de la realidad.

El lenguaje tiene que evaporarse. Intenta realizar las acciones cotidianas, los movimientos corporales, sin lenguaje. Buda utilizaba esta técnica para observar la respiración. Solía decir a sus *bikkus*, «Seguid observando vuestra respiración. No hagáis nada, solamente observad como entra el aliento, como sale; el aliento entrando, el aliento saliendo». No es decirlo así; es sentirlo, ¿mmm? El aliento entrando, sin palabras. Siente el aliento penetrando, muévete con la respiración, deja que tu consciencia ahonde con el aire entrante. Luego deja que salga. Continúa yendo con tu respiración. ¡Mantente alerta!

Se dice que Buda dijo, «No paséis por alto ni un solo aliento. Si fisiológicamente se obvia un solo aliento, te mueres; si un solo aliento se pasa por alto al permanecer consciente, estarás pasando por alto al centro, estarás muerto por dentro». Por eso Buda dijo, «La respiración es esencial para la vida del cuerpo, y la consciencia de la respiración es esencial para la vida del centro interno».

Respira, mantente consciente. Y si estás intentando mantenerte consciente internamente de tu respiración, eres incapaz de pensar, porque la mente no puede hacer dos cosas simultáneamente: pensar y *ser un testigo*. El mismo fenómeno de *ser un testigo* es diametral, absolutamente opuesto al pensar, de modo que no puedes efectuar ambos. Del mismo modo que no puedes estar vivo y muerto simultáneamente, del mismo modo que no puedes estar dormido y despierto, no puedes estar pensando y manteniéndote como un *testigo*. Sé *testigo* de algo y el pensar desaparecerá. Deja que entre el pensar y el *ser un testigo* desaparecerá. El *ser un testigo* es una consciencia pasiva sin contener ninguna acción. La consciencia misma no es una acción.

Un día, Mulla Nasrudin estaba muy preocupado, cavilando. Cualquiera que observara su cara podía ver que estaba sumido en pensamientos; muy tenso, angustiado. Su esposa se llegó a alarmar. Le preguntó, «¿Qué es lo que pasa, Nasrudin? ¿En qué estás pensando? ¿Cuál es el problema? ¿Por qué estás tan preocupado?»

Mulla abrió sus ojos y dijo, «Este es el problema más grande. Estoy reflexionando en cómo ha de saber uno que uno mismo está muerto. ¿Cómo saber uno que uno mismo está muerto? Si me fuera a morir, ¿cómo iba a reconocer que estaba muerto? Porque yo no he conocido la muerte. El reconocimiento significa que has conocido algo antes».

«Te veo y reconozco que eres A, o B o C porque te conocía de antes. A la muerte no la he conocido». dijo el Mulla. Y cuando se presente, ¿cómo la voy a reconocer? Este es el problema y estoy muy preocupado. Y cuando esté muerto y no pueda preguntar a nadie, esta puerta estará también cerrada. No puedo consultar ninguna escritura, ni ningún profesor puede ser de ayuda».

Su esposa se rió y le dijo, «Te estás preocupando innecesariamente. Cuando la muerte llega uno lo sabe inmediatamente. Cuando la muerte se te presente lo sabrás porque te pondrás frío, frío como el hielo». El Mulla se sintió aliviado. En sus manos tenía la clave, una señal.

Al cabo de dos o tres meses, se encontraba cortando leña en el bosque. Era una fría mañana de invierno y todo estaba helado. De repente se acordó y se palpó las manos: estaban heladas. Dijo, «De acuerdo. La muerte se está acercando y estoy tan lejos de casa que no puedo decírselo a nadie, ¿qué voy ha hacer? Me olvidé de preguntárselo a mi mujer. Me dijo como se debía de sentir uno, pero ¿qué se supone que se ha de hacer cuando llega la muerte? Ahora no hay nadie aquí y todo se está helando».

Entonces recordó. Había visto muchas personas muertas, de modo que pensó, «Es adecuado el tumbarse». Así era como había visto a las personas fallecidas, de modo que se tumbó. Por supuesto se fue sintiendo más y más frío, con la muerte cerniéndose sobre él. Dos lobos, creyendo que el Mulla estaba muerto, atacaron a su burro. El Mulla abrió los ojos y viéndolo, pensó «Los muertos no pueden hacer nada. Si hubiera estado vivo, lobos, no os habríais tomado esas libertades con mi burro. Pero ahora no puedo hacer nada. Nunca se ha sabido de muertos que hicieran algo. Sólo puedo permanecer como espectador».

Si estás muerto para todo tu pasado, absolutamente muerto, entonces únicamente puedes *ser un testigo*. ¿Qué otra cosa puedes hacer? S*er un testigo* quiere decir morir a tu pasado, a tus recuerdos, a tus ideas, a todo. Entonces, en el momento presente, ¿qué puedes hacer? Solamente puedes permanecer como observador. No es posible juicio alguno. El juzgar sólo es posible en referencia a experiencias pasadas. No hay evaluación posible; la evaluación es posible solamente con referencia a acciones pasadas. No es posible el pensar; el pensar solamente es posible si el pasado está allí, de vuelta al presente. Así qué, ¿que puedes hacer? Puedes *ser un testigo*.

En la antigua literatura sánscrita, el Maestro es definido como la muerte, *Acharya Mrityuh*. ¡El Maestro es definido como la muerte! En el Katha Upanishad, Nachiketa es enviado a Yama, el dios de la muerte, para ser instruido. Y cuando Yama, el dios de la muerte, ofrece muchos regalos a Nachiketa. «Toma esto, toma el reino, toma estas riquezas, esos caballos, esos elefantes, esto y esto otro»; una larga lista de cosas. Nachiketa le dice, «He venido a aprender lo que es la muerte porque a menos que sepa lo que es la muerte, no puedo saber lo que es la vida».

Por eso un Maestro era conocido en los tiempos antiguos como una persona que podía convertir en un muerto a su discípulo. El que te puede dar muerte, el que te puede ayudar a morir para que puedas renacer.

Nicodemo le preguntó a Jesús, «¿Cómo puedo alcanzar el reino de Dios?»

Jesús le dijo, «A menos que primero mueras, no podrás lograr nada. A menos que renazcas, no podrás lograr nada».

Y este renacer no es un suceso aislado, es un proceso continuo. Uno ha de renacer a cada momento. No es que renazcas una vez y se acabó. La vida es un renacer continuo y la muerte también es continua. Has de morir una vez porque no has vivido en absoluto. Si vives, tendrás que morir a cada instante. Muere al pasado a cada instante, haya sido cual haya sido, cielo o infierno. Sea lo que sea, muere para él y mantente fresco y joven y renace en el momento. ¡Sé un *testigo* ahora! Solamente puedes *ser un testigo* ahora, si estás fresco.

Este sutra dice,

> *Establecerse uno en la propia naturaleza de*
> *espectador es* akshat,
> *el arroz entero y sin descascarillar utilizado*
> *para el culto.*

Este Upanishad otorga un significado más profundo a cada uno de los símbolos del rendir culto. *Akshat*, el arroz entero, es empleado al rendir culto. ¿Qué es el *akshat*? La palabra es muy significativa, pero traducida al castellano (*) se vuelve ordinaria. *Akshat* significa «Eso que no ha sido penetrado». *Akshat* significa «virgen». Nosotros decimos *akshatkanya*, virgen. *Akshat* significa virgen, no penetrado, y el arroz entero es utilizado senci-

---

* N. del T.- En inglés, en el original, «... traducida al inglés...»

llamente como símbolo: virgen, fresco, sin manipular. Pero la palabra *akshat* quiere decir no habiendo sido penetrado.

¿Qué es lo que es *akshat* en ti, qué es lo que no ha sido nunca penetrado? Eso es tu naturaleza de *testigo*. Todo ha sido corrompido, solamente en ti hay una cosa incorrupta. Tu cuerpo está corrompido, tu mente está corrompida, tus pensamientos, tus emociones, todo está corrompido. Todo ha sido influenciado, impresionado por el exterior. En ti solamente una cosa permanece totalmente incorrupta, intocada, -*akshat*- y esa es tu naturaleza de *testigo*. El mundo no puede alcanzarlo. Tus pensamientos pueden ser influidos, manipulados, pero tu consciencia de *testigo* no puede serlo.

Tus pensamientos pueden ser cambiados, tú puedes ser cambiado, eres cambiado a cada momento. Toda influencia es una influencia transformadora, porque, a favor o en contra, reaccionas. Y aunque reacciones a una influencia determinada, has sido cambiado, has sido manipulado. En todo momento eres manipulado por las situaciones externas, por las impresiones, por las influencias, pero una cosa permanece sin ser alcanzada, y ésta es tu naturaleza de *testigo*.

El sutra dice, «*Es tu naturaleza, eres tú*». No es algo que se enseñe, no es algo que se construya, no es algo que se dé. ¡Eres tú! Cuando decimos naturaleza, quiere decir que eres tú. Tú y ella no podéis ser separados. De modo que la última observación es: la naturaleza de *testigo*, la consciencia de *testigo*, no es algo que tenga que alcanzarse. Ya la posees, si no, no se podría decir que es tu naturaleza.

Un niño nace. Si no se le enseña ningún lenguaje, el niño será incapaz de conocer lenguaje alguno. No es su naturaleza, no es su condición. Si a un niño no se le enseña nada, no sabrá nada. Si se le enseña hinduismo, será un hindú; si se le educa en el comunismo, será un comunista. Cualquier cosa que se le enseñe, eso no será su naturaleza. Nadie nace hindú, nadie nace musulmán. Estas no son tu naturaleza, eso son condicionamientos. Eres forzado a acomodarte a un modelo particular. De modo que el hinduismo es un hábito, no es esencia. El ser musulmán es un hábito, no es esencia. Por «hábito» me refiero a algo que es enseñado, algo que se aprende. No naces con él.

Esto no ocurre con el *ser un testigo*. Naces con ello. Desde luego, está escondido. La semilla está en lo más hondo de tu ser.

Todo es enseñado excepto la naturaleza del *ser testigo*. El conocimiento es enseñado, pero no el saber. Un niño nace ya con el saber, no con el conocimiento. Posee la capacidad de conocer, por eso es por lo que le enseñas, pero esa capacidad le pertenece. Tú le vas condicionando. Se le enseñarán muchas cosas y él aprenderá muchas cosas: lenguas, religiones, ideologías. Se irá cargando y cuanto más se cargue, cuanta más experiencia adquiera, más estará en posesión de una mente. Y la sociedad lo apreciará, lo respetará.

La mente es respetada en la sociedad porque es un producto social. En dondequiera que haya una mente brillante, o cuando uno sea eficiente en el acumular, la sociedad le aprecia, le respeta. Está mente creada por la sociedad estará allí y esta mente irá creciendo. Y puedes morir con esta mente, cargado con esta mente, sin saber de la naturaleza interior con la que naciste.

El *ser un testigo*, el esfuerzo para obtener esta condición implica destruir la mente, crear una brecha en esa mente, echar una ojeada, indagar en la esencia, en tu naturaleza. Has nacido como una desconocida energía de *testigo*. Luego la sociedad te petrifica, te envuelve. Esta envoltura es tu mente y si te identificas con esa envoltura nunca serás capaz de conocer aquello que eres, eso que siempre has sido. Y uno puede morir sin haberse conocido a sí mismo. La capacidad está ahí, en cierto modo posee una belleza que le es propia.

Uno tiene que desembarazarse de la sociedad interiormente, uno ha de liberarse de la sociedad. Y cuando digo que uno se ha de liberar de la sociedad, no me refiero a liberarse de la sociedad exterior. No puedes hacerlo. Te muevas donde te muevas, la sociedad estará presente. Aunque te vayas a un bosque, los árboles y los animales se convertirán en tu sociedad. Y cuando un monje, un ermitaño se retira al bosque y empieza a vivir con los animales, dice, «¡Qué hermoso!», pero él está creando de nuevo otra sociedad. Cuando un ermitaño vive en el bosque y comienza a hablar a los árboles, dices, «¡Qué hombre tan religioso!», pero en realidad, él está creando una sociedad.

No eres capaz de vivir sin una sociedad por lo que concierne al mundo exterior. ¡Existes en sociedad! Pero puedes desembarazarte de la sociedad interiormente, puedes liberarte de la sociedad en tu interior. Y esos que tratan de liberase de la sociedad exterior se empeñan en un esfuerzo inútil. Se enfrascan en un esfuerzo inútil, no podrán lograrlo. Y se están engañando a sí mismos porque el verdadero problema no es como alejarse de la sociedad que existe en el exterior; el verdadero problema es cómo no sentirse agobiado por la sociedad.

Si no hay pensamientos, si no hay recuerdos, si no hay cargas de pasadas experiencias, estás libre de la sociedad interiormente. Te vuelves virgen, puro, inocente. Has renacido. Y entonces conoces lo que es tu esencia, lo que es tu Tao, lo que es tu *Dharma*. *Dharma* es traducido una y otra vez como «religión». No lo es; no es religión. *Dharma* significa naturaleza; *Dharma* significa aquello que ya eres, tu esencia.

Hay dos palabras que ayudarán a entenderlo. Gurdjieff utiliza las dos palabras: esencia y personalidad. Esencia es tu naturaleza y personalidad es lo que has edificado, la estructura social que te es dada. Todos somos personalidades, inconscientes, completamente inconscientes de la esencia. Al decir este sutra, «naturaleza de *ser un testigo*» significa esencia, lo esencial en ti. Por eso *ser un testigo* no es algo que tengas que lograr, no es algo como una meta. Más bien es un descubrimiento, un desvelar. Hay algo ahí de lo cual te has olvidado; lo descubres. Por eso Gurdjieff nunca emplea la expresión *ser un testigo*, en cambio emplea el «recuerdo de sí».

Kabir, Nanak, también emplean «recuerdo de sí»- *surati*. *Surati* significa recordarse. *Surati* es *smriti*, recordarse a sí mismo. Nanak, Kabir, Gurdjieff, emplean la expresión «recuerdo de sí» solamente porque, en realidad, tu esencia no es algo nuevo que se haya de obtener, sino que ya existe. Solamente has de recordarte, te has de dar cuenta de algo que ya está presente. Pero no puedes darte cuenta si estás repleto de pensamientos, si estás perdido en la multitud de pensamientos.

El cielo está ahí, pero cuando hay nubes, oscuras nubes por todas partes, no puedes ver el cielo. Las nubes son sólo ocasionales. Solamente existen ahora, no estaban antes ni volverán de nuevo. Vienen y se van y el cielo permanece el mismo. Y el cielo es *akshat*; no hay nube que pueda corromperlo. El cielo permanece puro, virgen, inocente. Ninguna nube puede corromperlo. Las nubes vienen y se van, pero el cielo es lo que existe siempre, imperturbado, impoluto, simplemente un espacio interior, un cielo interior que está ahí. Esa es la llamada tu naturaleza.

Las sociedades vendrán y desaparecerán. Tú nacerás y morirás y se sucederán incontables vidas y muchas, muchas nubes pasarán a través de ti. Pero el cielo interior -*akshat*- permanece incorrupto, virgen. Pero te puedes identificar con las nubes. Puedes empezar a sentir que «soy las nubes».

Todo el mundo se identifica con sus propios pensamientos que no son nada más que nubes. Si dices, «Mis ideas» y alguien ataca tus ideas, nunca sentirás que son tus ideas las atacadas, sentirás que tú eres el que está siendo atacado. El cielo está luchando, luchando por las nubes porque alguna ha sido atacada. El cielo siente, «¡Soy atacado!» El cielo estaba allí cuando no había nubes; el cielo estará allí cuando no haya nubes. Las nubes no añaden nada al cielo. Y cuando no hay nubes, con ello no se pierde nada. El cielo queda en su totalidad.

Esta es la naturaleza, el cielo interior, el espacio interior. Uno lo descubre, lo desvela al *ser un testigo*. El *ser un testigo* es la base, lo esencial. Puede ser empleado en numerosas, en muchas técnicas.

En la tradición taoísta china poseen un método conocido como Tai Chi. Es un método de centramiento, un método para mantenerse como *testigo*. Dicen, haz lo que quieras, pero permanece consciente del centro en el ombligo. Camina, sé consciente del centro en el ombligo. Come, sé consciente del centro en el ombligo. Pelea, sé consciente del centro en el ombligo. Haz lo que quieras, pero permanece consciente de una cosa: de que estás centrado en el ombligo. Y de nuevo, si eres consciente del ombligo, eres incapaz de pensar. En el instante en que comienzas a pensar, dejas de ser consciente del ombligo.

Está es una técnica corporal. Buda utilizaba la respiración, el aliento; los taoístas emplean el *hara*. Ellos denominan al centro del ombligo, *hara*. Por eso es por lo que la técnica suicida japonesa es conocida como *hara-kiri*. Significa cometer suicidio estando centrado en el *hara*, de forma que no es suicidio, no es simplemente un suicidio. Lo llaman *hara-kiri* únicamente si una persona comete suicidio estando continuamente consciente del centro del *hara*. En este caso no es en absoluto un suicidio; lo está haciendo conscientemente. Tú no puedes suicidarte de una forma tan consciente. Tú solamente cometes suicidio cuando están tan alterado que te has vuelto absolutamente inconsciente.

Tanto si empleas el *hara* como si empleas la respiración,

debes permanecer consciente. Krishnamurti dice, «Permanece consciente del proceso de tus pensamientos». Tanto si es del proceso del respirar como de la palpitación del *hara*, como del proceso del pensamiento, da lo mismo. Lo básico es lo mismo.

Permanece consciente del proceso de tus pensamientos. Surge un pensamiento; date cuenta de que ha surgido. Un pensamiento está ahí; date cuenta de que el pensamiento está ahí. Cuando el pensamiento desaparezca y pierda su existencia, date cuenta, observa que ha desaparecido. Cuando un pensamiento se va y otro viene, hay una separación entre ellos. Sé consciente de esta separación. Permanece consciente del proceso mental, un pensamiento moviéndose, una pausa, de nuevo otro pensamiento. ¡Sé consciente!

Utiliza los pensamientos como objetos para tu observación. No importa: puedes emplear la respiración, puedes emplear los pensamientos, puedes emplear el *hara,* puedes emplear lo que sea. Hay muchos métodos y cada país ha desarrollado el suyo. Y a veces surgen contradicciones entre los métodos, pero si profundizas hay una cosa que es esencial, sea cual sea el método, y es el permanecer como *testigo*. La diferencia estriba solamente en el cuerpo.

Y Krishnamurti dice, «No tengo método», pero lo tiene. Este permanecer como *testigo* del proceso de los pensamientos es un método del mismo modo que lo es el *ser testigo* de la respiración. Puedes observar el aliento, puedes observar el proceso mental. Y entonces puedes entender que si alguien emplea el rosario, puede permanecer como *testigo* de ello. Entonces no hay diferencia entre *ser testigo* del movimiento del rosario o *ser testigo* del respirar o del proceso mental.

Los sufíes emplean la danza derviche. Emplean la danza como método. Puede que hayas oído el nombre de «los derviches giradores» (*). Giran sobre sus talones como lo hacen a veces los niños. Si lo haces, te marearás. Simplemente rotando sobre tus talones, girando. Y dicen, «Sigue girando, date cuenta de que el cuerpo está girando y permanece consciente. Por dentro, ¡permanece consciente! No te identifiques con el girar del cuerpo.El cuerpo está girando; no te identifiques, permanece consciente. En-

* N.del T.- En inglés, en el original, «whirling derviches»

tonces surgirá la posición del *testigo*».

Y creo que el método sufí es el más repentino que hay, porque permanecer como *testigo* del proceso mental es muy difícil, es muy sutil. Observar la respiración también es difícil porque el respirar es un proceso involuntario. Pero el girar lo estás practicando voluntariamente. Al bailar, al girar una y otra vez, la mente se marea. Si permaneces atento, de repente descubrirás un centro. En este instante el cuerpo se convierte en la rueda y tú en el buje, y el cuerpo sigue girando y el centro permanece impasible, solitario, -*akshat*- incorrupto. Hay pues cientos y cientos de métodos, pero el alma, lo significativo, lo esencial de todos ellos es el permanecer como *testigo*.

Este sutra dice que a menos que acudas a rendir culto con una naturaleza interior de *testigo*, el hacerlo es en vano. El arroz entero, sin descascarillar no valdrá para nada. Puede ser comprado, es solamente un símbolo, algo simbólico. A menos que aportes algo impoluto, no mancillado por la sociedad, que no haya sido creado, que provenga de tu propia naturaleza, tu veneración es simplemente una tontería, es una estupidez. Y eres capaz de seguir empleando símbolos, de seguir rindiendo culto sin saber lo que significa.

Acuérdate de esta palabra, *akshat:* incorrupto, fresco, virgen. ¿Qué hay que sea virgen en ti? Descúbrelo y ofrécelo a los pies de lo Divino. Únicamente esta virginidad puede ser usada, únicamente esa virginidad, esa frescura, esa constante juventud puede ser empleada para el culto.

A este *ser un testigo* lo puedes entender intelectualmente. No es difícil. ¡Pero esa es la dificultad! Si lo comprendes intelectualmente y crees que todo el trabajo ya está hecho, ahí está la dificultad. Eres capaz de entenderlo. Luego, de nuevo, esto se convierte en una teoría mental; luego, de nuevo, se convierte en un pensamiento en la mente; luego, otra vez, lo has vuelto parte de lo acumulado. Entonces puedes discutir sobre ello, puedes filosofar sobre ello, pero sigue siendo aún parte de la mente, no es virgen.

Si afirmo algo sobre el *ser un testigo*, eso penetra en tu mente, se convierte en parte de tu mente, pero no proviene de ti, proviene del exterior. Si lees este Upanishad y luego te sientes impresionado, convencido y dices en tu interior, «Cierto, ésta es la clave», eso se convierte en una teoría. No proviene de ti, ha llegado desde el exterior. No es *akshat*, no es virgen. Ninguna teoría puede ser virgen. Ningún pensamiento puede ser virginal. Todo pensamiento es prestado. El pensar nunca puede ser original, ¡nunca! Su misma naturaleza es prestada. Nunca es original el pensamiento de nadie. No puede serlo porque el lenguaje no es original, los conceptos no son originales. Los aprendes.

Akshat significa «lo original», aquello que no has aprendido, el descubrimiento de algo en tu interior que te pertenece, que es único para ti, que forma parte de tu individualidad, que no te ha sido dado.

De modo que la comprensión intelectual no valdrá para nada. ¡Practícalo! Solamente entonces, algún día, algo explota en ti y te haces consciente de un reino diferente de pureza, de inocencia, de gozo.

VOLUNTAD
O ENTREGA

¿Es el ser testigo *un acto mental?*
Y
¿puede ser parcial o total?

¿Cuándo debería uno mantenerse a distancia
y ser un testigo
y cuándo debería uno ser total,
como en el amor o en la ira?

Osho, la última noche dijiste que la mente no puede hacer dos cosas simultáneamente, o sea, pensar y permanecer como testigo. Parece entonces que ese permanecer como testigo es una facultad mental y un acto de la mente. ¿Es así? Por favor, explícalo. ¿Hay algo así como un «ser testigo parcialmente» o un «ser testigo totalmente»?

El mantenerse como *testigo* no es una actividad mental; el pensar sí es una actividad mental. Más bien sería más adecuado decir que el pensar constituye la mente. Cuando la mente deja de ser, cuando la mente está ausente, cuando la mente ha desaparecido, sólo entonces alcanzas el estado de *ser testigo*. Es algo más allá de la mente.

El budismo zen emplea «mente» en dos acepciones distintas. La mente ordinaria significa el pensar; la Mente con mayúsculas quiere decir la mente más allá del pensar. La consciencia está tras la mente; la consciencia llega atravesando la mente. Si la mente está ocupada pensando, se vuelve opaca, no es transparente, como un cielo encapotado; no puedes ver el cielo. Cuando las nubes desaparecen, entonces puedes ver el cielo. Cuando no hay un pensar, entonces puedes sentir el permanecer como *testigo*. Es el puro cielo que hay detrás.

Por eso cuando digo que no puedes hacer dos cosas, quiero decir que o bien piensas, o bien te mantienes como *testigo*. Si piensas, pierdes el mantenerte como *testigo*. Entonces la mente se vuelve una nube en tu consciencia. Si permaneces como *testigo* eres incapaz de pensar simultáneamente; entonces la mente no está allí. El pensar es un proceso adquirido; el mantenerte como *testigo* es tu naturaleza. Por eso al decirte que no puedes ejercer ambos o que la mente no puede simultanearlos, no quiero decir que la mente es la facultad por la que uno es *testigo*. La

mente es la facultad de poder pensar, la mente es para
«mentalizar».

Muchos problemas en realidad son creados debido al
lenguaje. No existe nada que pueda denominarse mente. Sólo es
un proceso, no una cosa. Es mejor llamarlo mentalizar, que
llamarlo mente. Es un proceso de pensamiento continuo, de un
pensamiento tras otro. Únicamente en los intervalos, solamente
en los intervalos entre dos pensamientos puedes atisbar algo de tu
naturaleza de *testigo*. Pero los pensamientos son tan rápidos que
eres incapaz ni siquiera de percibir los intervalos. Si empiezas por
observar tus pensamientos, el proceso de pensar se enlentece y
comienzas a percibir los intervalos. Un pensamiento pasa, otro no
ha llegado aún y se produce un intervalo. En este intervalo
alcanzas la posición de *testigo*. Y los pensamientos no pueden
existir sin intervalos, pues si así fuera se solaparían entre sí. ¡No
pueden existir! Son como mis dedos, con separaciones entre
ellos.

Si tu proceso mental se enlentece, y cualquier método de
meditación no es más que un enlentecimiento del proceso pensante,
si el proceso de los pensamientos se enlentece, empiezas a
percibir los intervalos. A través de esos intervalos surge la
posición del *testigo*. El pensamiento es mente; una consciencia
sin pensamientos es mantenerse como *testigo*. El pensamiento es
adquirido del exterior; el permanecer como *testigo* es interior. La
consciencia nace contigo; el pensar es adquirido, cultivado. Así
puedes tener un modo de pensar hindú, puedes tener un modo de
pensar musulmán, puedes tener un modo de pensar cristiano,
pero no puedes tener un alma cristiana, no puedes tener un alma
hindú. El alma es solamente el alma; la consciencia es consciencia.

Las mente es clasificable. Tú tienes una mente determinada.
Esa mente determinada proviene de tu educación, de tu condicionamiento, de tu crianza, de tu cultura. «Mente» significa lo que ha
sido puesto en ti desde el exterior, y el *ser testigo* es todo aquello
que no ha sido puesto desde el exterior sino que es tu interior,
intrínsecamente, naturalmente. Es tu naturaleza. La mente es un
subproducto, un hábito. El mantenerse como *testigo*, la consciencia, el estar atento, como quiera que lo llames, es tu naturaleza.
Pero puedes adquirir tantos hábitos que la naturaleza quede
enterrada. Puede que te olvides de ella por completo. Por eso,
realmente, la religión es una lucha en pro de la naturaleza contra

los hábitos. Es desvelar en ti aquello que es natural, lo original, lo real.

Recuerda pues lo primero: el permanecer como *testigo* y el pensar son dos estados distintos. El pensar pertenece a tu mente; el mantenerte como *testigo* pertenece a tu naturaleza. Y no puedes ejercer ambos simultáneamente. La mente debe cesar para que tu consciencia sea; los pensamientos deben cesar para que tu naturaleza real exista. Así que un pensador es una cosa y un Iluminado es otra totalmente distinta.

Un Buda no es un pensador. Hegel o Kant son pensadores. Emplean sus mentes para llegar a conclusiones determinadas. Buda no utiliza su mente para llegar a ninguna conclusión. Buda no emplea su mente para nada. En realidad él es una no-mente. Ha dejado de emplear la mente. Se está empleando a sí mismo, no a la mente, para obtener conclusiones. De modo que con la mente llegarás a conclusiones, pero todas las conclusiones serán hipotéticas, teóricas, porque un pensamiento es capaz de engendrar otro pensamiento. Pero un pensamiento no puede engendrar la Realidad, un pensamiento no puede engendrar la Verdad.

Mediante el mantenerse como *testigo* llegas a la Realidad; sin conclusiones, sin teorías, sino con hechos directos, inmediatos. Por ejemplo, te estoy diciendo algo. Puedes pensar en ello; si haces esto, no lo captas. Puedes pensar sobre ello, sobre lo que es *ser un testigo*; puedes pensar sobre ello. Esta es una forma, éste es el sistema de la mente. Pero puedes experimentar con ello y no pensar. Y con «experimentar» quiero decir que has de descubrir cómo parar la mente sintiendo al mismo tiempo que te mantienes como *testigo*. Así llegas a algo, pero no es una conclusión, no es algo que se obtenga mediante el proceso mental. Es algo que tú vivencias.

Alguien le preguntó a Aurobindo, «¿Crees en Dios?».

Aurobindo le contestó, «No, no creo en absoluto en Dios». El que le preguntaba se quedó perplejo porque había recorrido un largo camino tan sólo porque pensaba que Aurobindo podía mostrarle el camino hacia Dios. Y ahora Aurobindo le decía, «No creo en El».

No podía creer lo que oía, por lo que le preguntó de nuevo. Le dijo, «Estoy confundido. He venido desde muy lejos solamente para pedirte como llegar a Dios. Y si no crees en El entonces el problema, la pregunta ya no tiene sentido».

Aurobindo le dijo, «¿Quién dice que no tiene sentido? Yo no creo porque sé que Dios existe. Pero no es una creencia, no es una conclusión a la que he llegado por el pensamiento. No es mi creencia. ¡Yo lo sé! Lo he conocido».

La mente es capaz, como máximo, de creer. Nunca puede conocer. Puede que crea que hay un Dios o que no hay un Dios, pero eso son creencias. Los ateos, los teístas, todos son creyentes. Su creencia puede ser positiva o negativa. Uno cree que hay un Dios, el otro cree que no hay tal Dios. Ambas son creencias. Los dos han llegado a esas conclusiones mediante el pensar lógico, mediante el «mentalizar». Han cavilado, han tratado de probar mediante la lógica y han llegado a unas determinadas conclusiones.

Un Buda no es un creyente, ¡él sabe! Y cuando digo que sabe, el saber solamente es posible de una forma. No es mediante la mente. Es mediante el desembararzarse totalmente de la mente. Es difícil de imaginar porque todo lo que concebimos lo hacemos a través de la mente, de ahí la dificultad. Si te hablo tengo que hacerlo a través de la mente y tú tienes que escucharme mediante la mente. Cuando te digo que esto no se alcanza mediante la mente, tu mente lo acepta, pero es inconcebible para la mente. Puede que hasta cree una teoría sobre ello. Puede que empieces a creer que la Verdad no puede ser alcanzada a través de la mente. Si empiezas a creerlo, estás en la mente otra vez. Puedes decir, «No estoy convencido. No creo que haya nada más allá de la mente». Y así de nuevo te hallas en la mente.

Nunca podrás trascender la mente si la sigues usando. Tienes que saltar, y la meditación es este salto. Por eso es que la meditación es ilógica, es irracional. Y no puede ser transformada en lógica, no puede ser reducida a la razón. Tienes que vivirla. Si la vives, sólo entonces sabes.

Prueba esto: no pienses en ello, inténtalo; intenta *ser un testigo* de tus propios pensamientos. Siéntate, relajado, cierra tus ojos, deja que tus pensamientos corran como discurren las escenas en una pantalla. Obsérvalos, míralos, conviértelos en tus objetos. Un pensamiento surge: obsérvalo detenidamente. No pienses en él, solamente obsérvalo. Si empiezas a pensar en él, pierdes tu condición de *testigo*; has caído en la trampa.

Suena una bocina afuera. Surge un pensamiento: un coche está pasando; o un perro ladra o algo sucede. No pienses en ello, simplemente observa el pensamiento. El pensamiento ha nacido, ha tomado forma. Está ahora ante ti. Pronto pasará. Otro pensamiento le reemplazará. Continúa observando este proceso mental. Si aun por un solo instante eres capaz de observar este proceso sin pensar en él, has adelantado algo en el mantenerte como *testigo* y habrás conocido algo de lo que es *ser un testigo*. Es un sabor, un sabor distinto, totalmente diferente del pensar Pero uno ha de experimentar con ello.

La religión y la ciencia son extremos opuestos, pero en cierta manera son similares y su énfasis es el mismo: la ciencia depende de la experimentación y la religión también. Únicamente la filosofía es no-experimental. La filosofía depende sólo del pensar. La religión y la ciencia dependen ambos de la experimentación: la ciencia sobre los objetos y la religión sobre tu subjetividad. La ciencia depende de la experimentación con objetos que no sean tú, y la religión depende de la experimentación directa sobre ti.

Es algo difícil, porque con la ciencia el que experimenta está ahí, el experimento está ahí y el objeto de experimentación también está ahí. Hay tres cosas: el objeto, el sujeto y el experimento. En la religión tú eres las tres simultáneamente. Has de experimentar sobre ti mismo. Tú eres el sujeto y tú eres el objeto y tú eres el laboratorio.

Deja de pensar en ello. Comienza, empieza de alguna forma, a experimentar. Entonces tendrás un sentimiento directo de lo que es el pensar y de lo que es el *ser un testigo*. Y luego verás que no puedes simultanearlos, de la misma manera que no puedes correr y estar sentado al mismo tiempo. Si corres, no puedes estar sentado, no estás sentado. Si estás sentado, no puedes correr. Pero el estar sentado no es una función de las piernas. El correr sí es una función de las piernas; el estar sentado no es función de las piernas. Más bien el estar sentado es una anti-función de las piernas. Cuando las piernas están en marcha, no estás sentado. El estar sentado no es una función de las piernas; el correr es su función.

Lo mismo ocurre con la mente: el pensar es la función de la mente; el mantenerte como *testigo* es una anti-función de la mente. Cuando la mente no está funcionando, adquieres la posición del *testigo*, adquieres la consciencia. Por eso es por lo que dije que no puedes simultanearlos con tu mente. No puedes estar sentado y correr al mismo tiempo. Pero esto no implica que el estar sentado sea función de tus piernas. No es una función en absoluto; es una anti-función de tus piernas.

Y preguntas, «¿Hay algo como el mantenerse parcialmente como *testigo* y el mantenerse como *testigo* plenamente?» No, no hay nada como el mantenerse parcialmente como *testigo* y el mantenerse totalmente como *testigo*. El *ser testigo* es algo total. Puede que dure un solo instante y luego desaparezca, pero cuando es, es total. ¿Eres capaz de sentarte a medias o sentarte totalmente? ¿Qué es lo que entiendes por sentarte a medias? El *ser testigo* es algo pleno. En realidad, en la vida, nada es parcial. En la vida. Sólo con la mente existe la parcialidad. Entiende esto: con la mente no hay nada total y nunca podrá ser total. Y cuando tu mente deja de estar presente, todo es total, nada puede ser parcial. Así la mente es la facultad de introducir lo parcial y lo fragmentario en la vida.

Por ejemplo: un niño está enfadado. El niño es natural, no está culturizado. Observa su ira: su enojo es total, no es parcial. No hay nada que sea reprimido, es un florecimiento absoluto. Por eso es por lo que los niños enfadados son tan hermosos. Todo lo que es total posee una belleza propia.

Cuando tú estás enfadado, tu ira nunca es total. La mente está presente; será parcial. Habrá algo que será reprimido, y esto que es reprimido se convierte en veneno. Entonces tu amor tampoco podrá ser total. Será parcial. Ni eres capaz de amar ni de odiar. Hagas lo que hagas, será parcial porque la mente está ahí.

Un niño puede sentirse enfadado en este mismo instante y un momento después puede sentir amor. Y cuando está enrabiado lo está plenamente, y cuando se siente tierno, también lo siente plenamente. ¡En cada momento es total! La mente está aún sin desarrollar. Y un sabio es, otra vez, como un niño. Hay numerosas diferencias, muchas diferencias, pero la infancia regresa: él es total otra vez. Pero él no puede sentirse enojado. El niño carece de mente en lo que concierne a esta vida, pero las vidas anteriores y muchas mentes están almacenadas en el inconsciente y siguen funcionando. Por eso un niño aparenta ser total, pero no puede serlo realmente. La mente de su vida presente se está desarrollando aún, pero posee muchas, muchas mentes ocultas en su subconsciente, en el inconsciente, en los dominios más profundos de la mente.

Un sabio carece totalmente de mente, la de esta vida y las de vidas pasadas, por eso puede ser simplemente total en todo. No puede enojarse, no es capaz de odiar y la razón estriba de nuevo en que nadie puede estar plenamente enojado. La ira es algo doloroso y no puedes estar plenamente en algo que te produce dolor. El no puede odiar porque ahora no puede sentir algo en lo cual no pueda ser total. No es cuestión del bien o del mal, no es una cuestión moral. En realidad, para un sabio, es una cuestión de ser total. No puede ser de otra forma.

Lao Tse dice, «*Llamo bueno a aquello en lo que puedes ser total y malo a aquello en lo que nunca puedes ser total*». Volcarse a medias es pecado. Si lo consideras así, la mente se convierte en pecado. La mente es la facultad de ser parcial. El *ser un testigo* es total, pero en nuestras vidas nada es total. Nada. Somos parciales en todo. Por eso no hay gozo, no hay éxtasis, porque únicamente cuando eres total en algo tienes un momento de dicha; nunca en otro caso. Dicha quiere decir ser total en algo y no somos totales en nada. Solamente una parte de nosotros se vuelca en algo y una parte nuestra permanece sin mezclarse. Esto crea tensión: una parte ahí y otra allá. Hagamos lo que hagamos, incluso al amar, hay tensión, hay angustia.

Los psicólogos dicen que si estudias a alguien que esté enamorado, el amor se comporta como cualquier enfermedad. Incluso el amor no es algo que aporte dicha. Es angustia, una pesada carga. Por eso es por lo que uno se llega a aburrir con el amor, se harta, porque la mente no es plenamente dichosa, está angustiada. Siempre que seamos parciales estaremos tensos, angustiados. «Parcial» quiere decir que estamos divididos, y la mente siempre será parcial. ¿Por qué? Porque la mente no es una sola cosa. «Mente» significa muchas cosas juntas. La mente es un conjunto, no una unidad.

Tu naturaleza es una unidad. Tu mente es un conjunto, no es para nada una unidad. Se ha ido conjuntando por el camino. ¡Hay tantas personas que han influenciado tu mente; hay tantas influencias que la han conformado! No hay nada que te suceda que no impacte en tu mente. Todo lo que te ocurre imprime algo en ti: tus amigos te imprimen algo, también tus enemigos; lo que te atrae te imprime algo, y también lo que te repele; lo que te gusta te imprime algo y lo que no te gusta también. Vas acumulando de maneras muy distintas. Por eso la mente no es nada más que un basurero. No es una unidad. Es un «multi-verso» no un «universo», por eso nunca puede ser total. ¿Cómo va a ser total? Es una multitud con muchas, numerosas brechas contradictorias; contradictorias consigo mismas.

La antigua psicología creía en una mente única, pero la nueva psicología dice que éste es una concepto falso. La mente es una multiplicidad, no es una. No posees una sola mente. Es solamente un hábito lingüístico el hablar de una sola mente. Decimos «mi mente», pero no es correcto, es, de hecho, erróneo. Es mejor decir «mis mentes».

Mahavira descubrió esto hace dos mil años. Se dice que dijo, «El hombre no es unipsíquico, el hombre es polipsíquico: muchas mentes». Por eso es por lo que no puedes ser total con la mente. O bien la mayoría de las mentes están contigo, o lo están la minoría. Cualquier decisión mental será una decisión parlamentaria y nada más. Como máximo puedes esperar una decisión por mayoría.

Y ahora surge el segundo hecho: no es un conjunto fijo, es una multitud cambiante. ¡No es un conjunto fijo! En cada momento se añade algo y algo se pierde, de modo que en cada instante tienes nuevas mentes.

Buda está cruzando una ciudad y alguien se le acerca y le dice, «Deseo servir a la Humanidad. ¡Muéstrame cómo!» Buda cierra sus ojos y se queda en silencio. El hombre se siente confundido. Le pregunta de nuevo, «Estoy diciendo que quiero servir a la Humanidad. ¿Por qué te quedas en silencio? ¿Hay algo de malo en mi pregunta?»

Buda abre sus ojos y dice, «Deseas servir a la Humanidad, pero ¿quién eres tú? ¡Primero sé! ¡Tú no eres tú! Eres una multitud. En este momento quieres servir a la Humanidad y dentro de un instante querrás acabar con la Humanidad. ¡Primero sé! No puedes hacer nada a menos que seas. No pienses en hacer cosas. Primero observa tu propio ser».

Este «ser» puede darse únicamente con el *ser testigo*, nunca con el pensar. El mantenerse como *testigo* es algo total porque tu naturaleza es una. Has nacido uno y luego acumulas multitud de mentes. Luego empiezas a sentir esas muchas mentes como si fueran tú. Entonces te identificas. Esta es la identificación que hay que romper.

Osho, la última noche hablaste del mantenerse como testigo como de un método. En otras ocasiones te he oído hablar de vivir plenamente algo, sentirte totalmente implicado en cualquier situación dada. Por lo general me siente perdido con respecto a cuál de esas dos he de seguir: si mantenerme en segundo plano y como testigo de una forma distante o implicarme en algo de una forma total. Por ejemplo cuando hay ira o amor o tristeza.

¿No son esos dos caminos opuestos? ¿Son cada uno para distintas clases de situaciones o para diferentes clases de gente? ¿Cuándo se debería seguir uno de ellos?

Hay dos caminos fundamentales; solamente dos. Uno es el de la entrega y el otro es el de la voluntad: el camino de la entrega y el camino de la voluntad. Son diametralmente opuestos en su recorrido, pero llegan a la misma meta, alcanzan la misma realización. Así que los hemos de comprender un poco más detalladamente.

El camino de la voluntad comienza con tu Yo actuando de *testigo*. No implica a tu ego directamente, sólo indirectamente. Comenzar a permanecer como *testigo*, ser consciente de tus actos, está directamente relacionado con el despertar tu Yo interior. Si el Yo interior es despertado, el ego desaparece como consecuencia. No estás haciendo nada directamente con el ego. No pueden existir simultáneamente. Si tu Yo es despertado, el ego desaparecerá. El camino de la voluntad trata de despertar directamente el centro interno. Son muchos, numerosos los métodos utilizados. ¿Cómo se despierta el Yo? Discutiremos esto.

El camino de la entrega está directamente relacionado con el ego, no con el Yo. Cuando el ego desaparece, el Yo interior se despierta automáticamente. El camino de la entrega está relacionado inmediata, directamente con el ego. No has de hacer nada para despertar tu Yo. Únicamente has de rendir tu ego. En el instante en que entregas el ego, te quedas con tu Yo interior despierto. Desde luego, ambos trabajan en direcciones opuestas, porque uno se ocupa del ego y el otro del Yo. Sus métodos, sus técnicas, serán opuestas y nadie es capaz de seguir a ambas. No hay necesidad de ello y por otra parte es imposible. Todo el mundo ha de elegir.

Si eliges el camino de la voluntad, se te deja solo para que trabajes sobre ti mismo. Es un trabajo difícil. Uno ha de esforzarse, de luchar, de pelear con los viejos hábitos que crean el sueño. La única cosa que hay que hacer es luchar en contra del sueño y la única ambición es la de un profundo despertar interior. Aquellos que siguen el camino de la voluntad solamente conocen un pecado y este pecado es el la somnolencia espiritual.

Hay muchas técnicas. Hemos hablado ya de algunas. Por ejemplo, Gurdjieff empleaba un ejercicio sufí. Los sufíes lo llaman el «¡Alto!». Por ejemplo, estás sentado aquí y si estás practicando el ejercicio del «¡Alto!», eso quiere decir una parada total. Siempre que el Maestro dice «¡Stop!» o «¡Alto!» te has de parar en seco sea lo que sea lo que estés haciendo. Si tienes los ojos abiertos, déjalos así. No has de cerrarlos. Si tu mano está levantada, déjala así. Cualquiera que sea tu posición y tu gesto, congélate en él. ¡Sin moverte! ¡Párate en seco! Inténtalo y de pronto tendrás un despertar interno; un sentimiento. De pronto te darás cuenta de tu «congelación».

Todo tu cuerpo está inmovilizado, te has convertido en piedra maciza, eres como una estatua. Pero si te engañas, has caído en el sueño. Puedes engañarte a ti mismo. Puedes decir, «¿Quién me está viendo? Voy a cerrar los ojos. Me están doliendo». Puedes engañarte a ti mismo y entonces has caído en el sueño. No lo hagas; el engaño es sueño. No te engañes a ti mismo porque a nadie más le importa. Sólo te concierne a ti. Si puedes inmovilizarte por un solo instante empezarás a verte distinto y tu centro será consciente de tu cuerpo inmovilizado.

Existen otros sistemas. Por ejemplo, Mahavira y su tradición han empleado el ayuno como un método para despertar el Yo. Si ayunas, el cuerpo comienza a pedir, el cuerpo comienza a dominarte. Mahavira ha dicho, «simplemente mantente como *testigo*, no hagas nada. Te sientes hambriento así que siente tu hambre. El cuerpo solicita comida. Sé un *testigo* de ello, no hagas nada. Solamente mantenerte como *testigo* de cualquier cosa que suceda». Y esto es algo profundo.

Únicamente hay dos cosas profundas en el cuerpo: el sexo y la comida. Ninguna más que esas dos, porque la comida se necesita para la supervivencia individual y el sexo se necesita para la supervivencia de la raza. Ambos son mecanismos de supervivencia. El individuo no puede sobrevivir sin comida y la raza no puede sobrevivir sin sexo. Por eso el sexo es la comida para la raza y la comida es sexo para el individuo. Son las cosas más profundas que existen porque están relacionadas con tu supervivencia. Son las cosas fundamentales. Morirías sin ellas.

Por eso si estás ayunando y simplemente te mantienes como *testigo,* habrás alcanzado el nivel del sueño más profundo. Y si eres capaz de mantenerte como *testigo* sin identificarte o alterarte, con el cuerpo sufriendo, el cuerpo hambriento, el cuerpo que está exigiendo y tú simplemente observando, de repente el cuerpo será distinto. Habrá una discontinuidad entre tú y el cuerpo; habrá un salto.

El ayuno fue usado por Mahavira. Los musulmanes han utilizado el mantenerse despierto por la noche, ¡sin dormir! No duermas durante una semana y sabrás cuán soñoliento se vuelve todo el ser, cuán difícil es mantener esta vigilancia. Pero si uno persiste llega un momento en que el cuerpo y tú os separáis. Puedes entonces ver que el cuerpo necesita sueño. No es tu necesidad.

Hay muchos métodos que trabajan directamente para crear más consciencia en ti, para elevarte por encima de tu llamada existencia de dormido. No se requiere de entrega alguna. Más bien, uno ha de luchar en contra de la entrega. No se necesita la entrega porque éste es un camino de lucha, no de rendición. Debido a este camino a Mahavira se le llama «Mahavira». «Mahavira» significa «el gran guerrero». Este no era su nombre. Su nombre era Vardhaman. Se le llamó Mahavira porque era un gran guerrero en lo relacionado con su lucha interior. No tenía Maestro, ni Gurú porque éste es un camino solitario. Incluso el recibir la ayuda de alguien no es conveniente; puede convertirse en tu sueño.

Se cuenta una historia: Mahavira estuvo ayunando y guardando silencio durante años. En cierto pueblo algunos desalmados le estaban molestando, abusaban de él, y él guardaba voto de silencio. Fue golpeado en multitud de ocasiones porque se negaba a hablar y estaba totalmente desnudo, completamente desnudo. Los aldeanos estaban absolutamente desconcertados al tratar de entender quién era. ¡Y no quería hablar! ¡Y más aún: estaba desnudo! Así fue expulsado de un pueblo tras otro, fue obligado a abandonar los pueblos.

La historia dice que Indra, el rey de los dioses, fue junto a él y le dijo, «Puedo defenderte. Esto se ha convertido en algo lastimoso. Estás siendo apaleado innecesariamente. Permíteme que te defienda».

Mahavira rechazó el ofrecimiento. Más tarde, cuando se le preguntó que porqué había rechazado ser ayudado, dijo, «Este camino de la voluntad, es un camino solitario. No puedes admitir que alguien te ayude porque si lo aceptas, la lucha como tal, pierde. Entonces la lucha se vuelve algo parcial. Entonces dependes de alguien y siempre que hay dependencia se introduce el sueño. Uno ha de permanecer totalmente independiente, solamente entonces puede uno estar despierto».

Este es un camino, una actitud básica. Todos estos métodos para mantenerse como *testigo* pertenecen a este camino. Por esto cuando digo, «Sé un *testigo*», lo digo para aquellos que viajan por el camino de la voluntad.

Totalmente opuesto es el método de la entrega. La entrega está relacionada con tu ego, no con tu Yo. En la entrega tienes que darte a ti mismo. Desde luego, no puedes dar el Yo; eso es imposible. Sea lo que sea lo que des ha de ser tu ego. Solamente puedes dar el ego porque es algo accesorio. No es algo que forme parte de tu ser, solamente es algo añadido. Es una posesión. Desde luego que el que posee también ha sido poseído por él. Pero es una posesión, es una propiedad; no eres tú.

El camino de la entrega dice, «Entrega tu ego al Maestro, a lo Divino, a un Buda». Cuando alguien se acerca a Buda y le dice, «*Budam sharanam gachhami*», -me refugio a tus pies, me entrego a mí mismo a los pies de Buda- ¿qué es lo que está haciendo? El Yo no puede ser entregado, por eso queda excluido. Entregues lo que entregues es tu ego. Eso es lo que posees; puedes entregarlo. Si eres capaz de entregar tu ego a alguien, no importa a quien, sea X, Y o Z. La persona a quien uno se entrega es irrelevante en este camino. Lo que vale es el entregarse. De modo que puedes entregarte al Dios que está en los cielos. Si existe o no existe carece de importancia. Si la idea de Dios en los cielos puede ayudarte a entregar tu ego, es un buen sistema.

En realidad los yoga *shastras* dicen que Dios es una estratagema para que te puedas entregar. ¡Únicamente una estratagema! No necesitas preocuparte de si Dios existe o no existe. Es sólo un artilugio porque es difícil para ti entregarte al vacío. Deja que exista un Dios y entrégate. Incluso una estratagema puede ser de ayuda. Por ejemplo: ves una cuerda en la calle y crees que es una serpiente. Se mueve como una serpiente. Te asustas, te pones a temblar y hechas a correr. Comienzas a sudar y tu sudoración es real. Y la serpiente no existe, es simplemente una cuerda a la que confundiste con una serpiente.

Los yoga sutras dicen que Dios es sencillamente una treta por la cual te entregas. Tanto si Dios existe como si no existe da igual, no tienes porque preocuparte de ello. Si existe, lo sabrás al entregarte. No tienes porqué preocuparte de ello antes de entregarte. Si existe, lo sabrás. Si no existe, también lo sabrás. Por eso no se necesita discutir, ni argumentar, ni pedir pruebas. Y es algo hermoso. Dicen que El es una estratagema, algo hipotético a lo cual puedes entregarte, que te ayuda a entregarte. Así, un Maestro se puede convertir en un dios; un Maestro es un dios. A menos que sientas a tu Maestro como un dios, serás incapaz de entregarte. La entrega se hace posible si sientes que Mahavira es un dios, que Buda es un dios. Entonces puedes entregarte fácilmente. Tanto si Buda es un dios como si no lo es, es irrelevante. Es un artilugio; ayuda.

Se sabe que Buda dijo que toda verdad es un artilugio que te ayuda; que toda verdad es una herramienta. Si funciona, es una verdad. Y no hay otra razón para llamarla verdad o falsedad. Si funciona, es una verdad.

En el camino de la entrega, la entrega es la única técnica. En el camino de la voluntad hay muchas técnicas porque has de hacer esfuerzos para despertarte a ti mismo. Pero cuando uno está listo para entregarse, no existen los métodos.

Un día un hombre se presentó a Ramakrishna. Quería donar mil monedas de oro a Ramakrishna. Ramakrishna le dijo, «No las necesito, pero ya que has transportado esta carga desde tu casa hasta Dakshineswar, a mi cabaña, no sería correcto que te la llevarás de vuelta. ¿Mmm? Sería algo innecesario. Ve al Ganges y tíralas».

El hombre, desde luego, se encontró en graves, muy graves dificultades. ¿Qué hacer? Dudaba y por eso Ramakrishna le dijo, «Me las has dado; ahora ya no te pertenecen. ¡Te lo mando: Ve y arrójalas al Ganges!» Y él se vio obligado ha hacerlo.

Fue al Ganges, pero no regreso. Pasó una hora. Ramakrishna le pidió a uno, «¿Dónde se fue ese hombre? ¡Ve y tráelo!» Algunos discípulos fueron y le trajeron de regreso. Ramakrishna le preguntó, ¿Por qué tardaste tanto? ¿Qué es lo que estabas haciendo?»

Las personas que habían ido a buscarlo le dijeron, «Las estaba contando y arrojando de una en una; una, dos, tres, mil monedas. Miraba la moneda, contaba y la arrojaba». Ramakrishna le dijo, «¡Qué tontería! Cuando hay que tirarlas no importa contarlas. Cuando uno acumula, hay necesidad de contar, has de saber cuanto tienes, pero cuando las vas a tirar, ¡qué perdida de tiempo es el contarlas! ¡Tíralas de una vez!»

La entrega es desprenderse del ego. No hay que contar y no existen los métodos. Simplemente desembarázate de él. Esto en sí mismo es la técnica. En el camino de la entrega, la entrega es el camino y la entrega es la técnica. En el camino de la voluntad, la voluntad es el camino y existen muchas técnicas para recorrerlo. Pero la entrega es ciertamente algo sencillo. ¡Tíralo! En el instante en que te desprendas de tu ego -y solamente es el ego el que puede ser arrojado - de repente te volverás consciente, consciente de tu centro interior. Llegas al mismo punto, pero por un camino muy distinto.

Hay una cosa más que entender y que ha sido planteada: si mantenerse uno consciente o perderse en algo. Siempre que hablo de entrega, hablo de perderse en algo. Una Meera bailando no se da cuenta de que está bailando; se ha convertido en la danza. No hay separación alguna. Ha entregado su ego totalmente. Existe el bailar; ella no es consciente, está absolutamente sumergida en ello. Cuando estás absorbido totalmente, estás entregado, absorbido totalmente. Pero solamente el ego puede estar absorto, ¡solamente el ego! Y cuando el ego está absorto, el Yo emerge en su pureza absoluta.

Pero de esto no hay que preocuparse. En el camino de la entrega, de eso no hay que preocuparse. Meera no está preocupada por permanecer consciente, por permanecer alerta; no. Ella está ocupada en sumergirse totalmente en la Divina danza o en la canción Divina, en perderse totalmente en ella. Perderse uno por completo... Aquello que no puede ser perdido quedará, desde luego, pero este no es el tema.

En el camino de la voluntad, del ego no hay que preocuparse. Existe el Yo. En el camino de la entrega, del Yo no hay que preocuparse. Recuerda esta diferencia de énfasis, esta diferencia de enfoque. Por eso es por lo que hay tanta controversia, tanta controversia entre un devoto y un *yogui*, entre un *bakta* y un *yogui*. El *yogui* sigue el camino de la voluntad y el *bakta* el de la entrega, por eso hablan lenguajes distintos. No hay comunicación. El *yogui* está intentando ser y el *bakta* está intentando no ser. El *yogui* está tratando de mantenerse consciente y el *bakta* de perderse por completo.

Desde luego que van a hablar lenguajes diametralmente opuestos y surgirá una gran controversia, habrá muchas discusiones. Pero esas controversias y esas discusiones no surgirán entre los auténticos devotos o entre los verdaderos yoguis. Surgirán entre los escolares, entre los académicos. Aquellos que se dedican a pensar sobre la devoción y sobre el yoga seguirán discutiendo problemas, y así no se llega a ningún punto en común porque este punto de coincidencia solamente se alcanza a través de la experiencia. Si te ciñes a la terminología y a la jerga utilizada te vas a sentir confundido.

Un Chaitanya, un *bakta* no puede hablar el lenguaje de Mahavira. No pertenecen al mismo camino. Al final llegan al mismo punto, pero nunca recorren el mismo camino. Sus experiencias en el camino serán distintas. El éxtasis final será el mismo, pero eso no puede ser expresado; ese es el problema. La experiencia suprema será la misma, pero esto es inexpresable. Y todo aquello que es expresable son tan sólo experiencias en el camino y esas se verán que son opuestas y difíciles.

Un Mahavira se irá encontrando más y más centrado a medida que avance en el camino, será más y más un Yo, y Chaitanya será cada vez menos un Yo a medida que recorra el camino. Una y otra vez se postrará a los pies de lo Divino. Para Mahavira esto le parecerá un suicidio y a Chaitanya, el camino de Mahavira le parecerá como muy egoísta.

Mahavira dice que no existe Dios, por esto no hay que entregarse. En realidad, Mahavira niega a Dios únicamente para hacer que la entrega sea imposible. Si el yoga propone a Dios como estratagema, Mahavira propone la no existencia de Dios también como estratagema, una estratagema en el camino de la voluntad. Si Dios existe no puedes embarcarte en el camino de la voluntad. Es difícil porque si existe un Dios entonces existe algo que es más poderoso, más potente que tú. Entonces hay algo que es superior a ti, por lo tanto, ¿como puedes ser tú auténticamente tu Yo?

Mahavira dice, «Si existe un Dios siempre voy ha estar sometido a él porque habrá algo que es superior a mí. Y si afirmas que Dios ha creado el mundo y que Dios me ha creado a mí, ¿ qué es lo que puedo hacer yo? Soy tan sólo una marioneta en sus manos. ¿En dónde queda la voluntad? No hay posibilidad alguna de voluntad. Únicamente existe un profundo determinismo. No se puede hacer nada». Por eso Mahavira destrona al Dios simplemente como estratagema en el camino de la voluntad. «No hay Dios», dice Mahavira. «Tú eres el Dios y únicamente tú eres el Dios, de modo que no hay porqué entregarse».

Chaitanya emplea la postración a los Divinos pies -*sharanam*- como el esfuerzo religioso fundamental. Pero Mahavira dice *asharanam* - no postrarse nunca a los pies de nadie. Desde luego, *sharanam y asharanam* -postrarse y entregarse a los pies de lo Divino, y el no postrarse nunca a los pies de nadie porque no hay otros pies Divinos más que los tuyos - son puntos de vista completa, diametralmente opuestos. Pero solamente al principio y mientras uno recorre el camino. Llegan al mismo sitio. Si entregas tu ego entonces no has de hacer nada más. Solamente has de hacer una cosa: entregar tu ego. No tienes que hacer ninguna otra cosa. Todo empezará a suceder. Si no eres capaz de rendir tu ego, entonces tendrás que esforzarte mucho porque en este caso estás solo en la lucha, en la pelea.

Ambos son caminos válidos, no hay que preguntarse cuál es el mejor. Depende de la persona que este siguiendo uno u otro. Depende de tu tipo. Cada camino es válido y hay muchas subrutas, ramificaciones. Unas pertenecen al camino de la voluntad, otras al de la entrega. Caminos, subrutas, todo es válido. Pero para ti no todo puede ser válido; únicamente uno puedes ser el válido ¿mmm? Para ti como individuo. No te confundas con el «Todos son válidos, por eso puedo seguir cualquiera de ellos». ¡No puedes! Has de ir por un solo camino. No hay Verdad, hay verdades. Pero para ti, una verdad ha de ser la elegida.

Lo primero para un buscador es determinar a qué tipo pertenece, de qué clase es, qué es lo que es adecuado para él y cual es su inclinación intrínseca. ¿Es capaz de entregarse? ¿Puedes entregarte? ¿Puedes desembarazarte de tu ego? Si eso es posible, entonces simplemente el entregarte será adecuado. Pero no es tan sencillo. Es muy difícil. Eliminar el ego no es tan sencillo. El poner a alguien por encima de ti, el convertir a alguien en Dios y luego entregarte es muy difícil. Nietzsche ha dicho: «Me gustaría ir al infierno si fuera el primero allí. No me gustaría ir al cielo si tuviera que ir en segundo lugar. Ir al infierno estaría bien siempre que yo fuera el primero».

Bayazid era un gran místico sufí. Tenía un gran monasterio y muchos buscadores de todas partes del mundo acudían a él. Un día alguien llegó y le dijo, «Quiero quedarme aquí en tu monasterio. Deseo ser uno de tus internos».

Bayazid le dijo, «Tenemos dos clases de internos: una clase, la de los que son discípulos; otra clase la de los que son Maestros. ¿A qué clase te gustaría pertenecer?»

Aquel hombre había llegado para descubrir la Verdad. Dijo, «Dame un poco de tiempo para pensármelo».

A lo que Bayazid respondió, «No hay porqué, ya lo has pensado suficiente. ¡Contéstame!»

El respondió, «Sería más adecuado si me incorporará al grupo de los Maestros».

Había llegado para buscar, pero quería pertenecer al grupo de los Maestros, no al de los discípulos. Por eso Bayazid le contestó, «Este segundo grupo, el de los Maestros, no existe en mi monasterio. ¿Mmm? Era solamente una treta. Puedes marcharte. Nuestro camino es el de los discípulos, de los que son capaces de entregarse. No eres para nosotros ni nosotros somos adecuados para ti».

El hombre dijo, «Si es así, puedo incorporarme al de los discípulos».

Bayazid le dijo, «No, no hay tal posibilidad. Te tendrás que marchar».

Si eres capaz de entregarte, puedes ser un discípulo. En el camino de la voluntad, tú eres el Maestro y tú eres el discípulo. En el camino de la entrega, tú eres el discípulo. Y a veces, eso es muy duro.

Ebrahim, un rey de Balkh, acudió a un Maestro sufí y le dijo, «He renunciado a mi reino. Acéptame ahora como discípulo tuyo».

El Maestro le dijo, «Antes de que te acepte tienes que superar cierta prueba».

Ebrahim le dijo, «Estoy dispuesto, pero no puedo esperar. Pruébame».

El Maestro le dijo, «Desnúdate y recorre así tu capital. Y llévate una de mis sandalias y ve golpeándote la cabeza con ella».

Aquellos que estaban allí sentados se quedaron atónitos. Un anciano le dijo al Maestro, «¿Qué le estás haciendo a este pobre hombre? Ha renunciado a su reino. ¿Qué más quieres? ¿Qué le estás diciendo? ¡Nunca había visto una cosa igual! ¡Nunca habías pedido antes algo así!»

Pero el Maestro dijo, «Has de hacer lo que te he dicho. Regresa y sólo entonces consideraré el que puedas ser mi discípulo».

Ebrahim se desvistió, tomó una sandalia, empezó a golpearse en la cabeza y recorrió la ciudad. Al regresar el Maestro se inclinó ante Ebrahim y le toco los pies. Le dijo, «Estás ya Iluminado».

Y Ebrahim dijo, «Puedo percibir en mí un cambio repentino. Soy una persona diferente. Pero, ¿cómo me has cambiado tan milagrosamente? Toda la ciudad se estaba riendo de mí. Simplemente estaba loco».

Esto es entrega. Así, la entrega es suficiente. Es un método instantáneo, puede funcionar en cualquier instante, puede explotar en ti en un instante.

Superficialmente parece fácil, parece que uno no ha de hacer nada, simplemente entregarse. Si es así no sabes lo que el entregarse significa. Puede significar cualquier cosa. Si el Maestro dice, «¡Salta al mar!» no ha de haber dudas. El entregarse implica, «Ahora no existo; ahora sólo tú existes. Haz lo que quieras».

En Egipto existió un místico, Dhun-Nun. Estando con su Maestro le planteó cierta cuestión. El Maestro le dijo, «A menos que te diga «pregunta», no preguntes y espera». Durante doce años Dhun-Nun estuvo esperando. Acudía a diario por la mañana; era el primero en entrar en la choza de su Maestro. Se quedaba sentado allí. Muchos. Muchos otros acudían y planteaban sus preguntas que les eran contestadas. Y el Maestro no volvió a decirle a nadie, «¡Espera!» Era demasiado. Y ese hombre, Dhun-Nun estuvo esperando; durante doce años. No se le permitió preguntar. Eso era lo primero que había hecho, «Quiero pedirte ciertas cosas», y el Maestro le había dicho, «¡Espera! A no ser que te diga que puedes preguntar, no preguntes. ¡Espera!»

Esperó durante doce años. El Maestro ni tan siquiera le miraba; el Maestro ni le daba indicios de que le fuera a permitir preguntar. Se olvidó por completo de que Dhun-Nun existía. Y Dhun-Nun esperó día y noche por espacio de doce años. Entonces, un día, el Maestro fue hacia él y le dijo, «Dhun-Nun, ahora no necesitas preguntar. Habías venido a plantear ciertas preguntas. Ahora accedo a ello, pero creo que no necesitas ya el preguntar».

Dhun-Nun se postró ante él, tocó los pies del Maestro y dijo, «Me has dado suficientes respuestas».

¿Qué le había ocurrido a Dhun-Nun? No puedes esperar durante doce años a menos que te hayas entregado totalmente. Las dudas surgirán; que si te has vuelto loco, que si él se ha olvidado de ti por completo. Y a nadie más el Maestro le decía, «¡Espera!» Durante doce años, miles y miles de personas acudieron a él y él les contestaba. Y así continuamente, día tras día, y el hombre esperó. Era una confianza plena. El Maestro le dijo, «Ahora no necesitas preguntar».

Y Dhun-Nun dijo, «No quedan ya preguntas. Durante esos doce años, ¡qué milagro hiciste conmigo! Ni tan siquiera me mirabas. ¡Qué milagro! ¡Ni me diste una esperanza!»

La entrega requiere de una confianza plena. Entonces tú no eres tan siquiera necesario. Si no puedes confiar plenamente, si no puedes entregarte, entonces el único camino es el camino de la voluntad. No te confundas. Conozco a muchos que dan vueltas y vueltas, confundidos. Les gustaría que algo les sucediera del mismo modo que ocurre en el camino de la entrega, pero no están dispuestos a entregarse. Les gustaría comportarse como un hombre de voluntad y que les sucediera algo como lo que sucede en el camino de la entrega.

Justo ayer recibí una carta, y recibo muchas como ésta. El que la escribe dice, «Deseo aprender mucho de ti, pero no puedo aceptarte como mi Gurú. Quiero venir y vivir contigo, pero no quiero ser discípulo tuyo». ¿Qué es lo que está diciendo? Desea obtener algo de la misma manera que uno lo obtiene con la entrega, pero quiere permanecer intacto con respecto a su voluntad. ¡Esto es imposible! Uno ha de elegir, y todo no es más que un truco.

Hace dos o tres días, llegaron unos amigos y me dijeron, «La gente te llama Dios; ¿porqué consientes?»

Les dije, «Puede que les sea beneficioso. No es cosa vuestra». No pudieron entenderme porque, para ellos, todo es real . O bien es o bien no es. Para mí, todo es una treta.

Si alguien viene a mí para entregarse, se requiere cierta estratagema, y si alguien viene, pero no para entregarse, esta estratagema es inútil para él, no es aplicable. Pero has de ser claro sobre lo que eres y sobre qué es lo que tratas de averiguar y cómo quieres averiguarlo. ¿Eres capaz de arrinconar tu ego? Entonces no necesitas del estar despierto. Entonces necesitas absorberte profundamente. ¡Absórbete, disuélvete! Deja de ser. ¡Olvídate! Más que recordarte a ti mismo, olvídate de ti mismo. ¿Mmm? Te dije que Gurdjieff decía que el recuerdo de sí es el método. Para Meera, para Chaitanya, el olvidarse de sí es el método. No es *smriti*, no es el recuerdo de sí, sino *vismriti*, el olvidarse. ¡Olvídate de ti mismo por completo, desaparece como tú mismo por completo! Y si no eres capaz de esto, entonces haz todos los esfuerzos posibles para despertar. No te abandones en nada, ni tan siquiera en la música.

Mahoma estaba totalmente en contra de la música únicamente debido a esto: en el camino de la voluntad, la música es un obstáculo porque te olvidas de ti mismo al sumergirte en ella. No te olvides de ti mismo en ninguna situación, no te abandones, sino que utiliza técnicas y mantente cada vez más y más despierto, más y más alerta, más y más atento, más y más consciente.

Y recuerda una cosa: no puedes hacer las dos cosas. Si las haces, te encontrarás totalmente confundido y tu esfuerzo será en vano y tu energía será disipada innecesariamente. Elige y mantente en lo elegido. Solamente entonces puede suceder algo. Es un largo proceso y es difícil. No hay atajos. Todos los atajos son engañosos. Pero, debido a que todo el mundo está en estado letárgico y a que todo el mundo desea obtener algo sin esforzarse, son ideados muchos atajos. ¡No existen los atajos!

Se dice que Euclides, el que inventó la geometría, fue también Maestro de Alejandro. Euclides le estaba enseñando a Alejandro matemáticas, en especial geometría. Alejandro le dijo a Euclides, «No sigas este método tan largo. No soy un estudiante normal. ¡Utiliza atajos!» Euclides no volvió. Pasaron un día, dos días, tres días, una semana. Alejandro preguntó.

Euclides escribió una nota diciéndole: «No hay atajos. Tanto si eres un emperador como un mendigo, no hay atajos. Y si deseas un atajo, entonces dejo de ser tu profesor. Entonces necesitas a alguien que sea capaz de engañarte. Yo no soy tu profesor. Encuentra a algún otro. Alguien se presentará que diga, «No, yo conozco un atajo». Pero en el saber no hay atajos. Uno ha de recorrer el largo camino».

No te engañes pues y no creas que si combinas los dos caminos será bueno para ti. ¡No! Todo sistema es perfecto en sí mismo y en el momento en que lo combinas con algo, destruyes su unidad orgánica.

Hay muchas, numerosas personas que hablan y hablan sobre la síntesis de las religiones. ¡Qué tontería! Cada religión es una unidad perfecta, orgánica. No tiene porqué ser combinada con ninguna otra. Si lo haces, la destruyes. Puede que haya muchas similitudes en la Biblia y en el Corán y en los Vedas, pero son similitudes superficiales. En lo profundo poseen unidades orgánicas distintas, particulares.

Por eso, si uno es cristiano, debería ser cien por cien cristiano. Y si uno es hindú, debería ser cien por cien hindú. Un cincuenta por cien hindú y un cincuenta por ciento cristiano es absurdo. Es como seguir en un cincuenta por ciento medicina aryuvédica y en un cincuenta por ciento medicina alopática. La persona se volverá loca. No hay síntesis posibles entre las diferentes «patías», y todas las religiones son como las «patías». Todas las técnicas son una medicina, una ciencia.

Ya que he mencionado la medicina sería bueno finalizar, concluir, que el camino de la voluntad es como la naturopatía: has de depender de ti mismo. ¡Sin ayudas! El camino de la entrega es más como la alopatía: puedes emplear medicinas.

Considéralo así: cuando alguien está enfermo, tiene dos posibilidades. Una posibilidad interna positiva de salud y un fenómeno accidental, incidental de enfermedad, de mal. La naturopatía no se ocupa de la enfermedad directamente. La naturopatía se ocupa directamente de un crecimiento positivo de la salud. ¡Aumenta la salud! La naturopatía quiere decir crecer en salud positivamente. Cuando crezcas en salud, la enfermedad desaparecerá por sí misma. No necesitas preocuparte de la enfermedad directamente. La alopatía no se preocupa por la salud de forma positiva. Se ocupa de la enfermedad: acaba con la enfermedad y sanarás automáticamente.

El camino de la voluntad se ocupa del crecimiento positivo en consciencia. Si creces, el ego desaparecerá; esa es la enfermedad. El camino de la entrega se ocupa de la enfermedad en sí misma, no del crecimiento positivo en salud. Destruye la enfermedad, entrega el ego, y crecerás en salud.

El camino de la entrega es alopático y el camino de la voluntad es naturópata. Pero no los mezcles, si no, te pondrás más enfermo. Entonces tu esfuerzo por estar sano te creará más problemas. Y todo el mundo está confundido. Uno piensa que si emplea muchas, varias «patías», matemáticamente, obviamente, recobrará la salud antes. Matemáticamente, en pura lógica, puede que sea así, pero no ocurre así realmente. Puede que incluso te vuelvas un caso imposible.

HACIA EL PLENO FLORECIMIENTO DE LA CONSCIENCIA

¿Cuáles son las flores para el culto?
El estar lleno
de consciencia.

¿Cuáles son las flores para el culto?
El estar lleno
de consciencia

El hombre es una semilla, una posibilidad, un potencial. El hombre no sólo es lo que es; también es lo que puede ser. Sea lo que sea el hombre, es simplemente algo temporal, una apertura, un llegar a ser. Hay mucho escondido y la parte que está escondida es mayor que la parte manifestada. Por eso es por lo que digo que el hombre es una semilla. Puedes crecer, y únicamente puede ser si crece.

Si una semilla permanece como semilla, significa muerte. Si una semilla no crece, entonces se está muriendo. Y no puedes permanecer entre dos aguas. O bien creces o bien mueres. No hay puntos medios. ¡Crecer o morir! No hay otra alternativa. La semilla es simplemente una situación para crecer. Y crecer quiere decir trascender, crecer quiere decir morir para un cierto nivel y renacer en otro. ¿Qué es el crecer para una semilla? La semilla ha de morir como semilla, y solamente entonces nace el árbol. La posibilidad comienza a hacerse real.

Una semilla puede morir de dos formas. Puede morir sin crecer: esta es una muerte negativa. O, una semilla puede morir para poder crecer: entonces es una muerte positiva, y una muerte positiva es la puerta a otra vida. La muerte positiva implica morir para algo, morir para crecer, desaparecer de un plano para aparecer en otro. El hombre puede permanecer como semilla y muchos hombres mueren de forma negativa sin crecer, sin trascenderse, sin desaparecer de un plano para aparecer en otro.

Nietzsche ha dicho en alguna parte que el hombre es, solamente cuando se trasciende a sí mismo. Tú eres solamente cuando desapareces de abajo para aparecer arriba. Es un proceso constante de morir para lo material y nacer más consciente. Pero una semilla puede estar satisfecha y permanecer satisfecha siendo una semilla. Es difícil hasta para una semilla imaginar lo que puede llegar a ser. Incluso soñar en ello parece algo imposible.

¿Cómo va a soñar una semilla sobre lo que va a ser? Incluso el imaginarse la posibilidad de llegar a ser un árbol parece simplemente absurdo. ¿Cómo se va a convertir en un árbol una semilla? Aun estando el árbol junto a la semilla, la semilla no puede imaginarse que este árbol fue una vez una semilla, y que «Yo también puedo ser un árbol».

Buda ha dicho, «No puedo darte la Verdad, pero puedo darte un sueño. Mírame y tus potencialidades, tus posibilidades empezarán a ser estimuladas. Algo empezará a suspirar por el futuro, algo en tu interior empezará a ansiar eso que puede llegar a ser». Un Buda es un árbol, no solamente un árbol, sino un árbol que ha florecido. Somos semillas. Piensa en el hombre como en una semilla. ¿Qué puede ser entonces este florecimiento? Para el hombre-árbol, ¿qué puede ser este florecer? El florecer de la consciencia, desde luego.

Este sutra dice :

¿Cuáles son las flores para el culto?
El estar lleno de consciencia.

Ser plenamente consciente. ¡Ser consciente! El usar el símbolo de la flor para la consciencia tiene multitud de significados. No solamente es un símbolo, porque la consciencia es un verdadero florecer en el hombre. Cuando un hombre florece, cuando llega a su punto omega, de repente hay un estallido de flores. Ese florecer es el de la consciencia.

Pero el hombre tal como es, es una semilla. No es consciente, no es una consciencia. Esto es algo humillante y difícil de aceptar porque pensamos que sí somos conscientes. Y ésta es la peor creencia, la más peligrosa, la más mortífera, porque si crees que ya eres realmente consciente entonces no existe la posibilidad de que puedas florecer. Si una semilla piensa que ya es un árbol, que ya ha florecido, no hay posibilidad alguna para que la semilla crezca. Te has engañado a ti mismo por completo.

Gurdjieff ha dicho que estás en una prisión, pero que puedes llegar a creerte que no estás en tal prisión, que ésta es tu casa. Puedes decorar tu prisión de tal forma que se empiece a parecer a tu casa. Puede que incluso te sientas orgulloso de ella, que puedas jactarte de ella; tus cadenas pueden convertirse en ornamentos. Depende de ti. Puedes interpretar y este interpretar es, en cierta manera, muy satisfactorio,porque no hay necesidad de luchar en contra de este encierro. Puedes entonces sentirte cómodo. Es muy práctico.

Todas las creencias humanas son útiles, pero peligrosas. Por su culpa la posibilidad de evolucionar es anulada totalmente, negada por completo. El prisionero puede pensar que no es un prisionero sino que es ya un hombre libre. Es muy cómodo el creerlo porque así no hay ninguna carga que soportar. Pero en este caso el prisionero nunca será libre. Por eso Gurdjieff dice que el primer paso necesario hacia la libertad es el reconocimiento del hecho humillante de que eres un prisionero; sólo entonces es posible crecer.

La primera cosa que me gustaría deciros sobre este sutra es: Sed absolutamente conscientes de que no sois conscientes. Este es el primer paso hacia la plena consciencia. No eres en absoluto consciente; vives una vida inconsciente. Hagas lo que hagas es algo mecánico, robótico. Por ejemplo, me estás escuchando. Me estás escuchando pero no eres consciente de que me estás escuchando. Ahora puedes darte cuenta de que me estás escuchando, pero antes no eras consciente. Durante un instante te vuelves consciente de que me estás escuchando, pero solamente durante un instante y luego te sumes otra vez en la inconsciencia. Y entonces me escucharás, pero no como un ser consciente; me escucharás como un acto mecánico.

¿Cuál es la diferencia? Al escucharme eres consciente de mí, del que habla; no eres consciente del que escucha. Tu consciencia tiene un solo sentido. La dirección es hacia el que habla y tú te mantienes en la sombra. La luz se enfoca sobre el que habla y tú permaneces en la oscuridad. Por un instante, si te digo algo sobre ello, te puedes volver consciente. Pero en el instante en que te haces consciente del que escucha, te olvidas del que habla. Si puedes hacerte consciente de ambos, si puedes mantener una consciencia de doble sentido: simultáneamente consciente del que habla y del que escucha. Entonces eres consciente.

Cuando te digo que no eres consciente no quiero decir que no haya instantes en que no lo seas. A veces se dan estos momentos, pero son muy escasos. Y muestran solamente la posibilidad, no el hecho. Es como si saltas y caes de nuevo al suelo. Puedes vencer la fuerza de gravedad por un breve instante, y luego caes de nuevo bajo ella. Es tal y como esto. A veces, en determinadas situaciones nos salimos de la inconsciencia. Durante un breve instante nos escapamos a la fuerza gravitacional, pero no nos escapamos realmente porque la fuerza de gravedad trabaja en todo momento y te hará caer de nuevo. Pero puedes tener un sentimiento de libertad durante un breve instante; luego, otra vez, caes al suelo.

En ciertas situaciones peligrosas te haces consciente. Alguien ha venido para matarte: de repente eres consciente, no solamente del asesino sino también de ti, del que va a ser asesinado. Entonces la consciencia posee un doble sentido, pero solamente por un único instante y luego otra vez vuelves a la normalidad. A veces sumido en profundo amor, te sales de la inconsciencia. Entonces no sólo eres consciente del que es objeto de tu amor, de tu amado. Eres también consciente de ti, pero solamente durante un breve instante. Luego vuelves a la normalidad.

Súbitamente, en un accidente, durante una experiencia muy significativa, uno se vuelve consciente. Pero tales momentos son muy escasos. Puedes contarlos con los dedos de una mano. Durante una larga vida de cien años puedes tener ciertas experiencias que pueden ser contadas con los dedos de la mano. Únicamente muestran la posibilidad de que puedes ser consciente.

Por lo general existimos como autómatas. Y, en realidad, encontramos que es muy cómodo el vivir como autómatas, que es muy confortable el vivir como autómatas. Eres más eficiente cuando te desenvuelves según líneas mecánicas. No tienes de que preocuparte. Tu cuerpo, tu mente, funciona como una máquina; es eficiente. Y es muy práctico el no ser consciente, porque ser consciente te volverá tan sensible con lo que te rodea que se convertirá en algo doloroso.

Ser un Buda no es sólo gozo. Es gozoso por lo que respecta al Buda en sí mismo. Alcanza la culminación de la experiencia dichosa. Pero al mismo tiempo tiene que pagar un alto precio porque se vuelve tan sensible que todo lo que le rodea le causa dolor. Sufre debido al sufrimiento de los demás. Te cruzas con un mendigo; pasas junto a él inconscientemente, no hay problema, es muy cómodo. Si te vuelves consciente, entonces no es tan cómodo. Entonces te das cuenta de que también eres responsable, que eres parte de este asqueroso mundo. Eres responsable de todo lo que sucede, tanto de la guerra del Vietnam como de una revuelta hindo-musulmana, como de la pobreza. Sea lo que sea, si te vuelves consciente te responsabilizas por ello.

Es difícil entonces escapar. Este es el coste que hay que pagar.

Nunca pienses pues que ser un Buda es tan sólo se dichoso. Nadie puede serlo. Todo el mundo ha de pagar un precio, y cuanto mayor es la experiencia que se viva, mayor va a ser el coste. Un Buda es en sí mismo pura paz, dicha. Alcanza esa dicha al hacerse consciente. Pero simultáneamente, debido a tanta consciencia, se vuelve sensible a todo lo que le rodea. Sufre por todo.

Por lo tanto es muy práctico existir como seres inconscientes. Continuamos, seguimos dormidos. Es un profundo sonambulismo. Seguimos caminando, haciendo cosas totalmente dormidos. Nada nos llega; somos absolutamente insensibles. La sensibilidad depende de la consciencia. Cuanto más consciente eres, más sensible te vuelves; cuanto más inconsciente, menos sensible. Y ser sensible es algo peligroso. No ser sensible es práctico, puedes comportarte como algo muerto, no tienes porque preocuparte.

Debido a esta comodidad permanecemos como semillas. Para mí, el perder esta comodidad, despojarnos de esta comodidad, es la única renunciación posible. En realidad, esto es el verdadero confort del que nos hemos de desprender; no de la casa, ni de la familia; esos no son nada. Esta mente orientada hacia lo cómodo es lo que se ha de desterrar. Uno ha de permanecer sensible y vulnerable a lo que se presente; solamente en este caso te vuelves consciente.

Por eso lo primero que hay que comprender es cómo permanecemos en la inconsciencia. Hay una razón para ello. Tiene una razón: porque es práctico. Vivir una vida de muerto es algo práctico; actuar como un cadáver es práctico, porque así no te ves afectado, no te preocupas. Tienes una rutina en la que trabajar desde la mañana hasta la noche. Te mueves en un círculo. Durante toda tu vida sigues tus viejos esquemas. Cuanto más viejo es el esquema, menor es la molestia. Por último, te acostumbras a ella.

¡Observa esta actitud! Si esta actitud persiste no vas a trascender la semilla. Cuando una semilla está trascendiendo está retando a los peligros. Una semilla está protegida, pero una planta no está tan protegida. Una planta siempre está en peligro. Una semilla nunca está en peligro. Una semilla vive una vida yerta, pero una planta se vuelve algo vivo, delicado, desprotegido. ¡Es peligroso!

Un niño en el vientre de su madre está totalmente protegido. El vientre es el lugar más confortable que se puede encontrar, sin preocupaciones, sin luchar por sobrevivir; un estado totalmente relajado. Los psicólogos afirman, y lo afirman correctamente, que esta ansia de paz, de equilibrio, de armonía, es en realidad un recuerdo del estado prenatal, porque en el vientre un niño se encuentra en el cielo.

Los hindúes tienen el mito de un árbol que colma los deseos, *kalptaru*, en el cielo. Bajo este árbol, *kalptaru*, el árbol de los deseos, no hay distinción entre lo que se quiere y lo que se tiene. Pides y se te da, sin dilación. Deseas y tus deseos son cumplidos.

El vientre es un árbol de los deseos. No hay distinción entre el deseo y su realización. El niño no tiene ni deseos. Todo lo que necesita le es suplido, sin esfuerzos, sin deseo, sin tensión. El niño está en el perfecto *Moksha*. Y si le preguntáramos a un niño sobre el abandonar el vientre y nacer, si dependiera de él, ni un solo niño nacería. ¡Es tan peligroso! ¡Es dar un paso arriesgado! Salir del vientre es salir del cielo. Es ser desterrado del Jardín del Edén. A partir de ahora todo se convertirá en una lucha. A partir de ahora el pedir y el obtener no van a encontrase tan fácilmente y los deseos no serán cumplidos con tanta facilidad. A partir de ahora siempre habrá una separación entre el deseo y su realización. Y aun cuando sea cumplido, no será una culminación porque a partir de ese cumplimiento muchos otros deseos nacerán. De modo que existirá una constante lucha.

De este modo, si dependiera del niño el que saliera o no saliera del vientre, ningún niño saldría. Es muy cómodo, absolutamente confortable. Pero es un existencia sin vida. No hay crecimiento posible. El crecimiento es únicamente posible cuando uno elige el peligro de forma consciente. Cuando te adentras por senderos desconocidos, creces. Cuando aceptas riesgos, creces. Igual que en este caso, el hombre se halla otra vez en un vientre, en el vientre del inconsciente. ¿Mmm? Trata de comprenderlo: el vientre del inconsciente. Abandonarlo es un segundo nacimiento.

En la India llamamos a la persona que ha nacido de nuevo, «el nacido dos veces», *dwij*. A los *brahmines* se les llamaba «nacidos dos veces» tan sólo por esto: el primer nacimiento era el del vientre de su madre; el segundo nacimiento es el nacimiento desde tu propia inconsciencia. Y a menos que nazcas de tu propia inconsciencia y te hagas consciente, no serás un *brahmín*. Si no eres consciente, no eres un *brahmín*. «*Brahmín*» significa aquel que conoce el Brahma, lo Supremo. Si eres perfectamente consciente, contactas con lo Supremo: te conviertes en un *brahmín*. Este segundo nacimiento surge de tu propio inconsciente.

¿Qué es este inconsciente? Freud ha dicho que el hombre es como un iceberg :un noventa por ciento bajo el agua y solamente un diez por ciento sobresaliendo. Nueve partes escondidas bajo el agua y solamente una parte, la décima, sobresaliendo. ¡El hombre es un iceberg! Únicamente una parte es consciente, nueve partes son inconsciente, y esa parte, un décimo, es impotente frente a las otras nueve. La mayor parte es inconsciente, solamente una pequeña fracción es consciente. Por eso es por lo que siempre eres manipulado, dirigido, absorbido por el inconsciente. Puedes seguir pensando que eres el que decides, ¡no lo eres! El inconsciente, la mente oculta siempre es la que decide.

Te enamoras. ¿Es una decisión tuya? ¿Es tu decisión consciente? ¿Te has enamorado conscientemente? Dices, «Sucedió». ¿Qué significa «sucedió»? Significa que ciertas fuerzas inconscientes están tirando de ti. Eres simplemente una marioneta. Por eso es por lo que, tal como sucedió, un día desaparece de nuevo. ¿Qué puedes hacer? Eres tan sólo una víctima: nunca fuiste preguntado. Y no solamente ocurre con el amor, profundiza en cualquier cosa que pienses, que hagas, que sientas, y llegarás a la conclusión que ciertas fuerzas desconocidas son las que te están manipulando. Tú no existes. Puedes engañarte a ti mismo diciendo que éstas son tus decisiones. No lo son.

Decides no enfadarte más, y al cabo de un rato aparece la ira. Todo el mundo ha sentido la impotencia de las propias decisiones. A cada momento lo sientes. Decides no hacer esto y, a pesar de ti mismo, lo haces. Luego prosigues justificándote. Esas justificaciones son útiles. Decides no enojarte y te enojas. La única posibilidad es que profundices, escarbes en ti y llegues a la conclusión de que no eres capaz de decidir nada, de que no tienes el poder de decidir, de que no tienes fortaleza, de que eres absolutamente impotente.

Pero esto es humillante, por eso nadie escarba nunca hasta las raíces: uno empieza a justificarse. Uno dice: «Tuve que enfadarme porque así le ayudaba. Tuve que enfadarme para cambiarle. Tuve que enfadarme por ciertos motivos». Entonces creas la ficción de que ésta es tu decisión. ¡Te engañas a ti mismo! Descubre si alguna vez has decidido algo. ¿Ha habido alguna vez algo que haya sido una decisión tuya? La parte consciente de la mente es absolutamente impotente. Lo inconsciente es tan grande; nueve veces mayor. Tu consciente no es más que un instrumento en manos del inconsciente. Puedes seguir decidiendo lo que quieras con el consciente. Al inconsciente no le importa para nada. Lo que se haya de hacer será hecho por el inconsciente, y cuando ha de hacerlo, el consciente es totalmente impotente.

Uno ha de escarbar en sí mismo. Este inconsciente es tu vientre. Tienes que salir de él, trascenderlo. Si no, serás un esclavo, nunca serás un amo y te vas a quedar como un huevo, como una semilla. No podrás ser un árbol que pueda florecer. El florecer nunca será un hecho para ti.

Empieza primero por sentir qué es lo que es este inconsciente, dónde está. Es un buen comienzo: ser consciente del inconsciente, ser consciente de que uno es un prisionero, de que uno es una semilla. ¡No te engañes a ti mismo! No pienses que eres esto y lo otro. Descubre lo que realmente eres. No crees una imagen.

Gurdjieff contaba cierta historia. Decía que había un mago que tenía numerosas ovejas. Cada día tenía que matar una oveja para alimentarse. Y había muchas ovejas. Ellas observaban que cada día una oveja era muerta, pero nunca se rebelaban, nunca se alzaban contra él. Un visitante estaba con el mago y el visitante le dijo, «¡Es un milagro! Cada día eliges una oveja, la matas delante de las demás y aún así no se han dado cuenta de que pronto les va a llegar su hora. ¡De que pueden escaparse! ¡De que pueden rebelarse!»

El mago se rió y le dijo, «Tengo un truco. Las he hipnotizado a todas. Todas las ovejas han sido hipnotizadas y les he dicho en su hipnosis: «No eres una oveja. No eres en absoluto una oveja. Todas las demás son ovejas, pero tú no lo eres. ¡Tú eres un león!» Por esto cada oveja cree que es un león y que todas las demás son simples ovejas. Así que cuando una oveja es muerta, nadie se inmuta porque todos son leones para sí mismos».

Es una buena historia. Es la historia de la mente humana. Piensas sobre lo que no eres y te sigues engañando a ti mismo sobre lo que eres. El reconocer de hecho lo que uno es el comienzo. Y es el único comienzo correcto. Reconoce primero que tu labor es inconsciente, no consciente. Que tu amor, tu odio, tu ira, tus amistades, tus enemistades, todas son parte de tu inconsciente. No eres un ser consciente. Tienes tan sólo una pequeña parte de consciencia. Esto es lo que has de entender: que no eres un ser consciente.

Si a un loco se le puede mostrar que está loco quiere decir que hay todavía una parte de su mente que no está loca. Si un loco es capaz de reconocer que está loco significa que una porción de su mente no está todavía loca. Pero tú no puedes convencer a ningún loco de que está loco. Y si eres capaz de convencer a un loco de que está loco esto implica que te has equivocado. El no está loco. Al menos una parte de su mente está aún cuerda. De este modo si llegas a reconocer que eres un ser inconsciente, esto te da cierta esperanza. Esto muestra que hay una parte consciente, una parte muy pequeña, un fragmento insignificante. Pero entonces este fragmento puede ser utilizado.

Puedes utilizarlo de dos formas distintas: o bien razonando que ya eres consciente, y esto es lo que hacemos, o bien escarbando aún más, reconociendo que aún somos inconscientes. Esa pequeña parte de consciencia, esa décima parte del iceberg humano, puede ser empleado de dos modos. Uno es razonando, pensando, imaginando, soñando que eres ya un ser humano consciente; esto es lo que solemos hacer. O bien puedes emplearlo para ahondar aún más reconociendo que no eres en absoluto consciente. Esto es lo que se supone que un buscador ha de hacer.

Y una vez empiezas a percibir que no eres consciente, la consciencia ha empezado a alborear en ti. Estás en el camino. ¡Ahora puedes lograr mucho! Una vez sabes que estás prisionero y que «esto no es mi casa sino una prisión» se pueden hacer muchas cosas para escapar, para salir. Pueden emplearse estratagemas, pueden idearse medios. Puede establecerse algún contacto fuera de la prisión. Puede comprarse la guardia o hacerse otras cosas. Pero no hay nada que se pueda hacer si sigues pensando que no estás en la prisión, que ésta es tu casa, que el guarda de la prisión es un vigilante a tu servicio. Y si hubieses nacido en la prisión sería algo así como esto: te parecería que todo el mundo está a tu servicio. Al nacer en la prisión toda la organización de la prisión parece estar a tu servicio. ¿Cómo vas a imaginarte entonces que es una prisión?

El saber esto, el que esto es una prisión, es el primer y fundamental paso para salir, porque entonces se puede hacer algo.

De modo que eres inconsciente. Y esto no es teoría, ¿mmm?, en un simple hecho. Y no es teología, es pura ciencia. No se refiere a las religiones o a sus mitologías. Es un hecho científico. Esta es la razón por la que Freud fue tan condenado, tan despreciado.

Se dice que ha habido tres revoluciones. Una fue la de Copérnico. Copérnico dijo que la Tierra no es el centro del universo y que el Sol no órbita alrededor de la Tierra sino que es la Tierra la que órbita alrededor del Sol. La Tierra fue depuesta, la Tierra fue destronada. Fue muy humillante para la mente humana pues cuando la Tierra era el centro, el hombre era el centro del universo. Todo giraba entorno al hombre y a la Tierra del hombre. De pronto la Tierra dejó de ser el centro, y no solamente el centro sino que no era ni siquiera una estrella importante. Era insignificante, casi despreciable. Se descubrió que la Tierra giraba alrededor del Sol y que el Sol, nuestro propio Sol, giraba alrededor de algún sol mayor, de modo que no éramos el centro.

Luego llegó Darwin y afirmó que el hombre se relaciona no con lo Divino, sino con los animales. Que no es un descendiente de Dios sino que está relacionado con los monos, con los babuinos, con los chimpancés. Es un eslabón en la larga cadena animal. Esta fue la segunda revolución, muy humillante, altamente destructora para el ego. La Tierra no era el centro y el hombre no estaba situado después de los ángeles. Tan sólo estaba algo más elevado que los animales y nada más, e incluso está cierta «altura» no era algo seguro. El hombre fue destronado, depuesto. Era simplemente un animal.

Y entonces llegó la tercera revolución, la de Freud, que afirmó que no eres un ser consciente, que estás sencillamente en las manos de fuerzas inconscientes. Así Aristóteles estaba totalmente equivocado según Freud, pues sostenía que el hombre es un ser racional. ¡No lo es! El hombre es el animal más irracional. Los perros son más racionales. Todos los demás animales son más racionales en el sentido de que son más predecibles. El hombre es impredecible, fundamentalmente irracional. No puedes depender de él porque la razón es algo matemático. Si un perro se ha comportado de cierta forma puedes predecir que seguirá comportándose de esa forma. No puedes predecir al hombre.

Y aún más, no es racional porque todo el funcionamiento de su mente es inconsciente. Se enamora, se pelea, va a la guerra, acumula dinero, se sigue preocupando sin ninguna razón. Es el animal más loco. Solamente hay una cosa de él que es excepcional y es que cree ciertas cosas de sí mismo que en realidad son ficticias. Eso es lo único excepcional en el hombre.

Los animales tienen los pies en la tierra. No tienen ficciones; son lo que son. El hombre es un animal soñador; es capaz de soñar y de creer en sus sueños. Puede hipnotizarse a sí mismo y puede convencerse a sí mismo de que lo que sueña es verdad. De modo que el afirmar que el hombre es inconsciente no es tan sólo un asunto religioso. Se basa en hechos científicos.

La psicología hindú es mucho más antigua que la Occidental. En Occidente, la psicología está en pañales. En realidad, Freud es el padre, y debido a esto es por lo que este siglo ha sido el que ha dado luz a la psicología. Pero en la India es una ciencia de larga tradición. Patanjali es un psicólogo y Buda es un psicólogo y Kapil es un psicólogo. Y sería conveniente el considerarlos como psicólogos más que como personas religiosas, porque de este modo se aclararían muchas cuestiones y serías capaz de comprender lo que están diciendo.

Buda sostiene que únicamente la consciencia puede hacerte un hombre, si no, eres simplemente un animal. La misma palabra «Buda» quiere decir «El que ha despertado». Este no era su nombre. Su nombre era Gautama Sidarta, pero Gautama Sidarta era un ser inconsciente. Cuando Gautama Sidarta se hizo consciente fue llamado el Buda, «El Que ha Despertado». Buda, cuando se volvió totalmente consciente dijo - no dijo nada sobre Dios, no dijo nada sobre *Moksha*, nada sobre el *Nirvana* - se dice que dijo, «Ahora he despertado. Estaba dormido, hasta ahora estaba dormido. ¡Ahora he despertado!»

El nombre de Mahavira es «Jin». De esta palabra, «Jin», se deriva la palabra «jaino». «Jin» quiere decir «el conquistador». Mahavira dijo, «Estaba dormido. Era esclavo del inconsciente. Ahora me he vuelto un conquistador, un Jin, porque ahora no hay inconsciente que me esclavice». Todos los sutras de Patanjali son simplemente tecnología, técnicas para producir más consciencia. Todo el yoga se ocupa de como producir más consciencia en el hombre.

Para el Este ha sido un hecho desde antiguo, un hecho reconocido el que el hombre está dormido. Pero ahora la ciencia Occidental lo reconoce también como hecho. ¿Qué hacer pues si el hombre es inconsciente? ¿Cómo hacerlo consciente? ¿Cómo despertarlo? Lo primero es reconocer el hecho de tu inconsciencia en ti mismo. No es difícil de reconocer que el hombre es inconsciente. Esto no es difícil porque no te incluye a ti. El «hombre» es inconsciente, no tú. Pero cuando afirmo que «el hombre es inconsciente» me refiero a ti, no a la Humanidad.

No existe la Humanidad, únicamente el hombre, el hombre A, el hombre B, el hombre C. No existe la Humanidad, solamente individuos. «La Humanidad» es sólo un nombre colectivo. Tú eres inconsciente. Escucha esta afirmación con una consciencia de doble sentido. Te repito: eres inconsciente. No lo justifiques y no te engañes a ti mismo. Hagas lo que hagas, recuerda que es el inconsciente el que está trabajando.

De repente te sientes sexual. Recuérdalo, es el inconsciente. El inconsciente te está forzando ahora a ciertos actos. No luches porque la lucha también es inconsciente. Debido a que la sociedad ha dicho, «El sexo es diabólico, es pecado», esto ha calado en el inconsciente. Así el inconsciente posee dos partes: una biológica y otra sociológica. Existen los instintos y los tabús sociales. La sociedad ha introducido muchas cosas en tu inconsciente. Lo denominan «consciencia». Ciertas cosas son «malas» y ciertas cosas son «buenas». Las han metido a la fuerza en tu inconsciente.

Por eso es por lo que únicamente si enseñas moralidad a un niño antes de los siete años puedes hacerlo con éxito. Después de los siete no puedes hacerlo con éxito. Por eso todas las religiones se preocupan mucho por los niños y cada religión tiene un sistema. Mediante los padres, mediante la familia condicionan la mente, mientras es totalmente inconsciente. Al no haber ni una sola parte consciente, no hay resistencia. Digas lo que le digas al niño, penetra en su inconsciente. No ofrece resistencia. Una vez el niño crece es difícil penetrar en el inconsciente.

De modo que todo lo que uno aprende en los primeros siete años se convierte en la base. Y luego hagas lo que hagas en la vida, aunque te revuelvas contra la sociedad que te ha entrenado y te ha aportado tu consciencia, no serás capaz de ir en contra de esta base. Aunque vayas en su contra seguirás las instrucciones que tienes en el inconsciente. Incluso el rebelarse contra ciertas cosas es permanecer atado a ellas.

Si la Humanidad ha de ser salvada de los mal llamados dogmas religiosos debe considerarse como un crimen el enseñárselos a los niños. No les des a los niños ni credos, ni dogmas, ni fanatismos, ¡no se los enseñes! Déjales que crezcan primero. Dáselos cuando se vuelvan adultos, únicamente entonces. Pero entonces es muy difícil. Entonces la mente consciente ya ha nacido. Comienza a escoger y a pensar.

Una parte es biológica, hereditaria; otra es sociológica. Surge el sexo: date cuenta de que los instintos inconscientes están forzando a tu mecanismo corporal a dirigirse hacia un determinado objeto, hacia un determinado acto. Pero no luches contra esto, porque el luchar proviene, de nuevo, de la parte sociológica del inconsciente que afirma que el sexo es pecado. Date cuenta de ambos, sé consciente de ambos: de que el sexo ha surgido y de la idea de que el sexo es pecado. Los dos provienen de un lugar desconocido, de las oscuras profundidades del interior. ¡Sé consciente y no hagas nada! Permanece simplemente consciente. Intenta mantenerte en un estado de alerta. No luches con el sexo, no lo condenes, no induljas en él. Permanece simplemente consciente de que algo está sucediendo interiormente. Si eres capaz de permanecer con el hecho sin hacer nada sobre él sentirás que tu consciencia está creciendo y penetrando en los oscuros dominios del inconsciente.

La ira te domina: no hagas nada ni a favor ni en contra. No induljas en ella, no la suprimas. Medita sobre ella. Cierra tus ojos y medita sobre el hecho de la ira. Cuando digo meditar hay muchas cosas que ha de ser bien entendidas. No juzgues. No digas que la ira es mala; no digas que es buena. No hagas nada. La ira está presente tal y como cuando una serpiente entra en la habitación. Simplemente mantente atento. ¿Es una serpiente un dios al que hay que rendir culto? ¡No! ¿Es la serpiente un enemigo al que hay que matar? ¡No! Simplemente sé consciente de que la serpiente ha entrado. Emplea la serpiente como un objeto para mantenerte consciente.

De este modo, la ira ha aparecido en ti. ¡Sé consciente, mantente alerta y no hagas nada! Simplemente permanece atento porque en el instante en que comienzas a hacer algo dejas de ser consciente. Tienes tan poca cantidad de energía que si empiezas a actuar, la energía se vuelca en la acción. No hagas nada. Mantente en silencio y quieto. Alerta. Emplea toda tu energía para mantenerte alerta frente al hecho de que la ira está ahí. Y de repente te darás cuenta de que el foco de tu consciencia está creciendo, de que estás penetrando en el inconsciente. La luz de tu consciencia está penetrando en la oscuridad. Y cuanto más penetres en la oscuridad del inconsciente, más consciente te vuelves.

Es un esfuerzo muy sostenido, arduo. Arduo porque creará abismales dificultades. Te sentirás muy inquieto. Inténtalo y lo verás. Puedes hacer dos cosas. O haces algo provocado por tu ira, lo cual es fácil y te alivia, -cualquiera que sea la consecuencia, por un instante te sientes aliviado, te sientes aliviado de tu tensión interior- o puedes luchar contra tu ira. Si luchas contra ella, te sientes de nuevo aliviado porque con la lucha se emplea la misma energía que es usada al enfadarse.

Recuerda esto: el que está luchando en contra de la ira lo único que hace es cambiar el objeto. Me enfado contigo. Iba a pelear contigo, pero dirijo toda esa lucha en contra de mí misma ira. La invierto. Iba a luchar contigo pero soy un hombre muy moral, soy un santo, soy un hombre religioso, así que no puedo pelearme contigo. Pero tengo que luchar con alguien, por eso lucho contra mí mismo, lucho contra mi propia ira. Sobrevendrán la misma energía y el mismo alivio. He luchado y surgirá una profunda satisfacción.

La mal llamada satisfacción que se observa en las caras de los que se denominan santos no es nada más que una honda satisfacción por el haber luchado y haber ganado. Y en realidad es algo más astuto porque al luchar con alguien creas una larga cadena de consecuencias. Si te conviertes en ambos, si te divides en dos, en el bueno que nunca se enoja y en el malo, el inconsciente, que si se enoja, si te divides en dos, puedes estar luchando siempre. Exteriormente te volverás un santo, pero por dentro serás sencillamente un volcán, simplemente un caos y nada más; una enfermedad interior, un conflicto constante.

Los que se enfrentan con el sexo han de estar en conflicto continuo con él. Los que se enfrentan con la ira han de estar en lucha constante con ella. Es un pelear sin descanso. No hay un silencio interior; no puede haberlo. Por eso es por lo que nos dividimos a nosotros mismos en dos: el bueno y el malo. Tienes en ti dos bandos. Recuerda: el malo es el inconsciente y el bueno es el consciente. Y una vez consideras a tu inconsciente como tu enemigo, nunca podrás cambiarlo ni transformarlo. No habrá mutación posible porque el inconsciente no es el enemigo. Es tu energía, tu fuente, tu fuente biológica de energía. Nunca podrás estar sano si estás dividido en tu interior. Te convertirás en una enfermedad.

No luches ni te complazcas. Ambas cosas son fáciles. Lo único que es incómodo y difícil es mantenerse alerta. La totalidad de tus mecanismos habituales te impelerá a actuar de alguna forma: «¿Qué es lo que estás haciendo? ¡Haz algo! ¡Cualquier cosa, pero haz algo!» Este es el hábito que hay que romper. Por eso lo primero es reconocer y vivenciar que eres inconsciente. Lo segundo es que, siempre que el consciente empiece a manipularte, mantente alerta, permanece consciente y alerta. Se necesita un mantenerse alerta de forma simple y pasiva.

Si te mantienes alerta sucederán dos cosas. La energía que iba a ser empleada como indulgencia o represión se integrará en tu estado de alerta. Tu estado de alerta se verá reforzado con esta energía. Esa energía se incorporará a tu vigilancia, te volverás más vigilante. Esa energía será combustible para tu consciencia. Te volverás más consciente y por primera vez el inconsciente no podrá obligarte. Por primera vez el inconsciente será incapaz de manipularte. Y una vez percibas el sabor de esta libertad, de que el inconsciente no puede manipularte, sin luchas, sin forcejeos, sin conflictos, entonces tu consciencia se volverá más fuerte.

Y, poco a poco, el campo de la consciencia se expandirá y el campo de la inconsciencia se contraerá. Tu iceberg humano habrá ganado una parte más: serás consciente en dos partes e inconsciente en ocho. Este es un largo viaje y poco a poco te volverás tres partes consciente y siete partes inconsciente. Mientras vas ganando terreno es como ir ganando terreno al mar. El inconsciente es un vasto océano y tú has de recuperar la tierra centímetro a centímetro. Pero en el instante en que la recuperas, el océano retrocede. Y llegará un día, tal y como le ocurrió a Buda o a Jesús, en el que tu consciencia ocupará las diez partes y el inconsciente habrá desaparecido. Serás solamente luz en tu interior sin asomo de oscuridad.

Este es el florecimiento. Y por primera vez te volverás consciente de tu inmortalidad. Por primera vez dejarás de ser una semilla. Por primera vez para ti no habrá un llegar a *ser*; te habrás vuelto ya un *ser*. Si se me permite esta expresión: te habrás vuelto un *ser*. ¡Ahora serás un *ser*!

En este estado Iluminado de *ser*, no hay sufrimiento, no hay conflicto, no hay miseria. Estás lleno de gozo. En tu interior hay gozo, en tu exterior, compasión. Te has vuelto sensible a todo. Debido a esta sensibilidad, un Buda externamente es compasión. Por dentro es un profundo y silencioso remanso de dicha y exteriormente es compasión. Los labios de Buda están sonriendo con un profundo gozo y sus ojos están llenos de lágrimas, en honda compasión.

Por eso eres capaz de crecer en ambos sentidos. Si creces en consciencia, crecerás en compasión. Si creces en compasión, crecerás en consciencia, pero el crecer en compasión es muy difícil, porque, otra vez, puedes engañarte. Así que el único camino correcto es el de crecer en consciencia; la compasión lo seguirá como una sombra. Si no, puedes engañarte y tu compasión puede ser solamente una fachada, una treta. Tu compasión puede ser, una vez más, un acto inconsciente. Entonces es algo senti-mental, emocional. No es existencial. Entonces puedes llorar, puedes simpatizar y puedes servir. Pero esto será un acto inconsciente. El camino más seguro y fiable es crecer en consciencia.

Este sutra dice,

> *¿Cuáles son las flores para el culto?*
> *El estar lleno de consciencia.*

Y cuando has florecido en consciencia, solamente entonces puedes ser aceptado. Entonces y solamente entonces puedes entrar en el templo de lo Divino, no con flores, sino con tu propio florecimiento. Entonces te has vuelto una flor.

Todos vosotros debéis de haber visto a Buda sentado en una flor, a Vishnú sentado en una flor, a Ram sentado en una flor, pero no habéis entendido probablemente el símbolo. La flor simple-mente manifiesta, «Esos son seres humanos que han florecido. Han alcanzado un florecimiento absoluto».

Puede que hayas oído que el séptimo *chakra* es el *sahasrar-dal kamal*, el loto de los mil pétalos. Es un símbolo: *sahasrar,* el loto de los mil pétalos en tu cabeza. Este séptimo chakra es el último estadio, la cumbre, el Everest de la consciencia. El primer *chakra* es el *muladhar*, el centro sexual, y el último *chakra* es el *sahasrar*. El sexo es lo más inconsciente en ti y el *sahasrar* es lo más consciente. Estos son los dos extremos.

Vivimos en torno al centro sexual, nos movemos a su alrededor. Todo lo que hacemos está relacionado con él por muy lejano que pueda parecer. El que ganes dinero, el que acumules riquezas puede que no te parezca relacionado con el sexo, pero lo está. Cuanta más riqueza tengas, más sexo puedes tener; se vuelve más factible.. Cuanto más poder tengas, más sexo puedes tener; se vuelve más asequible.

Puedes olvidarte completamente de esto y los fines pueden convertirse en medios y los medios en fines; esto es otra cuestión. Una persona puede seguir acumulando riqueza durante toda su vida y puede olvidarse completamente de porqué lo está haciendo. Pero todo poder es una búsqueda de sexo. Pivotamos en torno al centro sexual y seguirá siendo así porque a menos que crezcamos en consciencia no podemos trascenderlo. Este es el centro más enraizado en el inconsciente, el inferior y por esta razón, el más profundo y el más inconsciente.

Cuanto más asciendes en la consciencia, más trasciendes el sexo. Y entonces hay un florecimiento de una clase diferente. Toda la energía se desplaza al séptimo, al *sahasrar*. Y cuando la totalidad de la energía alcanza el séptimo *chakra*, éste se vuelve una flor de mil pétalos. ¿Mmm? Es una hermosa imagen. Significa que, con un número ilimitado, infinito de pétalos, la flor se abre.

Este sutra no es solamente un símbolo, en realidad ningún símbolo es simplemente un símbolo; indica la realidad. Y cuando alcanzas el estado de *samadhi*, el estado de consciencia del séptimo *chakra*, percibes sutilmente el florecimiento interior como si algo hubiese explosionado. Ahora ya no eres un capullo, eres una flor. Acude con esta flor al Divino templo: éste es el significado de este sutra. Las flores compradas en el mercado no sirven. Y digo «compradas en el mercado» porque en la actualidad incluso el cultivarlas se ha vuelto algo imposible. Parece que las flores crecen en las tiendas, que allí son producidas.

Las flores adquiridas no servirán; las flores del exterior no servirán. Se necesita tu propio florecimiento y solamente este puede ser aceptado. Es difícil, largo, pero no imposible. Es el único reto aceptable por hombre, todo lo demás es sencillamente estupidez infantil. ¡Sentirse colmado de consciencia es el único reto! El llegar a la Luna, el alcanzar alguna estrella lejana, todo son niñerías, porque puedes alcanzar la Luna y seguir siendo el mismo, seguir siendo una semilla. A menos que te conviertas en flor, no has llegado a ninguna parte. Con un florecimiento interno sufres una mutación, cambias, naces de nuevo.

Se requiere de esfuerzo; el esfuerzo necesario es mucho. Y si - y éste es un gran «si» -, si estás dispuesto a dar el primer paso, el último no queda muy lejos. El «si» está relacionado con el primero. Si has dado el primer paso, has completado la mitad del viaje. La primera parte es la más difícil. Reconocer que eres inconsciente es altamente destructor para el ego, es aniquilador, conmocionante. Pero si uno está listo para aguantar este shock y le da la bienvenida, el último paso no está muy lejos.

En realidad, Krishnamurti ha dicho que el primer paso es el último. ¿Mmm? Lo es en cierta forma porque aquel que da el primer paso, dará el último. Mahavira dijo que si has dado el primer paso ya has llegado porque para uno que está dispuesto a dar el primer paso no hay problema. El viaje ha comenzado.

Empezar siempre es difícil. Llegar no es tan difícil porque uno ha de ir dando solamente un paso cada vez. Un viaje de dos mil kilómetros se cubre dando solamente cada vez un paso. Nadie necesita dar dos pasos simultáneamente. A nadie se le pide el hacerlo. Si has dado el primer paso has dado un paso, y solamente se necesita de uno. Ve dando uno a uno y sumándolos uno a uno y completarás el viaje de dos mil kilómetros. Nos quedamos pensando y haciendo cábalas sobre el primer paso. Unos simplemente cavilan, otros sueñan que ya han dado el primer paso.

Hace unos días alguien vino a verme. Dijo, «Estoy muy avanzado. No empieces conmigo con el A-B-C». Esta es la clase de hombre que está loco.

Le pregunté, «Cuéntame primero lo mucho que has avanzado. ¿Qué has logrado?»

A lo que él dijo, «Tengo visiones de Krishna. A veces bailo con él en mis visiones. Tengo visiones de lugares muy bellos, de lagos, de colinas».

Todo lo que decía eran sencillamente sueños, por eso le dije, «Si esto es lo que quieres decir cuando afirmas que has avanzado mucho, se hace muy difícil tan siquiera el comenzar porque esto es simplemente soñar. No has dado ni el primer paso».

El primero es el más difícil: el reconocer que eres un ser inconsciente, un robot que se mueve en sueños, que trabaja dormido, que vive dormido, en un sueño. Reconoce esto, déjalo que se absorba en ti. Aunque sea lo doloroso que sea, dale la bienvenida pues solamente entonces se puede hacer algo. Si lo reconoces te volverás humilde, si lo reconoces te volverás simple, si lo reconoces te volverás como un niño y entonces se abrirán muchas posibilidades; entonces todo estará abierto.

Y luego viene el segundo paso: sé consciente. Suceda lo que suceda en el interior de la mente, mantente consciente de ello. ¡No actúes! No tengas prisa por actuar. Quédate en el hecho, alerta. Y observa que este estado de alerta obra milagros. Es un milagro. Observa el inconsciente y habrá un cambio repentino. La cualidad, la cualidad misma de la mente cambia en el instante en que te conviertes en un observador interno, una consciencia interna. ¡La cualidad misma de la mente cambia! La semilla se hace añicos y nace la planta.

Desde luego que es delicada, muy delicada. Y uno ha de protegerla continuamente durante muchos, muchos días y durante muchos, muchos años y, a veces, durante muchas, muchas vidas. Pero una vez empieza, una vez la semilla se ha abierto, la planta se convertirá en un árbol y un día florecerá.

Ese florecimiento es de lo que se ocupa la religión. El hacer florecer a un hombre es toda la preocupación de la religión.

LA LUZ
DE LA CONSCIENCIA

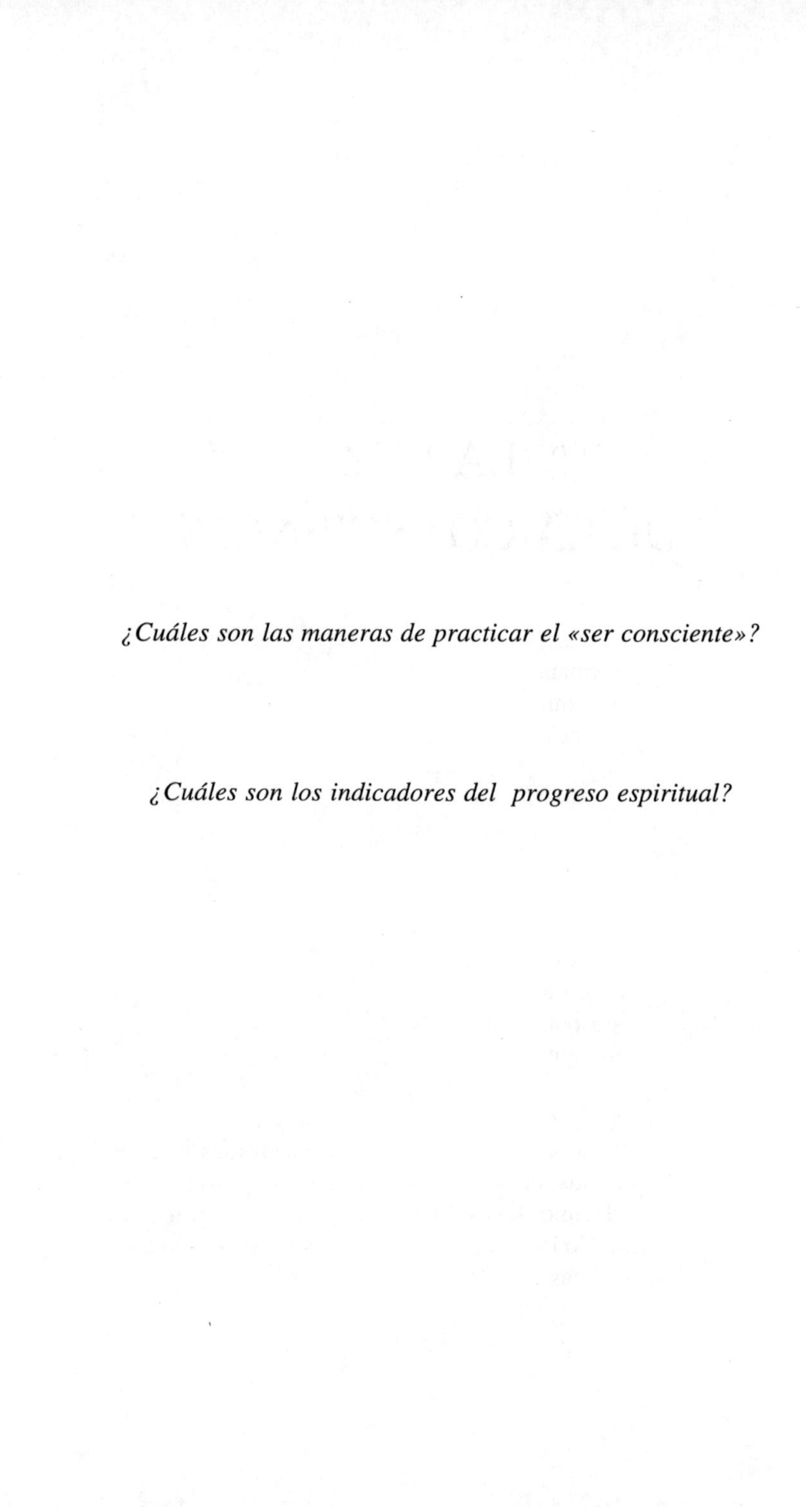

¿Cuáles son las maneras de practicar el «ser consciente»?

¿Cuáles son los indicadores del progreso espiritual?

Osho, nos damos cuenta de que penetrar y transformar las capas más profundas del inconsciente es difícil y no es suficiente. ¿Qué más debería uno hacer para practicar el «ser consciente»? Por favor, explica más de las dimensiones prácticas de este tema.

El inconsciente puede ser transformado solamente mediante la consciencia. Es difícil, pero no hay otra forma. Hay muchos métodos para permanecer consciente, pero la consciencia es necesaria. Puedes emplear métodos para estar consciente, pero tendrás que ser consciente.

Si alguien te pregunta si existe algún método para disipar la oscuridad aparte de la luz, aunque parezca lo difícil que parezca, es el único camino, porque la oscuridad es sencillamente la ausencia de luz. Por eso has de crear la presencia de la luz y entonces la oscuridad dejará de estar presente.

El inconsciente no es nada más que una ausencia: la ausencia de consciencia. No es algo positivo en sí mismo, por lo tanto no puedes hacer otra cosa que mantenerte consciente. Si la inconsciencia fuese algo por sí misma, sería distinto, pero no es así. Inconsciencia no significa nada, solamente ausencia de consciencia. Es simplemente una ausencia. No tiene existencia por sí misma; por sí misma no existe. La palabra «inconsciencia» simplemente muestra la ausencia de consciencia y nada más. Cuando decimos «oscuridad» la palabra induce a error, porque en el instante en que decimos «oscuridad» parece que la oscuridad es algo que está ahí. No lo es y no puedes operar sobre la oscuridad directamente. ¿O acaso puedes?

A lo mejor no has observado el hecho, pero con la oscuridad no puedes hacer nada directamente. Desees hacer lo que desees hacer con la oscuridad tendrás que hacerlo con la luz, no con la oscuridad. Si quieres oscuridad, apaga la luz. Si no quieres oscuridad, enciende la luz. Pero no puedes hacer nada directamente con la oscuridad, tienes que ir vía luz.

¿Por qué? ¿Por qué no puedes operar directamente? No puedes ir directamente porque no hay nada denominado oscuridad, por eso no puedes tocarla directamente. Tienes que hacer algo con la luz y entonces habrás hecho algo con la oscuridad.

Si hay luz, la oscuridad está ausente. Si la luz no está allí, entonces la oscuridad si lo está. Puedes traer luz a esta habitación, pero no puedes traer oscuridad. Puedes sacar la luz de esta habitación, pero no puedes sacar la oscuridad de esta habitación. No existe conexión entre tú y la oscuridad. ¿Por qué? Si la oscuridad existiera entonces el hombre podría, de algún modo, relacionarse con ella, pero la oscuridad no existe.

El lenguaje te proporciona la falacia de que la oscuridad es algo. La oscuridad es un término negativo. No existe. Implica únicamente que la luz no está presente, nada más. Y lo mismo ocurre con la inconsciencia. Por eso cuando preguntas qué hacer aparte de ser consciente, estás formulando una pregunta irrelevante. Has de ser consciente; no puedes hacer nada más.

Desde luego que hay muchos métodos para ser consciente, ¿mmm?, eso es una cosa distinta. Hay muchas formas de crear la luz, pero la luz ha de ser creada. Puedes hacer un fuego y la oscuridad desaparecerá, y puedes emplear una lámpara de queroseno y la oscuridad desaparecerá y puedes emplear electricidad y la oscuridad desaparecerá. Sea cual sea el caso, sea cual sea el método para producir la luz, la luz ha de ser producida.

La luz es algo obligado y cualquier cosa que diga en referencia a este tema será acerca de los métodos para producir consciencia. No son distintas alternativas, recuérdalo. No son alternativas a la consciencia; nada puede serlo. La consciencia es la única posibilidad para disipar la oscuridad, para disipar la inconsciencia. Pero, ¿cómo crear consciencia? Hablé de un método el cual es el más puro: ser consciente interiormente de cualquier cosa que ocurra en el límite entre lo consciente y lo inconsciente. Mantenerse atento ahí.

La ira se presenta. La ira se produce en la oscuridad; la ira tiene sus raíces en el inconsciente. Solamente las ramas y las hojas penetran en el consciente. Las raíces, las semillas, la fuente de su energía está en el inconsciente. Eres consciente solamente de las ramas distantes. Sé consciente de esas ramas. Cuanto más consciente seas, más serás capaz de mirar en la oscuridad.

¿Te has dado cuenta de que siempre que miras con atención la oscuridad durante un cierto tiempo, aparece un tenue resplandor? Si te concentras en la oscuridad, empiezas a percibir que eres capaz de ver. Puedes entrenarte a ti mismo y luego en la oscuridad serás capaz de distinguir cierta cantidad de luz, porque, en realidad, en este mundo nada puede ser absoluto y nada lo es. Todo es relativo. Cuando decimos «oscuridad», no significa oscuridad total. Solamente significa que hay menos luz. Si te adiestras en el mirarla, serás capaz de ver en ella. ¡Mira! ¡Focalízate en la oscuridad! Y entonces, poco a poco, tus ojos se acostumbran y empiezas a ver.

La oscuridad interior, el inconsciente, es lo mismo. Obsérvalo. Pero puedes observarlo únicamente si no estás activo. Si empiezas a actuar, tu mente se distrae. No actúes por dentro. La ira está ahí: no actúes, no condenes, no alabes, no induljas en ella y no la reprimas. No hagas nada, simplemente obsérvala. ¡Obsérvala! Comprende la distinción.

Lo que sucede generalmente es todo lo contrario. Si te enojas tu mente se focaliza en la causa exterior de la ira, ¡siempre! Alguien te ha insultado; estás enojado. Ahora hay tres cosas: la causa exterior de la ira, la fuente de la ira en el interior y entre esos dos estás tú. La ira es tu energía interior, la causa que ha provocado que está energía se manifieste está afuera y tú estás en medio. La forma natural de la mente es no ser consciente del origen sino enfocarse sobre la causa externa. Siempre que estás enojado estás profundamente concentrado en la causa exterior.

Mahavira a llamado a la ira, *krodha*, un tipo de meditación. La ha denominado *roudra dhyan*, la meditación sobre las actitudes negativas. ¡Es así! Porque tú estás concentrado. En realidad, cuando estás profundamente enojado estás tan concentrado que el mundo entero desaparece. Solamente existe la causa de la ira. Toda tu energía se enfoca sobre la causa de la ira, y estás tan focalizado en la causa que te olvidas de ti por completo. Por eso es por lo que estando enfadado eres capaz de hacer cosas sobre las que luego, más tarde, dirás «Las hice sin saber que hacía». No existías.

Para la consciencia has de dar un giro de ciento ochenta

grados. Has de concentrarte, no en la causa externa, sino en la fuente interna. Olvídate de la causa. Cierra tus ojos, profundiza y escarba en el origen. Podrás entonces usar la misma energía que iba a ser desperdiciada en algo externo. La energía se moverá hacia adentro. La ira posee mucha energía. La ira es la energía, el más puro de los fuegos internos. No la desperdicies en el exterior.

Toma otro ejemplo. Te sientes sexual: el sexo es también energía, fuego. Pero siempre que te sientes sexual, te focalizas en algo externo, no en la fuente. Empiezas a pensar en alguien: en el amante, en el querido, en A-B-C-D, pero siempre que estás lleno de sexo te centras en el otro. Estás disipando energía.

No solamente durante el acto sexual disipas energía, sino que también al pensar disipas aún más porque un acto sexual es algo momentáneo. Llega a una culminación, se libera la energía y estás de vuelta. Pero el pensar sexualmente puede seguir estando ahí. Puedes seguir pensando sexualmente, puedes disipar energía. Y todo el mundo está disipando energía. El noventa por ciento de nuestro pensar es sexual. Estés haciendo lo que estés haciendo exteriormente, por dentro el sexo es una constante preocupación, puede que no seas consciente de ello.

Estás sentado en una habitación y una mujer entra: tu postura cambia de súbito. Tu columna se endereza, tu respiración cambia, la presión sanguínea se altera. Puede que no te des cuenta de lo que ha sucedido, pero todo tu cuerpo ha reaccionado sexualmente. Eras una persona distinta cuando la mujer no estaba allí; ahora, también, eres otra persona diferente.

Un grupo exclusivamente compuesto por hombres es un grupo diferente y un grupo exclusivamente de mujeres es un grupo diferente. Deja que un hombre o una mujer se mezclen y todo el grupo, todo el modelo de energía, cambiará de pronto. Puede que no te des cuenta, pero cuando la mente está focalizada sobre alguien, tu energía comienza a fluir. Cuando te sientes sexual, observa el origen, no la causa. Recuérdalo.

La ciencia se ocupa más de la causa y la religión se ocupa más del origen. El origen siempre radica en el interior; la causa siempre en el exterior. Por la causa te hallas en una reacción en cadena. Por la causa te hallas conectado con tu entorno. Por el origen te hallas conectado contigo mismo. Recuerda pues esto. Este es el método más puro para cambiar la energía inconsciente en energía consciente. ¡Gira ciento ochenta grados y obsérvate por dentro!

Va a ser difícil porque nuestra capacidad de observación se ha vuelto rígida. Somos como aquella persona que tiene el cuello paralizado y no puede moverse ni mirar atrás. Nuestros ojos se han quedado fijos. Hemos estado mirando hacia afuera durante vidas enteras, durante milenios, y por eso no sabemos como mirar hacia adentro.

Haz esto: siempre que algo pase dentro de tu mente, síguelo hasta su origen. Se presenta la ira, un súbito destello ha aparecido; cierra tus ojos, medita sobre ello. ¿De dónde surge esta ira? Nunca preguntes :¿qué la ha hecho posible? ¿Quién me ha enojado? Esa es una pregunta equivocada. Pregunta qué energía en ti es la que se está transformando en ira; de dónde surge esta ira, de dónde borbotea, cuál es el origen interno de dónde viene esta energía.

¿Eres consciente de que cuando estás enojado eres capaz de hacer cosas que no harías si no lo estuvieras? Una persona enojada puede arrojar una piedra de gran tamaño con facilidad. Cuando no está enfadado, no puede ni levantarla. Cuando se está enfadado se posee mucha energía. Hay entonces una fuente oculta que está con uno. Por eso si un hombre se vuelve loco, se vuelve muy fuerte. ¿Por qué? ¿De dónde proviene esta energía? No proviene de nada externo. En ese instante todas sus fuentes están en ebullición simultáneamente: la ira, el sexo, todo está hirviendo al mismo tiempo. Todas las fuentes están disponibles.

Preocúpate por descubrir de dónde surge esta ira, de dónde procede el deseo sexual. Síguelo, retrocede. Medita en silencio y ve con la ira hasta las mismas raíces. Es difícil, pero no imposible. No es fácil. No va a ser fácil porque es una lucha en contra de un hábito muy arraigado, muy antiguo. Se ha de acabar por completo con el pasado y has de hacer algo nuevo que no has hecho antes. Es tan sólo el peso del hábito el que crea la dificultad. Pero pruébalo y estarás creando una nueva dirección en la que la energía se pueda mover. Estás en los comienzos de ser un círculo, y en un círculo nunca se disipa la energía.

Mi energía se levanta y se dirige al exterior, de esta forma nunca podrá ser un círculo; simplemente desaparece. Si existe mi movimiento hacia el interior, la misma energía que se disponía a salir girará sobre sí misma. Mi meditación conducirá esta energía de regreso a la misma fuente de donde procedía la ira. Se convierte en un círculo. Este círculo interno es la fortaleza de un Mahavira. La energía sexual, al no dirigirse hacia ninguna otra persona, retorna a su propio origen. Este círculo de energía sexual es la fortaleza de un Buda.

Somos débiles, no porque tengamos menos energía que un Buda: tenemos la misma cantidad de energía, todo el mundo nace con la misma cantidad de energía, pero estamos acostumbrados a disiparla. Simplemente se aleja de nosotros y nunca regresa. ¡No puede regresar! Una vez sale de ti, nunca puede regresar; está fuera de tu alcance.

Una palabra surge en mí: la pronuncio; se ha ido. No va a volver a mí y la energía que se empleó en producirla, que fue empleada en lanzarla, se ha disipado. Una palabra surge en mí: no la pronuncio, permanezco en silencio. Entonces la palabra gira y gira y cae en su propio origen de nuevo. La energía ha sido reabsorbida.

El silencio es energía. *Brahmacharya* es energía. No enojarse es energía. Pero esto no es represión. Si reprimes la ira, has empleado otra vez energía. No la reprimas: obsérvala y síguela. No luches; simplemente haz el camino de regreso junto a la ira. Este es el método más puro de consciencia.

Pero pueden emplearse otros sistemas. Para los que empiezan pueden emplearse ciertas estratagemas. Hablaremos de tres de ellas. Una clase de ellas es la basada en la conciencia corporal. Olvídate de la ira, olvídate del sexo, son problemas difíciles. Y cuando estás sumergido en ellos, estás tan loco que eres incapaz de meditar. Cuando estás enfadado no puedes meditar, no puedes hablar tan siquiera de meditación. Estás absolutamente fuera de ti. Olvídalo pues; es algo difícil. Emplea entonces tu propio cuerpo como truco para la consciencia.

Buda ha dicho que cuando camines, camina conscientemente. Cuando respires, respira conscientemente. El método budista es conocido como *anapanasati yoga*, el yoga del aliento entrante y del aliento saliente, la consciencia del aliento inhalado y expelido. El aire entra, muévete con el aliento; date cuenta, percibe que el aliento está entrando. Cuando el aliento ha sido exhalado, ve con él de nuevo. Entra, sal con el aliento.

La ira es algo difícil, el sexo es difícil, la respiración no es tan difícil. Acompaña cada aliento. No permitas que ni una sola respiración ocurra sin que haya consciencia. Esto es una meditación. Ahora estarás centrado en el respirar y cuando estás centrado en el respirar los pensamientos cesan automáticamente.

No puedes pensar, porque en el instante en que piensas tu consciencia se ha desplazado de la respiración al pensamiento. Te has olvidado del respirar.

Inténtalo y verás. Cuando eres consciente de la respiración, los pensamientos cesan. La misma energía que era empleada en los pensamientos es empleada en mantenerse consciente de la respiración. Si empiezas a pensar, perderás la pista de la respiración, te olvidarás y te pondrás a pensar. No puedes hacer las dos cosas al mismo tiempo.

Si te centras en seguir la respiración, se convierte en un largo proceso. Uno tiene que profundizar en él. Lleva un mínimo de tres meses y un máximo de tres años. Si es hecho continuamente, durante veinticuatro horas al día.... Es un método para monjes, para aquellos que ha abandonado todo, solamente entonces se puede vigilar la respiración durante veinticuatro horas al día. Por eso es por lo que los monjes budistas y otras tradiciones monásticas reducen sus necesidades al mínimo; para que no haya molestias. Mendigan el sustento y duermen bajo un árbol. Eso es todo. Todo su tiempo se dedica a alguna práctica para mantenerse consciente, ¿mmm?, por ejemplo, la de la respiración.

Un monje budista se mueve. Tiene que mantenerse de continuo consciente de su respiración. El silencio que observas en el rostro de un monje budista es el silencio del estar consciente de la respiración y nada más. Si te haces consciente tu expresión se volverás silenciosa porque si tus pensamientos no están presentes, tu cara no puede mostrar ansiedad, no puede mostrar que está pensando. Tu rostro se relaja. Una continua consciencia de la respiración detiene los pensamientos. La mente permanentemente alterada se detendrá. Y si la mente se detiene y tú estás simplemente consciente de la respiración, si la mente no está funcionando, no puedes enojarte, no puedes sentirte sexual.

El sexo, la ira, la codicia o los celos o la envidia, todo necesita del mecanismo de la mente. Y si el mecanismo se detiene, no eres capaz de hacer nada. Y esto conduce otra vez a lo mismo. Ahora la energía que era empleada en el sexo, en la ira, en la codicia, en la ambición, no tiene posibilidad de salida. Y tú sigues centrado en el respirar, día y noche. Buda ha dicho, «Trata de ser consciente del respirar incluso estando dormido». Será difícil al comienzo, pero si eres capaz de ser consciente durante el día, entonces lentamente esto penetrará en tu sueño.

Todo lo que penetra en el sueño ha penetrado en lo más hondo de la mente durante el día. Si has estado preocupado por alguna cosa durante el día, se introduce en el sueño. Si estabas constantemente pensando en el sexo, se introduce en el sueño. Si estuviste enojado durante todo el día, la ira se introduce en el sueño. Por eso Buda dice que no es difícil. Si una persona está ocupada en todo momento con el respirar y la consciencia del respirar, por último ésta penetra en el sueño. Entonces no puedes soñar. Si tu consciencia en la inhalación y en la exhalación está presente, al dormir no puedes soñar.

En el momento en que sueñas, esta consciencia deja de estar presente. Si la consciencia está presente, los sueños son algo imposible. Por eso un monje budista dormido no es igual que tu. Su sueño tiene una cualidad distinta. Tiene una profundidad diferente y se halla presente en él cierta consciencia.

Ananda le dijo a Buda, «Te he observado durante años y años. Parece algo milagroso: duermes como si estuvieras despierto. Permaneces en la misma postura toda la noche». La mano permanecía en la misma posición en que fue colocada; la pierna permanecía en la misma postura. Buda dormía en la misma postura durante toda la noche. ¡Ni un solo movimiento! Durante incontables noches Ananda se sentaba y observaba y se maravillaba. «¿Qué clase de sueño es este?» Buda no se movía. Permanecía como un cadáver y se despertaba en la misma postura en la que se fue a dormir. Ananda le preguntó, «¿Qué hacías? ¿Estabas o no estabas dormido? ¡Nunca te mueves!»

Buda le dijo, «Llegará un día Ananda en que lo sabrás. Esto demuestra que no estás practicando el *anapanasati yoga* correctamente; únicamente demuestra esto;si no, esta pregunta no hubiera surgido. No estás practicando el *anapanasati yoga*. Si eres consciente continuamente de tu respiración durante el día es imposible que no seas consciente de ella al dormirte. Y si la mente está ocupada con la atención, los sueños no pueden entrar. Tu cuerpo está dormido, pero tú no. Tu cuerpo está relajado, tú permaneces consciente. La llama está ahí adentro. Por lo tanto, «Ananda», se dice que dijo Buda, «no estoy dormido. Solamente el cuerpo está dormido. ¡Yo estoy despierto! Y no solo durante el sueño. Ananda, cuando muera lo verás: estaré consciente; solamente el cuerpo morirá».

Practica el estar atento al respirar; entonces serás capaz de ir más adentro. O practica la atención con los movimientos corporales. Buda tenía una palabra para esto: lo llamaba «plena atención». El decía, «Camina con plena atención». Caminamos sin prestarle ninguna atención.

Cierto hombre estaba sentado ante Buda un día en el que él estaba hablando. Estaba moviendo su pierna y su pie de un modo innecesario. No había razón alguna para ello. Buda dejo de hablar y preguntó a aquel hombre, «¿Por qué estás moviendo tu pierna? ¿Por qué estás moviendo el pie?» De repente, mientras Buda le preguntaba, el hombre se detuvo. Entonces Buda le preguntó, «¿Por qué te has parado tan de repente?»

El hombre contestó, «Porque no era ni siquiera consciente de que estaba moviendo mi pie o mi pierna. ¡No era consciente! Al preguntarme, me di cuenta».

Buda dijo, «¡Qué tontería! ¿Tu pierna se mueve y no te das cuenta? ¿Qué es lo que pasa con tu cuerpo? ¿Estás vivo o estás muerto? ¡Es tu pierna, es tu pie y se mueven y no te das cuenta! ¿De qué te das cuenta entonces? Puedes matar a alguien y decir «No me di cuenta». Y en realidad, los que matan no son conscientes. Es difícil matar a alguien si eres consciente.

Buda solía decir, «Muévete, camina, pero con plena consciencia. Date cuenta internamente de que estás caminando». No has de emplear palabra alguna; no has de emplear pensamientos. No has de decir en tu interior, «Estoy caminando», porque si lo dices dejas de estar atento al caminar, has prestado atención a tus pensamientos y te has olvidado del caminar. Mantente somáticamente atento, no mentalmente. Siente simplemente que estás andando. Crea una consciencia somática, una sensitividad de modo que seas capaz de sentir sin que intervenga la mente.

El viento está soplando; lo sientes. No emplees palabras. Tan sólo siente y se plenamente consciente de la sensación. Yaces en la playa y la arena está fresca, muy fresca. ¡Percíbelo! No verbalices. Su frescor, su penetrante frescor. ¡Simplemente siéntelo! Sé consciente de esto; no emplees palabras. No digas, «La arena está muy fresca». En el momento en que lo dices has pasado por alto un momento existencial. Lo has intelectualizado.

Estás con tu amante o con tu amada: siente su presencia; no verbalices. Siente la calidez, el fluir del amor. Siente la unidad que ha surgido. No emplees palabras. No digas, «Te quiero»; lo habrás destruido. La mente se ha introducido. Y en el mismo instante en que dices, «Te quiero», éste se ha convertido en un recuerdo pasado. Simplemente siente sin verbalizar. Cualquier cosa que sientas sin verbalizar, que sientas en su totalidad sin que la mente se entrometa, te supondrá una plena atención.

Estás comiendo: come con plena atención; saboréalo todo con plena atención. No verbalices. El sabor en sí mismo es algo tremendo y significativo. No emplees las palabras y no lo destruyas. Percibe su esencia.

Bebes agua: siéntela como pasa por la garganta; no verbalices. Simplemente siéntela; préstale atención plena. El correr del agua, su frescura, la sed que desaparece, la satisfacción que sigue. ¡Siéntelo!

Estás sentado al sol: siente la calidez; no verbalices. El sol te está acariciando. Hay una profunda comunión. ¡Siéntela! De esta forma, la consciencia somática, la consciencia corporal se desarrolla. Si desarrollas la consciencia corporal también la mente se detiene. La mente no es necesaria. Y si la mente se para eres arrojado de nuevo al profundo inconsciente. Con una tremenda, grandísima atención eres capaz de penetrarlo. Ahora posees una luz contigo y la oscuridad desaparece.

A aquellos que están orientados hacia lo corporal les es conveniente mantener una atención somática plena. Para aquellos que no están orientados hacia el cuerpo es mejor el ser conscientes de la respiración. Los que lo encuentran difícil pueden emplear algunos trucos. Por ejemplo, un mantra, ¿mmm? Es un recurso artificial para mantenerse consciente. Emplea un mantra como «Ram-Ram-Ram» en todo momento. Crea en tu interior un círculo de «Ram-Ram-Ram» o de «Aum-Aum-Aum» o de lo que sea. Repítelo en todo momento. Pero una simple repetición no te servirá de nada. Mantente atento. Cuando estés entonando el «Ram-Ram-Ram», se consciente del canto. Escucha el «Ram-Ram-Ram». Sé consciente.

Será difícil el que consigas ser consciente de la ira porque se presenta tan de súbito que no puedes planificar nada. Y cuando se presenta estás tan abrumado que te olvidas de todo. Crea un truco como el «Ram-Ram-Ram». Puedes crearlo y no será un método repentino. Y si lo empleas durante un largo tiempo se convertirá en un sonido interno. Hagas lo que hagas el «Ram-Ram-Ram» continuará como una secuencia silenciosa. Sé consciente de ella. Entonces el mantra se ha completado, el *japa* se ha completado, el canto se ha completado, cuando tú no solamente eres el creador del sonido sino también el que lo escucha. No es que únicamente estés diciendo «Ram-Ram-Ram»; también lo estás escuchando. El círculo está completo. Te digo algo. Escuchas. La energía es así disipada. Si tú mismo dices «Ram» y tú mismo lo escuchas, la energía regresa. Tú eres el que habla y tú eres el que escucha.

Pero sé consciente de esto. No debería convertirse en una rutina sin vida. En este caso seguirás repitiendo «Ram-Ram-Ram» como un loro sin una consciencia de fondo. Así no es útil. Puede que incluso produzca un profundo sueño. Puede convertirse en una hipnosis. Puedes volverte somnoliento. ¿Mmm? Krishnamurti dice que aquellos que cantan mantras, se vuelven apáticos, se vuelven estúpidos. Y dice bien desde cierta óptica, pero solo bajo cierta óptica. Si empleas cualquier canto como una pura repetición mecánica, te volverás apático. Observa a la mal llamada gente religiosa: son sencillamente apáticos y estúpidos. No hay inteligencia en sus ojos ni una llama de viveza, de vida. Aparentan estar muertos, como el plomo, pesados. No han aportado nada al mundo, no han creado nada. Solamente han repetido mantras.

Desde luego si sigues repitiendo cierto mantra en particular sin mantener plena consciencia te llegará a aburrir, y el aburrimiento crea la estupidez. Te volverás apático, perderás el interés. Cierto sonido repetido continuamente puede hasta crear la locura. Pero Krishnamurti está en lo cierto solamente desde determinada perspectiva; desde otra, está total, completamente equivocado. Y siempre que uno juzga algo tomando como referencia a aquellos que no están versados en el tema, el juicio resultante no es acertado. Cualquier cosa debe ser juzgada según los ejemplos perfectos.

La ciencia del *japa* no es solamente repetir. La repetición es secundaria. Es un artilugio para crear algo sobre lo que ser consciente. Lo verdaderamente importante es ser consciente. Lo fundamental es ser consciente. Si construyes una casa, la casa es secundaria. La construyes para vivir en ella. Y si no vives en ella y la construyes para vivir en el exterior, eres un tonto.

La repetición de cierto nombre o sonido es como crear una casa en la que vivir. Es crear cierta atmósfera interior. Y si la creas, puedes manejarla con mayor facilidad que a los acontecimientos repentinos. Y poco a poco te acostumbras a ella, te relacionas con ella en profunda consciencia , pero lo importante, lo básico es ser consciente de ella.

La ciencia del *japa* afirma que cuando te conviertes en el que escucha sus propios sonidos, has llegado. Entonces has completado el *japa*. Y esto significa mucho. Cuando consideras un sonido, por ejemplo «Ram», tu aparato periférico, tu aparato vocal es usado para crearlo. O si empleas un sonido mental, tu mente es la empleada para crearlo. Pero cuando permaneces alerta con respecto a él, este estado de alerta es del centro, no de la periferia. Si digo, «Ram», sucede en la periferia de mi ser. Cuando escucho este sonido «Ram» en mi interior, lo hago desde mi propio centro, porque la consciencia pertenece al centro. Si te vuelves consciente en el centro, entonces posees una luz contigo. Eres capaz de disipar la inconsciencia.

El mantra puede ser empleado como técnica; hay muchos, muchos métodos. Pero todo método no es más que un esfuerzo hacia la consciencia. No puedes escaparte de la consciencia. Puedes empezar desde donde quieras, pero la consciencia es la meta.

Todos éstos son métodos relativos a la voluntad. Sería conveniente el hablar de al menos un método concerniente a la entrega, al camino de la entrega. Estos son todos métodos de la voluntad: has de hacer algo.

Hui-Hai fue un Maestro zen. Cuando se presentó a su Maestro, el Maestro le dijo, «¡Elige! ¿Prefieres los métodos de la voluntad? Si es así te sugeriré algunos. O, ¿estás preparado para entregarte? Si eliges el camino de la voluntad, te verás obligado a hacer algo. Yo solamente puedo servirte de guía».

En el camino de la voluntad solamente hay guías. En realidad no existen los gurús, los Maestros. Son simplemente guías. Te instruyen. Tú lo has de hacer todo. Ellos no pueden hacerlo.

Por eso el Maestro le dijo, «Si quieres ir por el camino de la voluntad, yo seré tu guía. Te daré instrucciones y técnicas y luego tú tendrás que hacerlo todo. Si eliges la entrega, entonces no tendrás que hacer nada. Yo lo haré todo. Solamente tendrás que ser mi sombra, simplemente seguirme. No ha de haber dudas, ni preguntas, ni indagaciones. Todo lo que te diga, hazlo».

Hui-Hai eligió el camino de la entrega. Se entregó a su Maestro. Pasaron tres años. Solía sentarse a la vera de su Maestro. A veces el Maestro le miraba y no dejaba de mirarle; le miraba continuamente. La mirada era tan profunda y tan penetrante que llegó a obsesionar a Hui-Hai. Incluso en ausencia de su Maestro, la mirada le perseguía. Se dormía, pero los ojos seguían estando con él; el Maestro le seguía mirando. No podía ni soñar debido a que el Maestro seguía allí.

Durante tres años sin pausa se estuvo sentando junto a su Maestro y, de improviso, el Maestro le miraba y lo penetraba y sus ojos se sumían en él. Esos ojos se llegaron a convertir en parte de su ser. No podía sentirse enfadado, no podía sentirse sexual, pues aquellos ojos se hallan siempre presentes. Era perseguido. El Gurú estaba allí. Estaba siempre ante él. Luego, pasados estos tres años, el Gurú por primera vez se rió. Le miró y sonrió y luego comenzó una nueva persecución. Y él seguía oyendo la risa. E incluso durmiendo, oía la risa y comenzaba a temblar. A lo largo de otros tres años el Gurú, súbitamente, le miraba y se reía. Y eso era todo.

Así continuó durante tres años, o sea, en total seis años. De repente un día, después de seis años el Gurú tocó su mano. Tomó su mano, le miró a los ojos y Hui-Hai sintió la energía del Gurú fluyendo a través en él. Se convirtió en un vehículo, en una vasija. Sintió la calidez, la energía, la electricidad, todo fluyendo en él. Era imposible el dormir porque el Maestro estaba allí. Y siempre, en todo momento, algo estaba fluyendo.

Luego, tras otros tres años, o sea, al cabo de nueve años en total, el Gurú lo abrazó. Y Hui-Hai escribió que ese día la obsesión cesó. Hui-Hai ya no existía: solamente existía el Maestro. Por eso es por lo que cesó la obsesión.

Pasaron tres años más, doce años en total, y un día el Maestro tocó los pies de Hui-Hai. Ese día el Maestro también desapareció, pero Hui-Hai se convirtió en un hombre Iluminado. Posteriormente mucha gente le preguntó, «¿Cómo lo conseguiste?» A lo que él respondía, «No lo sé. Solamente puedo decir que me entregué. A partir de ahí todo lo hizo él y desconozco que fue lo que sucedió».

Cuando te entregas, solamente entregas la mente consciente, no la inconsciente. No sabes nada de ella, de modo que ¿cómo la vas a entregar? Si te pido que entregues tu dinero, únicamente puedes entregar el dinero que sabes que tienes. ¿Cómo vas a entregar el dinero que está escondido como un tesoro del que desconoces que lo posees? Solamente puede entregarse la parte consciente de la mente y la parte inconsciente es la barrera.

Si te digo algo, la mente consciente empieza a pensar si es correcto, si es erróneo, si es cierto o si falso. Y aunque sea cierto comienza a preguntarse, «¿Por qué está diciendo esto este hombre? ¿Qué es lo que quiere de mí?» Se presentarán muchos interrogantes, muchas dudas, muchos peros y la mente consciente creará resistencias.

Si sabes algo a cerca de la hipnosis sabrás y percibirás que, en estado hipnótico, la persona que es hipnotizada hará cualquier cosa que se le ordene. Cualquier cosa, cualquier absurdo. ¿Por qué? En estado hipnótico la mente consciente está dormida. La barrera ha sido derribada. En la hipnosis tu mente consciente se ha dormido, deja de estar allí. Por esto, estando hipnotizado, aún siendo un hombre, si se te dice, «Eres una mujer», te comportarás como una mujer. Caminarás como una mujer; te comportarás de forma tímida, tus movimientos se tornarán gráciles, más femeninos; tu voz cambiará.

¿Qué es lo que sucede? La mente consciente que es la que crea la duda, que es la que dice, «¿Qué tonterías estás diciendo? Soy un hombre, no una mujer», está dormida. Y el inconsciente no duda. El inconsciente tiene fe absoluta. Posee fe, confianza absoluta. En el inconsciente no existe la lógica. No puede ofrecer resistencia, y por lo tanto cualquier cosa que se diga es creída. No hay pegas. Por eso se pone tanto énfasis en la fe, *shradha*, Fe es el camino de la entrega, pertenece al camino de la entrega.

Cualquier cosa que sea dicha, es creída en el camino de la entrega. Si es de día y el Maestro dice que es de noche, ¡créelo! ¿Por qué? Por que este creer acabará con el hábito de la resistencia, del preguntar. Por último destruirá la barrera de tu mente consciente. Y cuando la mente consciente no está presente, el Maestro y tú os volvéis uno. Entonces puedes trabajar, no antes. Entonces hay una relación telepática. Estás en profunda comunión. Cualquier cosa que piense el Gurú se convierte en parte de ti. Cualquier cosa que él quiera hacer, ahora puede hacerla. Te has vuelto absolutamente receptivo a él. Ya no hay lucha entre el Maestro y el discípulo; en caso contrario hay lucha. Se da una comunión, un profundo encuentro.

Por eso Hui-Hai dijo, «No lo sé. Simplemente me entregué; eso es lo que hice. Lo único que hice fue esto. Me dije a mí mismo que me había esforzado y lo había intentado y no había hallado ninguna dicha. Puede que fuera yo la causa de toda mi miseria. Si escogía el camino de la voluntad, de nuevo estaba eligiendo, de nuevo estaba practicando, de nuevo yo estaba allí. Hubiera resultado lo que hubiera resultado yo habría estado presente en él. Y si yo era la miseria- y lo había intentado de todas las formas y modos posibles - era mejor abandonarme a mí mismo y ver que sucedía. Por eso le dije a mi Maestro que escogía la entrega y después de esto sencillamente esperé durante doce años. No sé lo que estuvo haciendo, pero muchas cosas fueron sucediendo. Me estaba transformando, estaba siendo transformado y cambiado».

Nuestras mentes inconscientes están relacionadas. Son una. Somos islas solamente en lo que respecta a nuestras mentes conscientes. No estamos separados; la mente interior es una. Si te estoy hablando, hay dos formas de entregarte mi mensaje. Una es mediante tu mente consciente. Es un método que supone conflicto porque tu mente consciente estará cavilando sobre lo dicho. No puede aceptarlo. Primero ha de negarlo.

Lo primero que dice la mente consciente es *no* y el *sí* solamente llega de forma vacilante. El sí llega solamente como la última alternativa. No puedes decir no, no encuentras ninguna forma de decir no, eres incapaz de decir no, no tienes ningún argumento para sustentar el no, por esto dices sí. Tu sí no tiene fuerza, es débil, nace como último recurso. En el momento en que encuentras otra razón para decir no, empiezas a vibrar de nuevo con energía. Tu no es muy potente. El sí no tiene vida; no está vivo en la mente consciente.

La mente consciente está en conflicto continuamente, defendiéndose, asustada, mirando en derredor con miedo. Es incapaz de confiar, no puede decir sí de todo corazón. Y aunque lo diga, es siempre algo temporal. Está a la espera de que venga el verdadero no, y entonces lo dirá. De modo que puedes convencer a un hombre, pero no convertirlo. Puedes discutir con un hombre, puedes silenciarlo con argumentos, pero no puedes convertirlo.

Puede que él sienta que no es capaz de decir nada más, pero por dentro, en lo más hondo, sabe que debe de haber algo en alguna parte que demuestre que tú estás equivocado y que él está en lo cierto. Únicamente ocurre que en este momento él es incapaz de decir no, así que acepta. Pero esta aceptación no es una conversión. Es simplemente una derrota temporal y se siente herido y tomará venganza. Esta es una de las formas, la que se ha convertido en dominante hoy en día: si has de comunicar algo, lo has de hacer mediante la mente consciente.

En los tiempos antiguos el método era totalmente el contrario. Abandonar esta mente consciente y comunicarse directamente a través del inconsciente. Se ahorra tiempo, se ahorra energía y se evita una innecesaria lucha. Esto es lo que quiere decir entregarse. Entregarse significa que ahora dices, «Yo ya no soy yo. Cualquier cosa que me digas la seguiré. No continuaré estando indeciso sobre si seguirlo o no seguirlo una y otra vez. No habrá más dudas sobre cada cosa que decida. En último término, al final, yo decido».

Con la mente consciente te ves obligado a decidir una y otra vez, en cada instante. Con la mente entregada, decides una sola vez, escoges una vez y luego te abandonas. Y cuando no dudas, cuando no preguntas, poco a poco la mente consciente va perdiendo su poder porque es como un mecanismo. Si dejas de usarlo, se atasca. Si no empleas tus piernas durante doce años, se atrofiarán. Entonces no podrás caminar.

Por esto Hui-Hai esperó en un estado de entrega durante doce años. No era capaz de pensar, no era capaz de discutir, no podía decir «no». El «sí» dominaba, el «sí» se volvió potente, el «sí» se hizo fuerte, vivo. El «no» desapareció. En este estado la transformación directa es posible. Entonces el Maestro se vuelve muy importante. Entonces penetra en ti. Entonces empieza a transformarte. Y cuanto más eres transformado desde dentro, más consciente te vuelves, pero no como consecuencia de tu esfuerzo.

En Indonesia hay un método moderno. Lo llaman Latihan, derivado de los métodos de Subud. Hace milagros. No se necesita ni que uno se entregue al Maestro; simplemente se entrega a lo Divino. Pero la entrega ha de ser total. Uno se entrega a lo Divino y le dice a lo Divino, «Ahora te digo que hagas lo que quieras conmigo. No me resistiré. A partir de ahora, suceda lo que suceda lo seguiré como si fueran tus instrucciones». Y si un hombre empieza a temblar, tiembla. Si empieza a gritar, grita. Si empieza a correr, corre. Empieza a comportarse incoherentemente. Pero no debe haber resistencia alguna. Suceda lo que suceda lo acepta y fluye con él y al cabo de unos días es un ser transformado, un ser diferente.

Cuando eres totalmente receptivo a lo Universal, a la fuerza

Cósmica, ésta te transforma. No necesitas ya el transformarte a ti mismo. Eres transportado por una potentísima corriente. Si no luchas, eres transportado. Lo Cósmico está presente, pero te resistes. Te rebelas contra ello. Todo el mundo está en guerra contra lo Cósmico. Todo el mundo se considera a sí mismo más sabio.

Abandónate a lo Cósmico. Entrégate a lo Cósmico, o entrégate al Maestro; da igual. Lo importante es la entrega. Pero es un sendero de locos, un camino de locura total, porque lo que va a suceder es impredecible. Puede que suceda, puede que no. No puedes saberlo de antemano. Recorres un mar desconocido, sin cartografiar, y no eres el amo. Te has entregado. Esta entrega acaba con tu resistencia, con tu ego. Y cuando la entrega es completa, se hace la luz, aparece la consciencia, surge el florecimiento. De repente has florecido.

Por eso cuando te digo que existe la posibilidad de la entrega, a veces parece como si fuera fácil, como si el camino de la voluntad fuera el duro y el camino de la entrega fuera el fácil. No es así. Para algunos el camino de la voluntad es fácil; para otros el camino de la entrega es fácil. Depende de ti, no depende del camino. No hay caminos fáciles ni caminos difíciles. ¡Depende de ti! Si el camino encaja contigo, es fácil.

Hui-Hai no estaba haciendo nada, por eso resultaba fácil en cierto modo. Pero, ¿sabes lo que hizo? Se entregó. Lo hizo sin pensárselo. ¿Pero puedes hacerlo tú, el esperar durante doce años? La desconfianza y muchas otras cosas se interpondrán. Alguien te dirá, «¿Por qué pierdes tu tiempo con este hombre? Es un fraude. Ha engañado a muchos. Muchos han venido y se han ido. ¿Qué es lo que haces tú aquí?»

Hui-Hai escuchaba sin reaccionar. Y eso no es todo. El Maestro creaba numerosas situaciones en las que hacía surgir la duda. De repente Hui-Hai pensaba, «¿Qué estoy haciendo aquí? ¿Estoy loco estando con este hombre? ¿Qué es lo que hace? Si se demuestra que es un fraude después de doce años, toda mi vida habrá sido desperdiciada». Y este hombre, este Maestro, creaba muchas situaciones que hacían surgir la duda y la mente empezaba a funcionar. Pero Hui-Hai no escuchaba a la mente. El decía, «Me he entregado. Me he entregado y ya no hay marcha atrás posible». No es algo fácil. Nada es fácil, pero las cosas se vuelven más difíciles si te equivocas al escoger.

Y por último, te diría que es normal que nos equivoquemos al elegir. Hay una razón para ello y se debe a que el opuesto es siempre atractivo, es natural que elijamos de forma equivocada. Toda elección es básicamente sexual. De esta manera un hombre elige a una mujer, una mujer elige a un hombre, y lo mismo se repite en todas las situaciones. Si eres un hombre que te entregas, es más probable que elijas el camino de la voluntad porque la voluntad se te hará más atractiva: es el opuesto. Si eres un hombre de voluntad, escogerás el camino de la entrega porque el otro, el opuesto, es más atractivo. Sucede muy a menudo.

Mahavira es un hombre de voluntad, pero sus seguidores, sus auténticos seguidores, serán hombres de entrega porque él atraerá al opuesto. Es un hombre de voluntad, pero atraerá a los hombres de entrega. De modo que si sus seguidores decidieran por sí mismos empezarían a seguir los métodos de Mahavira lo cual sería incorrecto porque Mahavira es un hombre de voluntad y su camino es el camino de la voluntad. Si empiezan a imitar lo que Mahavira esté haciendo se equivocarán y al final se sentirán frustrados. Si dejan que Mahavira elija, Mahavira les sugerirá siempre el camino de la entrega. Este es el problema.

Por esto, cuando el Maestro ha muerto y ha transcurrido largo tiempo, esto se convierte en causa de gran confusión entre sus seguidores, porque entonces el Maestro no puede decidir: tú has de elegir. De este modo algunos se sienten atraídos hacia Buda y comienzan a seguir el camino de Buda tal y como Buda lo hizo. Y esto se verá que será inadecuado. Si le hubiesen podido preguntar a Buda, les hubiera sugerido algo distinto.

Las últimas palabras de Buda a Ananda fueron, «Ananda, sé tú mismo una luz. No me sigas: *Appa dipo bhava*, ¡sé tú mismo una luz ! No me copies». Ananda estuvo siguiendo a Buda continuamente durante cuarenta años. No fue por poco tiempo. Durante toda su vida Ananda le había seguido devotamente y nadie podía decir que su devoción fuese en alguna forma imperfecta o parcial. Era plena. Pero Ananda, el seguidor más devoto, no podía alcanzar la Iluminación y la muerte de Buda se estaba acercando.

Un día Buda le dijo, «Hoy voy a dejar este cuerpo».

Ananda empezó a llorar y dijo, «¿Qué es lo que voy a hacer ahora? Durante cuarenta años te he seguido hasta en los mínimos detalles».

Buda no podía decirle, «No has hecho esto y por esto no has llegado». Había sido fiel y era sincero, pero aún era un ignorante.

Buda le dijo, «A menos que muera, Ananda, creo que no llegarás».

Ananda le preguntó, «¿Por qué?»

Buda le dijo, «A menos que yo muera no podrás volver a ser tú mismo. Estás demasiado atado a mí y yo me he convertido en el obstáculo. Me has seguido, pero te has olvidado de ti por completo».

Puedes seguir ciegamente a un Maestro y aún así no llegar a ninguna parte si es que le estás siguiendo de acuerdo a tu sentir. Recuerda estas palabras: «De acuerdo a tu sentir». Si es así, no te has entregado. La entrega significa que tú ya no estás más allí para decidir. El Maestro decide. E incluso aunque el Maestro no esté presente, entrégate a la Energía Cósmica. Entonces la Energía Cósmica es la que decide. En el momento en que te entregas tus puertas son abiertas de par en par y el Diluvio Cósmico te inunda por todas partes y te transforma.

Considéralo así: mi casa está a oscuras. Puedo hacer dos cosas. O bien he de crear la luz en mi casa, entonces tendré que crearla; o bien puedo abrir las puertas al sol exterior. Simplemente abro las puertas y mi casa se convierte en la anfitriona del Divino Invitado, del Sol, de los rayos. Me vuelvo receptivo y la oscuridad desaparece.

En el camino de la voluntad, tú has de crear la luz. En el camino de la entrega, la luz está ya ahí, únicamente has de estar abierto. Pero cuando la casa está a oscuras y no hay más que oscuridad a tu alrededor uno tiene miedo de abrir las puertas; incluso tiene más miedo aún. ¿Quién sabe si entrará la luz o serán los ladrones los que entrarán? Por esto te encierras. Cierras toda posibilidad para que nada entre. Esa es la situación.

O bien crea la luz en ti mismo y entonces desaparecerá la oscuridad, o emplea la Luz Cósmica que está siempre ahí. ¡Ábrete! ¡Sé vulnerable! No dependas de nadie. Está dispuesto ocurra lo que ocurra. Si estás dispuesto independientemente de lo que pueda suceder, entonces la oscuridad se convertirá en luz. Con esa disposición nada puede permanecer a oscuras. Esa misma disponibilidad es la que te transforma totalmente.

Osho, anoche mencionaste el caso de un hombre que tenía visiones de Krishna y que creía que estaba avanzado, pero dijiste que ni siquiera había dado el primer paso.

¿Cómo puede saber uno el camino que ha recorrido? ¿Acaso no se supone que las visiones y demás fenómenos psíquicos son indicaciones de un alto desarrollo espiritual?

Si no lo son, ¿cuáles son esas indicaciones?

Pueden presentarse visiones y ser indicativas de avanzados estados. Pero con una condición: cuanto más avanzado estás, menos sientes que has avanzado. Cuanto más te acercas a la Iluminación, menos hay un ego que dice, «Estoy Iluminado». El avance espiritual es un progresar muy humilde.

Ten presente una cosa: las visiones pueden ser indicativas de estados superiores, pero únicamente a condición de que te sientas más humilde. Si empiezas a percibir que estás avanzado sólo demuestra otra cosa: que esas visiones no son espirituales; son simples proyecciones de la mente. Este es el criterio. Si has contemplado a Krishna en visiones, si es auténtico tú dejarás de ser. Si en verdad ésta es una vivencia, serás borrado por completo. Dirás, «Krishna es y yo no soy»·.

Pero si te sientes fortalecido con esas visiones, no has sido borrado. Si, por el contrario, te fortaleces más y dices, «Ahora soy un adepto, un alma avanzada, no soy ya un hombre común,» esto demuestra que no es una auténtica visión sino solamente una proyección del ego. El ego es fortalecido por tus propias proyecciones. En caso contrario, es destruido. Una visión espiritual destruye el ego por completo. Una visión proyectada, tu propia imaginación, tu propio sueño, lo refuerza. Se convierte en un alimento. Tu ego se vitaliza.

Los Upanishads dicen, «Aquellos que dicen que saben, no saben. Aquellos que proclaman que han llegado, están muy lejos de llegar». Por esto cuando te digo que cierto hombre acudió a mí y me dijo, «Soy un alma muy avanzada, soy un adepto. Tengo está y estas otras visiones», narraba sus visiones como alguien que está enumerando sus posesiones o sus estudios, sus títulos académicos, como si alguien estuviera ostentando sus diplomas.

Esto es algo imposible. Sus visiones eran simplemente visiones creadas, creadas por su propia mente. Si tu mente está creando tus visiones, tu mente se sentirá fortalecida. Si las visiones provienen del más allá, tu mente será destruida. Las dos visiones no son del mismo tipo.

Pero al comienzo no puedes percibir esa diferencia entre las visiones. No puedes saber si realmente has visto a Krishna o si sencillamente fue un sueño. No puedes hallar ninguna diferencia porque si has tenido una visión real, no sabes lo que es un sueño y si has tenido un sueño, desconoces lo que es lo real. ¿Cómo podrás compararlos? No puedes comparar. Pero una cosa es cierta: mostrarás qué tipo de visión has tenido. Si esta visión refuerza tu ego, era una proyección. Si te borra completamente, si te destruye completamente y dejas de ser, entonces era auténtica y real. Este es el único criterio.

Con una persona religiosa, si se va volviendo más egoísta a medida que avanza en su religiosidad, esto demuestra que está en un falso camino, que se está imaginando cosas. Y si cuanto más avanza, más se difumina, menos se percibe a sí mismo, si se va volviendo un vacío, esto muestra que está progresando.

Las visiones pueden ser reveladoras, pero únicamente revelan algo en relación a ti, no por sí mismas. Si preguntas si una visión de Krishna es real o no, no puedo afirmar ni negar nada. Te pregunto, «¿Real para quién?» Para Meera era real: a ella la borró completamente; ella dejó de *ser*. Alguien me preguntaba, «Cuando Meera fue envenenada, ¿por qué no le afectó el veneno?» Le contesté, «Porque ya no existía».

Incluso los venenos necesitan de alguien para mostrar su efectividad. Mataron a Sócrates; Sócrates no era Meera. Sócrates era un filósofo, no un sabio. Sócrates era un pensador, no un Buda. Sócrates discurría, observaba, argüía. Era un gran intelecto, pero no un Iluminado. Si hubiera podido discutir con Buda, hubiera ganado; Buda hubiera sido derrotado. Era un genio especial. Por eso al considerar a Sócrates, intelectualmente era incomparable, pero existencialmente no era nada comparado con Buda. Un Buda se reiría de sus argumentos y le diría, «Das vueltas y vueltas y nunca llegarás al centro. Todo lo que puedas pensar no es más que palabrería. Discutes. Eres un lógico y eres capaz de argumentar mejor que yo, pero estás desperdiciando tu vida en argumentaciones».

Sócrates no era una persona que hubiera trascendido su ego. Era un hombre fuera de lo normal con una mente penetrante, excepcional. Aún hablando sobre el ego, su comprensión es intelectual. No es un hombre existencial, vivencial. Por eso debido a Sócrates todo Occidente ha alcanzado un clímax intelectual. Debido a tres hombres: Sócrates, Platón y Aristóteles. El creador es Sócrates. Sócrates fue el Maestro de Platón y Platón el Maestro de Aristóteles. Los tres crearon toda la mente Occidental. Toda la ciencia, toda la lógica, toda la filosofía de Occidente se debe a esos tres hombres. Son los que la crearon.

Buda pertenece a una dimensión totalmente distinta. Sócrates es un gigante intelectual, pero Buda hubiera sonreído ante él. Le hubiese dicho, «Eres un gigante entre niños. Has alcanzado el clímax del intelecto, pero el intelecto es la barrera. Has alcanzado lo máximo en lo concerniente al intelecto, pero el intelecto no conduce a nada».

Sócrates es diferente; Meera es diferente. Meera es un alma entregada, absolutamente entregada, totalmente borrada. Cuando se le da un veneno, no es ella la que lo está bebiendo. Es Krishna mismo el que se lo bebe. No hay distinción, no existe diferencia. Y si la confianza está presente, el veneno deja de hacer su efecto. Parece milagroso, pero no lo es. En la hipnosis, si hay alguien profundamente hipnotizado y le suministras un veneno diciéndole que no es veneno, no le afectará. ¿Qué es lo que sucede? Si le das agua corriente y le dices, «Esto es veneno», se morirá. Esto es aceptación plena. Incluso bajo hipnosis puede ocurrir.

En 1952 tuvieron que hacer una ley en América, una ley anti-hipnosis. Hoy en día no se puede hipnotizar a nadie en América. Es ilegal debido a que una vez un estudiante murió en una Universidad. Cuatro estudiantes le estaban hipnotizando. Eran simples estudiantes de psicología que se habían tropezado con libros sobre hipnotismo. Lo probaron como un juego. Hipnotizaron a un chico, su compañero, en una habitación y le sugirieron muchas cosas y él las cumplió. Le dijeron, «¡Llora! ¡Tu madre está muerta!» Y él lloró. Le dijeron, «¡Baila y ríe! ¡Tu madre ha resucitado!» y él rió y bailó. Y luego un chico dijo, sin ningún motivo especial, «Estás muerto» y el chico se desplomó y se murió. Todo el mundos trató de ordenarle, «¡Despiértate! ¡Estás vivo!» Pero ya no había nadie que escuchara. Estaba ya muerto.

Esto es aceptación total. Y debido a ello tuvieron que hacer una ley anti-hipnosis. Tan sólo alguien capacitado, un psicólogo, un psiquiatra o alguien que esté investigando, un doctor, solamente esos pueden practicar la hipnosis.

Si con la hipnosis esto puede suceder, ¿por qué no con una Meera? Una Meera ha entregado su mente consciente, la misma que se entrega al ser hipnotizado. Se ha entregado por completo. Ha dejado de ser; ahora solamente Krishna es. Si no tiene ni una sola duda al ingerir el veneno, y sus manos no tiemblan y no piensa en «Esto es veneno y me puedo morir», si ni tan siquiera este pensamiento está presente, ella no morirá. Lo tomará como un regalo de su amado, de su Krishna. También eso es un regalo. Todo proviene de él por eso lo toma como un regalo. Lo ingiere, se siente bien y empieza a bailar. Del veneno no hay ni rastro.

Incluso para ser eficaz el veneno necesita tu mente. Si no hay mente, es muy difícil para él tener efecto alguno. Una Meera puede escapar; un Sócrates no puede escaparse. El era un lógico. El sabe que es veneno, que lo matará. Meera era ilógica, absolutamente ilógica.

Te voy a relatar la escena de la muerte de Sócrates. El veneno está siendo preparado afuera. Sócrates está tendido en su cama y sus discípulos están presentes. Le dice a un discípulo, «Es la hora. A las seis me han de dar la poción». Es un hombre muy matemático, por eso dice, «Parece que aún no la han preparado. Ve y pregúntales porque tardan tanto. Ha llegado la hora y estoy listo».

Entonces llega la poción. Ingiere el veneno. Luego dice, «Mis piernas se están entumeciendo. Parece que el veneno está empezando a hacer su efecto. Ahora el veneno está ascendiendo». Y así sigue narrando lo que le sucede. Es un intelecto muy agudo. Aún mientras se está muriendo sigue experimentando. Es un pensador científico. Dice, «El veneno está subiendo. Tengo ya medio cuerpo muerto». Es un hombre extraño. No es normal.

Sus discípulos están llorando, y él les dice, «¡Basta ya! Ya lloraréis más tarde. Contemplad qué es lo que ocurre, este veneno que se va esparciendo. Pronto, creo, mi corazón se verá afectado. Y me pregunto si, después de que sea afectado mi corazón, mi mente seguirá funcionando. Así que vamos a saber si el centro principal es el corazón o es la mente». Es una mente extremadamente aguda y está observando, relatándolo todo.

Cuando su corazón es afectado dice, «Siento que mi corazón se está parando, se enlentece. Creo que pronto lo percibiré, pero seré incapaz de relatar nada porque mi lengua se está entumeciendo, se está quedando inerte. Amigos, será una experiencia que podré vivir, pero que no podré contar. No podré narrarla porque mi lengua se está paralizando».

Hasta el último momento sus ojos están diciendo algo, relatando algo. En el último instante alguien le pregunta, «Sócrates, ¿no estás asustado de la muerte?» El no contesta, «No estoy asustado porque soy inmortal». ¡No! El no dice, «No estoy asustado porque voy a encontrarme con lo Divino» ¡No! No conoce Divinidad alguna y su mente es incapaz de creer en nada que sea Divino.

El dice, «No estoy asustado por dos razones». Esta es una mente lógica. El dice, «No estoy asustado por dos razones. Una: O bien Sócrates puede morir por completo y entonces no hay nada de que asustarse, o bien Sócrates no va a morir y su alma va a sobrevivir, de modo qué ¿por qué estar asustado? Esas son las dos razones por las cuales no estoy asustado. O voy a morir, como sostienen los ateos. Los materialistas dicen que no existe un alma, y puede que estén en lo cierto. Si están en lo cierto, ¿por qué asustarse? Voy a estar totalmente muerto y no habrá nadie que sufra dicha muerte, no habrá nadie para estar asustado. Sócrates habrá desaparecido, de modo que ¿por qué estar asustado?»

«O, puede que la gente religiosa esté en lo cierto». Este es el «o», esto es lógico. «Puede que estén en lo cierto. Entonces solamente el cuerpo morirá y Sócrates vivirá, así qué ¿por qué estar asustado? Si únicamente mi cuerpo es el que va a morir y yo seguiré estando ahí, ¿por qué he de perder el tiempo con temores? Dejadme que vaya y vea».

Pero esto no es una experiencia de lo que va a suceder. El es una mente perfectamente lógica. Su intrepidez no es la de un Buda o la de un Mahavira o la de una Meera o incluso la de un Charvak. Su temeridad no es la de un Charvak porque Charvak dice, «Está decidido que voy a morir totalmente, por eso no estoy asustado». Esta es una conclusión definitiva. Un Mahavira sabe, «No voy a morir, así que no hay porqué temer nada». Pero esto también es una decisión, algo preconcebido. Mahavira lo sabe.

Sócrates difiere de ambos. Sostiene que tanto un Charvak como un Mahavira pueden estar en lo cierto. Pero tanto si uno u otro están en lo cierto, en ambos casos no tiene sentido el asustarse. Por eso él es una mente muy distinta y ha creado la tipología de pensamiento Occidental. El no era religioso. Era pragmático, científico.

ACERCA DEL AUTOR

OSHO es un místico contemporáneo cuya vida y enseñanzas han influido a millones de personas de todas las edades y condiciones.

Ha sido descrito por el *Sunday Times,* de Londres, como uno de los «mil artífices del siglo xx», y por el *Sunday Mid-Day* (India), como una de las diez personas —junto con Gandhi, Nehru y Buda— que han cambiado el destino de India.

Acerca de su propio trabajo Osho ha dicho que está ayudando a crear las condiciones para el nacimiento de un nuevo tipo de ser humano.

Él ha caracterizado a menudo a este ser humano como «Zorba el Buda»: capaz de disfrutar de los placeres de Zorba el Griego y de la silenciosa serenidad de Gautama el Buda. Como un hilo conductor a través de todos los aspectos del trabajo de Osho se encuentra una visión que conjuga la sabiduría intemporal de Oriente y el potencial más elevado de la ciencia y la tecnología occidentales.

También es conocido por su revolucionaria contribución a la ciencia de la transformación interna, con una perspectiva de la meditación que reconoce el ritmo acelerado de la vida contemporánea. Sus singulares Meditaciones Activas (**OSHO**® ACTIVE MEDITATIONS™) están diseñadas para liberar primero el estrés acumulado del cuerpo y la mente, y así facilitar la experiencia de la meditación, un estado relajado y libre de pensamientos.

OSHO INTERNATIONAL MEDITATION RESORT

EL RESORT DE MEDITACIÓN DE OSHO INTERNACIONAL es un gran lugar de vacaciones en donde la gente puede tener una experiencia directa de una forma de vivir con más conciencia, relajación y diversión. Está situado a unos 160 kilómetros al sureste de Bombay, en Puna (India). Originalmente construida como el lugar de veraneo de los marajás y la adinerada colonia británica, Puna es hoy una ciudad moderna y vibrante asiento de numerosas universidades e industrias de alta tecnología.

Las instalaciones del Resort de Meditación se extienden sobre 32 acres en un barrio lleno de árboles conocido como Koregaon Park. En torno a unas 15.000 personas procedentes de más de cien países diferentes lo visitan cada año y encuentran acomodo adecuado entre una gran variedad de hoteles y apartamentos privados, dependiendo de la duración de su visita.

Los programas del Resort están todos basados en la visión de Osho de un nuevo tipo cualitativo de ser humano que es capaz de participar alegremente en la vida de cada día y relajarse en el silencio y la meditación. La mayoría de los programas se desarrollan en lugares modernos y con aire acondicionado e incluyen una gran variedad de sesiones individuales, cursos y talleres. Muchos de los miembros del equipo son líderes mundiales en sus respectivos campos. La oferta del programa cubre todo, desde las artes creativas hasta los tratamientos holísticos, el crecimiento personal y la terapia, las ciencias esotéricas, la visión zen de los deportes y el entretenimiento, problemas de relación y crisis de transición para hombres y mujeres de todas las edades.

Ambos, las sesiones individuales y los grupos, se ofrecen durante todo el año, acompañados de un programa diario de meditaciones activas, además de mucho espacio para la relajación en el esplendor de los jardines tropicales, o en la piscina y las instalaciones del Resort de Meditación. Cafés al aire libre y restaurantes dentro del Resort ofrecen la cocina tradicional india y una variedad de platos confeccionados con vegetales orgánicos cultivados en la propia granja del Resort. Ésta tiene su propio suministro de agua convenientemente tratada.

Para más información

www.osho.com

Una dirección web en diferentes idiomas que ofrece meditaciones de Osho, libros y casetes, un recorrido *online* del Resort de Meditación de Osho y un calendario con los cursos programados, así como una lista de los centros de información de Osho en todo mundo y una selección de charlas de Osho.

Para consultar otras obras de Osho en castellano,
pregunta en tu librería habitual o entra en:

www.alfaomega.es

OSHO INTERNATIONAL
Nueva York
e-mail: oshointernational@oshointernational.com
www.osho.com/oshointernational

OTRAS OBRAS DE **OSHO** EN CASTELLANO

Gaia Ediciones (Madrid)
Meditación hoy (DVD + libro)
El libro de los secretos
Tarot Osho Zen
Vislumbres de una infancia dorada
El libro de la sabiduría
El arte del té
Amor, libertad y soledad
El libro de la nada
India, mi amor
El juego de la vida
El juego de la transformación
Vida, amor y risa
Buda, su vida y enseñanzas
Zen, su historia y enseñanzas

Arkano Books (Madrid)
Tantra, espiritualidad y sexo
… y llovieron flores
Los misterios de la vida
El libro de los chakras
El libro del Hara

Neo Person (Madrid)
El gran desafío
Más allá de la psicología
De la medicación a la meditación

OTRAS OBRAS DE **OSHO** EN CASTELLANO

Gulaab (Madrid)

La alquimia suprema (vols. 1 y 2)
El bote vacio
El verdadero sabio
El árbol del amor
Del sexo a la superconsciencia
Una nueva visión sobre la liberación de la mujer
Sobre los derechos humanos
Sacerdotes y políticos: la mafia del alma
El mayor desafío: el futuro de oro
Meditación: el arte del éxtasis
El arte de morir
Muerte: la mayor ficción
Yoga, la ciencia del alma (vols. 1 al 4)